Talcott Parsons · Zu

Studienbücher zur Sozialwissenschaft Band 39

Talcott Parsons

Zur Theorie der sozialen Interaktionsmedien

Herausgegeben und eingeleitet von Stefan Jensen

Westdeutscher Verlag

CIP-Kurztitelaufnahme der Deutschen Bibliothek

Parsons, Talcott:
Zur Theorie der sozialen Interaktionsmedien/
Talcott Parsons. Hrsg. u. eingel. von Stefan
Jensen. — Opladen: Westdeutscher Verlag, 1980.
(Studienbücher zur Sozialwissenschaft; Bd. 39)

ISBN 978-3-531-21493-1   ISBN 978-3-322-99974-0 (eBook)
DOI 10.1007/978-3-322-99974-0

© 1980 Westdeutscher Verlag GmbH, Opladen
Umschlaggestaltung: studio für visuelle kommunikation, Düsseldorf

Inhalt

Einleitung

1. Vorbemerkung

Dieser Band bildet den Anschluß an die vorangegangene Aufsatz-Sammlung Talcott Parsons' zur Theorie sozialer Systeme[1]. Während es sich bei dem früheren Band um einige der wichtigsten Beiträge Parsons' zur *soziologischen Systemtheorie* handelt, stellen die folgenden vier Aufsätze den theoretisch originärsten und bedeutsamsten Beitrag zur sozialwissenschaftlichen Theoriebildung überhaupt dar, den Parsons in den letzten fünfzehn Jahren entwickelt hat.[2]

Worum handelt es sich bei diesen „sozialen Interaktions-Medien"? Auf den ersten Blick geht es um die Analyse der Phänomene „Geld", „Macht", „Einfluß" und „Wertbindung". Diese Phänomene — vor allem Geld und Macht — bilden jedoch nur die auffälligsten Elemente einer ganzen Klasse von sozialen Mechanismen, die die Interaktion von Menschen in der Gesellschaft steuern. In der Analyse dieser sozialen Steuerungsmechanismen — der sozialen Interaktions-Medien — geht es Parsons also nicht nur um die Behandlung der genannten Phänomene, sondern um den paradigmatischen Aufbau eines Theorieschemas für derartige Mechanismen überhaupt.

Auf den ersten Blick könnte es scheinen, als habe Parsons damit seinen bisherigen Arbeitsbereich — die Theorie der Sozialsysteme — verlassen und sich einem neuen Feld zugewandt, nämlich der Theorie der sozialen Interaktion. Tatsächlich kann aber von einer Verlagerung des Arbeitsinteresses Parsons' gar keine Rede sein. Nach wie vor geht es ihm darum, die Theorie der Sozialsysteme so zu vervollkommnen, daß sie eine umfassende und brauchbare Theorie aller sozialen Phänomene wird. Bei diesem Vorhaben lassen sich *drei Hauptphasen* unterscheiden.

1.1 Drei Phasen im Werk Parsons'

Die *erste Phase* der Arbeit Parsons' läßt sich durch seinen Versuch kennzeichnen, die Überlegungen und Theorien seiner berühmten Vorgänger in einem „Konvergenz-Schema" zusammenzufassen. Dieses „Konvergenz-Schema" bildet den theoretischen Rahmen seines ersten großen Werkes, *The Structure of Social Action* (1937).

Die *zweite Phase* war das Bemühen, dieses „Konvergenz-Schema" weiter in Richtung auf eine allgemeine Handlungstheorie voranzutreiben. Die erste Phase war im wesentlichen a) eine historische Sichtung allen Materials, das zu dieser „Konvergenz-Hypothese" beitragen konnte, und b) eine Programmatik für die weitere Arbeit in Richtung auf eine allgemeine Theorie des menschlichen Sozialverhaltens. Als methodologisches Werkzeug wählte Parsons dazu die Systemtheorie. Phase 2 ist daher durch das Bemühen gekennzeichnet, einerseits die Konzeption der allgemeinen Theorie des menschlichen Sozialverhaltens und andererseits die soziologische Systemtheorie zu entwickeln. Die Marksteine dieser Arbeit sind vor allem die beiden Werke des Jahres 1951, nämlich das Gemeinschaftswerk *Toward A General Theory of Action* und das Einzelwerk *The Social System*. Diese beiden Werke werden durch eine Vielzahl „kleinerer" Publikationen — vor allem Aufsätze — ergänzt und fortgeführt.

Das Ergebnis dieser zweiten Phase ist im wesentlichen die Theorie der Sozialsysteme in ihrer heutigen, wenngleich noch immer vorläufigen, Gestalt. Sie bildet wiederum einen Teilaspekt der viel umfassenderen *Allgemeinen Handlungstheorie*, zu der u. a. auch die Biologie, die Anthropologie, die Psychologie, die Ökonomie und die gesamte Kulturtheorie beitragen müßten. Bislang besteht bei Parsons und seinen Anhängern allenfalls eine vage Ahnung, wie diese Gesamttheorie einmal aussehen müßte; von ihrer Verwirklichung sind wir jedoch noch weit entfernt, und es läßt sich gewiß mit einigem Recht bezweifeln, daß eine solche Theorie in der heute vorgestellten Form überhaupt einmal vorliegen wird. Auf dieses „Endprodukt" kommt es jedoch überhaupt nicht an, sondern vielmehr darauf, die theoretische und praktische Arbeit entschieden voranzutreiben.

Die heutige Gestalt der konzipierten Allgemeinen Handlungstheorie wird daher im wesentlichen von ihrer Teilmenge im engeren soziologischen Bereich bestimmt, nämlich von der Theorie der Sozialsysteme. Diese Theorie hat in der Phase 2 einen gewissen Abschluß gefunden; unglücklicherweise jedoch nur in den Köpfen der an ihrer Ausarbeitung Beteiligten und nicht in einer kohärenten Veröffentlichung. Ganz allgemein und umfassend gesagt, besteht diese Theorie in ihrer vorliegenden Form in einer Konzeption vertikal und horizontal geordneter Subsysteme, die miteinander in zahlreichen Austauschbeziehungen stehen. Insgesamt bilden diese Subsysteme einen integrierten Gesamtzusammenhang innerhalb eines umfassenderen Universums, mit dem ebenfalls Austauschprozesse stattfinden.

Die Beschäftigung mit den Austauschprozessen zwischen den Systemen führt nun zur *dritten Phase* in Parsons' Werk. In der vorangegangenen Phase ging es vor allem darum, die Theorie der Sozialsysteme als theoretisches Konzept zu schaffen und darzustellen. Nachdem dies gelungen ist, geht es nun um die effektive Analyse der gesellschaftlichen Abläufe. Der gegenwärtig laufende gesellschaftliche Prozeß als tagtägliches aktuelles und zugleich historisches Ereignis muß in den Griff genommen und in der Theorie bearbeitet werden. Dies ist notwendig, damit der Wissenschaftsprozeß selbst zum Fortgang der Geschichte sinnvoll und gesteuert beitragen und die evolutionäre Steigerung der Kapazitäten bewirken kann, die bislang von ihm nur für die Vergangenheit aufgezeichnet wurde. Dazu ist notwendig, Sozialsysteme nicht länger im historischen Sinne als morphologische Gebilde oder bloße analytische Kategorien der Theorie zu betrachten, sondern man muß sie als *konkrete Selektionen* ansehen. Natürlich gehören die Begriffe und Aussagen dabei weiterhin der soziologischen Wissenschaft an und werden nicht zu Phänomenen der Alltagswelt. Etwas anderes zu vermuten, beruhte auf einem Trugschluß (der „*fallacy of misplaced concreteness*", wie Parsons oft formuliert hat; einer „Reifizierung" von Begriffen der Wissenschaft zu „Dingen" in der Welt). Gemeint ist vielmehr, daß man die Sozialsysteme als Modelle von Selektionen interpretiert, der Selektionen, mit denen die Handelnden ihre Interaktion bestimmen.

Diese dritte Phase besitzt eine eminente theoretische und praktische Bedeutung für die soziologische Theorie. Einmal handelt es sich um den Abschluß oder die Abrundung der soziologischen Systemtheorie, so wie sie von Parsons programmatisch in Phase 1 konzipiert wurde. Zum anderen liegt hier der Übergang zu einem wissenschaftlich begründeten oder wissenschaftlich angeleiteten Handeln auf der Basis dieser Theorie, die die Kritiker dieses Unternehmens so lange vermißt haben. Mit der Betrachtung von Sozialsystemen als konkreten gesellschaftlichen Selektionen ist die Phase 2 (der Struktur-Funktionalismus) zugleich vollendet und überwunden: Es ist erreicht, was er leisten sollte, nämlich der Aufbau von Modellen sozialen Handelns von der „untersten" Organisationsebene primärer Beziehungen zwischen einzelnen Individuen bis zur „höchsten" Ebene der Weltgesellschaft als *einem* politischen Kollektiv (das bislang allerdings erst in Ansätzen zu erkennen ist), und es ist überwunden das bloße ordnende Aufbauen aller sozialer Erscheinungen zu komplizierten Systemen in Form morphologischer Taxonomien.

Freilich bleibt auch in Phase 3 noch ungeheuer viel allein an „bloßer" Codifikation zu leisten. Dies liegt daran, daß Parsons sich erneut, wie schon beim Aufbau der Sozialsysteme, auf ein Gebiet begeben hat, wo er kaum Vorläufer hat und wo er darüber hinaus in gewohnter Weise all das, was er vorfindet, vollkommen neu interpretiert. Hinzu kommt, daß die Konzeption der Interaktions-Medien auf einer genialen „kopernikanischen Wende" beruht, nämlich der Umkehrung des für einzigartig gehaltenen Mediums „Geld" in ein allgemeines Paradigma einer großen Klasse sozialer Medien. Welch eine Fülle rein begrifflicher Arbeit mit dieser Umdeutung verbunden ist, wird der Leser am Ende dieses Bandes abschätzen können, nicht zuletzt an seiner eigenen Mühe, dies alles zu verarbeiten.

1.2 Die Absicht dieses Buches

Die Aufgabe dieses Bandes ist es, dem Leser einen ersten Einblick in die Arbeit der sogenannten „dritten Phase" von Parsons' Werk zu geben. Dabei wurden als Beiträge die Aufsätze ausgewählt, die auch für Parsons selbst den Ausgangspunkt bildeten. Inzwischen sind sowohl durch Parsons selbst erhebliche Erweiterungen und Anwendungen dieser Ideen vorgelegt worden[3] als auch überaus wichtige Beiträge zur Theorie der Interaktionsmedien von anderen Autoren erschienen[4]. Diese weiterführenden Gedanken können hier nur zu einem ganz geringen Teil dargestellt werden; sie werden zumindest ansatzweise in dem vierten Aufsatz von Parsons präsentiert.

Die Hauptaufgabe der folgenden Einführung bleibt es, den Leser mit den Ausgangsüberlegungen und der Richtung der Parsons'schen Medienkonzeption vertraut zu machen. Dies ist deswegen geboten, weil Parsons selbst weder eine historische Erläuterung seiner Konzepte noch eine systematische Darstellung ihres Platzes im Rahmen der Gesamttheorie gibt. Mit dieser Einleitung soll eine *Brücke* von dem ersten Band über die Theorie der Sozialsysteme (*Jensen 1976*) zu den folgenden Aufsätzen dieses Bandes über die Interaktionsmedien geschlagen werden. Dabei soll anhand von Beispielen *in möglichst einfacher Form* auf die Idee der Medien aufmerksam gemacht werden.

10

2. Was sind Interaktionsmedien — eine erste vorläufige Antwort im Rahmen des Alltagsverständnisses

Was sind eigentlich „Interaktionsmedien"? Läßt man alle komplizierten Gedanken beiseite, so sind Medien im Sinne der Alltagserfahrung Mittel, um im Handeln bestimmte Absichten deutlich zu machen und durchzusetzen, Der einfachste und vernünftigste Weg dazu ist, daß man seinen Handlungspartnern mitteilt, was man bietet und was man möchte.

Das ist alles. Auf diesen einfachen Sachverhalt läßt sich die Theorie der Medien in ihrem Kern reduzieren. „Zehn Mark für dieses Buch." „Macht mich zu Eurem Führer, und ich bringe Euch das Goldene Zeitalter zurück!" „Die Technologie-Experten halten die heutigen Atom-Kraftwerke für unsicher." „Als guter Staatsbürger schuldet man seinem Land Loyalität."

Diese vier alltäglichen Sätze beziehen sich auf Medien: auf Geld, auf Macht, auf Einfluß und auf (moralische) Verpflichtung. Diese Medien — wie alle — sind Mittel, um auf der einen Seite bestimmte Absichten und Wünsche deutlich zu machen und auf der anderen Seite eine Motivlage dafür zu erzeugen, dieses Handlungsangebot anzunehmen.

„Biete Geld, wünsche Ware" — dies ist die universelle Formel, mit der *Ego* seinen Partner informieren und motivieren will; informieren darüber, daß er (*Ego*) die Situation unter dem Aspekt von Tausch und Nutzen betrachtet und ein Gleiches von *Alter* erwartet; motivieren dazu, diese Betrachtung an- und den Vorteil wahrzunehmen. Dies mag *Alter* nicht leichtfallen, ihm eventuell sogar blasphemisch erscheinen: *Ego* mag ihm seine Frau und Kinder, seine Sünden oder seine Überzeugung abkaufen wollen; dies tut der universellen Anwendbarkeit der Formel jedoch keinen Abbruch.

Ähnliche Formeln lassen sich für die anderen Medien bilden. „Biete überlegene Entscheidungs- und Führungsqualitäten, wünsche Gefolgschaft" — so oder ähnlich läßt sich die Formel der Macht aufstellen, mit der dann ein Über/Unterordnungsgefälle im Hinblick auf Entscheidungskompetenzen begründet wird. Weder die Details dieser Formel, noch die Bildung weiterer Formeln sollen hier verfolgt werden. Kehren wir zurück zur Grundidee der Medien: Sie dienen der Mitteilung dessen, was man möchte und zugleich zur Motivierung des Partners zu dem gewünschten komplementären Verhalten.

Reicht dazu die Umgangssprache nicht völlig aus? Nicht ganz — Medien sind *Sondersprachen*, deren Formen und Inhalte mit besonderen Einrichtungen abgesichert sind, die ihnen größere Sicherheit und bestimmte Garantien verleihen. Die in einer Wahl gewonnene politische Unterstützung ist stärker und sicherer als die mündliche Zusicherung von Unterstützung durch die gleiche Zahl von Anhängern in einem informellen Prozeß außerhalb der Macht. Das Angebot von Geld ist eine stärkere und sichere Offerte für ein Gut als das Versprechen, den Gegenwert des Gutes — der ohne Geld vage bliebe — durch ein anderes Gut (mit welchem Wert und welchem Nutzen?) aufzuwiegen. Und auch diese Systematik läßt sich wieder für alle Medien fortführen. Die Grundidee ist in allen Fällen, daß die Medien als Sondersprachen in ein umfängliches Regelwerk eingebettet sind, deren Einzelheiten ihren Gebrauch sicherstellen und vor Mißbrauch schützen.

2.1 Medien als Kommunikationsmittel

Wer ein Lebensmittelgeschäft betritt, Geld bereithält und Waren verlangt, geht erkennbar auf eine ökonomische Transaktion (,,Einkauf") aus. Wer an Barmherzigkeit appelliert und um ein Stück Brot bittet, will nicht zu ökonomischem Handeln, sondern zu guten Werken motivieren. In beiden Fällen wird mit einer kurzen Formel operiert: ,,Biete Geld, wünsche Ware!" und: ,,Appelliere an moralische Gebote, wünsche Hilfe!"

Beide Formeln sind verständlich, weil sie jeweils auf einen Kontext verweisen, der uns vertraut ist. Alle Medien operieren auf einem vorausgesetzten Horizont, auf den sie in kurzen Formeln und Symbolen ihre Selektionen projizieren. Nun hängt diese Leistung mit Sprache überhaupt zusammen — alle sprachlichen Kommunikationssysteme beruhen auf der Symbolisierung von komplexen Sachverhalten in generalisierten Formeln. Im Hinblick auf die Sicherung des Selektionstransfers von evolutionär wichtigen Handlungsmustern dürfte das Problem der Sprache als einem universellen Medium in der Unzulänglichkeit von Worten liegen, die Verbindlichkeit von Interaktionsofferten zu gewährleisten. Man kann viel reden, wenn der Tag lang ist; daraus folgt jedoch nichts. Wie überzeugt man einen anderen, daß man es ,,ernst" meint, und wie überzeugt sich ein anderer, daß Worte nicht nur Worte, sondern verläßliche Zusagen sind?

Sprache ist wie ein Fluß, der vieles trägt. Erst durch ein kompliziertes Regulierungssystem wird dieser Fluß im Sinne der Medientheorie verläßlich. Den Ausgangspunkt bildet die Einsicht, daß man Sprache zum Täuschen (durch Lügen, Irrtümer oder Doppeldeutigkeiten) mißbrauchen kann und dann vom Partner einen Vorteil erhält, dem kein eigener Einsatz entspricht. Das Problem von Sprache als Medium liegt darin, daß Sachverhalte symbolisiert werden können, die „nicht real" sind und die damit Voraussetzungen und Folgen *irrealer* Art implizieren, auf die sich ein anderer einläßt, um dann festzustellen, daß er hintergangen wurde. *Ego* hat eine Selektion offeriert und *Alter* zu komplementärem Handeln motiviert, dabei aber *Alter* mit seinem Angebot getäuscht. Die Konsequenz ist, daß man in der Regel nicht „auf bloße Worte hin" handeln wird, sondern — in Abhängigkeit von der Größe des eigenen Engagements — eine „Sicherheit" erwartet, die die Komplementarität der Einsätze garantiert.

Die Leistung der Medien muß folglich darin erblickt werden, daß die Schwierigkeiten einer „nur auf Worte gegründeten" Interaktion überwunden werden, indem durch die Einbettung der Medien in tragende Strukturen (Rechtssystem, Herrschaftssystem, Wirtschaftsordnung, Religion, usw.) die Möglichkeit erhalten wird, allein mit Symbolen zu operieren und dennoch Absicherung gegen Täuschungsmöglichkeiten zu gewinnen. Die Ausgangsfrage der Medientheorie ist immer in vereinfachter Form: Warum soll *Alter* die Selektionen *Egos* übernehmen? Etwas abstrakter geht es darum sicherzustellen, daß evolutionär bedeutsame Handlungsmuster in ihrem Bestand erhalten, das heißt, die Bedingungen ihrer Reproduzierbarkeit erleichtert werden[5]. Nicht alles und jedes Handeln, nicht jede beliebige Kommunikation muß durch Medien abgesichert werden. Dies gilt erst dort, wo Handlungszusammenhänge strategische Bedeutung annehmen, die über die Situation weit hinausreicht. Ein einleuchtendes Beispiel bietet die Evolution der Wissenschaft. Der Begriff der „Wahrheit" ist viel älter als die Wissenschaft und ursprünglich religiöser Natur (Johannis 14.6). Seine Säkularisierung am Beginn der Neuzeit hängt mit der Entfaltung der empirischen Methodologie und der Festlegung von Überprüfungsregeln zusammen, also mit der Etablierung eines *normativen Regelwerkes* („Hintergrundstruktur"), auf deren Basis der Wahrheitsbegriff dann eingeschränkt, mit zwei Ausprägungen („wahr/falsch") versehen und auf Aussagen bezogen werden konnte. Damit ist festgelegt, welche Aussagensysteme sich als „wissenschaftlich" bezeichnen dürfen und welche Voraussetzungen und Folgen jeweils bei wissenschaftlichen Engagements impliziert sind. *Eine* dieser Voraussetzungen ist beispielsweise der hohe Aufwand an Recherchen und Literaturstudium, den die Forschung voraussetzt und den die Umwelt erwartet.

Wir verzichten hier aus Platzgründen auf weitere Beispiele; grundsätzlich wäre dabei immer auf das Entstehen normativer Regelsysteme hinzuweisen, die die Voraussetzungen und Folgen eines Engagements in dem jeweiligen Bereich — sei es dem der Wirtschaft, dem der Politik, dem des öffentlichen Einflußsystems, der Wissenschaft, der Religion usw. — so regeln, daß ein leichtfertiger Umgang oder gar ein Betrug relativ leicht aufdeckbar, durch besondere Sicherheitsmaßnahmen erschwert und durch scharfe Sanktionen bewehrt ist.

Wie funktionieren diese Medien nun eigentlich und was bewirken sie? Die Medien sind — wie alle Sprachen — *Selektionsmechanismen*. Wer spricht (in der Absicht, mit einem Partner zu kommunizieren), der wählt aus der unabsehbaren Fülle möglicher Äußerungen und möglicher Tatbestände einen begrenzten Sachverhalt in einer bestimmten Fassung aus und bietet dem anderen diese Kommunikationsofferte an. Medien stellen eine Verschärfung der Selektion von solchen Offerten dar. Diese Verschärfung (also ihre Einengung auf bestimmte Handlungsbereiche) hängt mit den Eigenschaften von gesellschaftlichen Systemen zusammen; insbesondere mit der Bildung von Institutionen und der Absicherung von stabilen Handlungsketten. Die Verwendung von Medien stellt demnach einen formalisierten und standardisierten Selektionsprozeß von Handlungsofferten dar, der sich mit Hilfe generalisierter und abstrakter symbolischer Mittel vollzieht (prominentestes Beispiel: Geld). Die Offerte wird vor allem deswegen angenommen, weil in dem Medium selbst das Motiv für den Transfer der Selektion liegt.

Betrachten wir diesen letzten Punkt noch etwas genauer: Das Medium selbst liefert das Motiv für die Übernahme der Selektion. Wer Geld bietet, liefert dem Partner das Motiv, kooperativ zu handeln, also sich auf einen ökonomischen Tauschprozeß einzulassen. Wer Macht besitzt, kann mit unliebsamen Alternativen drohen; die in der Macht implizierte Drohung, die ihrerseits auf dem etablierten Über/ Unterordnungsgefälle begründet ist, liefert das Motiv der Kooperation. Für alle Medien gilt, daß ihre Offerte selbst das Motiv für die Annahme des selektierten Handlungsmusters mitträgt. Kehren wir noch einmal zu dem Ausgangssatz zurück, mit dem die Frage nach den Medien beantwortet werden sollte: *Ego* teilt *Alter* mit, was er möchte und nennt ihm zugleich einen plausiblen Grund, darauf einzugehen. Der *plausible Grund* ist das Medium, oder — wie McLuhan zu Recht bemerkt — „the medium is the message".[6]

„Biete Geld, will Ware" — das ist die Botschaft, und sie bietet zugleich das Motiv für die Annahme dieser (ökonomischen) Selektion. So ist das bei allen Medien — einfach genug. Beginnen wir, einige Details hinzuzufügen. Zunächst sei festgehalten, daß die Medien zwei Komponenten enthalten: die stabilisierende „Hintergrundstruktur" des Netzwerks von Regeln einerseits und die „Vordergrundkomponenten" der symbolischen Mittel andererseits. Die von den Medien gesteuerten Interaktionsprozesse funktionieren in der Weise, daß die symbolischen Mittel zum Zweck der Kooperation eingesetzt und ausgetauscht werden („*interchange process*"), wobei sich dieser Austausch nach den Regeln des „Netzwerks" vollzieht, das den normativen Hintergrund bildet.

Diesen Austausch selbst haben wir bislang als Offerte von Handlungsmustern gekennzeichnet, wobei *Ego* gewisse Hoffnungen, Ängste und Wünsche hat, auf deren Basis er einem Handlungspartner *Alter* einen bestimmten Vorschlag macht — unter Einsatz von Geld Macht, Einfluß oder wie immer.

Dies könnte den Eindruck entstehen lassen, jedermann verfüge über Geld, Macht und Einfluß und andere Medien in derselben Weise, wie man über Sprache verfüge — mehr oder minder gut, ohne allzu erhebliche Streuung zwischen den einzelnen Beteiligten. Tatsächlich verfügt in unserer Gesellschaft (in den meisten Gesellschaften) jedermann über Medien, aber diese Verfügung ist erheblichen Einschränkungen unterworfen, vor allem dieser: daß die individuelle Verfügungsgewalt im Verhältnis zu der gesamtgesellschaftlichen Kapazität in der Regel minimal ist[7]. Die Medien als gesellschaftliche Kapazitäten und die individuelle Verfügungsgewalt über die Medien sind zwei sehr weit auseinanderliegende Dinge. Wir werden uns daher jetzt explizit der Aufgabe zuwenden, den Charakter der Medien als *gesellschaftliche Kapazitäten* herauszuarbeiten, nachdem wir in diesem Abschnitt auf einer ganz einfachen Ebene der Plausibilitätsbetrachtung versucht haben, einen ersten Schritt in Richtung einer Lösung des Medienproblems zu tun.

2.2 Medien als gesellschaftliche Kapazitäten

Kisten voll Gold machen Robinson auf seiner einsamen Insel nicht zu einem reichen Mann. Die größten Goldvorräte in Ford Knox retteten die USA nicht vor Inflation, sektoraler Arbeitslosigkeit und dem Verfall des Dollars. Geld ist nicht Reichtum – diesen merkantilistischen Trugschluß hat die moderne Wirtschaftstheorie überwinden müssen. Die Neigung, Geld und Reichtum gleichzusetzen, entspringt dem *Trugschluß der Verallgemeinerung*. Dieser Fehler läßt sich an einem simplen Beispiel erläutern: Steigt im Fußballstadion *ein* Mann auf die Bank, so wird er über die Köpfe der anderen hinweg besser sehen; steigen *alle* Zuschauer auf die Bänke, so sieht jeder genau so schlecht wie zuvor. Auf der individuellen Ebene bedeutet mithin die Verfügung über ein Mehr oder Weniger an Kapazitäten oft etwas ganz anderes als auf der gesellschaftlichen Ebene. Die Medien sind *gesellschaftliche* Kapazitäten. Gewiß – alle gesellschaftlichen Phänomene sind Vorgänge zwischen Menschen; ohne Menschen gibt es keine Gesellschaft. Und doch muß man – wie der Trugschluß der Verallgemeinerung lehrt – bei der Erklärung von gesellschaftlichen Phänomenen auf die *Ebene der Aggregation* achten: Was zwischen *Ego* und *Alter* gilt, muß nicht auf der Ebene von *Organisationen*, von *Institutionen* oder *Gesellschaften* gelten.[8]

Beginnen wir zunächst damit, den Begriff der „Medien" als „gesellschaftliche Kapazitäten" zu erläutern. Alle gesellschaftlichen und kulturellen Muster ziehen ihre Bedeutung aus der Tatsache, daß sie *intersubjektiv* verständlich sind; sie sind nicht der Besitz eines einzelnen, sondern die konstitutiven Elemente der Gemeinschaft. Auf der anderen Seite steht die Tatsache, daß jeder einzelne es lernen muß, mit diesen gemeinschaftlichen Elementen als eigenem Besitz umzugehen. Wie man weiß, geschieht das durch die Internalisierung einer jeweils individuellen Kombination von gesellschaftlichen Mustern im Sozialisationsprozeß. Die gesellschaftlich verfügbaren Kulturelemente sind also zugleich die „Kapazitäten", die der einzelne im Sozialisationsprozeß erwirbt, um sein Leben zu bewältigen. Die Medien sind ihrerseits nichts anderes als sehr spezifische Kapazitäten. Evolutionär dürften sie sich im Zusammenhang der Kämpfe um die soziale Rangordnung in der Gruppenbildung, der Differenzierung auf der Basis spezialisierter Rollen und der Entfaltung der (religiösen) Institutionen ausgeformt haben. Das Grundproblem dieser Prozesse besteht darin, einmal entwickelte erfolgreiche Schemata des Umgangs mit besonders lebenswichtigen Problemen durchzuhalten und auf Dauer zu stellen. Man muß davon ausgehen, daß es sich hierbei um Probleme handelt, deren Lösung erhebliche gruppendynamische Anstrengungen erfordert und ein hohes Maß an organisierter Kooperation verlangt – also evolutionär schwierige und „unwahrscheinliche" Formen darstellen. Solche Handlungsmuster können nur dann „überleben", wenn ihre Selektion durch besondere Mechanismen gewährleistet wird, die einerseits von der Erzeugung der besonderen Motivlage und der ausführlichen Begründung der geforderten Handlung entlasten und andererseits in symbolisch prägnanter Weise den gesamten Hintergrund andeuten, auf dessen Horizont das geforderte Handeln ohne weiteres sinnvoll erscheint.

Die Medien stellen derartige Mechanismen der Entlastung und Absicherung bei der Selektion von Handlungsmustern dar. Dies geschieht, indem durch ein Medium – wie beispielsweise Geld – einerseits symbolisch ein bestimmtes Tauschmittel in Form wählbarer Quantitäten in den Vordergrund der Interaktion tritt, während zugleich andererseits ein Netzwerk von Regeln bestimmt, in welcher Weise sich ein Tauschprozeß mittels dieser Größen zu vollziehen hat. Interaktion mittels Medien setzt natürlich voraus, daß die einzelnen Interaktionspartner über Tauschmittel verfügen. Folglich sind diese Tauschmittel gesellschaftlich partialisiert: jedermann verfügt über gewisse Quanten dieser Kapazitäten. Aber zugleich spiegelt die Verteilung einen fundamentalen gesellschaftlichen Sachverhalt, nämlich den der *Ungleichheit.* Hinzu kommt noch ein zweiter Aspekt, der diese Ungleichheit in bezug auf die Medien verstärkt: Nicht nur, daß die Tauschmittel (wie alle Ressourcen und Kapazitäten) höchst ungleich verteilt, in der Breite dünn gesät und an einigen Punkten stark kumuliert sind, sondern die „Hintergrundstruktur", das heißt, das Netzwerk der Regeln, ist in bestimmter Weise gestaltet, nämlich so, daß sie kongruent mit anderen gesellschaftlichen Ordnungsfaktoren abgestimmt ist. Macht, Geld, Einfluß und Moral wirken gesellschaftlich immer in einer Weise zusammen, die der Privilegierte mit tiefer Befriedigung, der Nicht-Privilegierte dagegen mit gleichermaßen tiefer Bestürzung zur Kenntnis nimmt.

Ohne an diese Erscheinung irgendwelche Sozialkritik zu knüpfen, kann man einfach feststellen, daß für die Medien – als Tauschmittel, die in eine normative Rahmenstruktur eingebettet sind – dieselben Strukturgesetze gelten wie für die Gesellschaft, in der sie funktionieren. Als Tauschmittel betrachtet, sind die Medien knappe Ressourcen, die ungleich verteilt und an bestimmten Punkten kumulativ aggregiert sind. Als normative Struktur betrachtet, sind die Medien so gestaltet, daß sie mit den sonstigen normativen Bildungsgesetzen (den Kulturmustern) einer Gesellschaft übereinstimmen oder direkt mit ihnen identisch sind.[9]

Wir haben gesagt, die besondere Leistung der Medien liege darin, evolutionär unwahrscheinliche Handlungsketten zu stabilisieren und als Systembildungen festzuhalten. Betrachtet man gesellschaftliche Interaktion als die aktuale – d. h. im Moment der Betrachtung faktisch sich vollziehende – Selektion von Handlungsmustern, dann vollziehen sich bestimmte Wahlen eben genau deswegen und werden genau deswegen akzeptiert, weil diese Selektionen und ihr Transfer durch Medien gestützt und abgesichert sind. Selektionen und Selektionstransfers werden durch die Medien *gesteuert*. Dies ist möglich, weil durch die verwendete Symbolik der Medien eine – an sich übermäßig – komplexe Interaktionslage vereinfacht ausgedrückt und formelhaft zusammengezogen wird. Sie wird dadurch als einfache Gegebenheit dem Erleben und Handeln zugänglich, ohne daß es eines Nachdenkens von Grund auf und der Durcharbeitung aller Voraussetzungen und Folgen eines möglichen Handlungskurses bedürfte. Erinnern wir uns an die einfache Formel: ,,Biete Geld, suche Ware." Mit dieser Formel lassen sich auf dem Hintergrund des modernen Marktsystems Geschäfte größten Umfangs in rasender Eile abwickeln (etwa an Börsenplätzen), während in früheren Zeiten selbst kleine Alltagstransaktionen mühselige Verhandlungen erforderten. Die komplexen Konstitutionsbedingungen zahlreicher gesellschaftlicher Situationen können schwerlich ständiges Bewußtseinsthema für alle Zeiten bleiben – damit wäre jede Evolution blockiert. Sie müssen in Symbolen zusammengefaßt und dann in dieser Symbolik disponibel sein. Derartige Dispositionsstrukturen schaffen die Bahnen, auf denen Kapazitäten gemäß dem einmal gewonnenen Lösungsmuster mobilisiert und die entsprechenden Systeme aktualisiert werden können.

In dieser Betrachtung erweisen sich also die Medien als kybernetische Mechanismen: Sie steuern die Selektion und den Selektionstransfer von Handlungsmustern beim Aufbau von Interaktion. Eine solche Steuerung wird man gewiß nicht bei jedem beliebigen Handlungszusammenhang und in allen möglichen banalen Situationen erwarten. Dazu wäre sie zu aufwendig. Ihrer Ausdifferenzierung wird eine besondere Interaktionskonstellation und eine spezifische, gesellschaftlich relevante Problemstellung zugrunde liegen müssen. Medien heben sich nur dort aus den Alltagsabläufen heraus, wo es um die Regelung strategisch wichtiger Probleme geht, in denen Selektionen angesichts starker Differenzierung und Spezialisierung transferiert werden müssen, um die Einheit des Systems auf der Stufe seiner evolutionären Entfaltung zu erhalten.

2.3 Medien als Steuerungsmechanismen der Interaktion

Parsons verwendet gelegentlich einen Vergleich zwischen den Medien und dem Verkehrssystem: Automobile stellen in diesem Vergleich eine allgemeine Ressource dar (Sinn: Transport), wobei die Einsatzmöglichkeiten dieser Ressource von zwei entscheidenden Faktoren bestimmt werden — dem Straßennetz und der Entwicklung vernünftiger gesetzlicher Bestimmungen. Das Automobil soll hier die Kapazität darstellen, die in der Medientheorie sonst von Einheiten wie Geld, Macht, Einfluß usw. eingenommen wird, und das Straßennetz sowie die gesetzlichen Regelungen stellen die „Hintergrundstruktur" dar, die den Einsatz der Medien regeln. So wie man sich zum Transport eines Fahrzeugs bedient, so bedient man sich in anderen Zusammenhängen noch stärker generalisierter „Mittel".

Dieses Beispiel hebt zwei wichtige Aspekte hervor: Einmal die Bedeutung des — für den einzelnen als *gegeben* anzusehenden — Netzwerkes von Regeln im Hintergrund und zum anderen den Aspekt der individuellen Verfügbarkeit über die einzelnen Ressourcen. Wie schon früher gesagt, müssen die Medien in irgendeiner Weise „partialisiert", d. h. in gewissen Größeneinheiten auf die Handelnden aufgeteilt sein, wobei aber zugleich diese Aufteilung „flach" und weitläufig ist, so daß kein einzelner durch seinen Einsatz gesellschaftlich bedeutsame Effekte auslösen kann — mit zwei Ausnahmen: (a) massenhaft gleichartigen Bewegungen, die sowohl organisiert als auch durch spontane Ereignisse zustande kommen können, und (b) der Kumulierung von Ressourcen an gewissen Punkten privilegierter Positionen auf privater oder staatlicher Ebene.

Die Verfügungsgewalt über den Teil der Medien, den wir hier unter dem Aspekt der individuell aufteilbaren „Ressourcen" oder „Kapazitäten" betrachtet haben, stellt für den einzelnen (ebenso wie für Kollektive) einen sehr wichtigen Teil seines Lebens dar. Ohne ein Minimum an solchen Kapazitäten ist eine Teilnahme an den prinzipiellen Interaktionen nicht möglich. Dies bedeutet nicht, daß Robinson auf seiner Insel nicht sehr gut ohne Geld, Macht, Einfluß und moralische Bindungen auskäme, aber es bedeutet, daß diese Phänomene in allen entwickelten Gesellschaften eine so wichtige Rolle spielen, daß man ohne Zugriffsmöglichkeit auf sie in die sozialen Randschichten absinkt.

Von den einzelnen sozialen Einheiten aus gesehen, stellen also die Medien Ressourcen oder Kapazitäten dar, deren Besitz es ermöglicht, sich an der sozialen Interaktion im Rahmen der verfügbaren Mittel zu engagieren. Diese Aussage wirkt übermäßig elaboriert, wenn man ein so vertrautes Beispiel wie Geld vor Augen hat. Man kann nur in dem Maße kaufen, wie man Geld hat — das scheint simpel genug. Die Medientheorie argumentiert jedoch nicht auf dieser einfachen Ebene, sondern faßt diesen Vorgang abstrakter, um ihn in Parallele zu einer Reihe komplexerer gesellschaftlicher Vorgänge zu setzen. Wir müssen versuchen, diese Schritte der zunehmenden Abstraktion und Generalisierung nachzuvollziehen.

Zunächst muß man sich erinnern, daß eine *soziologische* Theorie sich nicht auf physische Objekte als konkrete Gegenstände richten kann, sondern vielmehr auf die *symbolischen* Komponenten sozialen Handelns. Im Hinblick auf Geld bedeutet dies beispielsweise, daß nicht die konkreten Erfahrungsgegenstände Münzen, Scheine und Buchgeld betrachtet werden, sondern Geld als eine abstrakte Kapazität verstanden werden muß, die als Mittel der Kontrolle (im kybernetischen Sinne des Wortes[10]) im sozialen Handeln eingesetzt wird.

Geld in der uns vertrauten Form ist nur ein Symbol, das auf einen tieferliegenden Zusammenhang verweist, der in der Symbolisierung zusammengezogen und in einer prägnanten Fassung ohne lange Reflektion erlebbar gemacht wird. Symbole lassen sich ihrerseits *generalisieren*, so daß ihr Sinn identisch bleibt, obwohl Situation und Partner jeweils verschieden sein können. Geld ist ein solches Symbol. Es verkörpert die Fähigkeit, an sozialen Tauschprozessen teilzunehmen, in denen Güter unter dem Aspekt ihres ökonomischen Nutzens gehandelt werden. Auch hier muß man wieder beachten, daß die soziologische Theorie sich nicht direkt auf die Bewegung physischer Güter bezieht, sondern auf die *Kontrollgewalt* (etwa in Form von Besitz, Eigentumsrechten, faktischer Verfügungsmacht o. ä.), die die sozialen Einheiten innehaben und in Tauschprozessen übertragen. Soweit es dabei um *ökonomische* Verhältnisse geht, soll diese Fähigkeit der Handelnden, sich zu engagieren, mit dem Begriff der ,,ökonomischen Dispositionskapazität'' bezeichnet werden. Eben diese Kapazität wird durch das Medium Geld symbolisiert und über die Geldgrößen zum Gegenstand von ,,interchanges'' der Interaktion gemacht.

Dieselbe Überlegung gilt auch für andere Medien. Betrachtet man das Beispiel der Macht, so gelangt man hier zu einer basalen Dispositionskapazität, die in der Fähigkeit besteht, anderen die eigene Entscheidung aufzwingen zu können oder — in einer anderen Formulierung, die den Rekurs auf Zwangsmittel vermeidet —: Wer über Macht verfügt, ist legitimiert, für ein Kollektiv verbindliche Entscheidungen zu treffen, die alle Mitglieder des Kollektivs binden, und zwar aufgrund allgemeiner Regeln, die die Legitimität zu solchen Entscheidungen — zumeist für eine zeitlich begrenzte Periode — dem jeweiligen Inhaber der Macht zusprechen. Wo eine solche Legitimierung — gleich welcher Art — völlig fehlt, reduziert sich Macht auf ein primitives Gewalt- oder Zwangsverhältnis. Der medientheoretisch entscheidende Aspekt liegt — wie schon im vorigen Beispiel des Geldes — darin, daß Macht selbst nur ein *generalisiertes Symbol* ist (freilich ohne die physische Ausprägung in „Münzen und Scheinen", die den Fall des Geldes äußerlich stets von den anderen Medien abhebt), das auf eine tieferliegende *dispositionale Struktur von Kapazitäten* verweist (die man als „politische Entscheidungskapazität" bezeichnen könnte).[11]

Betrachten wir noch ein weiteres Beispiel: Einfluß, definiert als die Fähigkeit, andere in der Interaktion zu einem gewünschten Handeln zu motivieren, indem entsprechende *Informationen* geliefert werden. Hier stehen zwei verschiedene Überlegungen im Hintergrund: Zunächst einmal die Tatsache, daß nicht jeder alles wissen kann, sondern notwendigerweise Informationen von anderen übernehmen muß, ohne ihren Gehalt im einzelnen nachprüfen zu können. Diese Tatsache hängt mit der Komplexität der Welt zusammen, die die Kapazitäten jedes einzelnen überfordert. Der zweite Aspekt liegt in dem Sachverhalt der gesellschaftlichen Differenzierung und Spezialisierung begründet, der zu dem führt, was man als „Expertentum" bezeichnet. Der Laie kann in der Regel die Befunde von Experten infolge mangelnden Sachverstandes nicht nachvollziehen, er wird dennoch gut daran tun, die Ergebnisse zu berücksichtigen. Beide Überlegungen — Überkomplexität der Welt und Expertentum — führen dazu, auch im Bereich motivierender Informationsstrukturen einen Medienkomplex zu erblicken. Den „Hintergrund" (das Regelwerk) besteht in den Normen, die den legitimen Umgang mit Informationen regeln — angefangen bei der Kleingruppen-Kommunikation, deren Regeln informell und flexibel sind, bis zur gezielten Sprachregelung auf den politischen Ebenen. Die transferierbaren Größen des „*interchanges*" bilden die „Einflußquanten", deren Maß sich aus der Vertrauenswürdigkeit bestimmt, die die einzelne Handlungseinheit bei ihren Partnern besitzt. Wer viel Unsinn spricht, hat wenig Einfluß und wird „illiquide", wer ständig lügt, „geht bankrott"; wer andererseits seine Meinung behutsam und fundiert einsetzt, kann sich ein kleines Einflußvermögen auf seiner spezifischen Bezugsebene aufbauen.

2.4 Zusammenfassung

Diese erste Übersicht über die Konstruktion des Medien-Konzeptes möge ausreichen, um auf der Ebene des Alltagsverständnisses anzudeuten, was eigentlich die Idee der Medien bedeutet. Noch einmal kurz zusammengefaßt: Es geht um die Frage, warum ein anderer, dem ich meine Absichten und Wünsche offenbare, sich auf diese Art der Interaktion einlassen soll. Etwas allgemeiner gesagt, geht es um das Problem des *Selektionstransfers*. Dahinter steht die Vorstellung, daß die jeweilige Situation von den Handelnden höchst unterschiedlich interpretiert werden kann und daß jeder der Handelnden höchst unterschiedliche Handlungsverkäufe ins Auge fassen könnte. Nichts in der Natur schreibt uns zwingend vor, wie wir erleben und wie wir handeln müssen. Wie kommt es angesichts dieser Tatsache dazu, daß soziale Ordnung und nicht völliges Chaos herrscht (*Hobbes' Problem of Order*)?

Der Mensch wäre aus anthropologisch begründeten Ursachen unfähig, die Welt als Einzelwesen zu bewältigen und zu überleben. Er muß in Gemeinschaft handeln, und dies heißt zunächst: Er muß durch soziale Interaktion mit anderen eine Gemeinschaft bilden. Die Bildung sozialer Interaktionsformen stellt eine evolutionäre Errungenschaft dar, die erhalten und stabilisiert werden muß. Dies ist nur dann möglich, wenn die erfolgreichen Handlungsmuster der Interaktion auf Dauer gestellt, das heißt, *immer wieder* aktualisiert werden. Genau diese wiederholte Selektion wird durch die Medien gewährleistet. Anders formuliert: Die Medien sind kybernetische Mechanismen, die die Selektion und den Transfer von Selektionen steuern.

Die Medien weisen zwei wesentliche Aspekte auf: Erstens ein Netzwerk von Regeln, auf dessen Gestaltung der einzelne nur marginalen Einfluß hat, das zugleich aber gesellschaftlich so strukturiert ist, daß es mit der gesellschaftlichen Ideologie der Herrschenden weitgehend übereinstimmt (dies ist natürlich im einzelnen ein *empirisches* Problem), und *zweitens* eine Menge von Tauscheinheiten oder Tauschgrößen (die im Falle des Geldes auf einem linearen Kontinuum quantifizierbar sind), die in der Gesellschaft auf die Mitglieder verteilt sind und von ihnen als Ressourcen eingesetzt werden können. Es wurde betont, daß die Verteilung dieser Ressourcen in der Regel „breit und flach" ist, daß aber zugleich an einigen Punkten starke kumulative Effekte auftreten.

Halten wir als wichtigsten Punkt den Satz fest: Es geht um Selektionstransfers, bei denen die Medien als kybernetische Steuerungsmechanismen wirken, die die Reproduzierbarkeit von erfolgreichen Problemlösungen erleichtern. Nach diesen ersten einführenden Bemerkungen auf der Ebene des Alltagsverständnisses müssen wir uns nun dem Problem zuwenden, die Frage nach den Medien auf der Ebene der Theorie der Handlungssysteme in Angriff zu nehmen.

3. Einführende Bemerkungen zum Medien-Konzept im Rahmen der Theorie der Sozialsysteme

Die zentrale Stellung innerhalb der Handlungstheorie nimmt bei Parsons bislang die Theorie der Sozialsysteme ein. Drei der in diesem Band abgedruckten Aufsätze beziehen sich auf Medien innerhalb von Sozialsystemen − noch genauer: auf Medien innerhalb von Gesellschaft („societale Systeme/societale Medien"). Der vierte Aufsatz beschäftigt sich dagegen mit den Medien auf der Ebene der allgemeinen Handlungstheorie. Im Rahmen dieser Einleitung werden wir uns jedoch auf die gesellschaftliche Ebene beschränken und diese als paradigmatisch für das gesamte Handlungssystem betrachten.

3.1 Parsons' Theorie der Gesellschaft

In eine kurze Formel gefaßt, ist Parsons' Theorie der Gesellschaft eine Theorie ihrer evolutionären Entfaltung durch Differenzierung einerseits und integrative Verflechtung andererseits. Die Bildung von Systemen ist ein Prozeß der Differenzierung − ein gewisses Segment wird aus der Gesamtheit der Ereignisse herausgelöst und als Teil für sich in einer fluktuierenden Umwelt behandelt. Die Trennung des „Systems" von seiner „Umwelt" ist − wie Parsons in einem bemerkenswerten Aufsatz selbst klar herausgearbeitet hat[12] − höchst willkürlich und beruht auf irgendwelchen vorgefaßten Kriterien, die es dem Forscher erlauben, an gewissen Stellen Schnittlinien zu ziehen. Unvoreingenommen betrachtet ist die Welt jedoch (nach Parsons' Auffassung) stets eine einzige kontinuierliche Fülle von Ereignisströmen, und sofern wir einzelne Elemente aus diesem Kontinuum herauslösen (was unumgänglich ist), müssen wir diese Teile als Elemente eines Ganzen rekonstruieren, das heißt: in der *Interaktion* und *Interpenetration* mit der Umwelt.

Die Grundlage dieser Analyse bildet das Prinzip der analytischen Zerlegung einerseits, das in der Verfolgung funktionaler Strukturen und Prozesse immer weitere Teil- und Subbereiche zu identifizieren vermag, und auf der anderen Seite das Prinzip der *Integration*, das durch die Identifizierung *vermittelnder Mechanismen* zur Einheit des Systemzusammenhanges zurückführt. Der erstgenannte fundamentale Aspekt der Systemanalyse könnte unter der Überschrift stehen: Differenzierung ist das eigentliche und fundamentale Prinzip der Evolution. Demgegenüber müßte das zentrale Thema des zweiten Prinzips der Systemanalyse lauten: *Connectedness is the very essence of being.* Im Werk Parsons' hat sich dieses zweite Thema zunehmend als die eigentliche große Aufgabe seiner Theoriebildung erwiesen[13].

Die Durcharbeitung des ersten Themas, dem der Differenzierung, hat Parsons dazu geführt, die Gesellschaft als den wichtigsten Typus von Sozialsystemen zu behandeln. Die Suche nach den tragenden Elementen gesellschaftlicher Systeme hat dann, stets unter dem leitenden Gesichtspunkt funktionaler Bezüge, zunächst zur Herausarbeitung des für die modernen Industriegesellschaften wichtigsten funktionalen Subsystems, der Ökonomie, geführt. Im engen Anschluß daran und unter Verwendung der gleichen Konzepte und Begriffsbildungen entstand die Vorstellung eines dazu parallelen politischen Bereichs, der „*polity*". Die weitere Generalisierung der so gewonnenen Konzepte und die Suche nach Leerstellen in weder ökonomisch noch politisch vollständig zu begreifenden Gesellschaftsbereichen führte dann zur Entwicklung von funktional primär *integrativen* Subsystemen (den *kommunalen Systemen*, bzw. auf der gesamtgesellschaftlichen Ebene der „*societal community*") und dem „*fiduciary subsystem*", das sich seiner Funktion nach auf das Problem von „*Pattern-Maintenance*" und seinem empirischen Gehalt nach auf den Bereich der Kultur bezieht. Dabei muß man im Auge behalten, daß das entscheidende konzeptionelle Instrumentarium und die gedanklichen Anregungen aus Parsons' soziologischer Verarbeitung der politischen und polit-ökonomischen Theorie stammt, auch wenn deren Konzepte in Parsons' Bearbeitung inhaltlich oft wesentlich verändert und erweitert wurden.

Dieser ökonomische und polit-ökonomische Hintergrund hat auch bei der Inangriffnahme des zweiten großen Themas, nämlich der Re-Integration der differenzierten Systeme mittels des Konzeptes der Interaktionsmedien, eine entscheidende Rolle gespielt. Wie Parsons selbst sagt: Der eigentliche Ausgangspunkt war die simple Überlegung, daß in einer Gesellschaft mit einem großen Maß an Arbeitsteilung Tauschprozesse nicht mehr als einfache Kompensationsgeschäfte („*on a barter basis*") erfolgen können, sondern durch generalisierte Mechanismen mediatisiert werden müssen.

Im ökonomischen Fall bildet Geld dieses Medium. Das Entgelt für Arbeit besteht nicht in spezifischen Konsumgütern, sondern in Geld, das wiederum von den Haushalten zum Kauf der benötigten Güter verwendet wird. Diese Überlegung wirft zwei grundsätzliche Fragen auf, nämlich: „Was ist die Natur von Geld als einem Tauschmedium?" und: „Ist Geld ein isoliertes Phänomen oder Mitglied einer „Familie" von Medien?"[14]

In Verfolg dieser Fragen gelangte Parsons rasch zu der Einsicht, daß Geld kein „Gegenstand" im üblichen Sinne sein konnte, sondern als ein Modus symbolischer Kommunikation begriffen werden muß. Eine Geld-Offerte ist im Grunde nichts anderes als eine verkürzte Kommunikation des Inhaltes: „Biete Geld — suche Ware." Dieser Offerte liegt eine bestimmte Sichtweise der Welt und ihrer Möglichkeiten zugrunde, nämlich die Vorstellung, daß man seine Wünsche und Absichten über ökonomische Kanäle leiten und durchsetzen müsse, verbunden mit dem Willen, diese ökonomische Perspektive auch für den Handlungspartner verbindlich zu machen. Die Formel: „Biete Geld — suche Ware", ist mithin nicht nur eine simple Offerte; darin drückt sich vielmehr eine bestimmte Auslegung der Welt und ihrer Möglichkeiten im Hinblick auf das Erleben und Handeln in Interaktionssituationen aus. Geld *ähnelt* somit nicht nur Sprache, sondern ist tatsächlich eine Spezialisierung symbolischer Kommunikation, durch die Weltauslegung, Intentionen und konditionale Konsequenzen kommuniziert werden. Damit ist angedeutet, in welcher Weise Parsons die Beantwortung der ersten Frage in Angriff nehmen will.

Hinsichtlich der Beantwortung der zweiten Frage scheint sich von vornherein ein Dilemma aufzutun: Einerseits ergibt sich aus dem theoretischen Ansatz Parsons' beinahe zwingend, daß es ein isoliertes, einmaliges Phänomen im Rahmen seiner Systemtheorie nicht geben kann — die Logik der „quadralen" Systemanalyse verlangt an allen Stellen nach einem Quadrupel von Begriffen, das sich gegebenenfalls weiter differenzieren und auf anderen Ebenen der Differenzierung oder Integration wiederholen läßt. Andererseits ist Geld auf den ersten Blick empirisch tatsächlich ein einzigartiges Phänomen, zu dem sich in der gesamten Geschichte auf den ersten Anschein bis zum heutigen Tage keine Parallele finden läßt. Mithin scheinen zunächst empirische Gründe der Logik Parsons' Systembildung entgegenzustehen.

Bei der Durcharbeitung der Medienkonzeption erwies sich jedoch, daß dieser empirische Einwand nur scheinbarer Art sein konnte. Er beruht auf einer vordergründigen Identifikation von Geld mit Banknoten oder Münzen, die in Wahrheit nichts anderes als physische Repräsentation des Mediums darstellen. Banknoten und Münzen haben eine bestimmte währungspolitische Bedeutung, sie sind jedoch keineswegs mit dem Phänomen Geld als regulativem Medium identisch, sondern dienen allenfalls seinem „Management" auf einer bestimmten Ebene. Das adäquate Verständnis der modernen Geldtheorie, als deren Quelle Parsons auf Keynes verweist, eröffnete die Möglichkeit, nach parallelen Medienstrukturen in den anderen funktionalen Subsystemen von Gesellschaft zu suchen. Der erste Schritt in diese Richtung war die Konzeption von Macht als dem regulativen Medium, das seinen Ursprung im Politbereich hat. Auch hier läßt sich wieder eine vereinfachende Formel bilden, die die Kommunikationsofferte ausdrückt: „Habe Macht — will Ziel X erreichen!". Die Weltauslegung in dieser Formel ist nicht ökonomischer, sondern politischer Art, weil hier eine Entscheidung als kollektiv verbindlich durchgesetzt werden soll. Die weitere Ausarbeitung dieses Mediums bewies, daß diese Formel als Basis für die Entwicklung des politischen Mediums Macht tragfähig war.

Sobald einmal die Ausweitung der Medien-Konzeption über den Fall des Geldes hinaus gelungen war, ergaben sich aus der Logik des Vier-Felder-Schemas notwendig weitere Aufgaben. Alle vier Subsysteme mußten in die Medientheorie einbezogen werden, und darüber hinaus erhob sich die Frage, ob sich dieses Konzept nicht für die Ebene der gesamten Handlungstheorie generalisieren lassen würde. In diesem Forschungsvorhaben stecken außerordentlich weitreichende Probleme. Allein die Schwierigkeiten, zu den relativ leicht einsichtigen Medien Geld und Macht weitere parallele Strukturen im Bereich der integrativen Substruktur der Gesellschaft (der *societal community*, d. h. dem gesellschaftlichen Gemeinwesen) und dem „*Pattern-Maintenance*"-Bereich, d. h. dem *fiduciary subsystem*, zu finden, erwiesen sich als nicht leicht lösbar. Diese Aufgabe wurde durch die drei Essays über den Begriff der „Macht", den Begriff „Einfluß" und den Begriff der „Commitments" weitgehend gelöst. Damit sind nach der Auffassung von Parsons wesentliche Grundlagen für eine allgemeine Theorie gesellschaftlicher Systeme geschaffen, und es ist im Verein mit der schon früher entwickelten Theorie der Systemdifferenzierung ein deduktives Aussagensystem auf einer quasi-axiomatischen Grundlage (dem Vier-Funktionen-Schema) entwickelt worden, das darüber hinaus von beträchtlicher empirischer Relevanz sein dürfte. Unter „empirischer Relevanz" ist dabei nach Auffassung Parsons' folgendes zu verstehen: Es muß möglich sein, die aus der soziologischen „Feldforschung" stammenden Daten und Einsichten mit Hilfe der Systemtheorie zu verarbeiten (das heißt, zu codifizieren) und zugleich neue Projekte für die empirische Forschung vorzugeben, die zu einer Validierung oder Refutation von Theorieteilen führen müßte.

Auf der Ebene der Sozialsysteme war das theoretische Programm Parsons' mit dem Erscheinen der drei Aufsätze zu den Medien Geld, Einfluß und Commitments zunächst einmal eingelöst. Der letzte dieser drei Aufsätze, mit der Erläuterung des Mediums „*Commitments*", erschien 1968. Im Anschluß daran begann Parsons mit der Erweiterung der Medientheorie auf die Ebene des umfassenderen Handlungssystems. Eine erste Übersicht darüber erschien 1969 in dem schon zitierten Aufsatz: „Some Problems . . .". Im Herbst 1969 begann Parsons dann in Zusammenarbeit mit Gerald Platt, mit dem er bereits seit längerem an einer umfangreichen empirischen Studie über das amerikanische College- und Universitätssystem arbeitete, die Arbeit an einem Buch, das den Titel *The American University* erhielt.[15]

In all diesen Arbeiten, die an die Veröffentlichung von 1968 (*Commitments*) anschließen, versucht Parsons, die Theorie der Medien auf die Ebene des allgemeinen Handlungssystems zu erweitern. Mit einer Darstellung dieser Entwicklung wäre jedoch der Rahmen des vorliegenden Bandes überschritten.

3.2 Die Basis der Medien: Differenzierung und Integration

Betritt ein Mensch einen Supermarkt und läßt seinen treuen Hund vorschriftsmäßig vor der Tür, so wird dieser mit hingebungsvoller Beharrlichkeit an eben dieser Schwelle wachen, über die sein Herr das Geschäft betrat. Die Möglichkeit einer Differenzierung von „Eingang" und „Ausgang" zu zwei völlig getrennten Türen kommt ihm nicht in den Sinn. Von solchen Möglichkeiten, die die Interaktion ordnen, organisieren, kanalisieren und damit in ihren Kapazitäten über immer höhere Schwellenwerte treiben, machen jedoch die gesellschaftlichen Prozesse vielfältigsten Gebrauch. Zusammen mit dieser zunehmenden Differenzierung und Spezialisierung geht aber unausweichlich das Problem einher, dem so zerlegten Zusammenhang wieder seine ganzheitliche Gestalt zurückzugeben – jedermann kann eine Uhr zerlegen, aber nicht jedermann kann sie wieder heil zusammensetzen. Die Zerlegung der Welt in Herren und Knechte kann auf Dauer nur dann funktionieren, wenn es einen integrativen Zusammenhalt gibt, in dem beide Positionen einen legitimen Selbstwert haben. Das funktionale Gegenstück einer auf Differenzierung begründeten Evolution ist das *Problem der Integration*; und dieses Problem muß unabdingbar gelöst sein, um den Prozeß der Evolution tatsächlich gelingen zu lassen.

Die Medien bilden die entscheidende Entwicklung von Mechanismen zur *integrativen Stabilisierung* und stellen damit die Lösung des funktionalen Gegenproblems der Differenzierung dar. Der fundamentalste dieser Stabilisierungsprozesse dürfte der Prozeß der Sozialisation (oder „Enkulturation") sein, der dafür sorgt, daß die einmal geschaffenen Kulturinhalte über dem biologisch begründeten Veränderungsprozeß in der Gesellschaft erhalten bleiben und reflexiv umgestaltet werden können. Das hier relevante Medium ist Bildung.[16] Sozialisations- oder Bildungsprozesse stellen eine fundamentale Verknüpfung aller vier Systemebenen her: Sie verbinden die organischen Kapazitäten (insbesondere die des Gehirns) mit den psychischen Triebkräften in einem sozialen Wirkungsfeld affektiver Bindungen, in deren Zusammenhang die kulturelle Überformung und Durchformung allen Verhaltens erfolgt. Die Grundlage der Sozialisation besteht in der Tatsache, daß jeder einzelne eine Serie von paradigmatischen Interaktionssystemen durchläuft und deren zentrale Strukturkomponenten verinnerlicht. Aus den personengeschuldeten Obligationen (den „Pflichten" des Kindes gegenüber seinen Eltern) werden in diesem Prozeß allmählich *abstrakte Wertverpflichtungen* jener Ordnung gegenüber, in die der einzelne sich durch die Zugehörigkeit zu je seiner Lebenswelt versetzt sieht. Die Erhaltung der Kulturordnung als Weltordnung, die auf kognitiven Elementen, expressiven Elementen und evaluativen Elementen beruht, ist ein so wichtiges Problem, das man am ehesten hier die Entwicklung stabilisierender Mechanismen erwarten muß, die die zentrifugalen Kräfte von Differenzierungsprozessen auffangen. Eine entscheidende Rolle hat dabei die allmähliche Herausarbeitung von standardisierten Bildungsinhalten und Bildungsgängen gespielt sowie die Entstehung eines institutionalisierten Unterrichtswesens, auf dessen höheren Ebene sich dann schließlich der Wissenschaftsbetrieb entfaltete. In diesem Prozeß wurde Bildung zu einem Medium, dessen Hintergrundstrukturen als normatives Regelwerk zunehmend staatlich ausgeprägt wurden, während zugleich das sozial relevante Wissen (als eine dem Geld vergleichbare Umlaufgröße) einerseits individuell erworben und andererseits kollektiv kumuliert werden konnte (Bibliotheken, Forschungsinstitutionen, Universitäten usw.). Hier entstand also eine die gesamte Gesellschaft umspannende und durchdringende Struktur, die die Selektion relevanter Muster (auf der Basis von Tradition) stabilisierte und ihre Übernahme garantierte.[17]

Der Transfer des kulturellen Horizontes als der Gesamtheit aller Schemata, in und mit denen eine Gesellschaft ihr Erleben und Handeln symbolisch konstituiert, bildet das Grundproblem der Medientheorie. Um dieses Problem in seinem ganzen Umfang und in seinem ganzen Inhalt zu erfassen, muß man sich vor Augen führen, daß das, was wir als „alltägliche Lebenswelt" erfahren, vollkommen auf der *Deutung* aller Erlebnisse und Eindrücke mit Hilfe der im Sozialisationsprozeß erworbenen kulturellen Schemata beruht. Nirgendwo — außer vielleicht in extremen Grenzsituationen des Lebens — treffen wir auf Ereignisse, die unmittelbar aus sich selbst heraus verständlich wären oder denen wir ohne Rückgriff auf soziale Muster rein „biologisch" als Lebewesen antworten könnten. Nicht nur, daß ohne stabilisierende Mechanismen die Gesamtheit dieser Deutungsmuster mit dem allmählichen Aussterben einer Generation verlöschen würde, es wäre darüber hinaus ohne besondere Mechanismen des Transfers „richtiger" Selektionen im Sinne der je etablierten Muster angesichts der Komplexität und Vielfalt der Gesamtheit der Kulturmuster unmöglich, innerhalb der lebenden Generation jeweils die besten verfügbaren Muster einzusetzen. Der erste Punkt (Transfer über die Generationen hinweg) ist zu bekannt, um noch weiterer Erörterungen zu bedürfen. Der zweite Punkt (Transfer innerhalb einer Gesellschaft) gewinnt demgegenüber in dem Maße an Bedeutung, wie eine Gesellschaft in sich zunehmend stärker differenziert ist: Es wird dann aus vielerlei Gründen unmöglich, jeweils die Erlebnis- und Handlungsketten der Handlungspartner nachzuvollziehen, vielmehr treten Aktionen und Motive dem einzelnen als ein überpersönliches Gefüge gegenüber, in dem die Handlungspartner als „Agenten des Systems" auftreten und jeweils Erlebnis- und Handlungsofferten anbieten, deren Annahme oder Zurückweisung ihren systemischen Stellenwert hat. Die Fähigkeit, mit Deutungsmustern als symbolischen Verschlüsselungen von komplexen Situationsgefügen umgehen zu können, ist die fundamentale Fähigkeit zur Interaktion überhaupt, und sie wird in den Bildungsprozessen anhand paradigmatischer Zusammenhänge erworben und eingeübt. Auf dieser grundlegenden Fähigkeit bauen alle weiteren Medienkomplexe auf.

3.3 Die societalen Medien

Sozialsysteme sind ein Teilkomplex innerhalb der umfassenderen Handlungssysteme. Wie soll man sich das vorstellen? Man könnte – um eine bildliche Vorstellung zu Hilfe zu nehmen – an einen Polyeder denken, der so gedreht wird, daß jeweils eine andere Facette in das Licht der Betrachtung tritt. Mit der Betrachtung der Sozialsysteme haben wir also den *gesamten* Handlungszusammenhang vor uns, allerdings unter einer funktional spezifischen Perspektive: der Perspektive von *Integration*.

Das funktionale Problem der Integration erschließt sich am leichtesten, wenn man die Handlungszusammenhänge nicht als historische Musterbildungen, sondern als einen unaufhörlich ablaufenden Prozeß versteht: als die ständige Aktualisierung von Mustern des Erlebens und Handelns. Betrachtet man diesen Prozeß der unablässigen Entscheidungsvollzüge, Kommunikationen und Selektionen, dann stellt sich die Frage: Warum soll ein anderer meine Selektion übernehmen – warum meine Weltsicht, meine Formen des Erlebens und Handelns, meine Entscheidungen als Prämissen des eigenen Handelns akzeptieren? Verallgemeinert man diese Frage, so gelangt man zu dem Problem, das Parsons stets als *„Hobbes' Problem of Order"* bezeichnet hat: Warum ist überhaupt Ordnung und nicht vielmehr Chaos? Und dies ist wahrhaftig ein erstaunliches Phänomen – die Wahrscheinlichkeit einer chaotischen Welt ist um vieles größer, als es die Wahrscheinlichkeit jeder historischen Ordnung sein kann – diese ist immer unwahrscheinlich. Angesichts dieser Unwahrscheinlichkeit jeder Ordnung und der Tatsache, daß sich dennoch evolutionär Kulturstrukturen hoher Stabilität entfaltet haben, muß die Antwort auf die Frage: „Warum übernimmt ein anderer meine Selektionen?" über bloße Zufälligkeit, Besonderheiten der Situation oder individuelle Motivlagen hinausgehen. Sie muß sich auf Struktureigenschaften von Handlungssystemen beziehen, die in Form von stabilisierenden Mechanismen den Aufbau „unwahrscheinlicher" Ordnungen absichern.

Das Verhältnis des Handlungssystems zu seiner Umwelt ist äußerst schwierig – vor allem: es ist kein soziologisches, kein empirisches, sondern ein *philosophisches* Problem. Die Welt als die Wirklichkeit, die wir aus unserer Alltagserfahrung kennen, wird durch unser Erleben und Handeln konstituiert – nicht als unsere eigene, individuelle Leistung, sondern durch das kollektive Erleben und Handeln, dessen Teil wir sind. Selbstverständlich ist es möglich, sowohl über die „objektive Welt" als Basis der von uns konstituierten Kulturwelt als auch über die psychischen, sozialen und kulturellen Konstitutionsbedingungen zu reflektieren, doch führt dies über den Rahmen der Soziologie hinaus. Es empfiehlt sich daher, gewisse *vernünftige Annahmen* über das Verhältnis von Handlungssystemen zur „Welt" zugrunde zu legen und auf dieser Basis weiterzuarbeiten. Genau diesen Weg hat Parsons auch eingeschlagen. Seine Grundannahmen über das Verhältnis von „Umwelt" und „System" lauten sinngemäß folgendermaßen: Es gibt eine reale physische Welt, die als Menge aller verfügbaren Mittel und Möglichkeiten gleichermaßen das Reservoir wie auch die Grenze des Lebens darstellt. Dieses Reservoir an materiell-energetischen und informationellen Möglichkeiten bildet die *unterste konditionelle* Ebene, in der die Handlungssysteme durch den biologischen Organismus verankert sind. Über diese biologisch-organische Grenzzone wirken die konditionellen Faktoren unter dem *funktionalen Prinzip der Adaptation* auf das Handlungssystem ein.

Man muß nun bedenken, daß die Wirkung dieser konditionellen Faktoren nicht im adaptiven Systemteil endet, sondern sich über das gesamte System ausbreitet. Damit erhebt sich die Frage, welche spezifischen Mechanismen der Ausbreitung und der Interaktion über die Subsystemgrenzen hinweg konzeptualisiert werden können. Es ist das Kennzeichen der *funktionalistischen Methode*, daß diese Wirkungen unter dem Gesichtspunkt ihrer funktionalen Bedeutung für das jeweilige Bezugssystem betrachtet werden.[18]

Den Begriff der „Funktion" hat Parsons mit dem Konzept der Input/Output-Analyse verbunden, um genauer zu untersuchen, welche Austauschprozesse sich zwischen funktional verbundenen Systemen ergeben. Die Theorie der Medien stellt nun einen letzten, entscheidenden Schritt in der Vervollkommnung dieses Analyse-Schemas dar. Das Problem, zu dem die Input/Output-Analyse notwendig führen mußte, lag in der Frage: „Um welche Größen eigentlich handelt es sich bei diesem angenommenen Austausch über die Systemgrenzen — worin besteht der jeweilige Input, worin der entsprechende gegenläufige Output?"

Den Ansatz zu einer Lösung dieser Fragen fand Parsons in dem Bereich sozialwissenschaftlicher Theoriebildung, der sich seit seinem Beginn mit dem Problem des Tausches beschäftigt: der Ökonomie. Geld erwies sich als die magische Größe, die zwischen Input und Output vermittelt und effektiv als Tauschmittel im System umläuft. Die hier zu würdigende Leistung Parsons lag nun darin, diesen Sachverhalt — im Gegensatz zu allen Theoretikern vor ihm — nicht als einmaliges Sonderphänomen der Wirtschaft, sondern als Spezialfall einer umfassenden Klasse von sozialen Interaktions- oder Tauschmedien zu begreifen. Mit diesem Schritt ist Parsons seinem erklärten Ziel — der Analyse gesellschaftlicher Wirklichkeit als eines einheitlichen, wenngleich höchst komplexen Zusammenhanges — ein entscheidendes Stück näher gekommen: Er ging aus vom Konzept des Systems als einem Zusammenhang differentieller Ordnung, der sich aus interdependenten und interagierenden Teilen aufbaut. Dieser Interdependenz trug er zunächst durch das Konzept der „Funktion" Rechnung, die dann zu der Methode der Input/Output-Analyse weiterleitete. Den letzten Schritt zu einem vollständigen *„interchange-model"* bildet nun die Konzeption der Medien, die als stabilisierende Mechanismen der Interaktion, begriffen als Austauschprozeß, fungieren.

Mit diesem Argument haben wir eine Unterscheidung zwischen zwei verschiedenen Ebenen eingeführt: Einmal der Ebene, auf der die Beziehungen zwischen Theorie und der von ihr rekonstruierten Wirklichkeit liegen, zum anderen der Ebene, auf der es um die Konstruktion der Theorie selbst geht. Mit den letzten Bemerkungen über die Funktion der Medientheorie haben wir uns auf dieser zweiten Ebene bewegt. Wir werden nun auf die erste Ebene zurückkehren und versuchen, das von Parsons entwickelte Konzept in einigen Punkten zu beleuchten.

4. Medien als Selektionen

Wir halten unsere Sinne normalerweise für die „Pforten zur Welt" und würden wohl annehmen, daß diese Pforten bei klarem Bewußtsein weit geöffnet seien. Tatsächlich ist eher das Gegenteil der Fall[19]. Dies gilt nicht nur auf der biologisch-organischen Ebene; es gilt für die gesamte Dimension menschlichen Erlebens und Handelns. Jeder Handlungszusammenhang, auf den der einzelne trifft — sei es in der täglichen Interaktion, sei es im Umgang mit organisierten Sozialsystemen, sei es auf der Ebene von Gesellschaft[20] — stellt eine spezifisch abgestimmte Selektion gewisser Zusammenhänge und zugleich eine radikale Ausblendung aller anderen Möglichkeiten dar. Handlungssysteme sind nichts anderes als Selektionen, die auf Dauer gestellt sind und sich auf partielle Aspekte des Erlebens und Handelns richten. Historisch zeigt sich nun, daß ganz bestimmte Selektionen — oder Handlungssysteme — ein besonderes Gewicht erhalten und sich in überwältigend starker Weise entfaltet haben. Das auffälligste Beispiel in unserer Zeit bietet der Bereich der Wirtschaft und Technologie — hier ist es zu einer besonders reichhaltigen Systembildung gekommen. Ähnliches gilt für den Bereich der Herrschaft von Menschen über Menschen. Nicht weniger entfaltet sind jedoch auch Musterbildungen für den Bereich der „weltauslegenden Interpretationen", sowohl im kognitiven Bereich („Beschaffenheit der Welt") als auch in nicht-kognitiven (expressiven und evaluativen) Bereichen.

Die jeweilige Selektion (die Aktualisierung eines Musters) richtet sich nicht nur nach den äußeren Gegebenheiten einer Situation — einschließlich ihrer „Definition", die selbst schon von Selektionen abhängig ist, sondern auch dem verfügbaren Angebot „präsenter" Muster, der jeweiligen Fähigkeit, diese zu mobilisieren, der besonderen Gruppensituation und ihren sozialen Rangmustern sowie den darin angelegten Bedingungen für den einzelnen, seine Selektionen durchzusetzen, und vieles andere mehr — eine schier unübersehbare Vielzahl von Faktoren. Ein Schema zur Ordnung dieser Faktoren läßt sich gewinnen, wenn man nach der Möglichkeit fragt, zu einer dauerhaften Transferierbarkeit bestimmter Selektionen zu gelangen, die die Zufälligkeiten der Wahl des Augenblicks in feste Kanäle lenkt. Eben diese institutionalisierte Absicherung bestimmter Selektionen bieten die Medien.

Eine solche Ordnung läßt sich daraufhin untersuchen, worauf sich die Regelmäßigkeit oder Chance der Wiederholung bestimmter Selektionen stützt. Beginnen wir wieder mit der Frage: „Warum soll ein anderer meine Selektionen übernehmen?" Die innerlich befriedigendste Antwort auf diese Frage wäre die, daß *Alter* die Selektionen *Egos* eben deswegen übernimmt, weil sie die einzig richtigen und möglichen sind. Umgekehrt wäre die unbefriedigendste (weil innerlich als verwerflich empfundene) Lösung darin zu erblicken, daß *Alter* die Selektionen von *Ego* deswegen übernehmen muß, weil *Ego Alter* dazu *zwingen* kann. Dazwischen liegen zwei weitere Möglichkeiten: *Ego* kann auf einen Vorschlag *Alters* deswegen eingehen, weil ihm daraus ein Vorteil zu erwachsen scheint, oder *Ego* kann sich von *Alter* überzeugen lassen, daß ihm hier ein guter Rat auf den Weg gegeben wurde. Diese vier Antworten repräsentieren im Kern den Inhalt und die Richtung, die die vier societalen Medien für die Erklärung des Selektionstransfers bereitstellen. Wenden wir uns den Lösungen im einzelnen zu, beginnend mit dem Fall der *Macht*.

4.1 Macht

Warum soll ein anderer meine Selektionen übernehmen? Die erste systematische Begründung dafür lautet: Weil ich über die Kapazität verfüge, Drohstrategien erfolgreich einzusetzen, oder kürzer: weil ich Macht ins Spiel bringen kann. Man muß beachten, daß „Macht ins Spiel bringen" etwas anderes ist als „Gewalt einsetzen". Ich kann einen anderen in der Regel nicht einmal mit Gewalt zwingen, meine Selektionen zu übernehmen. Der Erfolg der Macht beruht vielmehr darauf, bei einem Mißlingen des Transferversuches — also beim Mißlingen des Versuchs, komplementäre Interaktionsbeziehungen auf der Basis meiner Selektionen herzustellen — alternative Handlungsverläufe zu wählen, die die Situation des anderen verschlechtern. Die implizite Voraussetzung dabei schein zu sein, daß der fremde Schaden in einem solchen Falle größer wäre als der eigene, sonst wäre die Drohung selbstschädigend. Nicht die Realisierung dieser negativen Effekte, die gegebenenfalls mobilisiert werden *könnten* (etwa: der tätige Angriff auf Leben oder Gesundheit eines anderen), ist der hier entscheidende Aspekt des Mediums, sondern allein: die implizite oder explizite *Drohung* mit einer solchen Möglichkeit. So beruht beispielsweise die „Macht der Mafia" nicht darauf, daß sie in jedem einzelnen Falle ihre Opfer, sofern diese die Kooperation verweigern, „straft" und gegebenenfalls tötet, sondern darauf, daß diese Möglichkeit unausgesprochen oder unübersehbar „im Raume steht". Die Notwendigkeit, die Drohung dann zu realisieren, wenn und soweit Kooperation im Angesicht der Drohung verweigert, also Widerstand geboten wird, führt im Extremfall dazu, daß zwar die negative Sanktion vollzogen, damit zugleich aber auch die Chance zerstört wird, die erwünschte Form der Selektion zu übertragen. Dies „lohnt" nur dann, wenn entweder das Opfer daraus für die Zukunft „lernt" oder ein „Exempel für andere" zu statuieren war.

Die Übertragung von Selektionen mit Hilfe von „Drohstrategien" bildet den Ausgangspunkt für das Verständnis von Macht als Medium. Allerdings darf man angesichts der hier gewählten Beispiele und Formulierungen nicht in den vordergründigen Fehler verfallen, Macht als einen besonders „brutalen" Mechanismus zu interpretieren. Gewisse Aspekte der Macht sind zweifellos brutal (und viele etablierte Wissenschaftler neigen dazu, diesen Aspekt zu „vergessen"), doch andererseits dürfte es zahlreiche Zusammenhänge geben, in denen die „Macht", Entscheidungen zu fällen, einerseits vollkommen *legitim* ist und prinzipiell auf der Zustimmung der Machtunterworfenen beruht sowie andererseits in ihren „negativen Drohaspekten" auf präzise abgegrenzte Organisationsregeln beschränkt ist, die festlegen, was bei Dissens im einzelnen zu geschehen hat. So vollziehen sich beispielsweise auch Entscheidungen über die Annahme von Gesetzen im Deutschen Bundestag gemäß den „Regeln der Macht", die als „negative Sanktion" beispielsweise die Anrufung des Vermittlungsausschusses zwischen Bundestag und Bundesrat oder in noch prekäreren Fällen das Scheitern einer Vorlage, eventuell verbunden mit Mißtrauensvoten und Regierungswechsel, vorsehen. „Macht" im Zusammenhang der Medientheorie ist ein „Kürzel", das für einen umfangreichen Kommunikationszusammenhang steht, innerhalb dessen Entscheidungen nach bestimmten Regeln und angesichts gewisser Asymmetrien im Verhältnis von Entscheidungsbefugnissen und Entscheidungsunterworfenheit transferiert werden.

4.2 Geld

Die Situation, die sich ergibt, wenn *Ego Alter* einen Vorteil anbietet, falls seine Selektion übernommen wird, liegt in mehrfacher Hinsicht anders: Zwar hat auch hier *Alter* die Möglichkeit, sich auf *Egos* Selektion nicht einzulassen, sondern andere Muster für sein Handeln zu wählen. Es bleibt offen, was sich dann in der Folge entwickelt. Wenn aber *Alter* auf *Egos* Selektion eingeht, dann hat *Alter* zugleich eine Forderung erworben: die Forderung, eben jenen Vorteil zu erhalten, den *Ego* in Aussicht gestellt hat. Nicht also bereits die Übernahme der Selektion bedeutet einen Vorteil für *Alter*, sondern diese Annahme begründet erst die Pflicht *Egos*, den versprochenen Vorteil tatsächlich zu verschaffen.

Übernimmt *Alter* in diesem Sinne die Selektion *Egos*, so eröffnet sich ihm die versprochene Chance eines — materiellen oder immateriellen — Vorteils. Soweit dieser Vorteil in Geldgrößen ausgedrückt werden kann (und dies trifft in unserer Gesellschaft auf fast alle Dinge zu), also technisch gesprochen: monetär bewertbar ist, handelt es sich um „Nutzen". (Das Problem der effektiven „Nutzenmessung" — insbesondere angesichts der Problematik „subjektiven" und „objektiven" Nutzens mit all den anhängenden Fragen der Vergleichbarkeit, der Transitivität etc. lassen wir hier außer acht; es genügt, den Übergang zum ökonomischen Konzept des Nutzens herzustellen, nicht erforderlich ist, auch noch gleich die immanenten Probleme der Ökonomie mitzubewältigen.)

Das ubiquitäre Medium des Nutzentransfers ist „Geld", und Geld wird mithin in diesem Zusammenhang als das Medium des Transfers von Selektionen betrachtet, die auf dem Versprechen von Vorteilen beruhen. Man muß jedoch beachten, daß darin eine historische Einschränkung liegt: das Versprechen von Vorteilen ist von höherer Allgemeinheit (also ein stärker generalisiertes Prinzip) als das Versprechen von Geld oder in Geldgrößen ausdrückbaren Vorteilen („Nutzen").

Die Sicherung des Transfers von Selektionen über das Versprechen von Vorteilen hat ihren Schwerpunkt im ökonomischen System. Geld ist das entscheidende und zentrale Medium, das Selektionen übertragbar macht. Gegen Geld ist alles — oder fast alles möglich. Die Selektion *Egos* besteht darin, seinen Wunsch, der nur in der Kooperation mit anderen erfüllbar ist, in die Form eines „Geschäftsabschlusses" zu bringen: „Suche einen Gegenstand der Art X, biete Geld." Dies ist die Form der kommunizierten Offerte. Der Partner hat die Wahl, ob er den verlangten Gegenstand als Objekt eines ökonomischen Handels sehen will oder nicht (dies kann reichen vom Verkauf der eigenen oder fremder Kinder, Frauen, Sklaven über beliebige materielle oder immaterielle Güter bis zum Handel mit der ewigen Seeligkeit). Läßt er sich auf Handelsbeziehungen ein, so ist der Rest nur noch eine Frage des Preises.

4.3 Einfluß

Kehren wir zurück zur Frage: Warum soll ein anderer meine Selektionen übernehmen? Zwei Antworten wurden bislang erteilt: zwecks Vermeidung von Nachteilen oder zwecks Erlangung von Vorteilen.

Es läßt sich darüber hinaus vorstellen, daß weder die Furcht vor Nachteilen (oder Drohungen) noch der Wunsch nach Vorteilen (Begierde) das angesprochene Motiv sind, sondern der bloße Gedanke: daß es „richtig" sei, die angebotene Selektion zu übernehmen; richtig aus zweierlei (zu unterscheidenden) Gründen: a) einmal deswegen, weil die Selektion von einer Person getroffen wurde, deren Selektionen schlechthinniglich zu übernehmen sind (also kraft einer besonderen Einstellung *Alters* gegenüber *Ego*: „*right or wrong — he is my man*"); oder b) deswegen, weil die Selektion in ihrer Besonderheit immanent „richtig" und „begründet" ist, also kraft ihrer Relation zu tieferen Gründen. Dieser zweite Fall dürfte eine schier unendliche Fülle von epistemologischen und ontologischen Bemerkungen nach sich ziehen; er sei daher hinter dem ersten Fall einstweilen zurückgestellt.

Niemand kann alle Selektionen für das notwendige Handeln in der Welt allein treffen. *Ego* kann, um mit den komplexen rechtlichen Situationen des Lebens fertig zu werden, Jura studieren. Er kann diese Kenntnisse noch um volkswirtschaftliche, psychologische und soziologische Studien erweitern, sie mit Philosophie untermauern, sich mit religiöser Haltung festen Grund im Glauben verschaffen, aber irgendwann und irgendwo sind seine Kapazitäten erschöpft: Er kann nicht zugleich Arzt sein, um seine Gesundheit selbst zu schützen, nicht Psychiater sein, um seine Neurosen zu heilen, nicht sein eigener Ehepartner, seine Eltern und seine Kinder sein – wenn er überhaupt ein „normales" Leben in der Gesellschaft führen will, so muß er bereit sein, die Selektionen anderer zu übernehmen und die Illusion der Autarkie preiszugeben.

Selektionen können (und müssen) also auch ohne Drohung und ohne Vorteil allein deswegen übernommen werden, weil der Mensch nur fünf Sinne und der Tag nur 24 Stunden hat, die Welt aber immer mehr an Möglichkeiten bietet, als mit fünf Sinnen und zwei Händen in 24 Stunden zu bewältigen ist.

Ist man einmal der Tatsache gewahr, daß es dringend eine Entlastung von ständigen Selektionsleistungen geben muß, weil sonst jeder Mensch überfordert wäre, so bietet es sich an, die Aufgaben der Selektion zu verteilen: *Ego* trifft diese Klasse von Selektionen, *Alter* jene. Die Parteien spezialisieren sich und erarbeiten bereichsspezifische Selektionsmuster, die sie zu Systemen ausbauen und in der Zeit stabilisieren. Sie bieten ihre Selektionen als „Spezialisten" an und muten den anderen die Übernahme kraft ihres sozialen Status zu. Beachten wir, daß die Vermutung „guter" Selektionen zwar unterstellt, aber weder bewiesen noch wirklich gefordert wird: Gefordert wird allein *Entlastung*. Mit anderen Worten: zwar erwarten, erhoffen und vermuten wir, daß Spezialisierung zu einer Steigerung der „Güte" der Selektionsleistung führt, nachprüfen können wir es jedoch nicht (allenfalls wenn wir „unsere" Spezialisten mit „anderen" Spezialisten vergleichen und die Erfolge dieser denen jener gegenüberstellen). Aber dies war nicht das Motiv dafür, daß wir auf eigene Selektionen verzichteten und die Bereitschaft entwickelten, fremde Selektionen zu übernehmen. Das Motiv war die eigene Überlastung der Wahl, von der wir entlastet werden mußten. Die evolutionäre Steigerung der Selektionsleistung ist ein „*by-product*", dessen Qualität wir im Grunde gar nicht beurteilen können. Vielleicht haben wir in einer langen kulturhistorischen Perspektive „in Wahrheit" (d. h. bei anderer Bewertung) schreckliche Verluste erlitten. Und dennoch war die Entscheidung zur Spezialisierung unumgänglich.

Die Übernahme fremder Selektionen auf der Basis differenzierter sozialer Positionen (Status) erfolgt mit Hilfe eines Mediums, das am besten als „Einfluß" bezeichnet wird. Einfluß hat, wer als Spezialist einen Informationsvorsprung für sich beanspruchen und auf dieser Basis anderen seine eigene Meinung als Selektionsleistung zumuten kann. Dies gilt in kleinen Kollektiven (Vater weiß, kann und macht alles am besten oder in anderen Worten: Vater beansprucht einen Informationsvorsprung, der ihn glauben macht, für alles Anweisungen zu komplementärem Handeln erteilen zu dürfen — ohne, wohlgemerkt, drohen zu müssen, weil er als „Supermann" anerkannt ist) ebenso wie in großen Kollektiven: Selbst auf der (internationalen) Regierungsebene gibt es „Meinungsmacher", die Meinungen aus internationalen Kanälen akkumulieren und gezielt einsetzen, um Selektionen zu transferieren.

Jedermann hat Einfluß — in demselben Sinne, wie jedermann Geld oder Macht hat. Auf der Ebene des Individuums bedeutet dies etwas anderes als auf der Ebene großer Organisationen oder auf der gesamtgesellschaftlichen Ebene. Ein Weltunternehmen wie Siemens verfügt über „Geld" in ganz anderem Maße wie ein einzelner Angestellter, sei dieser nun Pförtner oder Generaldirektor desselben Unternehmens. Der Staat hat ein noch anderes Verhältnis zum Geld, denn er tritt nicht nur als „Unternehmer" in Konkurrenz zu privaten Unternehmen auf, sondern darüber hinaus in den hoheitlichen Aspekten, die mit der Institutionalisierung des Geldes als gesetzlichem Zahlungsmittel zusammenhängen.

Ähnliche Überlegungen lassen sich zur Macht anstellen. Jeder kann gegenüber jedem Drohstrategien anwenden — im Rahmen seiner Möglichkeiten. Dies gilt ebenfalls wieder auf der „primären" Ebene der Interaktion zwischen einzelnen Individuen, aber auch auf der „höheren" Ebene der Organisation (Unternehmen, Verbänden, Vereinigungen aller Art, also allgemein: organisierten Kollektiven, deren formale Organisation ein wesentliches Element ihrer Struktur ist), sowie auf den noch höheren Ebenen der Sozialorganisation bis zur obersten Ebene der „Weltgesellschaft". Die Theorie der strategischen Spiele liefert zahlreiche Belege für die Anwendbarkeit von Drohstrategien auf jeder dieser Ebenen.

Nicht anders verhält es sich mit *Einfluß*, also mit dem Medium, kraft dessen Selektionen auf der Basis differentieller Informationsvorsprünge übertragen werden. Auf der „primären" Ebene der Interaktion — beim Umgang von Individuen miteinander in „face-to-face"-Relationen informeller Art — hat jeder einzelne Einfluß so weit und in dem Maße, wie ihm ein „Vertrauensvorschuß" für vernünftige Selektionen eingeräumt wird. Es ist in diesem Rahmen und auf dieser Ebene oft ganz beliebig, wessen Selektionen übernommen werden, d. h. was konkret getan wird: ob man sonntags in den Zoo oder zum Baden fährt, sich auf Regen oder Sonne einrichtet, den Weg über die Südtangente oder durch die Stadt nimmt, die Schwiegereltern besucht oder nur anruft und dergleichen mehr. Je wichtiger die Entscheidung ist, desto mehr Informationen sind zu sammeln und abzuwägen, aber welcher Schluß daraus gezogen wird, d. h. wessen Entscheidung für alle Beteiligten verbindlich übertragen wird, ist oft eine Frage des Augenblicks und der momentanen Stabilität der Statuspositionen in dem betreffenden Kollektiv. Natürlich kann es in manchen Fällen prinzipiell nach dem Schema ablaufen: „Laß das mal den Vater machen." Ebenso „natürlich" kann der banalste Fall zwischen allen Parteien endlos umhergerollt werden und die finale Selektion mehr durch Erschöpfung aller Geister zustande kommen als durch wirkliche „Übernahme" einer Meinung. Aber in der Regel stabilisiert sich in allen „kleinen" Primärgemeinschaften eine Form von Einfluß, die auf der Basis von Status und Kompetenz im Hinblick auf das je anstehende Problem differenziert: „Männersache", „Weiberkram", „Stammtischweisheit", usw.

Auf den höheren Organisationsebenen werden diese Mechanismen stärker formalisiert. Neben die informellen Einflußkanäle, die zwischen konkreten Menschen immer bestehen, treten als überlagernde und überformende Strukturen ausdifferenzierte Netze der Kommunikation, in denen die einzelnen Positionen in unterschiedlicher Weise zu Informationsmengen Zugriff haben und in wiederum davon abzuhebender Weise mit Information umgehen müssen. Jedermann erhält im Rahmen der Organisationen, in die er einbezogen ist, eine unterschiedlich große Zahl von Informationen, deren Qualität ebenfalls eine Rolle spielt (so erhalten hohe Positionsinhaber in der Regel relativ „wenig" Informationen, weil aller „Routinekram" von Subalternen vorab weggefiltert wird, dafür erhalten sie aber erhebliche Mengen an „qualifizierter" Information). Keineswegs kann oder darf diese gesamte Informationsmenge beliebig weitervermittelt werden. In vielen Organisationen dürfen von hohen Positionsinhabern Informationen überhaupt nicht weitergegeben werden (jedenfalls nicht „öffentlich"), sondern die Weitergabe von Information (generell die

39

Aufnahme, systematische Verarbeitung und gezielte Verbreitung von Information) ist besonderen Positionen zugeordnet („Sprecher"). Diese besondere „Klasse" von Leuten, deren Aufgabe die Informationsverarbeitung in diesem Sinne ist, sei als *media people* bezeichnet. Ihre Funktion ist vor allem deswegen so bedeutungsvoll, weil hier eine eigenartige Überlagerung von Medien eine Rolle spielt, die folgendermaßen erläutert werden kann:

Die Basis für den Transfer von Selektionen über „Einfluß" ist der in Anspruch genommene Informationsvorsprung von *Ego* gegenüber *Alter*. Dieser Informationsvorsprung wird bei der Übertragung der Selektion nicht aufgeholt. *Alter* erhält nicht die Information von *Ego*, die ihn in die Lage versetzte, die Selektion *Egos* „verstehend" nachzuvollziehen und in ihrer inneren „Rationalität" zu überprüfen. Vielmehr „vertraut" *Alter* dem unterstellten Informationsvorsprung, der konkret unüberprüft bleibt. Dies muß so sein, weil anderenfalls die geforderte „Entlastung" von den allfälligen Selektionszwängen nicht zum Tragen käme. (Das Wissen des Arztes wird vom Patienten unterstellt, nicht kontrolliert.)

Nun kann *Ego* jedoch seine Informationen „gezielt" einsetzen, um ein Verhalten *Alters* zu fördern, das gar nicht auf die Komplementarität der Interaktion zwischen *Ego* und *Alter* zielt, sondern den Interessen einer dritten Partei dient. *Ego* steht im Dienste dieses Dritten („*Tertiors*"), der *Ego* als einen „Meinungsmacher" bezahlt. Das Verhältnis zwischen *Ego* und *Tertior* ist das bekannte ökonomische Verhältnis des Arbeitgebers zu seinem Arbeitnehmer (die Firma „Herr & Knecht"). *Ego* hätte a priori gar kein Interesse, seine „Meinung" *Alter* anzubieten und ihn zu gemeinsamen Selektionen zu verlocken, wäre da nicht das Vertragsverhältnis mit *Tertior*, demzufolge *Ego* meinungsbildend wirken muß.

Der wichtige Aspekt dieses Vorganges liegt in der Einsicht, daß die Steuerung von Selektionen ihrerseits Steuerungsmechanismen unterliegt. „Einfluß" ist ein Medium, das nicht nur in einem bestimmten Rahmen substituierbar (wie jedes Medium gegen jedes andere), sondern darüber hinaus durch andere Medien steuerbar ist. Wer Einfluß hat, kann über Geld gesteuert werden. Auch das Umgekehrte gilt. Kapitalflüsse lassen sich mit Hilfe von Einfluß steuern. Freilich ergeben sich hier andere Bedeutungsnuancen: „gekaufter" Einfluß hat eine anrüchigere Qualität als die Steuerung von Kapitalflüssen über Einflußkanäle. Aber grundsätzlich deuten diese Bemerkungen eine Richtung intensiv zu treibender Forschung an, die sich aus der Komplexität einander überschränkender Medien ergibt.

4.4 Über den Transfer „begründeter" Selektionen — Ein viertes Medium

An früherer Stelle der Systematisierung von Mechanismen des Transfers wurde der Fall erörtert: *Alter* übernimmt die Selektion *Egos* weder um eines versprochenen Vorteils willen noch aus Angst vor einer Situationsverschlechterung im Falle der Weigerung, sondern deswegen: weil ihm die Selektion *Egos* als die „wahre Wahl", als „sachlich begründet" erscheint. Nicht der vermutete „Informationsvorsprung" *Egos* ist der Grund, nicht die „bloße Meinungsmache" auf der Basis in Anspruch genommener, aber nicht überprüfter Überlegenheit, sondern die innere Einsicht *Alters* selbst in das „Rahmenwerk" der Selektion. Wie ist das möglich?

Einen Zugang zu diesem Problem mag ein evolutionäres Spätprodukt liefern: die Wissenschaft. Theorien sind nicht nur semantische Aussagensysteme, sondern unter praktischem Aspekt (allerdings nicht immer) „Lösungen" bestimmter Probleme.

So ist beispielsweise eine exakte Navigation auf See erst nach Lösung des Problems der Zeitmessung möglich gewesen: Die geographische *Breite* jedes Objektes — also auch: Schiffes — wird durch den Winkel eines Fixsterns gegen den Horizont gemessen. Dies war allen Seefahrten seit der Frühzeit mindestens der Praxis nach geläufig. Die *Längenbestimmung* ist jedoch nur in der Weise möglich, daß man die Ortszeit an Bord mit der Zeit des Abfahrtpunktes vergleicht (bzw. einer Standardzeit eines Weltpunktes). Diese Zeit muß in Beziehung zur Gestirnsbewegung (Sonnenaufgang) gesetzt werden. Daraus läßt sich der Anteilswinkel am Vollkreis der Sonnenbewegung (dem Rotationskreis von $360°$) berechnen. Navigation erfordert also den (expliziten oder impliziten) Bezug auf ein Konglomerat von Korollarien, u. a. astronomische Kenntnisse, die Bewegung des Pendels (deren Erfindung und Verwertung auf Galilei und Huygens zurückgeht — 14 Jahre nach Galileis Tod baute Huygens die erste brauchbare Pendeluhr) und erhebliche Kenntnisse auf technischem Gebiet (nämlich: des Verhaltens der Metalle bei Ausdehnung, Feuchtigkeitseinwirkung, usw.)

Dieser Hinweis auf Navigation und Zeitmessung soll darauf aufmerksam machen, wie sich bei komplizierten Problemen theoretisch-abstrakte und technisch-konkrete Aufgaben vermischen, um eine Selektionsleistung in Form einer Technologie zu ermöglichen, die durch Lernprozesse transferierbar ist. „Lernprozesse" ist das hier wichtige Wort: Die Selektion kann nur dann verbindlich stabilisiert werden, wenn die Partner ihre begründenden Prinzipien erkennen und selbst anwenden können. Dies gilt natürlich nicht in der Weise, daß Kapitän *und* Bootsmann (oder gar der Smutje) ein gemeinsames see-akademisches Wissen teilen müßten. Gemeint ist hier die Einheit des Wissens auf der Vergleichsebene paralleler Positionen: Alle, die Kapitän werden wollen (allgemeiner: das Wissen von See-Offizieren erlangen wollen), müssen über Lernprozesse die Fundamente und Prinzipien internalisieren und beherrschen.

Hier fällt darüber hinaus ein weiterer Aspekt auf: Eine Beherrschung des Problems ist außerhalb der gefundenen „Lösung" nicht vorstellbar, allenfalls unter „höheren Kosten" — also umständlicher. Es scheint, als liege die Perfektion der Lösung — und somit der Zwang zur Übernahme dieser Lösung — in ihrer inneren Übereinstimmung mit der Natur selbst, so als sei die Lösung die Kopie des natürlichen Bauplanes der Welt — die Entdeckung ihrer Blaupause.

Diese Fälle dürften relativ einsichtig sein: Die Übernahme von Selektionen kann auf der Grundlage der Einsicht in die „Richtigkeit" einer Wahl angesichts des auf ihrer Grundlage erfolgreichen Handelns begründet sein. Es handelt sich um den Fall „kognitiver Systeme". Kognitive Systeme stellen einen Zusammenhang her zwischen einem handlungsleitenden (interpretativen und praxeologischen) Schema — also „Wissen" — und der (vermuteten) Struktur der Realität. Es wird also unterstellt, die Realität habe die Struktur „Z", und diese sei in dem (Grundlagen-)Schema „S" richtig (oder annähernd richtig) erfaßt.

Selektionen können mit dem Anspruch der „inneren Wahrheit" oder „Sollens-Gültigkeit" angeboten und akzeptiert werden. Dies leuchtet — vordergründig — bei „wissenschaftlich begründeten" Aussagen und kognitiven Selektionen ein. Wie verhält es sich jedoch bei erkennbar *normativen* Selektionen? Warum soll *Alter* die ästhetischen Urteile *Egos* übernehmen — also schön finden, was dieser schön findet und häßlich nennen. was dieser häßlich nennt? Hier wird man kaum mehr unterstellen können, daß es eine immanente Relation zwischen der Struktur der Objektwelt und dem ästhetischen Urteil gäbe, die — parallel zu wissenschaftlichen Entdeckungen — „enthüllt" werden könnte.

Ebenso schwierig dürfte es sein zu erklären, warum *Alter* die Bewertung *Egos* übernehmen soll, die sich auf Wertabstufungen beziehen: Warum soll Sparsamkeit eine Tugend, aber Geiz verwerflich sein? Warum soll man Schweine mästen und schlachten, aber nicht Hunde? Warum bringt es den Indonesiern Unglück, eine Katze zu überfahren, während es gleichgültig ist, ob ein Hund überfahren wird? Warum ist es in unserer Gesellschaft allgemein richtig, ein kritischer Rationalist, aber kein gläubiger Marxist zu sein (und warum war das Gegenteil in vielen Fällen der Karriere an Hochschulen so überaus förderlich)?

Man wird kein Beispiel finden, das auch nur andeutungsweise eine „objektiv begründete" Entsprechung zwischen der Struktur der Realität und dem Wertmuster des Handelns aufweist. Warum also und mit welcher Begründung werden hier Selektionen transferiert?

Bevor hierauf eine Antwort skizziert wird, sei auf eines hingewiesen: Hier kann nicht etwa ein Unterschied zwischen den „rational fundierten" Selektionen und ihren Transfers in der Wissenschaft und den „objektiv unbegründeten" Selektrionstransfers außerhalb der Wissenschaft herauskommen, sondern im Gegenteil nur der Nachweis, daß auch die wissenschaftlichen Selektionen auf einer Basis transferiert werden, die eine „objektive" Begründung nicht für sich in Anspruch nehmen kann.

Die Antwort auf die Frage: warum und wie in diesem Bereich Selektionen zustande kommen und transferiert werden, muß ihren Ausgang in den Sozialisations- und Lernprozessen nehmen, die jeder einzelne durchläuft. Die Entwicklung der individuellen Persönlichkeit vollzieht sich vom Beginn der frühkindlichen Sozialisation an in der Weise, daß der einzelne seine Individualität (oder Persönlichkeit) als Reflex in der Haltung der anderen erlebt. Ein positives Erlebnis des eigenen Ichs ist nur dann möglich, wenn die reflexiv eingespiegelte Identität durch harmonische Beziehungen mit der sozialen Umwelt aufgebaut ist. Mit anderen Worten: Wie „merkwürdig" auch immer die Anforderungen und Erwartungen der Umwelt gegenüber dem einzelnen sein mögen, und in welchem Maße auch immer diese Umweltbedingungen in ihrer jeweiligen Ausprägung der Entwicklung eines „emanzipierten" und „autonomen", voll „entfalteten" Individuums günstig (oder feindlich) sein mögen — für das positive Erleben einer harmonischen Existenz kommt es *zunächst* nur darauf an: daß das Individuum mit den Erwartungen und Anforderungen seiner unmittelbaren Umwelt so zurechtkommt, daß eine ausgewogene Balance von Gratifikationen und Sanktionen entsteht.

Unter dem Aspekt der Sozialisation wird jeder Mensch in einem bestimmten sozialen Umfeld (meist Familie) geboren und durchläuft eine Folge von Sozialisationssystemen, an denen zunächst nur wenige andere Individuen, dann zunehmend mehr Interaktionspartner beteiligt sind.

Sozialisationssysteme sind vor allem durch folgendes Merkmal bestimmt: Sie bestehen aus einem Horizont von Erwartungen und Normen, deren Fokus eine Leerstelle ist: Diese Leerstelle wird von dem Heranwachsenden besetzt. In gewissem Sinne ist das Individuum in diesem System ein manipuliertes Objekt: Wenig wird nach seinem „Willen" oder seinen „Absichten" gefragt, ohne sein Wissen und Wollen wird es geboren, durch Zufall (oder Schicksal) ist es an eine bestimmte Familie gebunden, die in unglücklichen Fällen nicht einmal vollständig ist oder zerfällt, und ohne Chance, auf die entscheidenden Phasen seiner frühkindlichen Entwicklung Einfluß zu nehmen, wächst es heran; Bewußtsein und Reflexionsfähigkeit seiner subjektiven Existenz erlangt es erst dann, wenn der entscheidende Teil seiner Anlagen und Fähigkeiten so stark festgelegt ist, daß nur noch äußerste Anstrengungen eine Veränderung bewirken können. Und selbst die Frage: Ob der einzelne zu dieser Anstrengung fähig ist, wird weitgehend in der Vorphase seiner vollbewußten Existenz entschieden. In den Sozialisationssystemen, in denen es aufwächst, ist eine Leerstelle angelegt, auf die es geschoben wird. Alle Ausdrücke seines Wesens und seiner Existenz werden mit normativen Mustern verglichen: Von der Frage, ob seine äußere Erscheinung und seine biologischen Prozesse im Rahmen des „Normalen" liegen (vom Moment der spürbaren Existenz des werdenden Menschen im Mutterleib an), bis zu der Frage, ob seine kleinen Lebensäußerungen in ihrer konkreten Ausprägung zur „richtigen Zeit" und im „richtigen Maße" stattfinden. Jede Faser der sozial wahrgenommenen Existenz wird mithin von den „Sozialisationsagenten" mit Erwartungen belegt und sanktioniert, so daß der heranwachsende Mensch einer ununterbrochenen Kette von normativen Einwirkungen unterliegt, die eine schier unendliche Anzahl von Sperren, Hemmungen, Filtern, Mechanismen und Regulativen aller Antriebe und Energien in ihn versenken, bis sein Verhalten hinreichend „enkulturiert" ist. Die fundamentalste und umfassendste Rolle spielt dabei die Sprache.

„Natürliche" bio-chemische Organisationsmechanismen spielen für die Strukturierung menschlichen Handelns und Erlebens nur eine untergeordnete Rolle. Die wichtigsten menschlichen Strukturierungsmuster werden vielmehr durch die Sozialisation in Form kultureller Muster „künstlich" introduziert und verinnerlicht. Sie überformen die natürlichen Anlagen vollkommen und geben ihnen eine kulturspezifische — und innerhalb jeder Kultur wiederum „schichten- oder klassenspezifische" — Ausprägung. Diese internalisierten Muster, die in generalisierter Form sowohl für eine gesamte Kultur als auch auf weniger stark generalisierten Ebenen in abnehmendem Maße für die jeweiligen „Klassen" und „Gruppen" bis hinunter zu einer konkreten Gemeinsamkeit der Orientierungen und Einstellungen innerhalb der Kleinstgruppen (Familien-/Ehegruppen) *„gleichartig"* sind (Gruppen- oder Kollektiv-Charakter), bestimmen nun aber das „Welterleben" nicht weniger stark und ausschließlich, als dies für die „angeborenen" Schemata des Erlebens und Handelns bei Tieren gilt.

Durch die Sozialisation wird in dem einzelnen Individuum ein normativer Gesamtapparat aufgebaut, der ein System von Selektionsmechanismen bio-chemischer Reize und seiner Verarbeitung zu „bewußten" Informationen darstellt und alle darauf bauenden Verhaltensabläufe konditioniert. „Was" „wie" erlebt wird, hängt von diesem „internalisierten" Schema ab. Zwar bleiben die Außenweltreize (vom realistischen Standpunkt aus) immer „dieselben": In welcher Form sie jedoch perzipiert und zu „bewußter" Information verarbeitet werden, ist kulturabhängig und weiter in ihrem konkreten individuellen Erlebnis abhängig von der Persönlichkeitsstruktur.

Dieses innere Schema der Organisation von Perzeption und Reaktion beruht in seiner Konstruktion auf einer *normativen* Basis. Dies bedeutet, daß der internalisierte Mechanismus die Registrierung aller Reize mit einer Forderung nach einer bestimmten Antwort verknüpft: Nichts kann allein und ausschließlich „kognitiv" perzipiert werden (also bloß als „seiend" registriert werden), sondern in der Perzeption liegt unausweichlich die Vorschrift einer bestimmten „Haltung", in der diese Perzeption zu verarbeiten ist. Jede innerlich bis zum Bewußtsein verarbeitete Aufnahme von Information über die Sinne und jedes „innerliche" Umgehen damit bis hin zum manifesten Verhalten als Folge (also die Selektion eines Musters des Handelns) ist kraft ihres Ursprungs in der Sozialisation Ausdruck der verinnerlichten Erwartungen, Forderungen und Ansprüche mit ihren konkomitanten Sanktionsmustern des sozialen Umfelds, das diese Fähigkeiten im Individuum erzeugt hat.

Ursprünglich ist jede sozial überformte Reaktion des Heranwachsenden ein direkter Respons auf die Erwartungen einer konkreten Bezugsperson: In der Regel der Mutter als erstem Objekt, dann der Familiengruppe. Die Gratifikations/Frustrations-Muster, die von diesen Bezugspersonen verwendet werden, legen dem heranwachsenden Individuum jede Verhaltensleistung als „schuldige Pflicht" auf. Jede „richtige" Leistung wird belohnt, jede „falsche" bestraft und korrigiert, so daß die harmonische Beziehung vollkommen auf der erfolgreichen Verinnerlichung aller „pflichtgemäßen" Selektionen beruht. Diese zunächst streng personengeschuldeten Verpflichtungen zur „richtigen" Leistung werden im Laufe der Selektion immer mehr personen-unabhängig. An die Stelle konkreter Bezugspersonen (Mutter-Eltern-Familie-Schule-*peer-groups*) tritt eine a-personale Bezugskategorie („man"), die konkret durch irgendeine Bezugsperson substituiert werden kann („was würden Deine Eltern zu diesem Verhalten sagen" — „was Dein Lehrer" — „Gott sieht alles" — usw.). Damit reduzieren sich einerseits die personalen Verpflichtungen auf konkreter umschreibbare Pflichten „des Kindes" gegenüber „den Eltern", so daß der Begriff der „Pflichtschuldigkeit" eingeschränkt wird, zugleich entstehen aber andererseits generalisierte Verpflichtungen gegenüber einer abstrakten Ordnung von Normen und Werten, die inhaltlich nicht mehr zu begrenzen sind, sondern mit dem allgemeinen Kulturmuster einer Gesellschaft zusammenfallen, ja dieses überschreiten können (es kann vom einzelnen mehr gefordert sein — im moralischen Sinne — als konkret in seiner Gesellschaft an Werten und Normen für verbindlich erachtet wird, wenn und soweit der einzelne einen solchen „Ruf" vernimmt).

Diese allgemeinen unbegrenzten Verpflichtungen werden von Parsons als *„commitments"* bezeichnet. Ein deutsches Äquivalent dafür zu finden, ist schwierig. Am nächsten scheint der Ausdruck „Wertbindungen" oder „normative Bindungen" zu kommen. Darin ist ausgedrückt, daß der einzelne über die internalisierten Muster an bestimmte Normensysteme gebunden ist, die sein Erleben und Handeln von Grund auf bestimmen — in dem zuvor erläuterten Sinne. Diese „Wertbindungen" sind das anthropologische Äquivalent „biochemischer" Organisationsstrukturen des Erlebens und Handelns; sozusagen die kulturell etablierte „Natur" des Menschen und daher ganz fundamental. Es handelt sich nicht nur um eine „Wert-Bindung", sondern um eine tiefgehende „Gebundenheit", die unauflösbar (wenngleich inhaltlich wandelbar) über das ganze Leben hinweg besteht.

Wertbindungen („*commitments*") sind generalisierte Verpflichtungen (*„obligations"*). Diese individuellen Verpflichtungen beziehen sich ganz konkret auf die Pflicht, Selektionen der Bezugspersonen zu übernehmen. Die „geschuldete Leistung" ist die Übernahme der Selektion als der „richtigen" Leistung. Die korrekte Übernahme wird belohnt, die Abweichung bestraft. Dabei gilt nicht die Drohung einer Strafe als Beweggrund (wie im Fall der Macht), sondern die Erwartung seitens der Bezugsperson: daß die Übernahme der Selektionen eine Pflicht sei, die aufgrund normativer Erwägungen (aus Wertgesichtspunkten) bestehe.

Wertbindungen sind nichts anderes als generalisierte Verpflichtungen, mithin beziehen sich auch Wertbindungen konkret auf die Pflicht, normativ verbindliche Selektionen zu übernehmen, deren Begründung in einem akzeptierten Wertgesetz liegt, dem man unterworfen ist. Pflichten können angemahnt werden – individuell von Bezugspersonen, denen man die Pflicht „schuldig ist", sozial von beliebigen Interaktionspartnern unter Hinweis auf allgemein verbindliche Normen – seien es spezifische Regeln einzelner Kontexte oder seien es die (evolutionär entstandenen) allgemeinen menschlichen Wertgesetze, denen jeder von uns unterliegt, gleich welcher Abstammung, Rasse und Nation.

In diesen Dimensionen liegt die Antwort auf die Frage: warum Selektionen kraft „innerer Gültigkeit" übertragen werden können. Betrachtet man die vier Systematisierungsformen, die die Antworten auf die Frage ordnen: „Warum soll ein anderer meine Selektionen übernehmen? ", dann gelangt man zu dem Schluß, daß diese letzte Form „innerlich am überzeugendsten" ist; sie stellt, wie schon eingangs bemerkt, die befriedigendste Lösung dar, weil sie suggeriert, daß eine andere, bessere Selektion überhaupt nicht gefunden werden könnte. Die Folgerung daraus ist, daß man erwarten kann, jede Institution werde versuchen, „letzte" Gründe für die mit ihrem Bestand verbundenen Selektionen zu finden, auch wenn die jeweiligen Selektionen zunächst über andere Kanäle und mit anderen Mitteln transferiert werden.

Dies bringt uns zu einer letzten interessanten Frage im Rahmen dieser Einführung: Welches Verhältnis besteht zwischen den bislang erörterten Medien – sind sie gegeneinander austauschbar, gibt es Über- und Unterordnungen, lassen sie sich miteinander verrechnen, addieren und kumulieren?

4.5 Beziehungen zwischen den Medien

„Biete Geld, will Ware" – diese Formel erschließt jede Art von ökonomischer Transaktion. Demgegenüber steht die (von Moralisten so gern zitiert, vom Leben jedoch ebenso gern widerlegte) These, daß nicht alles käuflich sei; es gibt Dinge, die durchaus einen Wert, aber keineswegs einen Preis haben. Wer über Geld nicht an sein Ziel kommt, mag Zuflucht zu den anderen Medien nehmen. Dabei kann sich nun erweisen, daß man auf dem Umweg über Macht oder Einfluß doch am Ende dahin kommen kann, eine zunächst ausgeschlagene ökonomische Transaktion zustandezubringen. In der Praxis können sich also die Formeln der Ökonomie und die Formeln der Macht miteinander verbinden. Die Entstehung von Monopolen und Oligopolen spiegelt nichts anderes als eben diese Verknüpfung.

Betrachten wir einen weiteren Fall, der schon oben einmal angedeutet wurde: das Verhältnis von Geld und Einfluß. Jede Werbung beruht auf dem Prinzip, Aufmerksamkeit für Selektionsvorschläge zu *kaufen.* Das gesamte Zeitschriften- und Zeitungswesen wiederum beruht auf dem kaufmännischen Prinzip, über Werbung die Publikation zu finanzieren und die redaktionellen Inhalte sozusagen nur mitzuliefern. In dem Maße, wie ökonomisch gesehen die tragende Basis der Publikationen die Werbung bildet, entsteht hier ein Risiko in einer bestimmten Richtung: Das Medium „Einfluß" wird abhängig von einer anderen Medienstruktur – dem „Geld/Macht"-Komplex.

Dieses Beispiel weist darauf hin, daß Einflußstrukturen prinzipiell prekär sind, sobald und soweit über Einfluß Selektionen in Gang gesetzt werden, die zugleich ökonomische Effekte auslösen.

Ebenso können Verbindungen zwischen Macht und Einfluß bestehen; die weltlichen Bemühungen der Kirche bieten zahlreiche Belege überall dort, wo sich Seelenhirten von der Kanzel für konservative oder progressive Politik engagieren, die mit Parteigruppierungen identisch ist. Erinnert man sich, daß Einfluß als Medium darauf beruht, dem Partner zu *vertrauen,* so sieht man zugleich, daß hier beide Seiten ein hohes Risiko eingehen: „Blindes Vertrauen" kann sich als gefährlich erweisen,und andererseits kann man das erworbene Vertrauen so verspielen, daß man seine gesamte Position verliert.

Das Risiko bei Einflußstrukturen liegt darin, daß allzu leicht der Kompetenzbereich überschritten wird, der das tragende Fundament der Einflußbeziehungen bildete. Max Webers Vorwurf gegen die „Kanzelpropheten", die die Darlegung wissenschaftlicher Inhalte mit politischen oder moralischen Urteilen verbinden, dürfte auf nichts anderes zielen als eben diese Verquickung von fachlicher Kompetenz und angemaßtem Urteil jenseits der fachlichen Qualifikationen. Das fachlich begründete Expertentum führt zu einer übergreifenden Reputation, deren soziale Funktion es ist, die öffentliche Aufmerksamkeit für eben jene Themen zu gewinnen, für die sich der mit Reputation ausgestattete Experte engagiert. An dieser Stelle setzt dann das Problem ein, daß sich jede Organisation dringend bemüht, „große Namen" für ihre Sache zu gewinnen, ganz gleich, wie nah oder fern dieser „große Name" der Sache *inhaltlich* steht. Wenn aber die Inhalte, für die der „große Name" sich engagiert, nicht mehr durch sein Expertentum gedeckt sind, dann kommt es zu einem Umschlag in eine allgemeine Windbeutelei, die das Medium inflationiert. Auch im Bereich der Wertbindungen verhält es sich prinzipiell nicht anders. Wissenschaft, beispielsweise, liefert unter dem Anspruch der „Wahrheit" Belege für alle möglichen Thesen, und die Gutachten einer Partei lassen sich stets durch Gegengutachten der anderen Partei aufwiegen. Kennzeichen beinahe aller „letzten" Werte ist es, daß im Laufe der Geschichte blutige und opferreiche Schlachten für vermeintlich oder tatsächlich unverträgliche Varianten geführt wurden. Kein Prinzip der Kulturwelt hat sich letztlich als wirklich „unangreifbar" und „begründend" erwiesen.

Dennoch zeigt sich in der Abstufung der Medienkomponenten, daß der Rekurs auf Werte und Wertbindungen eine stärkere Wirkung entfaltet, als dies für die anderen Medien gilt. Der erfolgreiche Appell an die moralische Überzeugung vermag die plumperen Verlockungen des Geldes und die Drohungen der Macht zu durchbrechen – ein Lieblingsthema des Trivialgenres. Es ist daher typischerweise das Bemühen aller organisatorisch und institutionell etablierten sozialen Handlungseinheiten, die Selektionsmuster, von deren Stabilisierung sie abhängig sind, nicht nur über Geld, Macht und Einfluß, sondern vor allem auch über moralische Sanktionen abzusichern, also den Transfer ihrer Offerten auf Wertbindungen zu basieren. Ein typisches Beispiel aus der Geschäftswelt ist das Bemühen, den Kunden das Prinzip der „Treue" vor Augen zu halten, so daß ein Wechsel der Marke oder des Geschäftes Schuldgefühle erzeugt. Im Bereich der Macht hat Max Weber formuliert, daß „keine Herrschaft ... sich, nach aller Erfahrung freiwillig mit den nur materiellen oder nur affektuellen oder wertrationalen Motiven als Chancen ihres Fortbestandes (begnügt). Jede sucht vielmehr den Glauben an ihre „Legitimität" zu erwecken und zu pflegen." (Wirtschaft und Gesellschaft, Studienausgabe von 1964, S. 157). In der Terminologie der Medientheorie heißt dies nichts anderes, als daß die Selektionstransfers auf der Basis der Mobilisierung von Wertbindungen zustande kommen – das Machtverhältnis, das seinerseits ein Produkt der legitimen Ordnung der sozialen Verhältnisse ist, erlegt den Machtunterworfenen ihren Gehorsam als „schuldige Pflicht" auf. Damit wird Willfährigkeit nicht allein über die Drohung mit potentiellen Strafsanktionen abgesichert, sondern darüber hinaus in den Bereich der Ethik transponiert[21].

Aus diesen wenigen Andeutungen, die nur Beispiele, aber kaum eine Analyse bringen konnten, ergibt sich, daß die Medienstrukturen auf eine sicherlich nicht eindeutige, etwa gar lineare, sondern eher diffuse Weise miteinander verflochten sind. Es scheint, daß, kybernetisch gesehen, Wertbindungen als Kapazität, moralische Überzeugungen zu mobilisieren, an der Spitze einer hier möglicherweise zu konstruierenden Hierarchie der Medien stehen könnten, wohingegen Geld als die Kapazität, sich an ökonomischen Tauschprozessen unter dem Aspekt der Maximierung von Nutzengrößen zu engagieren, den untersten Stellenwert in dieser Hierarchie einnehmen würden. Andererseits besteht der begründete Eindruck, daß in gewissen Konstellationen Geld Einfluß *kaufen* kann und auch Prozesse der Machtbildung von den Möglichkeiten unterschiedlicher finanzieller Ressourcen keineswegs unabhängig sind – die Verquickung ökonomischer und politischer Kapazitäten im amerikanischen Senat (in dem mehr als ein Drittel aller Senatoren zum Großkapital gehören) gibt darauf einen nachdrücklichen Hinweis.[22]

Das Bild der Medien kompliziert sich weiterhin dadurch, daß keine dieser Wechselbeziehungen „rein" für sich bleibt, sondern sie sich im Gegenteil weiter vermischen: Die Akkumulation von Geld führt regelmäßig auch zu einer Kumulierung der Macht, garantiert Einfluß und verschafft schließlich auch moralische Autorität. Ebenso verschafft jedoch Macht erleichterten Zugang zu finanziellen Ressourcen, ja – ein Großteil dieser Macht ist überhaupt von Anbeginn darauf gerichtet, Verfügungsgewalt über Ressourcen zu erlangen. Nicht anders verhält es sich im Bereich moralischer Autorität. So ist in aller Regel der Aufbau religiöser Organisationen mit Akkumulation ungeheurer Vermögen einhergegangen; die Fiskalverwaltung beispielsweise der römisch-katholischen Kirche dürfte der säkularer Weltimperien um nichts nachstehen. Die Ambivalenz von Einflußmustern schließlich wurde schon oben angedeutet: Einfluß kann sowohl um finanzieller Vorteile willen eingesetzt werden, als auch zugunsten von Machtkonstellationen (oder gegen sie) wirken, als auch zur Verstärkung oder Abschwächung moralischer Gebote und inneren Pflichtempfindens mobilisiert werden.

Man kann nicht hoffen, diese Wechselbeziehungen bereits im ersten Anlauf zu bewältigen. Schon das Problem der Analyse eines einzigen Mediums als eines Mechanismus, der Selektionen in Form von wechselseitigen „*interchanges*" stabilisiert, ist schwierig genug. Parsons expliziert diesen Prozeß an dem bekanntesten aller Tauschmodelle – dem Geldkreislauf. Die Haushalte bieten einerseits ihre

Leistungen auf dem Faktormarkt in Form von Arbeitskraft an und fragen andererseits auf dem Gütermarkt Konsumgüter nach. Die Unternehmer ihrerseits fragen auf dem Faktormarkt Arbeit nach und bieten auf dem Gütermarkt ihre Produkte an. Der Ausgleich auf den Märkten erfolgt über Geld. Das Medium beginnt jedoch nun, eine Art von Eigendynamik zu entfalten. Es ist nicht, wie eine der Vergessenheit verfallene Lehre irrtümlich meinte, ein Schleier, der, über die eigentlich ökonomischen Transaktionen gezogen, diese verdunkelt, sondern ein kybernetischer Mechanismus, der regulativ in die Wirtschaftsprozesse eingreift. Dieses Regulativ wird seinerseits mit anderen Regelstrukturen verknüpft, und so gerät man — schon in der Explikation des ersten Mediums — unausweichlich in den Zusammenhang *aller* Medien. Diese schwierige Aufgabe, alles zugleich auf einmal und dennoch in geordneter Folge darstellen zu müssen, kann über den hier erreichten Punkt hinaus diese Einleitung nicht lösen. Es wird Zeit, den Meister selbst zu Wort kommen zu lassen. Was am Ende der folgenden vier Aufsätze noch immer unklar bleibt, muß die theoretische Diskussion zu klären versuchen, die die folgende Übersetzung — im Verein mit den schon vorliegenden Arbeiten zur Medientheorie — hoffentlich in Gang bringen wird.

Anmerkungen

1 Stefan Jensen (Hrsg.): *Talcott Parsons — Zur Theorie sozialer Systeme.* Opladen (Westdeutscher Verlag) 1976, zitiert als *Jensen 1976.*

2 Der Ursprung dieser Konzeption dürfte weiter zurückliegen und zunächst in der gemeinsamen Arbeit mit Neil J. Smelser — einem Harvard-Ökonomen — zu suchen sein, deren erstes Ergebnis der 1956 veröffentlichte Band *Economy and Society* war, und die sich dann mit dem Bemühen um eine exakte Analyse der Input/Output-Prozesse in Sozialsystemen fortsetzte, wie sie sich etwa in dem Beitrag Parsons' über die „Grundzüge des Sozialsystems" findet (vgl. „Grundzüge des Sozialsystems", in *Jensen 1976:* 161—274; hier insbesondere 220 ff.). Den theoretischen Ausgangspunkt bilden dabei die Austauschprozesse in der Wirtschaft, die durch entsprechende Modelle der Wirtschaftstheorie erfaßt werden. Parsons selbst bemerkt dazu: „The primary reference model of interchange for us became the Keynesian focus of interchange between households and firms..." („On Building Social System Theory; A Personal History". DAEDALUS 1970/4:826—881; Zitat Seite 846. Deutsche Fassung in: *Soziologie — autobiographisch:* Stuttgart (Ferdinand Enke/DTV) 1975.) Das Studium dieser Austausch-Modelle führte Parsons zur Geldtheorie. Während aber dort Geld als *einzigartiges Phänomen* angesehen wird, faßte

51

es Parsons als *allgemeines Paradigma* für einen sozialen Mechanismus der Steuerung von Austauschprozessen auf. Diese „kopernikanische Wendung" bildet den entscheidenden Ausgangspunkt dafür, nach weiteren Mitgliedern dieser Klasse von Steuerungsmechanismen zu suchen und zugleich ihre allgemeinen theoretischen Grundlagen zu erforschen.

3 Vgl. vor allem das Buch von Talcott Parsons und Gerald M. Platt: *The American University*, Cambridge, Mass. (Harvard University Press) 1973.

4 Einerseits wäre hier vor allem Niklas Luhmann mit seiner − zwar von Parsons ausgehenden, dennoch völlig originären − Medienkonzeption zu nennen sowie auf der anderen Seite die an Parsons anschließenden Diskussion in den USA, die ihren Niederschlag − nach einer Reihe von früheren Diskussionsbeiträgen, die hier nicht bibliographisch nachgewiesen werden sollen, − vor allem in der sogenannten „Parsons-Festschrift" gefunden haben, nämlich dem Doppelband von Jan J. Loubser, Rainer C. Baum, Andrew Effrat und Victor Meyer Lidz (Hrsg.): *Explorations In General Theory In Social Science. Essays in Honor of Talcott Parsons.* New York (Free Press) 1976. (Zitiert als Loubser et al. 1976).

5 So definiert Niklas Luhmann den Begriff der „Stabilität" nicht als „Erhaltung von Beständen", was von der Kritik allzu oft mißverstanden wurde, sondern als „erleichterte Reproduzierbarkeit von Problemlösungen"; *Soziologische Aufklärung 2*, Opladen (Westdeutscher Verlag) 1975: 180, in einem Beitrag, der ohnehin für diesen Abschnitt von größter Bedeutung ist: „Einführende Bemerkungen zu einer Theorie symbolisch generalisierter Kommunikationsmedien."

6 Das Gegenteil behaupten Bliss C. Cartwright und R. Stephen Warner: „The Medium is not the Message". In: Loubser et al. 1976: 639−660.

7 Dies gilt am stärksten für demokratische Staatswesen. Dagegen liegt in Diktaturen oft der größte Teil des gesellschaftlichen Reichtums ebenso wie die gesamte Macht, die Kontrolle über Einfluß usw. in Händen des (oder der) Machthabers und bei den nachgeordneten „Teilhabern" der Macht, meist einflußreichen Familien oder anderen Oligarchien. Typische Beispiele der Gegenwart bieten Staaten wie Persien, Indonesien und bestimmte südamerikanische Länder.

8 Vgl. den Abschnitt über Organisationsebenen der Sozialstruktur in dem Aufsatz „Zur Allgemeinen Theorie in der Soziologie" von Parsons in *Jensen 1976*: 85 ff.

9 Die Medien werden hier unter zwei Aspekten betrachtet: dem Aspekt ihrer „Hintergrundstruktur", nämlich dem Netzwerk von Regeln, das den „*interchange*" von Input/Output-Größen bei der gesellschaftlichen Interaktion steuert, und dem Aspekt der „Tauschmittel", die in bestimmten Größen bei diesen Austauschprozessen eingesetzt werden. Der Begriff der „Medien" umfaßt stets beide Aspekte. Wenn es nun im Text heißt, daß die „Hintergrundstruktur", also das Regelwerk, mit der allgemeinen normativen Struktur der Gesellschaft (ihren Kulturmustern) kongruent oder direkt identisch sei, so denke man dabei am besten an normative Zusammenhänge wie das System des ökonomischen Marktes, des Vertragsrechtes, der Eigentumsideologie; an das politische Recht mit seiner besonderen Fassung der bürgerlichen Rechte, dem modernen Staatsrecht, usw. Es ist eine besondere Leistung von Niklas Luhmann, deutlich herauszuarbeiten,

in welcher Weise solche normativen Strukturen als ein Code − als symbolisch generalisierte Regeln − für die Medien fungieren; vgl. seinen äußerst wichtigen Band über *Macht*; Stuttgart (Ferdinand Enke Verlag) 1975, insbesondere Abschnitt III, S. 31.

10 „Kontrolle" im kybernetischen Sinne liegt vor, wenn ein Prozeß − z. B. ein Handlungsablauf − durch bestimmte Eingriffe *gesteuert* oder durch Mechanismen, die im Prozeß selbst angelegt sind, *geregelt* wird. Fahrzeuge werden in der Regel von Menschen gesteuert; Abläufe in Computern von Programmen geregelt. Sozialsysteme (oder allgemein: Handlungssysteme) können als Programme zur Steuerung menschlichen Verhaltens betrachtet werden. Medien sind spezifische Mechanismen zur Regelung solcher Verhaltensabläufe. Eine sehr gute Einführung in die kybernetischen Aspekte einer solchen Konzeption bietet Hans-Joachim Flechtner, *Grundbegriffe der Kybernetik;* 4. Auflage, Stuttgart (Wissenschaftliche Verlagsgesellschaft mbH) 1969; vgl. hier insbesondere S. 26 ff.

11 Der Begriff des „Politischen" darf bei Parsons − und ebenso in dieser Einleitung − nicht im engen Sinne auf den Alltagsbegriff der „Politik" bezogen werden, der für uns in der Regel mit Staatsämtern, Staatsfunktionen, Parteien, Funktionären u. dgl. identifiziert wird. Dies wäre ein Politikbegriff, wie ihn etwa die Nachrichtensendungen des Fernsehens verwenden, wenn sie von „politischen Ereignissen" und „politischen Meldungen" sprechen. Parsons hat, um sich von diesem Politikbegriff abzusetzen, den Ausdruck „*polity*" verwendet, der im Text mit dem Kunstwort „Politbereich" wiedergegeben wurde. Damit ist ein funktional definiertes System des Handelns gemeint, in dem es unter dem Bezugsaspekt der „Ziel-Orientierung" um den Ausgleich divergierender Interessen und die Formulierung eines gemeinsamen Zieles sowie der Methoden seiner Erreichung angesichts von pluralistischen Meinungen, Wünschen und Überzeugungen geht. Solche Prozesse des „Ausgleichs", die übrigens keineswegs immer einen „echten" Ausgleich und äußere oder gar innere Übereinstimmung bei allen Beteiligten erzeugen, beginnen auf der „untersten" Interaktionsebene in den Kleingruppen und reichen über alle Organisationsebenen bis hinauf zur Weltgesellschaft − sie alle sind „politisch" im angedeuteten funktionalen Sinne des Wortes.

12 Charles Ackermann und Talcott Parsons: „Der Begriff ‚Sozialsystem' als theoretisches Instrument", abgedruckt in *Jensen 1976.*

13 Im Gegensatz zu Parsons hat Niklas Luhmann, der im gewissen Sinne zugleich Mit- und Gegenspieler Parsons' auf dem Felde der soziologischen Systemtheorie ist, versucht, Systemtheorie, Evolutionstheorie und Medientheorie auseinanderzuziehen, um im gegenseitigen Ausspielen der theoretischen Prämissen dieser drei Ansätze Theoriegewinne auf einer höheren Abstraktionsebene zu realisieren. Vgl. dazu den Aufsatz: „Systemtheorie, Evolutionstheorie und Kommunikationstheorie", in: *Soziologische Aufklärung 2,* op. cit.

14 Vgl. Parsons' Aufsatz „Some Problems of General Theory in Sociology", in John C. McKinney and Edward A. Tiryakian (Hrsg.): *Theoretical Sociology*. New York (Meredith Corp.) 1970: 27−68;

15 Wer Parsons kennt, wird erraten, daß dieses Buch nicht „eng" auf die Universitäten beschränkt bleibt: Es liefert zugleich den Ansatz zu einer

allgemeinen Theorie des Bildungswesens, und es enthält darüber hinaus zahlreiche Elemente zur Theorie der Kultursysteme, die ihre erste große Ausarbeitung in dem Beitrag fand: „Culture and the Social System' – Introduction" in Parsons, T., Shils, E. A., Nägele, K. D. und J. R. Pitts (Hrsg.): *Theories of Society. Foundations of Modern Sociological Theory.* New York, London (Collier – MacMillan) 1961: 963–993. Dieser Beitrag zur Theorie der Kultursysteme bildet den Begleit-Aufsatz zu dem Essay „An Outline of the Social System" im selben Band (übersetzt in: *Jensen* 1976). Weitere Beiträge Parsons' zum engeren Bereich des Bildungswesens finden sich beispielsweise in dem Aufsatz „Considerations of the American Academic Profession" (zusammen mit G. M. Platt) in MINERVA, Vol. VI, Nr. 4, 1968, oder in dem Beitrag „Higher Education as a Theoretical Focus" in: Turk, H. und R. Simpson (Hrsg.): *Institutions and Social Exchange.* Indianapolis (Bobbs-Merrill Company) 1971: 233–252.

16 Ist Bildung ein Medium? Parsons selbst hat an keiner Stelle etwas Derartiges gesagt. In dem Buch über die *American University* wird als Grundkonzept das Medium der *„intelligence"* verwendet. Dennoch dürfte es möglich sein, eine Bildungstheorie zu entwickeln, die Parsons' Medienkonzept verwendet und den Begriff der „Bildung" als Medium thematisiert. Es ist aber nachdrücklich darauf hinzuweisen, daß diese Idee durch Parsons nicht gedeckt wird, obwohl sich in der *American University* eine Vielzahl von Formulierungen findet, in denen der Ausdruck „intelligence' durch „Bildung" hervorragend übersetzt wäre.

17 Friedrich Paulsen: *Geschichte des gelehrten Unterrichts auf den deutschen Schulen und Universitäten vom Ausgang des Mittelalters bis zur Gegenwart.* Leipzig 1896. Ders.: *Das Deutsche Bildungswesen in seiner geschichtlichen Entwicklung.* Darmstadt (Wissenschaftliche Buchgesellschaft) 1966.
Wilhelm Roessler: *Die Entstehung des modernen Erziehungswesens in Deutschland.* Stuttgart (W. Kohlhammer) 1961.

18 Den Begriff der „Funktion" hat Parsons dabei in folgender Weise definiert: „Eine Funktion ist ein ... Output eines Handlungssystems in ein anderes System, der informationell durch die adaptiven Mechanismen des (empfangenden) Rezeptorsystems gesteuert wird. Der Output fließt „auswärts" über die zielfunktionale Grenze des abgebenden Systems; der Input fließt „einwärts" über die adaptive Grenze des empfangenden Systems. Funktionen sind im zielfunktionalen Sektor des jeweiligen Ausgangssystems lokalisiert. In Funktionen sind immer Richtung und Beitrag enthalten: eine Funktion gibt „an etwas" ab und trägt „zu etwas" bei. Sie ist ein Output eines abgebenden Systems." (Zitat aus *Jensen* 1976, S. 76).

19 Wie Robert Ornstein bemerkt: „Wir können unmöglich die Welt in ihrer vollen Existenz erfahren – sie würde uns überwältigen. Wir sind durch unsere physische Evolution auf einige wenige Sinnesdimensionen beschränkt." *Die Psychologie des Bewußtseins.* Frankfurt (Fischer Taschenbuch Verlag) 1976: 32 et pass.

20 Ich beziehe mich hier auf eine Unterscheidung, die Niklas Luhmann in seinem Band *Soziologische Aufklärung 2*, Opladen (Westdeutscher Verlag) 1975, mit der Folge seiner Aufsätze über „Interaktion, Organisation, Gesellschaft", „Allgemeine Theorie organisierter Sozialsysteme" und „Die Weltgesellschaft" ausgearbeitet hat.

21 Eine in diesem Zusammenhang bemerkenswerte Komponente des „politischen Terrorismus" ist es, daß diese Gruppen der Staatsgewalt nicht allein auf der Ebene der Macht, des Zwangs und des Einsatzes von Gewalt trotzen, sondern vor allem auch die ethische Berechtigung der etablierten staatlichen (und sozialen) Ordnung in Zweifel stellen; eine Bedrohung, die von reinen Kriminalitäten niemals ausgeht. Umgekehrt besteht ein zentrales und stets wiederkehrendes Verteidigungsargument des jeweils betroffenen Staates darin, den bewaffneten politischen Widerstand zu kriminalisieren, d. h. seine ethische Begründung zu negieren. Vgl. zu diesem Themenkreis die hervorragende Darstellung von Otthein Rammstedt: *Soziale Bewegung*. Edition Suhrkamp, Band 844, 1978, sowie Derselbe (Hrsg.): *Gewaltsverhältnisse und die Ohnmacht der Kritik*. Edition Suhrkamp, Band 775, 1974.

22 Ein weiterer, oft analysierter Zusammenhang dieser Art ist der Aufstieg Hitlers unter Mitwirkung der nationalistischen Kräfte, die sich nicht zuletzt im Bereich der Schwerindustrie und Hochfinanz konzentrierten. Hier zeigt sich übrigens zugleich ein weiterer Beleg für die These, daß der Griff nach der politischen Herrschaft in der Regel mit dem Versuch einhergeht, Macht *moralisch* zu fundieren: Es gelang Hitler nicht zuletzt durch die Beschwörung der Prinzipien preußischer Tradition (im Staatsakt von Potsdam am 21.3.1933), das auf Pflichterfüllung und „nationale Ehre" eingeschworene Beamtentum und Heer für sich zu gewinnen. Die spätere Übung, Beamte und Heer direkt auf die Person Hitlers zu vereidigen, vertiefte diese moralische Dimension der Macht und verstärkte den Mechanismus der Wertbindung. Vgl. O. Rammstedt: *Soziale Bewegung*, op. cit.

A Macht, Einfluß und Wertbindungen

1. Über den Begriff der „Macht" *

Vorbemerkung

In einer Vorbemerkung zu dem Wiederabdruck der drei Arbeiten über Macht, Einfluß und Wertbindungen[1] sagt Parsons unter anderem: Es handelt sich hier um Arbeiten, bei denen vor allem der theoretische Aspekt im Vordergrund steht. Der Kern dieser theoretischen Überlegungen geht zurück auf das Buch *Economy and Society*, das 1956 zusammen mit Neil J. Smelser herausgegeben wurde. Darin wurde eine neue Interpretation des Zusammenhanges von ökonomischer Theorie und der allgemeineren Theorie der Sozialsysteme gesucht. Dabei stand zunächst die ökonomische Relevanz bestimmter sozialer Strukturen im Vordergrund. Dies führte insbesondere zu einer Klärung des Konzeptes der „*economy*" als einem *funktional* besonderen Subsystem von Sozialsystemen, das auf der Ebene von *Gesellschaft* weitgehend mit dem Bereich identisch ist, der auch im Alltagsverständnis als „Wirtschaft" begriffen wird. Dies war der Ausgangspunkt für die Suche nach weiteren identifizierbaren Subsystemen. Die Leitlinie für diese Suche bildete die Tatsache, daß seit geraumer Zeit Wirtschafts- und Politikwissenschaften enge „Schwesterdisziplinen" waren. Es lag daher nahe zu versuchen, zunächst einmal die Politikwissenschaften und ihren Gegenstandsbereich in das allgemeine funktionale Paradigma der Theorie der Sozialsysteme einzubeziehen. Im Laufe der weiteren Arbeit wurde dafür das Konzept der „*polity*" entwickelt (hier als „Politbereich" übersetzt). War das funktionale Leitprinzip für die Behandlung der „*economy*" das der *Adaptation*, so erwies sich als funktionales Leitprinzip für die

---

* Quelle: „On the Concept of Political Power." Proceedings of the American Philosophical Society; Vol. 107 (Nr. 3) 1963: 232—262.
Übersetzt von Jens Naumann und Stefan Jensen

Behandlung der „*polity*" die Funktion des „*goal-attainment*" (Prinzip der „Ziel-Erreichung" oder „Ziel-Orientierung"). Auf der Ebene von Gesellschaft bildet das „Regierungs"-System im politischen Bereich eine Parallele zum Marktsystem der Wirtschaft.

Der dritte funktional definierte Bereich, der den eigentlichen Schwerpunkt soziologischer Thematisierungen im engeren Sinne bildet, wurde unter *integrativem* Aspekt als das „kommunale System" bezeichnet. Auf der Ebene von Gesellschaft wurde dafür der Ausdruck „*societal subsystem*" verwendet (übersetzt als „Gemeinwesen").

Das funktionale Paradigma, in dem diese Analysen entwickelt wurden, unterscheidet vier primäre Funktionen von Sozialsystemen. Es bleibt also — nach der Bestimmung von drei dieser Zellen als den Schwerpunktbereichen von ökonmischer Theorie, politischer Theorie und soziologischer Theorie im engeren Sinne — eine „freie Zelle" in diesem Paradigma. Von der Theoriekonzeption her war diese Stelle seit langem durch die Funktion der „*pattern-maintenance*" („Erhaltung/Veränderung der strukturellen Musterbildungen") bestimmt. Der empirische Gegenstandsbereich, auf den sich diese Funktion bezieht, dürfte nach der hier vertretenen Auffassung wohl von der Anthropologie beansprucht werden. Allerdings hat die konkrete Entwicklung der wissenschaftlichen Ansätze sich hier in einem weit geringerem Maße in dieses Schema fügen lassen, als dies für die anderen drei Wissenschaftsbereiche gilt.

Eine zweite Stufe theoretischer Entwicklung erreichte die Analyse dieser Zusammenhänge mit der Konzeption der gesellschaftlichen Medien. Den Ausgangspunkt bildete hier zunächst die Analyse der Funktion des Geldes. Dabei erhob sich die Frage, ob Geld tatsächlich das einzigartige Phänomen sein konnte, als das es in der ökonomischen Theorie stets hingestellt wurde, oder ob angesichts der Parallel-Strukturen von „*economy*" und „*polity*" sowie dem „*community*"-Bereich und endlich auch dem vorerst rein funktional bestimmten „*pattern-maintenance*"-Bereich sich nicht auch Parallelen zum Medium Geld in diesen anderen Bereichen finden lassen würden?

Den ersten Schritt in diese Richtung bildete der Versuch, eine Parallel-Struktur zum Geld im Konzept der politischen Macht zu finden. Die erfolgreiche Bewältigung dieses Problems führte unmittelbar dazu, auch für die beiden anderen Bereiche, dem „integrativen" und dem „*pattern-maintenance*"-Bereich, nach der artigen vermittelten Mechanismen gesellschaftlicher Interaktion zu suchen. Für den integrativen Bereich führte dies zur Konzeption von Einfluß als einem Medium parallel zu Geld und Macht. Einfluß ist das generalisierte Medium, das grundsätzlich in der „*community*"-Struktur von Sozialsystemen verankert ist, so wie Geld in der Wirtschaft und Macht in der Politik.

Die eigentliche Aufgabe derartiger Medien, die jeweils in einem funktionalen Subsystem verankert sind, ist es, die gegenseitigen Bezüge dieser Subsysteme innerhalb des Gesamtzusammenhanges der Handlungssysteme zu vermitteln. So dient Geld, als der primäre Kontroll- und Steuerungsmechanismus von vermarktbaren Gütern, dazu, Ökonomie und Politik zu verbinden. Demgegenüber ist Einfluß ein „soziales" Phänomen, das die kommunalen und politischen Strukturen miteinander verbindet, während zugleich Macht in die andere Richtung wirkt.

Nach der Bestimmung dieser drei Medien zeigt sich in dem funktionalen Vier-Felder-Schema wiederum eine Lücke, die die Suche nach einem vierten Medium leitet. Im Gegensatz zu den anderen Medien, deren Konzeption verhältnismäßig früh vorlag, wurde dieses Medium erst zu einem viel späteren Zeitpunkt entwickelt. Es handelt sich um die „*Commitments*" („Wertbindungen"), die sich auf den Wertbereich von Sozialsystemen beziehen.

Einleitung

Der Begriff der Macht ist eine zentrale Kategorie der großen abendländischen Theorietradition über politische Phänomene. Hinsichtlich einer genaueren Definition des Begriffs und einer Klärung seines Verwendungskontextes herrscht jedoch gleichzeitig — und trotz seiner langen Geschichte — ein bemerkenswerter Mangel an analytischer Übereinstimmung. Übereinstimmung besteht aber bezüglich des Kernstücks der jeweils assoziierten Bedeutungen: Es geht um die Fähigkeit von Personen oder Kollektiven, „etwas durchzusetzen", und zwar vor allem gegen bestimmte Formen von Widerstand oder Opposition anderer Menschen. Das Problem, mit Widerstand fertig zu werden, führt dann zur Frage der Rolle von Zwang — bis hin zum Einsatz physischer Gewalt — und dem Verhältnis von *Zwang* zu (solchen Aspekten von Machtsystemen wie) *Freiwilligkeit* oder Zustimmung.

Das Ziel dieses Aufsatzes besteht darin, diesen Komplex von Bedeutungen und Beziehungen dadurch etwas aufzuklären, daß der Begriff der „Macht" in den Kontext eines allgemeinen begrifflichen Schemas für die Analyse großer und komplexer Sozialsysteme – hier: *Gesellschaften* – gestellt wird. Bei diesem Versuch argumentierte ich als Soziologe und nicht als Politikwissenschaftler; ich bin aber davon überzeugt, daß bei derartig grundlegenden Problemen die Verbindungen zwischen den wichtigsten sozialwissenschaftlichen Disziplinen – und zwar nicht nur zwischen den genannten zwei, sondern vor allem auch deren Verbindungen zur Wirtschaftswissenschaft – so wichtig sind, daß sich eine isolierte Behandlung verbietet; diese Verbindungen zwischen den wissenschaftlichen Disziplinen müssen expliziert und systematisiert werden. Als Soziologe wende ich mich also einem zentralen Begriff der Politiktheorie in der Weise zu, daß ich jene Elemente auswähle und hervorhebe, die in eine allgemeine Gesellschaftstheorie hineinpassen und für sie besonders wichtig sind.

Meiner Ansicht nach kann man drei verschiedene Problemkomplexe unterscheiden, auf die sich in der Literatur der letzten 30 Jahre die analytischen und theoretischen Schwierigkeiten des Machtbegriffs konzentrieren. Der erste ist die begriffliche Diffusheit, die in der Tendenz liegt – ganz in der Tradition Hobbes' –, Macht einfach als die generalisierte Fähigkeit zu betrachten, Ziele und Zwecke in sozialen Beziehungen durchzusetzen, völlig unabhängig von den verwendeten sozialen Steuerungsmedien und dem „Autoritätsstatus", mit dem Entscheidungen getroffen oder Verpflichtungen geschaffen werden.[2]

Eine Folge dieser begrifflichen Diffusion ist, daß Einfluß und manchmal auch Geld sowie verschiedene Aspekte von Zwang als „Formen" der Macht behandelt werden. Dadurch wird es logisch unmöglich, Macht als einen *spezifischen* Mechanismus zu betrachten, durch den Veränderungen im Handeln anderer sozialer Einheiten – Einzelner oder Kollektive – in den Prozessen sozialer Interaktion hervorgebracht werden. Dies ist der Gedankengang, den ich näher erläutern werde.

Den zweiten Problemkomplex bilden die Beziehungen zwischen den Machtspekten Zwang und Zustimmung. Ich kenne keine Literatur, die diese Zusammenhänge zufriedenstellend diskutiert. Weite Verbreitung haben zwei entgegengesetzte Ansichten, daß nämlich Macht letztlich entweder auf der Verfügung über Gewalt oder aber auf Konsens und dem Willen zu freiwilliger Zusammenarbeit gründe. Da jede dieser entgegengesetzten Positionen für sich allein als unakzeptabel erscheint, wird manchmal – so von Friedrich – von zwei verschiedenen „Formen" der Macht gesprochen. Ich werde eine Lösung vorschlagen, in der beide Aspekte enthalten sind, ohne daß der eine dem anderen untergeordnet wird oder beide als diskrete „Formen" erscheinen.

Das dritte Problem schließlich wird in der inzwischen weitverbreiteten Terminologie der Spieltheorie als „Null-Summen-Problem" bezeichnet. Die vorherrschende Tendenz in der einschlägigen Literatur — man denke an Laswell oder C. Wright Mills — besteht darin, explizit oder implizit zu unterstellen, daß es sich bei Macht um ein Null-Summen-Phänomen handele: In jedem Beziehungssystem besteht eine gegebene „Quantität" an Macht, und folglich muß ein Machtzuwachs für A definitionsgemäß mit einem Verlust an Macht der Einheiten B, C, D . . . einhergehen. Sicherlich gibt es Situationen, für die diese Bedingung zutrifft, ich werde jedoch argumentieren, daß sie für Gesamtsysteme eines gewissen Komplexitätsgrades nicht mehr zutrifft.

Einige allgemeine Annahmen

Die erste Annahme besteht darin, eine grundlegende Parallelität in der theoretischen Struktur von Analyseansätzen für die wirtschaftlichen und die politischen Aspekte von Gesellschaften zu postulieren. Ich werde versuchen, diese Parallelität in vierfacher Hinsicht näher zu erläutern und dabei gleichzeitig die substantiellen Unterschiede zwischen den beiden Bereichen herauszuarbeiten.

Erstens: „Theorie der Politik" wird hier (nicht notwendigerweise identisch mit dem Bedeutungsinhalt, den viele Politikwissenschaftler unterstellen würden) als abstraktes analytisches Schema verstanden, ganz ähnlich wie das für die ökonomische Theorie als abstraktes und analytisches Schema üblich ist. Sie ist also nicht die begriffliche Fassung irgendeiner konkreten und vollständigen Kategorie sozialer Phänomene, gar etwa der Regierung (obwohl diese einen Bereich darstellt, in dem das politische Element noch am ausgeprägtesten den Primat über alle anderen innehat). Die Theorie der Politik ist in diesem Verständnis ein Begriffsapparat, der mit einer begrenzten Zahl zentraler Variablen und ihrer Beziehungen untereinander arbeitet, die in allen empirischen Sozialsystemen zum Tragen kommen. Diese Variablen sind jedoch abhängig von Parameterwerten, die ihrerseits Ausprägungen von Variablen sind, die in umfassenderen Systemen (bis hin zur Gesellschaft) wirken.

Zweitens — als Folge dieser Überlegungen — nehme ich an, daß die Theorie der Politik sich auf ein empirisches System bezieht, das in der Theorie als analytisch definiertes, „funktionales" Subsystem der Gesellschaft (und nicht beispielsweise als ein konkretes Kollektiv) behandelt wird.[3]

Das Konzept der Wirtschaft einer Gesellschaft ist recht gut definiert[4]; icht möchte als Parallele den Begriff *„Polity"* (Politbereich) für das entsprechende empirische System vorschlagen, auf das sich die Theorie der Politik im hier unterstellten Verständnis bezieht. Der Politbereich einer gegebenen Gesellschaft besteht aus den Verfahren und Vorgehensweisen, die von den relevanten Teilen des Gesamtsystems als Organisationsmuster zur Lösung einer ihrer grundlegenden Funktionen angewandt werden: effektives Kollektivhandeln zur Erreichung von Zielen des Kollektivs. Ziel-Erreichung in diesem Sinne besteht darin, zufriedenstellende Beziehungen zwischen einem Kollektiv und bestimmten Objekten seiner Umwelt herzustellen (wozu sowohl andere Kollektive als auch bestimmte Klassen von Individuen — zum Beispiel „Bürger" — gehören). Eine gesamte Gesellschaft muß in dieser Terminologie im Hinblick auf einen ihrer wichtigsten Aspekte als ein Kollektiv betrachtet werden (sie besteht jedoch gleichzeitig aus einer sehr großen Zahl von Subkollektiven, von denen viele nicht nur Teil dieser einen, sondern gleichzeitig Teil anderer Gesellschaften sind)[5].

Ein Kollektiv ist in dieser Sprache keine konkrete „Gruppe"; vielmehr bezeichnet der Begriff jeweils eine Mehrzahl von Personen, die durch ihre Interessen und ihre Möglichkeiten für effektives Kollektivhandeln in einem systematischen Beziehungsnetz stehen. Der politische Prozeß ist dann derjenige, durch den die notwendigen Organisationen aufgebaut und in Gang gehalten, die Handlungsziele bestimmt und die für ihre Realisierung erforderlichen Ressourcen mobilisiert werden.

Diese beiden Parallelen zur ökonomischen Theorie können um eine dritte ergänzt werden. Die Parallele zum kollektiven Handeln im politischen Bereich ist im wirtschaftlichen Bereich die Produktion. Diese Vorstellung muß im Hinblick auf drei wichtige Handlungskontexte präzisiert werden. Der *erste* ist die Anpassung an die „Nachfragebedingungen", die für die Wirtschaft im engeren Sinne zur äußeren Umwelt gehören, zum Bereich der „Konsumenten". Der *zweite* ist die Mobilisierung von Ressourcen, ebenfalls aus der Umwelt, im Falle der Wirtschaft sind dies „die Produktionsfaktoren". *Drittens* wird schließlich die „interne Ökonomie" als ein Prozeß schöpferischer Kombination konzeptualisiert: Durch die „Kombination" von Produktionsfaktoren im Hinblick auf den Nutzen des Outputs werden wertvollere Güter zur Bedürfnisbefriedigung der Konsum-Einheiten geschaffen, als ohne diesen Kombinationsprozeß zur Verfügung stünden. Ich möchte ganz betont hervorheben, daß die Logik des Prozesses der „Wertschöpfung" auch auf den politischen Prozeß im hier unterstellten Sinne zutrifft.[6]

Der Wertbezug im Politikbereich richtet sich jedoch nicht auf den ökonomischen Nutzen, sondern auf Effektivität im Sinne C. I. Barnards.[7] Für die begrenzten Zwecke politischer Analysen spielen die Ansprüche und Erwartungen von Interessengruppen im Verhältnis zum politischen System diesselbe Rolle, wie die kurzfristig als gegeben unterstellten Konsumenten-Wünsche und -Präferenzen in der ökonomischen Analyse – wobei diese analytischen Postulate selbstverständlich auf dieselben Einschränkungen und Kritiken hinsichtlich ihrer empirischen Relevanz treffen.

Schließlich wird *viertens* behauptet, daß in der Analyse, wie hier konzipiert, eine weitere Parallele zur Ökonomie besteht: Von zentraler Wichtigkeit im politischen Prozeß ist ein generalisiertes Interaktionsmedium, das gleichzeitig ein „Maß" der jeweils relevanten Werte darstellt. Ich halte Macht für ein solches generalisiertes Medium, das in gewisser Weise in seiner logischen Struktur – wenn auch durchaus nicht in seiner substantiellen Bedeutung – dem Geld als generalisiertem Medium des ökonomischen Prozesses entspricht. Diese Vorstellung von Macht als generalisiertem Medium – parallel zum Geld – wird im Rahmen des skizzierten theoretischen Rahmens den roten Faden darstellen, der die folgende Analyse durch die eingangs erwähnten historischen Problemstellungen hindurch leitet.

Die Outputs des politischen Prozesses und die Effektivitätsfaktoren

Ich gehe davon aus, daß die Logik des Kombinationsprozesses der ökonomischen Theorie und der hier vorgeschlagenen politischen Theorie identisch ist: In beiden Fällen liegt das Paradigma von Inputs und Outputs und ihrer systematischen Verbindungen zugrunde. Noch spezifischer nehme ich an, daß es in enger Parallele zum ökonomischen Bereich einen Satz politischer Kategorien gibt, die einerseits den Produktionsfaktoren (Inputs), andererseits den Faktoranteilen am Einkommen (Outputs) entsprechen.

Im Fall der Ökonomie müssen die ersten drei der üblicherweise unterschiedenen vier Produktionsfaktoren als Inputs der anderen drei funktionalen Subsysteme der Gesellschaft betrachtet werden: „Arbeit" als Input vom Strukturerhaltungssystem, „Kapital" vom Politbereich und „Organisation" im Sinne Alfred Marshall vom integrativen System.[8] Weiterhin wird klar, daß der vierte Produktionsfaktor — *Land* — nicht einfach eine physische Ressource bezeichnet, sondern vielmehr ein Commitment, das von Wertvorstellungen bestimmt ist, Ressourcen, gleich welcher Art, unabhängig vom Preis dem Zwecke wirtschaftlicher Produktion zuzuführen.

Im politischen Bereich entspricht dem Land-Faktor die Bereitstellung von Ressourcen (*commitment of resources*) für effektives Kollektivhandeln, unabhängig von irgendwelchen spezifizierbaren und zurechenbaren „Erträgen" für die soziale Einheit, die über die Ressourcen verfügt.[9] Die Parallele zum Faktor Arbeit ist die Nachfrage nach oder der „Bedarf" an kollektivem Handeln, wie er von „der Öffentlichkeit" artikuliert wird, einer Öffentlichkeit, die in gewisser Weise die politische Basis gegenüber der Führung eines Kollektivs darstellt — eine Vorstellung, die für Regierungen oder andere gewählte Gremien unmittelbar einsichtig erscheint, für andere Zusammenhänge aber der Klärung bedarf. Die Parallele zum Kapital liegt in der Kontrolle eines Teils der Produktivität der Wirtschaft für die Ziele und Zwecke des Kollektivs; in einer hinreichend entwickelten Wirtschaft in der Form von finanziellen Ressourcen, die den „öffentlichen Händen" durch Gebühren, Steuern und sonstige Einnahmequellen zur Verfügung stehen. Schließlich besteht die Parallele zum Faktor „Organisation" in der *Legitimation* der Autorität, unter der kollektive Entscheidungen getroffen werden.

Es ist sehr wichtig festzuhalten, daß keine dieser Input-Kategorien als eine Form von Macht konzeptualisiert wurde. Soweit sie überhaupt soziale Steuerungsmedien betreffen, handelt es sich um Medien, die in den jeweils angrenzenden funktionalen Subsystemen verankert sind, und nicht um Macht als das zentrale Medium des Politbereichs (so wird beispielsweise die Kontrolle wirtschaftlicher Produktivität über das Medium „Geld", die Steuerung der Erwartungen der politischen Basis über das Medium „Einfluß" erfolgen). Macht ist das *Mittel*, durch das die Kontrolle über die politischen Effektivitätsfaktoren erworben wird, und nicht einer dieser Faktoren selbst — so wie im Wirtschaftsbereich Geld auch kein Produktionsfaktor ist (die Annahme, es sei einer, war der merkantilistische Trugschluß).

Obwohl der hier verwendete analytische Kontext im Lichte traditioneller Politikanlyse ungewöhnlich erscheinen mag, so ist hoffentlich doch deutlich geworden, daß die verwendeten Kategorien wohletablierte Konzepte darstellen (obwohl noch eine ganze Reihe von Definitionsproblemen offen bleibt). So ist etwa das Konzept der Kontrolle gesellschaftlicher Produktivität durch Finanzierungsmechanismen kollektiven Handelns wohlbekannt, und auch das Konzept der „Nachfrage" im Sinne der Erwartungen und Interessen der politischen Basis ist alles andere als ungewöhnlich.[10] Das Konzept der Legitimation (*legitimation*) wird im wesentlichen so verwendet, wie es wohl auch Max Weber im politischen Kontext verwendet hat.[11]

Das politische Pendant für das ökonomische Konzept der „Faktoranteile am Einkommen" ist relativ leicht verständlich, wenn die sehr wichtige und wohletablierte ökonomische Unterscheidung zwischen „monetärem" und „realem Einkommen" zugrunde gelegt wird. Unser Interesse konzentriert sich auf die „realen" Outputs des politischen Prozesses; das Analogon zu den monetären Outputs liegt im Output von Macht.

Besonders wichtig scheint jedoch eine Revision der üblichen globalen ökonomischen Output-Bezeichnung als „Güter und Dienstleistungen", die als Output des Wirtschaftssystems gegenüber den Haushalten erbracht werden, die in unseren termini technici Teil des „Strukturerhaltungssystems" sind. Gemäß unserer Position gehören Güter — exakter: Eigentumsrechte gegenüber physischen Objekten — in diese Kategorie, nicht jedoch „Dienstleistungen". „Dienstleistungen", d. h. die Übertragung von Ansprüchen auf bestimmte Rollenverhalten an einen „Dienstherrn" oder „Arbeitgeber" (abstrakter: Kontraktpartner), sind keine Outputs an die Haushalte, sondern an den Politbereich; ein typisches Beispiel dafür ist die Unternehmens-Organisation, der gegenüber sich ein Rollenträger verpflichtet, eine Arbeitsrolle, einen Job, wahrzunehmen und damit einen Beitrag zum effektiven Funktionieren eines Kollektivs zu leisten.[12]

Aus dieser analytischen Perspektive ergibt sich die für Ökonomen etwas überraschende Schlußfolgerung, daß Dienstleistungen das „reale" ökonomische Gegenstück zu den Zinsen als monetärem Ertrag von Kapitalverwendung darstellen. Damit meinen wir also, daß die politische Kontrolle der Produktivitätsbedingungen es durch Kombinationsgewinne im politischen Kontext möglich macht, Erträge zu erwirtschaften, die über dem Wert der eingesetzten Finanzmittel liegen und damit die Zahlung einer monetären Prämie erlauben. An sich ist diese Prämie natürlich das Ergebnis der Kombinationsprozesse in ihrer Gesamtheit, gleichwohl ist sie am direktesten mit dem Output an eingesetzten Dienstleistungen als Faktoren verknüpft. Es scheint notwendig zu sein, eine klare Unterscheidung einzuführen zwischen *Arbeit* als Produktionsfaktor im engeren ökonomischen Sinne und *Dienstleistungen* als einem Output des ökonomischen Prozesses an den Politbereich, der dort im Kontext organisatorischer oder kollektiver Effektivität genutzt wird.

Genau weil Dienstleistungen eine Kategorie der Macht darstellen, sollten sie nicht in derselben Weise als „Effektivitätsfaktor" angesehen werden wie Arbeit als Produktionsfaktor betrachtet wird. Hier handelt es sich vielmehr um den Punkt, wo der ökonimische Nutzen des Humanfaktors mit seinem potentiellen Beitrag zum effektiven Kollektivhandeln kombiniert wird. Da der Konsument von Dienstleistungen im Prinzip eine Unternehmung ist, ergibt sich als angemessene Beurteilungsperspektive für ihren Nutzen ihre Effektivität zur kollektiven Zielerreichung und nicht ihr Beitrag zur individuellen Bedürfnisbefriedigung. Ich interpretiere den Macht-Output, der dem Input von Dienstleistungen an den Politbereich entspricht, als „Effektivitätschance", die den Beschäftigten durch das Arbeitsverhältnis eröffnet wird — oder genereller: die sich Vertragspartnern erschließt. Ökonomisches Kapital ist eine Form dieser Effektivitätschance, die sich — für bestimmte Handlungstypen — aus seinem Charakter einer Rahmenbedingung für effektive Organisation ergibt.[13]

Den zweiten besonders wichtigen Kontext „realer" Outputs politischer Prozesse möchte ich in Übereinstimmung mit der Tradition als „Fähigkeit zur Übernahme von Führungsverantwortung" bezeichnen. Auch bei dieser „realen" Output-Kategorie handelt es sich nicht um eine Form von Macht, sondern in diesem Fall liegt eine Variante von Einfluß vor.[14] Es handelt sich hierbei um einen Output nicht gegenüber der Wirtschaft, sondern gegenüber dem sogenannten *integrativen System* — im gegenwärtigen Kontext ist das in erster Linie derjenige Teil der „Öffentlichkeit", der als „politische Basis" der betrachteten kollektiven Prozesse angesehen werden kann. Es handelt sich hierbei um die Gruppenstruktur der Gesellschaft unter der Perspektive ihrer strukturierten Interessen für bestimmte Formen effektiven Kollektivhandelns durch bestimmte Kollektive. Da wirkliche Verantwortung nur im Rahmen effektiver Organisation übernommen werden kann, erfordert die Umsetzung solcher Interessen die Verantwortlichkeit für kollektive Effektivität.[15] Auch an dieser Stelle sollte betont werden, daß Führungsverantwortung hier nicht als Macht-Output konzeptualisiert wird, obwohl zahlreiche Politik-Theoretiker (z. B. Friedrich) sowohl Führung als auch — noch allgemeiner — Einfluß als „Formen der Macht" begreifen. Die Macht-Kategorie, die den Output von Führungseinfluß steuert, nimmt einerseits die Form kollektiv bindender Politik-Entscheidungen an, andererseits die Form (generalisierter) politischer Unterstützung durch die politische Basis, im idealtypischen Fall auf der Grundlage politischer Bürgerrechte. Politische Entscheidungen betrachten wir als Integrationsfaktor des Systems und nicht als „konsumierbaren" Output des politischen Prozesses.[16]

Schließlich sollten einige Anmerkungen zu dem von mir so bezeichneten *kombinatorischen Prozeß* im engeren Sinne gemacht werden. In der ökonomischen Theorie wird davon ausgegangen, daß die „Strukturen" der Produktionsfaktoren auf der einen, das „Nachfragesystem" nach realen Outputs auf der anderen Seite voneinander unabhängig sind. Der „Nutzen" der Outputs kann nur dadurch erhöht — oder gar maximiert — werden, daß die Produktionsfaktoren Transformationsprozessen unterworfen werden, die sie — gegenüber der bloßen Verfügbarkeit im Rohzustand — in Richtung auf Wünsche und Bedürfnisse verändern. Der Entscheidungsaspekt dieses Transformationsprozesses — was, wieviel, wie produziert und angeboten werden soll — wird als „ökonomische Produktion" bezeichnet; die damit angesprochenen physikalischen Prozesse sind nicht „ökonomisch", sondern „technologisch"; sie werden zwar von ökonomischen Überlegungen geleitet, sind selbst aber nicht im analytischen Sinne ökonomisch.

Die Konsequenz einer erfolgreichen Adaptation verfügbarer Ressourcen an die Wünsche und Bedürfnisse ist eine Wertsteigerung des Ressourcenbestandes und des Nutzens als einem Werttyp. Dies setzt jedoch die Rekombination der Elemente des Ressourcenbestandes in Richtung einer Anpassung an die verschiedenen Nutzungsmöglichkeiten voraus.

Dieselbe Logik trifft auch auf den Kombinationsprozeß im politischen Bereich zu. Hier sind die relevanten Ressourcen nicht Land, Arbeit, Kapital und Organisation, sondern Bewertung von Effektivität, Kontrolle der Produktivität, strukturierte Interessen und Erwartungen sowie Legitimitätsmuster. „Wünsche und Bedürfnisse" richten sich nicht auf Konsum im ökonomischen Sinne, sondern beziehen sich auf die Lösung von „Interessenproblemen" im System, wozu sowohl Konkurrenzprobleme des Zugangs zu und der Verteilung von Ressourcen gehören, als auch Probleme der Verbesserung der Gesamteffektivität des Systems kollektiver Organisation. Auch in diesem Bereich kann nicht davon ausgegangen werden, daß die „Struktur" der verfügbaren Ressourcen spontan und ohne weiteres der Struktur des Systems der Interessen und Bedürfnisse entspricht. Der durch den politischen Prozeß erreichte Effektivitätszuwachs in der Interessen- und Bedürfnisbefriedigung wird — wie im ökonomischen Fall — durch kombinatorische Entscheidungsprozesse erzielt. Die dafür eingesetzte „Organisationstechnologie" ist im analytischen Sinne nicht politisch. Das Bezugssystem der *Bedürfnisse* (die Nachfrage-Referenzen) liegt nicht bei den diskreten, unabhängig vom System betrachteten sozialen Einheiten — den „individuellen" Konsumenten des Ökonomen, sondern beim Problem der Verteilung von Vor- und Nachteilen, Kosten und Erträgen auf die Subsysteme unterschiedlicher Art. Das *Konsum*-Bezugssystem (die *Konsum*-Referenz) sind die relativen Positionen der sozialen Einheiten mit bestimmten Interessen im Allokationssystem, nicht die je für sich beurteilte Berechtigung einzelner „Bedürfnisse".

Der Begriff der Macht

Diese Ausführungen erscheinen wahrscheinlich als reichlich aufwendiger Rahmen für die eigentliche Einführung zum Thema dieses Papiers. So kompakt und kryptisch die bisherige Darstellung stellenweise auch war, so ist das Verständnis ihrer grundlegenden Argumentationsstruktur gleichwohl eine wesentliche Voraussetzung für die besondere Art und Weise, in der im folgenden wichtige traditionelle Theoriestücke zusammengefügt werden sollen.

Macht wird hier analog zum Geld als *zirkulierendes Medium* begriffen, das innerhalb des politischen Systems umläuft, aber auch über seine Grenzen hinweg in alle drei angrenzenden funktionalen Subsysteme von Gesellschaften — das ökonomische, das integrative und das strukturerhaltende — hineinreicht. Eine Spezifizierung der Eigenschaften von Macht scheint am leichtesten nach einer kurzen Skizze der entsprechenden Charakteristika von Geld als Medium der Ökonomie möglich zu sein.

Geld ist — wie schon die klassischen Ökonomen sagten — sowohl ein Tauschmittel als auch ein Wertmesser. Es handelt sich insofern um ein symbolisches Medium, als es selbst keinen direkten Konsumwert hat, obwohl es wirtschaftlichen Wert oder Nutzen mißt oder darstellt; es hat keinen „Gebrauchswert", sondern nur einen

„Tauschwert" für den Besitz nützlicher Dinge. Der Gebrauch von Geld ist daher eine Form der Kommunikation von Angeboten: Kauf- und Verkaufsangebote nützlicher Dinge für und mittels Geld. Geld wird erst dann ein wichtiges Medium, wenn Austauschbeziehungen nicht mehr überwiegend auf askriptiver Basis — Austausch von Gaben zwischen Verwandtschaftsgruppen — oder auf der Basis des direkten und unmittelbaren Abtauschens („Kompensationsgeschäfte") einzelner Güter und Dienste organisiert sind. Der Mangel an direktem Nutzen des Geldes eröffnet dem Empfänger jedoch vier wichtige Freiheitsgrade in seiner Teilnahme am gesamten Austauschsystem: Er hat die Freiheit, (1) sein Geld für irgendein auf dem Markt angebotenes Gut oder irgendeine Kombination von Gütern auszugeben, (2) zwischen alternativen Angebotsquellen auszuwählen, (3) den ihm genehmen Zeitpunkt für den Kauf zu bestimmen und — aufgrund der vorgenannten Möglichkeiten — (4) die Kaufbedingungen zu akzeptieren, abzulehnen oder sie gegebenenfalls zu beeinflussen. Im Gegensatz dazu ist das Verhaltensspektrum im Falle des Kompensationstausches durch das zeitpunktbezogene spezifische Angebot und die spezifische Nachfrage der Tauschpartner beschränkt. Der Gewinn an Freiheitsgraden bei der Benutzung von Geld geht andererseits mit dem Risiko einher, ob das Geld auch künftig von Dritten akzeptiert wird und seinen Wert behält.

„Primitives" Geld ist ein Medium mit noch sehr ausgeprägter Nähe zu den Eigenschaften von Gütern: den historisch am weitesten verbreiteten Fall bilden Edelmetalle, und selbst heute glaubt noch ein großer Teil des Publikums, daß der Geldwert „letztlich" in dem „realen Güterwert" eines Edelmetalls verankert sei. In entwickelten Geldwirtschaften existiert jedoch (auf dieser Basis) eine komplexe Struktur von Kreditinstrumenten, so daß nur noch ein geringer Bruchteil aller Transaktionen tatsächlich über Edelmetalle abgewickelt wird — sie werden zu einer „Reserve" für bestimmte Notfälle und spielen in größerem Umfang nur noch für den internationalen Zahlungsausgleich eine Rolle. In einem anderen Zusammenhang werde ich mich an späterer Stelle dem Kreditproblem noch einmal ausführlicher zuwenden. Hier mag die Feststellung genügen, daß kein modernes Geldsystem primär auf der Grundlage von Edelmetallen operiert — so wichtig sie als „Reserven" für bestimmte Notfälle auch sein mögen; vielmehr ist „wertloses" Geld das tatsächliche Interaktionsmedium. Dabei setzt die allgemeine Verbreitung „wertlosen" Geldes ein Mindestmaß an institutionalisiertem Vertrauen in das Geldsystem voraus. Beruhte die Sicherheit monetärer

Engagements nur auf der Konvertibilität von Geld in Gold (oder ein anderes Basismetall), dann wäre beinahe überhaupt keine Sicherheit gegeben, schon aus dem einfachen Grunde, daß die gesamten Metallvorkommen bei weitem nicht ausreichen würden, um alle Forderungen zu erfüllen.[17]

Abschließend sei bemerkt, daß Geld nur so lange „gut" ist (das heißt, als Medium funktioniert), solange es in ein relativ klar definiertes Regelsystem von Marktbeziehungen eingebettet ist; dieses Marktsystem ist heute weltweit, erfordert aber für seine Aufrechterhaltung eine Reihe von Maßnahmen zur Sicherung der gegenseitigen Konvertibilität nationaler Währungen. Zu einem solchen System gehört auf der einen Seite ein Potential völlig freier Austauschmöglichkeiten, auf der anderen Seite aber auch ein Interventionspotential zur Sicherung und Steuerung der nationalen Wirtschaften − direkt durch gesetzliche Regelungen und in ihrem Rahmen indirekt durch wirtschaftspolitische Maßnahmen.

Das erste wichtige Charakteristikum des Konzepts eines institutionalisierten Machtsystems besteht darin, daß es sich − ganz analog zum Fall des Geldsystems − um ein Beziehungssystem handelt, in dem bestimmte Zusagen und Verpflichtungen (gleichgültig, ob askriptiv oder ob freiwillig − etwa vertraglich − festgelegt) als normativ bindend behandelt werden, auf deren Einhaltung von den Bezugspartnern insistiert werden kann. Darüber hinaus werden Durchsetzungsstrategien in der Form von Drohungen oder negativen Sanktionen eingesetzt − im ersten Fall zur Abschreckung, im zweiten zur Strafe −, falls die normativen Ansprüche nicht oder nur unter Widerstand erfüllt werden. Solche Durchsetzungsstrategien bedeuten für den betroffenen Aktor eine bewußte (Androhung einer bzw. tatsächliche) Situationsverschlechterung, gleichgültig, worin diese spezifischen Veränderungen bestehen mögen.

Macht ist also die generalisierte Fähigkeit zur Sicherung des Einhaltens bindender Verpflichtungen der Einheiten einer kollektiven Organisation; dabei wird vorausgesetzt, daß die Verpflichtungen durch ihren Bezug auf kollektive Ziele und Zwecke legitimiert sind, und daß bei Widerstand mit dem Einsatz negativer Sanktionen zu rechnen ist − wobei offenbleiben kann, welche spezifische „Durchsetzungsagentur" zum Tragen kommt.

Konstitutive Elemente dieser Definition von Macht sind die Konzepte Generalisierung und Legitimität (*legitimation*). So wie dem Erwerb eines Nutzobjektes beim Tauschhandel keine monetäre Transaktion zugrunde liegt, so word − entsprechend der obigen Definition — bei der Durchsetzung eines Ziels durch nichts anderes als die Androhung „roher Gewalt" keine Macht eingesetzt, gleichgültig, ob es sich bei dem Ziel um eine normative Verpflichtung der betroffenen Einheit handelt oder nicht. Ich bin mir wohl bewußt, daß die meisten Politikwissenschaftler die Trennungslinie anders ziehen und diesen Fall durchaus als Machteinsatz bezeichnen würden (so zum Beispiel Dahl), ich möchte jedoch meine Argumentationskette weiter verfolgen und auf ihre Implikationen hin untersuchen. Die Fähigkeit, Einverständnis sicherzustellen, wird erst dann zu Macht im hier gemeinten Sinne, wenn sie generalisiert (und nicht ausschließlich das Ergebnis eines spezifischen Sanktionsaktes[18] ist) und wenn das verwendete Medium *symbolisch* ist.

Weiterhin habe ich betont, daß zur Macht *Legitimität*[19] gehört. Es handelt sich hierbei um die notwendige Konsequenz der Vorstellung von Macht als *symbolischem Medium*: Macht wird für etwas ausgetauscht, das für die kollektive Effektivität von intrinsischem Wert ist (nämlich Einverständnis mit Verpflichtungen), während der individuelle „Empfänger der Macht", der die Verpflichtung erfüllt, „nothing of value", keine konkrete Gegenleistung, erhält. Er erhält als Gegenleistung „nur" die Erwartung, daß er sich bei anderer Gelegenheit und anderer Problemlage seinerseits auf bestimmte Verpflichtungen der anderen Einheiten berufen kann. In Machtsystemen spielt Legitimität daher dieselbe Rolle wie Vertrauen in die allgemeine Verkehrsfähigkeit und Stabilität von Währungssystemen.

Die beiden Kriterien — Generalisierung und Legitimität — sind insofern voneinander abhängig, als ein Infragestellen der Verfügung über und des Einsatzes von Macht zu immer „stärkeren" Formen der Sicherung von Einverständnis führt. Diese müssen schrittweise „intrinsisch" effektiver, das heißt den besonderen Situationen immer stärker angepaßt und damit immer weniger generalisiert werden. Darüber hinaus tritt bei zunehmender intrinsischer Effektivität die Legitimität als effektivitätsfördernder Faktor immer mehr in den Hintergrund — und am Ende dieser Eskalationsleiter ist man beim Einsatz verschiedener Zwangsmittel und letztlich beim Einsatz physischer Gewalt als dem intrinsisch effektivsten aller Zwangsmittel angelangt.[20]

Ich möchte nun versuchen, die beiden Medien Geld und Macht in den Rahmen eines allgemeineren Paradigmas zu stellen. Ziel dieses Paradigmas ist eine analytische Klassifizierung verschiedener Möglichkeiten sozialer Einheiten, eine bewußte und zielgerichtete Änderung im Verhalten einzelner oder mehrerer anderer Einheiten in den

Prozessen sozialer Interaktion herbeizuführen — alles Strategien, die unter Dahls Definition von Macht fallen würden. Dafür erscheint es praktisch, die handelnde Bezugseinheit (die ein Individuum oder ein Kollektiv sein kann) als *Ego* und das Objekt seiner Veränderungs- bemühungen als *Alter* zu bezeichnen. Wir können dann die Alterna- tiven *Egos* in zwei jeweils dichotomen Variablen erfassen: *Ego* kann erstens versuchen, sein Ziel bei *Alter* durchzusetzen, indem er die *Situation* von *Alter* so steuert, daß die Wahrscheinlichkeit dafür steigt, daß *Alter* sich in der gewünschten Weise verhält. Alternativ dazu — ohne den Versuch, *Alters* Situation zu ändern — kann *Ego* anstreben, *Alters Absichten* zu verändern: *Ego* manipuliert die für *Alter* bedeutungsvollen Symbole in einer solchen Weise, daß *Alter* die Wünsche oder Ziele *Egos* für sich als „sinnvoll" oder „gut" aner- kennt.

Die zweite Variable betrifft den Sanktionstyp, den *Ego* gegenüber *Alter* einsetzen kann. Die Dichotomie besteht hier zwischen posi- tiven und negativen Sanktionen. So bedeutet eine *positive* Sanktion über den *Situations*-Kanal eine Situationsänderung für *Alter*, die von ihm wahrscheinlich für vorteilhaft gehalten und von *Ego* als Mittel zur Beeinflussung des Handelns von *Alter* eingesetzt wird. Eine *nega- tive* Sanktion bedeutet in diesem Fall eine Verschlechterung der Situation von *Alter*. Eine positive Sanktion über den *Absichts*-Kanal bestünde in der Explikation symbolischer Gründe dafür, daß Will- fährigkeit gegenüber *Egos* Wünschen aus der Sicht *Alters* — unabhän- gig von den weiteren Handlungen *Egos* — „gut", d. h. für *Alter* „per- sönlich vorteilhaft" wäre. Demgegenüber bestünde eine *negative* Sanktion über den *Absichts*-Kanal in der Darlegung von Gründen, warum *Alters* Widerstand gegen *Egos* Wünsche schädlich für *Alters* persönliche Interessen und daher zu vermeiden wäre. Ich möchte die vier „Strategietypen" wie folgt bezeichnen: (1) Auf dem Situations- Kanal stellen positive Sanktonen einen „Anreiz" dar und (2) nega- tive Sanktionen einen „Zwang"; auf dem Absichts-Kanal bestehn (3) positive Sanktionen im „Überreden" und (4) negative Sanktio- nen in dem Appell, nicht die gemeinsamen Wertbindungen zu ver- letzen; vgl. folgendes Schema:

Typ der Sanktion	Situations- Kanal	Absichts- Kanal
positiv	Anreiz (Inducement)	Überredung (Persuasion)
negativ	Zwang (Coercion)	Appell an Commitments (activation of commitments)

An dieser Stelle muß eine weitere Schwierigkeit bedacht werden. Unter „Sanktion" soll ein intentionaler Akt *Egos* verstanden werden, der eine Änderung in den Beziehungen zwischen *Alter* und *Ego* erwarten läßt. Als Mittel zur Herbeiführung einer Verhaltensänderung von *Alter* funktioniert die Sanktion am deutlichsten, wenn ihr Eintritt explizit von einer künftigen Handlung *Alters* abhängig ist. So wird die Anreizstrategie aus zwei Schritten bestehen: zuerst einem kontingenten Angebot *Egos*, eine „belohnende" Situationänderung herbeizuführen, wenn *Alter* den Verhaltenswünschen *Egos* entspricht. In einem zweiten Schritt erfolgt dann die positive Sanktion, falls *Alter* sich tatsächlich wunschgemäß verhalten hat. Bei einer Zwangsstrategie besteht der erste Schritt in *Egos* kontingenter Drohung, negative Sanktionen zu verhängen, falls *Alter* nicht kooperiert. Wenn *Alter* sich jedoch wunschgemäß verhält, passiert nichts weiter; im gegenteiligen Fall allerdings muß *Ego* seine Drohung wahrmachen oder wird unglaubwürdig. Beziehen sich *Egos* Strategien auf den Absichts-Kanal, dann besteht *Egos* erster Schritt darin, das Eintreten eines bestimmten Ereignisses vorauszusagen oder ein mögliches eigenes Verhalten anzukündigen, das die Gefühle und Interessen *Alters* berührt. Hier ist ein Element der Kontingenz insofern enthalten, als *Ego Alter* „überzeugen" will, das Eingehen auf *Egos* Wünsche liege im positiven Fall in seinem eigenen Interesse bzw. eine Verweigerung bereite ihm im negativen Falle erhebliche „subjektive Kosten". Bei der „Überzeugungsstrategie" muß *Ego* neben dem Hinweis auf die Folgen erwartungskonformen Verhaltens *Alters* im positiven Fall seine explizite Anerkennung (als positive Einstellungssanktion) ausdrücken; im negativen Fall hingegen muß *Ego* die entsprechende negative Einstellungssanktion nur im Fall nicht-konformen Verhaltens *Alters* verhängen.

Damit dürfte deutlich geworden sein, daß zwischen dem positiven und dem negativen Sanktionsaspekt des Paradigmas eine grundlegende Asymmetrie besteht. Bei der Strategie des Anreizes und des Überredens zwingt nämlich *Alters* konformes Verhalten *Ego* im ersten Fall dazu, die versprochenen Situationsvorteile zu gewähren, und im zweiten, explizit anzuerkennen, wie „vernünftig" es von *Alter* war, eingesehen zu haben, daß die von *Ego* gewünschte Reaktion tatsächlich *Alters* eigensten Interessen entsprach. Bei den beiden anderen Strategien hingegen, die durch negative Sanktionen gedeckt werden, führt *Alters* konformes Verhalten *Ego* im situationsbezogenen Fall dazu, seine Drohung nicht auszuführen, und im absichtsbezogenen Fall dazu, weder Kritik noch Mißbilligung zu äußern, so daß *Alter* einsieht, das gewünschte konforme Verhalten habe ihm die häßlichen Konsequenzen seiner ursprünglichen Handlungsabsicht, die ohne *Egos* Intervention zum Zuge gekommen wäre, in Gestalt von Schuldgefühlen wegen der Verletzung wichtiger Werte oder Normen, erspart.

Schließlich stellt auch *Alters* Entscheidungsfreiheit hinsichtlich Kooperation oder Weigerung gegenüber der ihm geäußerten Erwartung eine Variable dar. Diese Variable hat einen Grenzwert, bei dem das Kontingenz-Element verschwindet. Aus der Perspektive *Egos* entfällt dann die Notwendigkeit, die Handlungsalternativen *Alters* mit situations- oder absichtsbezogenen Interventionsstrategien konditional zu verknüpfen; vielmehr kann *Ego* dann unmittelbar handeln und *Alter* mit einem *fait accompli* konfrontieren. So besteht im Falle der Anreizstrategie der Grenzfall in der Übergabe eines wertvollen Gegenstandes als Geschenk, wenn *Alter* keine Möglichkeit der Ablehnung hat. Der Grenzfall der Zwangsstrategie — Anwendung physischer Gewalt — bestünde darin, *Alter* erst einmal eine nachteilige Situation aufzuzwingen und es ihm zu überlassen, mit ihr fertig zu werden.

Die oben angesprochene Asymmetrie wird auch hier sichtbar. Der eigentliche Sinn von negativen Sanktionen als kontingenten (d. h. *konditionalen*) Maßnahmen liegt in der Prävention. Sind sie erfolgreich, werden Folgeaktionen hinfällig. Im Grenzfall der Anwendung physischer Gewalt wird es *Alter* unmöglich gemacht, die unerwünschte Handlung *Egos* zu vermeiden. Bei vorzeitigen positiven Sanktionen — beispielsweise einem Geschenk — schneidet *Ego* die Möglichkeit ab, in derselben Interaktionsrunde von eventuell vorteilhaften Handlungen *Alters* zu profitieren.

In beiden Fällen könnte sich *Ego* jedoch auch an den Effekten dieser Strategien auf *Alters* Handeln in künftigen Interaktionssequenzen orientieren. Das Opfer der Gewaltanwendung mag nicht nur an der Ausübung einer ganz bestimmten Handlung gehindert worden sein, sondern „seine Lektion gelernt haben" und in Zukunft *Egos* Wünschen williger begegnen; und der Empfänger eines Geschenkes mag eine Verpflichtung empfinden, sich künftig „erkenntlich zu zeigen".

Bisher erfolgte die Diskussion von Sanktionsakten auf der Ebene ihrer „intrinsischen" Bedeutung, sowohl für *Ego* als auch für *Alter*. So war mit „Anreiz" beispielsweise das Angebot eines bestimmten Nutz-Objekts gemeint, mit „Zwang" beispielsweise ein ganz bestimmter Verlust oder eine andere unangenehme Erfahrung angestrebt. Aber ganz so, wie *Ego* zu Beginn einer Interaktionssequenz *Alter* seine kontingenten Absichten in symbolischer Kommunikation mitteilt, kann auch die Sanktion selber symbolische Form haben: etwa an Stelle des Angebots bestimmter, intrinsisch wertvoller Güter aus dem Angebot einer bestimmten Geldsumme bestehen. Die generalisierten Interaktionsmedien können daher als Sanktionstypen benutzt und vor dem Hintergrund des obigen Paradigmas analysiert werden. Die weiter oben schon kurz diskutierten Probleme der Generalisierung und Legitimation von Institutionenbildung führen jedoch zu einigen Schwierigkeiten, denen wir uns nun im Hinblick auf Macht zuwenden müssen. In gewisser Weise kann Macht — im Rahmen der Medien — als generalisiertes Medium für Zwang betrachtet werden — eine Interpretation, die allerdings sehr vorsichtig gehandhabt werden muß, und die sich letztlich als unzulänglich erweisen wird.

Oben habe ich kurz von der „Verankerung" des Geldwerts im Güterwert von monetären Metallen gesprochen und dabei eine analytische Parallele zwischen dem „Wert" von Macht, d. h. ihrer Effektivität, und der intrinsischen Effektivität physischer Gewalt als Druck- und letztem Zwangsmittel angedeutet.[21]

Bei dieser Interpretation muß die gerade angesprochene Asymmetrie von Sanktionen gebührend berücksichtigt werden. Die besondere Rolle eines Edelmetalls wie Gold als „Geldbasis" beruht(e) auf solchen Eigenschaften wie Haltbarkeit, hoher Wert bei geringem Volumen, hoher Wahrscheinlichkeit, als Tauschmittel akzeptiert zu werden (und zwar in einer sehr großen Vielfalt von Situationen und weitgehend unabhängig von irgendeiner bestimmten institutionalisierten Ordnung). Wenn jedoch *Ego* zu Zwangs- oder Gewaltstrategien greift, dann besteht sein wichtigstes Ziel darin, eine unerwünschte Handlung *Alters* durch Abschreckung zu verhindern.[22] Gewalt ist daher vor allem als „äußerstes" Abschreckungsmittel wichtig. Gewalt ist als Medium wohl — unabhängig von irgendeiner institutionellen Ordnung — das „intrinsisch" effektivste Abschreckungsmittel, wirksam auch dann, wenn andere auf institutionellen Ordnungen gegründete Mittel unsicher werden oder versagen. Deshalb kann sich diejenige Einheit eines Handlungssystems, die über hinreichende physische Gewalt verfügt, um jeder potentiellen Gegendrohung begegnen zu können, in einem Hobbes'schen Naturzustand sozialer Beziehungen als die am besten gesicherte betrachten.[23]

Aber genau so, wie ein ausschließlich auf Gold gegründetes Währungssystem sehr primitiv und einfach unfähig ist, ein komplexes Marktsystem zu bedienen, genau so ist ein Macht-System sehr primitiv, das als einzige negative Sanktion den Einsatz von Gewalt kennt und damit unfähig, ein komplexes System organisatorischer Interdependenzen zu mediatisieren — es ist ein zu „grobes" Instrument. Geld darf nicht nur aus intrinsisch wertvollen Einheiten bestehen. wenn es als generalisiertes (Anreiz-)Medium fungieren soll, sondern muß — wie wir bereits gesagt haben — als Symbol institutionalisiert sein; es muß legitimiert sein, sich auf „Vertrauen" in das Funktioniedes Systems stützen, und es muß — innerhalb bestimmter Grenzen — Gegenstand bewußten Managements sein. Ganz ähnlich kann Macht nicht auf der Ebene eines intrinsisch effektiven Abschreckungsmittels verbleiben, wenn sie als generalisiertes Medium zur Mobilisierung von Ressourcen für effektives Kollektivhandeln und zur Erfüllung von Verpflichtungen des Kollektivs gegenüber seiner (politischen) Basis dienen soll; auch die Macht muß symbolisch generalisiert und legitimiert werden.

Zwischen dem oben eingeführten Konzept der bindenden Verpflichtung (*bindingness*) und dem der Abschreckung besteht eine direkte Verbindung. Wird eine Verpflichtung oder irgendeine andere Erwartung als „bindend" betrachtet, so wird ihrer Erfüllung eine besondere Wichtigkeit zuerkannt. Wo es sich dabei nicht nur um die Sicherung von Beständen und die Fortsetzung von Routine handelt, sondern darum, in veränderten Situationen neue Initiativen zu ergreifen, wo also das Engagement darin besteht, neue Formen des Handelns in Abhängigkeit von den sich entwickelnden Umständen zu schaffen, dort erweist sich das zu minimierende Risiko als das Problem, daß eine solche Verpflichtung angesichts der veränderten Situationsbedingungen nun doch nicht erfüllt wird. Behandelt man die Erwartung oder Obligation als „verbindlich", so ist dies ungefähr dasselbe wie die Forderung, daß von der anderen Seite die erforderlichen Schritte unternommen werden müßten, um einer Nicht-Erfüllung der eingegangenen Verbindlichkeiten soweit wie möglich vorzubeugen. Die Bereitschaft, negative Sanktionen zu verhängen, erweist sich in dieser Betrachtung einfach als das Bestehen auf der implizit vorausgesetzten Verbindlichkeit von Wertbindungen, wenn und soweit die Instanz, die die Einlösung dieser Verpflichtungen fordert, „es ernst meint" und auf Erfüllung pocht. Andererseits gibt es in Interaktionssystemen Bereiche, wo eine Reihe von Alternativen besteht, zwischen denen unter dem Gesichtspunkt möglicher Vorteile der Situation oder Intention gewählt werden kann (Option). Postive Sanktionen bedeuten hier eine kontingente Verbesserung der Alternative, die *Alter* nach dem Willen von *Ego* wählen soll.

Wenn auch in diesen Bereichen ein generalisiertes symbolisches Medium an die Stelle von intrinsischen Vorteilen treten soll, so muß das Element der Verbindlichkeit in die Institutionalisierung des Mediums selbst eingehen — wie es beispielsweise die Tatsache zeigt, daß das Geld einer Gesellschaft dort „gesetzliches Zahlungsmittel" ist; es muß zum Ausgleich von Forderungen akzeptiert werden, die den Status einer vertraglichen Schuld im Sinne des Gesetzes haben.

Im Fall von Geld ist m. E. für die typische soziale Einheit in einem Marktsystem die überwiegende Mehrzahl aller Vorgänge „optional" im oben gemeinten Sinne — ob nun aber das Geld in diesen Transaktionen „gut" ist oder nicht, ist nicht Sache des einzelnen; die Annahmepflicht des Geldes ist gesetzlich begründet. Dasselbe gilt im wesentlichen für die Vertragsverhältnisse, die typischerweise monetäre und intrinsische Nutzengrößen verbinden.

Für die Macht gilt nun in gewissem Sinne gerade das Entgegengesetzte. Ihre „intrinsische" Bedeutung liegt in ihrer Kapazität sicherzustellen, daß Obligationen tatsächlich verbindlich sind und nötigenfalls durch negative Sanktionen „erzwungen" werden können. Damit Macht jedoch als generalisiertes Medium in einem komplexen System funktionieren, d. h. effektiv Ressourcen für kollektives Handeln mobilisieren kann, muß sie „legitimiert" sein. In diesem Zusammenhang heißt das, daß in bestimmter Hinsicht Bereitschaft zur Kooperation (*compliance*) — der unseren Medien gemeinsame Faktor — eben nicht verbindlich ist (geschweige denn erzwungen werden kann), sondern *optional* ist. Die Bandbreite eines kontinuierlichen Systems ineinandergreifender Schuldverpflichtungen (*binding obligations*) wird im wesentlichen bestimmt durch die internen

Relationen eines organisierten Kollektivs in unserem Sinne, sowie die Vertragspflichten, die in seinem Namen über seine Grenzen hinweg übernommen werden.

Die Punkte, an denen die optionalen Faktoren zum Tragen kommen, liegen in den Grenzrelationen des Kollektivs, wo wichtige Faktoren für kollektive Funktionen anderer Art als verbindliche Obligationen im Austausch für derartige verbindliche Wertbindungen seitens des Kollektivs hereingenommen und umgekehrt nicht-verbindliche Outputs des Kollektivs im Gegenzug für verbindliche Wertbindungen ihm gegenüber ausgegeben werden. Diese „optionalen" Inputs sind, wie ich oben vorgeschlagen habe, einmal Kontrolle der Produktivität der Wirtschaft an der einen Grenze und zum anderen Einfluß mittels der Beziehungen zwischen Führung und öffentlicher Nachfrage an der anderen.[24]

Dies ist ein Punkt, an dem die Lösung des Begriffs des „Politbereichs" (*polity*) von der exklusiven Bindung an den der „Regierung" besonders wichtig ist. In einer hinreichend differenzierten Gesellschaft sind die Grenzrelationen der großen Mehrheit ihrer wichtigen sozialen Einheiten (d. h. der kollektiven Organisationen einschließlich der Regierung) die Grenzen, an denen die überwätigende Mehrheit der Entscheidungen über Wertbindungen „optional" im eingeführten Sinne sind, obwohl ihre Erfüllung verbindlich ist, sobald sie einmal gefällt sind. Dies ist allerdings effektiv nur möglich innerhalb des Bereiches einer genügend stabilen institutionellen Ordnung, so daß die erforderlichen Freiheitsgrade geschützt bleiben, beispielsweise im Beschäftigungssektor oder bei der Förderung der Nachfrage bestimmter Interessen und Entscheidungen über politische Unterstützung.

Diese Eigenschaft der Grenzbezüge einer besonderen politischen Einheit gilt sogar für die Fälle einer Lokalregierung, weil Entscheidungen über Wohnsitz, Beschäftigung oder Eigentumserwerb innerhalb einer bestimmten Jurisdiktion ein optionales Element enthalten, denn in all diesen Fällen hat man eine relativ freie Wahl zwischen den lokalen Jurisdiktionen; allerdings unterliegt jeder Bürger nach einmal getroffener Entscheidung beispielsweise den geltenden Besteuerungsgrundsätzen — und er kann natürlich nicht dem Umstand entkommen, daß er irgendeiner öffentlichen Jurisdiktion unterworfen ist, er kann sich lediglich zwischen möglichen Alternativen entscheiden.

Im Fall einer „nationalen" politischen Organisation fallen jedoch deren territoriale Grenzen in der Regel mit einer Bruchzone in der normativen Ordnung zusammen, die die soziale Interaktion steuert.[25] Daher schleicht sich in die Ausübung der Macht in unserem Sinne beim Überkreuzen solcher Grenzen eine Ambiguität ein. Einerseits geht die Inanspruchnahme verbindlicher Obligationen normalerweise ohne explizite Zwangsanwendung innerhalb der Bereiche vor sich, in denen zwei territoriale Kollektivsysteme ihre Beziehungen institutionalisiert haben. So können Reisende im befreundeten Ausland gewöhnlich persönliche Sicherheit und die Annehmlichkeiten der prinzipiellen öffentlichen Versorgungseinrichtungen, Geldwechsel zu laufenden Kurs und so weiter genießen. Wo andererseits die allgemeinen Beziehungen zwischen nationalen Kollektiven in Frage stehen, ist das Machtsystem besonders anfällig für die Art der Unsicherheit von Erwartungen, denen durch den expliziten Rückzug auf die Drohung mit Zwangssanktionen begegnet wird. Solche Drohungen wiederum, die auf beiden Seiten einer reziproken Beziehung aufgestaut werden, führen schnell in eine verhängnisvolle Spirale der Zuflucht zu immer stärker „intrinsisch" effektiven und drastischen Druckmitteln, die schließlich in harte Gewalt münden. Mit anderen Worten: Die Gefahr des Krieges liegt endemisch in den institutionellen Beziehungen zwischen territorial organisierten Kollektiven.

Es besteht also eine innere Beziehung sowohl zwischen dem Einsatz und der Kontrolle der Gewalt und der territorialen Organisationsbasis.[26] Eine zentrale Bedingung für die Integration eines Machtsystems ist, daß es innerhalb des Territorialbereiches effektiv ist, und eine entscheidende Bedingung dieser Effektivität wiederum ist das Monopol der Kontrolle über die Gewalt in diesem Gebiet. Der kritische Punkt also, an dem die institutionelle Integration des Machtsystems am empfindlichsten und am anfälligsten für die Degeneration zur Provokation mit Gewaltdrohung ist, liegt zwischen territorial organisierten politischen Systemen. Dies ist nur allzu offensichtlich der schwächste Punkt in der normativen Ordnung der heutigen menschlichen Gesellschaft wie seit undenklichen Zeiten.

In diesem Zusammenhang muß man sehen, daß der Besitz, die gegenseitige Drohung und der mögliche Einsatz von Macht nur in einem ganz unmittelbaren Sinne der Hauptgrund für Krieg ist. Der wesentliche Punkt ist, daß der „Flaschenhals" (Engpaß) gegenseitiger Regression zu immer primitiveren Mitteln der Protektion oder Förderung kollektiver Interessen ein Kanal ist, in den alle Spannungselemente zwischen den betroffenen Kollektiv-Einheiten fließen können. Es ist eine Frage der Vielzahl von Ebenen, auf denen sich solche Spannungselemente einerseits aufbauen und andererseits kontrollieren lassen, und nicht eine Frage einer einfachen und unzweideutigen Konzeption der „inneren" Konsequenzen des Besitzes und möglichen Einsatzes organisierter Gewalt.

Hier ist wieder klar eine Parallele zu ökonomischen Fall zu erkennen. Ein funktionierendes Marktsystem erfordert die Integration des monetären Mediums. Es kann kein System von N unabhängigen monetären Einheiten und Kontroll-Instanzen geben. Dies ist die Basis, auf der das Hauptausdehnungsfeld eines relativ integrierten Marktsystems mit der „politisch organisierten Gesellschaft" (wie Roscoe Pound sagt) über einem Territorialgebiet zusammenfällt. Internationale Transaktionen erfordern spezielle Einrichtungen, die im Inland nicht notwendig sind.

Das eigentliche „Management" des Geldsystems muß also mit der Institutionalisierung politischer Macht integriert werden. Genau wie dies auf einem Monopol institutionell organisierter Gewalt beruht, so beruht monetäre Stabilität auf einem effektiven Monopol über die Grundreserven, die die Geldeinheit schützen, und darüber hinaus, wie wir später sehen werden, auf der Zentralisierung der Kontrolle über das Kreditsystem.

Der Hierarchie-Aspekt von Machtsystemen

Hier erhebt sich nun eine ganz kritische Frage in bezug auf eine entscheidende Differenz zwischen Geld und Macht. Geld ist ein „Wertmesser" (*measure of value*), wie die ökonomischen Klassiker sagten, in Form einer kontinuierlichen linearen Variablen. In Geldgrößen bewertete Nutzenobjekte sind in einer numerischen Folge jeweils mehr oder weniger wert. Ähnlich lassen sich Geldbeträge als Tauschgrößen auf einer einzigen Dimension anordnen. Eine soziale Einheit in einer Gesellschaft hat *mehr* Geld — oder in Geld eintauschbare Vermögenswerte — als eine andere Einheit oder *weniger* oder *gleich viel*.

Macht liegt in einer ganz anderen Dimension. Sie läßt sich so ausdrücken, daß A Macht über B haben kann. Natürlich hat bei konkurrierenden Angeboten der Besitzer eines größeren Vermögens insoweit einen Vorteil, als der „Grenznutzen des Geldes" — wie die Ökonomen sagen — für ihn geringer ist als für seine Konkurrenten mit kleineren Vermögen. Sein „Gebot" ist jedoch für den potentiellen Tauschpartner nicht stärker verbindlich, als das eines weniger vermögenden Bieters, denn hinsichtlich ihrer „Kaufkraft" gilt: „*All Dollars are created free and equal.*" Es mag Nebengründe geben, aus denen heraus ein Anbieter es vorziehen mag, das Angebot des vermögenderen Nachfragers anzunehmen; jedoch sind dies keine eigentlich ökonomischen Gründe, sondern entspringen den Interrelationen zwischen Geld und den anderen Medien sowie weiterer Statusgründen im System.

Der Zusammenhang zwischen dem Wert der Effektivität − im Unterschied zum Nutzen − und Verbindlichkeit erfordert wiederum eine Konzeption, die die Entscheidungsverantwortlichkeit und damit zugleich auch die Autorität der Durchsetzung zu ihrem Mittelpunkt macht.[27] Dies erfordert eine besondere Form der Ungleichheit (*inequality*) der Macht, was ihrerseits ein Prioritätssystem von Wertbindungen erfordert. Hat man sich auf verbindliche Wertbindungen festgelegt, auf deren Erfüllung „Sprecher" des Kollektivs bis zu dem Punkt der Verhängung von negativen Sanktionen bei mangelnder Willfährigkeit bestehen, so nehmen die Implikationen daraus solche Dimensionen an, daß parallel zu dem Prioritätssystem für die Wertbindungen auch in den Entscheidungsfragen Prioritäten gesetzt werden müssen, wobei die Entscheidungsinstanzen das Recht haben, ihre Entscheidungen auf allen Ebenen zu treffen (have the right to make decision at what levels). Die entscheidende Frage in dieser ganzen Diskussion betrifft das Problem der Verbindlichkeit (*bindingness*). Bezugspunkt ist dabei das Kollektiv und folglich die strategische Bedeutung der verschiedenen „Beiträge" zur Gesamtleistung (*performance*), von der die Effektivität des Handels abhängt. Effektivität für das Kollektiv als ganzes hängt ab von der Art, wie diese Beiträge nach ihrer relativen strategischen Wichtigkeit geordnet sind, und damit von den Konditionen, nach denen sich die Auflage verbindlicher Obligationen an die Kontribuenten (Beitragspflichtigen) regelt.

Mithin ist die Macht von A über B in ihrer legitimen Form das „Recht" von A, als eine Entscheidungsinstanz in einem kollektiven Prozeß Regelungen zu treffen, die Vorrang (*precedence*) gegenüber Anordnungen von B haben − im Interesse der Effektivität der kollektiven Vollzüge insgesamt.

Das Recht zum Gebrauch der Macht oder von negativen Sanktionen auf der Grundlage des Handelns „Zug um Zug" (*barter basis*) oder selbst von Zwang, um die Priorität einer Anordnung gegenüber anderen durchzusetzen, werde ich mit Barnard „Autorität" nennen. Vorrang (*precedence*) kann dabei verschiedene Formen haben. Eine störende Doppelsinnigkeit rührt aus der Annahme, daß Autorität und die daran haftende Macht so verstanden werden könnten, als stünden sie in Opposition zu den Wünschen der nachgeordneten

Ebenen (der Betroffenen, „Machtunterworfenen"), woraus sich dann das Prärogativ zur erzwungenen oder aufgenötigten Willfährigkeit herleite. Dies ist zwar impliziert; jedoch kann übergeordnete Autorität und höhere Macht auch bedeuten, daß das Prärogativ einfach nur darin liegt, die „Definition der Situation" zu liefern, nach der sich die Performanz der unteren Ebenen richten muß. Die höhere „Autorität" kann dann eine Entscheidung treffen, die den Rehmen setzt, in dem die anderen zu handeln haben, und die so begründete Erwartung gilt als verbindlich. Beispielsweise könnte eine Anordnung der Oberfinanzdirektion (*Commissioner of Internal Revenue*) bestimmte Steuervergünstigungen streichen, auf die nach Ansicht untergeordneter Stellen die Steuerzahler einen Anspruch hätten haben können. Eine solche Entscheidung muß nicht zu einem offenen Konflikt zwischen der Finanzbehörde und dem Steuerzahler führen, sondern wird vielmehr die Entscheidung der Finanzprüfer und Steuerzahler in eine bestimmte Richtung bei der Erfüllung ihrer Obligationen „lenken".

In dieser Ambiguität (Doppelsinnigkeit) scheint keine besondere theoretische Schwierigkeit zu liegen. Man kann sagen, daß die primäre Funktion höherer Autorität ganz klar darin besteht, die Situation für die nachgeordneten Ebenen des Kollektivs zu definieren. Das Problem der Überwindung von Opposition in Form von Dispositionen zum Widerstand entspringt der unvollständigen Institutionalisierung der Macht bei den oberen Autoritätsinhabern. Dabei mag auch das Überschreiten der Grenzen der legitimen Autorität von Positionsinhabern eine Rolle spielen. Der Begriff der Willfährigkeit (*compliance*) darf nicht auf den des „Gehorsams" von Untergebenen beschränkt werden, sondern er ist inhaltlich-sachlich genau so gültig für die Beachtung der normativen Ordnung auf den oberen Ebenen von Autorität und Macht. Auf dieser Ebene spielt insbesondere der Begriff des „Konstitutionalismus" eine kritische Rolle insofern, als selbst die oberste Autorität im strikten Sinne des Wortes daran gebunden ist, sich an die Bedingungen der normativen Ordnung zu halten, unter denen sie arbeitet, d. h. im Amt ist. Folglich können verbindliche Obligationen sehr wohl durch niedere gegenüber höheren Instanzen ebenso geltend gemacht werden wie umgekehrt.

Dies erfordert natürlich eine relativ gefestigte Institutionalisierung der normativen Ordnung selbst. Im Rahmen eines hoch differenzierten Politbereiches macht dies zusätzlich zum Konstitutionalismus selbst ein Verfahrenssystem erforderlich, das die politische Autorität garantiert, und zwar auch im privaten Bereich, nicht nur in den öffentlichen Organisationen, sowie einen Gesetzes- und Rechtsrahmen, innerhalb dessen eine solche Autorität legitimiert ist. Daraus ergibt sich wiederum die Notwendigkeit für eine weitere Folge von Verfahren und Institutionen, innerhalb derer die Frage der Legalität des tatsächlichen Einsatzes der Macht überprüft werden kann.

Macht und Autorität

Die Institutionalisierung der eben erwähnten normativen Ordnung hat also ihren Kern im Konzept der Herrschaft (*authority*).[28] Herrschaft ist im wesentlichen der institutuionelle Code, in dem die Verwendung der Macht als Medium organisiert und legitimiert ist. Herrschaft steht zur Macht im selben Verhältnis wie die Institution des Eigentums zum Geld. Eigentum ist ein gebündeltes Besitzrecht, das vor allem die Möglichkeit der Veräußerung und Übertragung, aber auch verschiedene Stufen der Kontrolle und Nutzung umfaßt. In einem hoch differenzierten Institutionensystem zielen die Eigentumsrechte auf die Wertbestimmung des Nutzens, d. h. die ökonomische Bedeutung der Objekte, etwa für den Konsum oder die Produktionsfaktoren, wobei sich dieses Element von der Herrschaft ausdifferenziert. So hatte im europäischen Feudalsystem der Landesherr (Feudalherr) sowohl das Eigentumsrecht am Grund und Boden als auch die politische Jurisdiktion über die Menschen auf diesem Land. In modernen Rechtssystemen sind diese Komponenten voneinander differenziert, so daß der Landbesitzer nicht zugleich „Landesherr" ist (*landowner/landlord*): Diese Funktion wird heute überwiegend von der lokalen politischen Autorität ausgefüllt.

Mit eben dieser verstärkten Differenzierung wird der Focus der Institutionalisierung breiter, und obgleich spezifische Besitzobjekte natürlich weiterhin höchst wichtig bleiben, so wird doch zum wichtigsten Objekt des Eigentums das Geldvermögen, und zugleich werden damit die spezifischen Objekte als Vermögen bewertet, d. h. nach ihrer potentiellen Marktgängigkeit. Wir können heute sagen, daß der Kern der Institution des Eigentums gebildet wird durch das Recht am Geldvermögen, durch die Wege zum legitimen Erwerb und zur legitimen Veräußerung, durch die Wege zum Schutz der Interessen Dritter.[29]

Autorität ist also ein bestimmter Aspekt des Status, den man in einem System sozialer Organisation (als Kollektiv) innehat, kraft dessen man in eine Position versetzt ist, legitimerweise Entscheidungen zu fällen, die nicht nur einen selbst, sondern das ganze Kollektiv, also auch die anderen Mitglieder, insoweit binden, als alle in Übereinstimmung mit Implikationen dieser Entscheidung handeln müssen, soweit jeder einzelne in seiner Rolle und seinem Status im Kollektiv davon berührt ist. Dazu gehört das Recht, auf einer solchen Aktion zu bestehen, auch wenn der Inhaber einer Autoritätsposition infolge der allgemeinen Arbeitsteiligkeit oft gar nicht selbst in der Lage ist, seine Entscheidungen zu „erzwingen", sondern dafür auf besondere Instanzen angewiesen ist.

Wenn also Autorität als das institutionelle Gegenstück zur Macht betrachtet wird, so liegt der Hauptunterschied in der Tatsache, daß Autorität kein zirkulierendes Medium ist. Man sagt gelegentlich in lockerer Form, daß jemand „sein Eigentum aufgäbe". Nun kann man zwar die Eigentumsrechte an spezifischen Gegenständen aufgeben, nicht aber die Institution des Eigentums. Entsprechend kann der Inhaber eines Amtes auf seine (Amts)-Autorität durch Rücktritt (vom Amt) verzichten, aber dies ist ein ganz anderer Fall als das Schwinden der mit einem Amt verbundenen Autorität. Eigentum als Institution ist ein Code; er definiert Rechte an Gegenständen des Besitzes, und zwar zunächst einmal von materiellen Gegenständen, dann von „symbolischen" Objekten, einschließlich Kulturobjekten wie „Ideen", soweit sich diese monetär bewerten lassen, und natürlich von Geld selbst. Entsprechend ist Autorität eine Menge von Rechten, bezogen auf den Status in einem Kollektiv, einschließlich insbesondere des Rechts, aufgrund dieses Status Macht zu erwerben und einzusetzen.

Die institutionelle Stabilität, die für die Konzeption eines Codes so wesentlich ist, liegt beim Eigentum in der institutionellen Struktur des Marktes. Auf einer höheren Ebene schließt die Institution des Eigentums das Recht ein, Objekte nicht nur zu verwerten, sondern auch mit ihnen am System der Markttransaktionen (Tausch) teilzunehmen.

Es ist also im wesentlichen der institutionalisierte Code, der die Rechte zur Teilnahme am Machtsystem definiert, den ich als Autorität betrachten möchte. Diese Konzeption bildet die Grundlage für die entscheidende Differenzierung zwischen den internen und den externen Aspekten der Macht in bezug zu einem bestimmten Kollektiv. Das Kollektiv ist, in meiner Konzeption, die Definition des Feldes, innerhalb dessen ein geschlossenes System von institutionalisierten Rechten auf einsetzbare Macht besteht. Das soll heißen, daß die Implikationen einer autoritativen Entscheidung an einem Punkt des Systems auch an allen anderen Punkten durch *feedback*-(Rück-koppelungs-) Prozesse verbindlich sein werden.

Das hierarchische Prioritätssystem von Autorität und Macht, mit dem diese Diskussion begann, kann nach diesem Kriterium nur innerhalb eines bestimmten gegebenen Kollektivsystems verbindlich sein. In diesem Sinne muß also eine Autoritätshierarchie – im Unterschied zu bloßen Abstufungen der Macht oder irgendwelchen Zwangsmitteln – eine interne Komponente eines als Kollektiv organisierten Systems sein. Dies umfaßt die Autorität, das Kollektiv in seinen Beziehungen zur Umwelt, also Personen und anderen Kollektiven, verbindlich festzulegen. Aber diese Verpflichtung, die durch die jeweiligen Instanzen des betreffenden Kollektivs legitimiert und durchgesetzt wird, kann sich nicht über die Grenzen des Kollektivs hinaus erstrecken. Soweit derartiges dennoch vorkommt, ist dies nur möglich kraft einer institutionalisierten normativen Ordnung, die das einzelne Kollektiv transzendiert – etwa in Form vertraglicher Vereinbarungen oder durch andere Typen wechselseitig bindender Verpflichtungen.

Macht, Einfluß, Tendenzen zur Gleichheit und Solidarität

Vor dem Hintergrund dieser Überlegungen kann man sagen, daß das geschlossene System von Prioritäten an den integrativen oder konstitutiven (d. h. durch Mitgliedsachaft begründeten) Grenzen des Kollektivs durch den „freien" Einsatz von Einfluß aufgebrochen wird. Der Status im Kollektiv definiert die Autorität, mit der die Austauschbedingungen von Macht gegenüber Einfluß an dieser Grenze festgelegt werden können: Jemand, der über Einfluß verfügt und außerhalb eines gegebenen Kollektivs steht, ist nicht von vornherein auf bestimmte Bedingungen festgelegt; andererseits gehört zum Wesen des Machteinsatzes in den „Außenbeziehungen" eines Kollektivs, daß Autorität das Recht verleiht, innerhalb gewisser Ermessensgrenzen Macht für Einfluß „auszugeben". Diese Verausgabung von Macht kann wiederum durch das Angebot, Führungsverantwortung im Austausch für politische Unterstützung zu übernehmen, zu einem entsprechenden Input führen, der die Ausgabe wettmacht.

Dieser Gedankengang führt zu der Überlegung, daß Einfluß in der Lage sein müßte, das Prioritätssystem innerhalb einer Kollektivität zu verändern. Ich interpretiere das als eine Kategorie von politischer Entscheidung, die den Machteinsatz als potentielles Steuerungsmedium lenkt. Ganz ähnlich muß das politische Stimmrecht als die Institutionalisierung eines Status im Überschneidungsbereich mehrerer Systemgrenzen betrachtet werden: zwischen dem politischen Haupt-Kollektiv einerseits und seiner Umwelt von verschiedenen Solidargruppen andererseits. Die Institutionalisierung dieser marginalen Autorität ist auf die Funktion beschränkt, zwischen den Kandidaten für Führungsverantwortung zu wählen. Im Falle der Regierung werden auf diese Weise sowohl die Regierungsagenturen als auch die politische Basis der Wählerschaft zu einem gemeinsamen Kollektiv verbunden: Die Wahl in Führungspositionen ist nämlich keine einmalige Überschreibung von Macht, sondern ein Autoritätsstatus für die zentrale Funktion der Führungsauswahl und Zuweisung der Amtsautorität.

Zum richtigen Verständnis dieser Diskussion muß unbedingt beachtet werden, daß „Gesellschaft" hier nicht als ein einziges Kollektiv gemeint ist, sondern als ein ineinander verschränktes System von Kollektiven. Wegen der schon diskutierten Grunderfordernisse effektiven Kollektivhandelns müssen diese funktional differenzierten Kollektive jedoch zusätzlich zu der pluralistischen Überschneidung ihrer Grenzen gleichzeitig irgendwo gemeinsam verbunden sein. Irgendwo muß es einen zentralen Focus der kollektiven Autorität — und damit auch der Kontrolle von Macht — geben, obwohl hervorzuheben ist, daß dies nicht unbedingt die Spitze des Gesamtsystems normativer Kontrolle sein muß (die beispielsweise religiös sein kann). Von zentraler Bedeutung ist daher der Zusammenhang von Territorialität und Gewaltmonopol, da das geschlossene System erzwingbarer Verpflichtungen (enforceable bindingness) durch den Einsatz von Gewalt aufgebrochen werden kann.[30]

Der Grad der Bindung solcher normativen Ordnungen, die nicht unmittelbar und direkt vom Territorial-Kollektiv gestützt werden, muß innerhalb eines institutionalisierten Spielraums definiert werden. Soweit es sich dabei um Kollektive handelt, die nicht „Agenturen" des Staates sind, müssen ihre „Zuständigkeitsbereiche" in einem normativen System, einem Rechtssystem, verankert sein, das sowohl den Staat als auch die nichtstaatlichen Kollektive bindet (wenn es auch letzlich in einer institutionalisierten Ordnung auf staatliche — oder revolutionäre — Durchsetzungsgewalt gegründet ist). Da eine unabhängige Kontrolle ernstzunehmender organisierter Gewalt durch „private" Kollektive nicht hingenommen werden kann, pflegt die letzte und schärfste negative Sanktion von Territorial-Kollektiven der Ausschluß von der Mitgliedschaft zu sein.

Solche Überlegungen stehen durchaus nicht im Widerspruch zu der großen Bedeutung von Prioritäten-Hierarchien innerhalb eines kollektiven Entscheidungssystems selbst. Die strikte „Linienstruktur" der Autoritätskette wird jedoch durch die *Interpenetration* des politischen Systems mit anderen Systemen erheblich modifiziert, so vor allem durch die Bedeutung technischer Kompetenzen. Die Beschränkungen für die Bedeutung der Autoritätshierarchie ergeben sich im Prinzip an den analytischen Grenzen eines jeweiligen Kollektivsystems und nicht innerhalb desselben. In diesen funktionalen Grenzen liegen die Grenzen der Autorität. So modifiziert die Gleichheitsmaxime die konkreten Erwartungen vor allem in zwei Zusammenhängen hierarchischer Entscheidungssysteme: Einmal im Einflußbereich des Rechts, Macht oder Entscheidungsautorität zu übernehmen, zum anderen im Zusammenhang mit der Zugangsmöglichkeit zu einer Statusposition, in der man Beiträge zu einem bestimmten politischen System leisten kann.

An dieser Stelle sollte daran erinnert werden, daß ich Macht als zirkulierendes Medium betrachte, das über die Grenzen der *polity* hin und her fließt. Die „realen" Outputs des politischen Prozesses, wie auch seine Effektivitätsfaktoren – in einer gewissen Parallele zu den realen Outputs wirtschaftlicher Prozesse und den ökonomischen Produktionsfaktoren –, sind in der hier gewählten Perspektive keine „Formen" der Macht. Vielmehr handelt es sich dabei – in den wichtigsten Fällen – um die finanzielle Kontrolle ökonomischer Ressourcen, Geld und Einfluß (wobei Einfluß als generalisiertes Medium der Meinungsbildung[31]verstanden wird). Dies sind zwar ganz essentielle Elemente des gesamten politischen Prozesses, trotzdem ist es wichtig, sie von Macht zu unterscheiden, genau so, wie man finanziell wertvolle Outputs und Produktionsfaktoren vom Geld selbst trennen muß. Unter gewissen Umständen können sie zwar für Macht eingetauscht werden; dies ist aber etwas anderes als eine Form von Macht.

Die Zirkulation von Macht zwischen Politbereich und integrativem System liefert einerseits verbindliche politische Entscheidungen, andererseits politische Unterstützung. Während Entscheidungen einen wesentlichen Faktor des integrativen Prozesses darstellen, ist politische Unterstützung ein zentraler *Output* des integrativen Prozesses. Die Unterstützung der „Öffentlichkeit" oder Gefolgschaft wird für Führungsverantwortung eingetauscht: Diejenigen, die in der Lage sind, verbindlich Unterstützung zu geben, werden durch den Einsatz von Einfluß (oder einem anderen, weniger generalisierten,

Medium) davon überzeugt, daß es sinnvoll sei, sich hier zu engagieren. Auf dem anderen „politischen Markt" zwischen Politbereich und integrativem System werden – so wie weiter oben schon ausgeführt – als Reaktion auf die Artikulation von Interessen politische Entscheidungen geliefert. Die verschiedenen Interessengruppen versuchen also, diejenigen, die in einem gegebenen Kollektiv Autoritätspositionen einnehmen und somit verbindliche Entscheidungen treffen können, davon zu überzeugen, daß sie das Kollektiv auf eine gewünschte Politik festlegen sollten (es sei hervorgehoben, daß der Begriff „Interessengruppe" nichts über die moralische Qualität der jeweiligen speziellen Interessen aussagt). In unserer Begrifflichkeit heißt dies: Die Entscheidungsträger werden davon überzeugt, einen Teil ihrer Macht für diesen speziellen Zweck einzusetzen und insofern „auszugeben". Das Ausgeben von Macht muß man – wie das Ausgeben von Geld – im wesentlichen als die Preisgabe von möglichen Alternativen sehen: die Verpflichtung zu einer bestimmten politischen Option schließt andere Möglichkeiten aus. Wir gehen davon aus, daß ein Mitglied eines Kollektives dann über die Autorität zur Ausgabe von Macht verfügt, wenn es verbindliche Entscheidungen treffen kann, durch die Dritte Ansprüche gegenüber dem Kollektiv erhalten. Seine Autorität dagegen ist unveräußerlich; sie kann nur ausgeübt, nicht aber „ausgegeben" werden.[32]

Wir haben argumentiert, daß Politik in einem Prioritätssystem hierarchisch geordnet sein müsse, und daß die Macht, zwischen Politik-Alternativen zu entscheiden, eine entsprechende hierarchische Ordnung aufweisen muß, da solche Entscheidungen das Kollektiv und seine Elemente bindet. Der Hierarchie-Imperativ gilt jedoch nicht für den zweiten der oben genannten „Märkte" des Machtsystems: die Beziehungen zwischen politischer Führung und politischer Unterstützung. Hier ist ganz im Gegenteil von herausragender Bedeutung, daß in den größten und am weitest ausdifferenzierten Systemen (nämlich den Führungssystemen der „hochentwickelten" Industrie-Staaten) das Machtelement durch das Instrument des Wahlrechts systematisch gleich verteilt wurde (in allen westlichen Demokratien hat sich das universelle Wahlrecht für Erwachsene durchgesetzt).[33] Da die Ergebnisse von Wahlen in einem sehr strikten Sinne *bindend* sind[34], betrachte ich in der Tat das gleiche Wahlrecht als eine Form von Macht. Dabei muß das Prinzip der Stimmengleichheit als ein Teil des umfassenderen Komplexes der Institutionalisierung des Wahlrechts gesehen werden; dazu gehören ferner das Prinzip der Universalität – die Ausdehnung des Wahlrechts auf alle unbescholtenen erwachsenen Bürger — und das Prinzip der geheimen Wahl, das die politische Entscheidung von anderen Formen des Engagements löst und sie gegen Pressionen absichert, und zwar nicht nur gegenüber hierarchisch Höherstehenden, sondern auch, wie Rokkan hervorhebt, gegenüber dem Druck der Statusgleichen.

Dasselbe Grundprinzip „ein Mann, eine Stimme" ist darüber hinaus in einer riesigen Zahl freiwilliger Zusammenschlüsse institutionalisiert, wobei einige von ihnen Untergruppierungen umfassenderer Kollektive sind, so zum Beispiel die Fakultäten einer Universität oder aber Vorstände und Komitees. So wird der Unterschied zwischen dem Vorsitzenden im Beirat oder Aufsichtsrat eines Unternehmens und einem Direktor des Unternehmens im Hinblick auf die formale Autorität durch die Regel bestimmt, daß ein Vorsitzender, wie jeder andere im Gremium, nur eine Stimme hat — ganz gleich, wie unterschiedlich groß der Einfluß des einzelnen ist. Viele Kollektive sind in dieser Hinsicht bezüglich der vollen Entfaltung assoziativer Institutionen sozusagen „verstümmelt", beispielsweise dort, wo Aufsichtsräte sich aus dem Kollektiv selbst rekrutieren. Dieses Prinzip der Gleichheit der Macht kraft politischer Rechte aber ist von so überwältigender empirischer Bedeutung, daß die Frage seiner Begründung in der Struktur von Sozialsystemen ganz entscheidend wird.

Dieser Begründungszusammenhang ergibt sich m. E. aus der — wie ich formulieren möchte — universalistischen Komponente in den Musterbildungen der normativen Ordnung. Es handelt sich dabei um das Wertprinzip, daß Diskriminierungen zwischen den Einheiten eines Systems auf intrinsisch begründeten Unterschieden beruhen müssen — bei Personen und Kollektiven auf den unterschiedlich ausgeprägten Fähigkeiten, zu gesellschaftlich wichtigen Prozessen beizutragen. So sind Machtunterschiede bei Entscheidungen, die Commitments mobilisieren sollen, theoretisch durch die intrinsische Bedingung der Effektivität begründet (dies trifft sowohl für externe, auf die Umwelt des Systems bezogene Entscheidungsbereiche zu, als auch auf interne, die die Aufgabenzuweisung an einzelne Mitglieder betreffen). Ganz ähnlich sind Unterschiede bei der technischen Kompetenz zur Wahrnehmung wichtiger Rollen in der strategischen Bedingung begründet, daß Beiträge *effektiv* sein sollen.

Diese Überlegungen treffen aber nicht auf die Funktion der Führungsauswahl zu, wo diese Auswahl von askriptiven Grundlagen politischer Rechte gelöst worden ist (man denke an Statuszuweisungen auf der Grundlage von Verwandtschaftsbeziehungen oder an irgendwelche vorgeblich „charismatischen" Vorzüge, wie sie etwa im Schlagwort der „weißen Überlegenheit" zum Ausdruck kommen). Offensichtlich geht von Funktionen oder Funktionsergebnissen die gesellschaftlich entsprechend hoch bewertet werden, ein stetiger Druck aus, der zu einer fortdauernden — wenn auch unregelmäßigen — Erosion diskriminierender Unterscheidungen in diesem kritischen Bereich der Machtverteilung führt.

Vielleicht könnte man sagen, daß das Prinzip der Gleichheit vor dem Gesetz dasjenige universalistische normative Organisationsprinzip darstellt, das dem der politischen Demokratie im Sinne des allgemeinen und gleichen Wahlrechts unmittelbar übergeordnet ist (im Falle der amerikanischen Verfassung besteht dieses übergeordnete Prinzip im Grundsatz des gleichen Schutzes vor den Gesetzen). Ich bin ganz ausgesprochen der Meinung, daß ein verfassungsrechtlicher Rahmen für anspruchsvollere und fortgeschrittenere Kollektivorganisationen (also solche, deren Größe und Komplexität nicht mehr eine „informelle" oder traditionelle normative Regulierung gestatten) unabdingbar ist. Damit wird aber die Beweislast für den diskriminierenden Zugang zu Rechten oder die diskriminierende Auferlegung von Pflichten auf diese Abweichungen vom Gleichheitsprinzip verlagert: Die Diskriminierungen müssen durch Unterschiede in den als wichtig bewerteten Funktionserfordernissen des Systems begründbar sein.

Das Gleichheitsprinzip in seinen beiden Varianten, der Gleichheit vor dem Gesetz und des politischen Wahlrechts, ist deutlich erkennbar auf das Konzept des Mitgliedschaftsstatus bezogen. Nicht alle auf der Welt lebenden Erwachsenen haben die gleichen Rechte, den Gang der Dinge in ihren Kollektiven zu beeinflussen; auch hat der Staatsbürger auf fremdem Territorium nicht dieselben Rechte wie ein Bürger dort. „Mitgliedschaft" bezieht den Begriff der Grenzen eines Systems (des Geltungsbereichs der Solidarität in Durkheims Sinne) auf das einzelne Individuum. Die Gleichheit politischer Rechte ist ein Vorrecht von Mitgliedern, und die Kriterien der Mitgliedschaft können, je nach den Gegebenheiten, sehr unterschiedlich institutionalisiert sein.

Es ist wichtig zu sehen, daß Macht in dem hier diskutierten doppelten Austausch-System (dem „Unterstützungssystem", das den Politbereich mit dem integrativen System verbindet) ganz direkt kontrolliert wird. Einerseits wirkt sich die Kontrolle auf partikulare Interessengruppen aus, die ihre eigenen engen Ziele verfolgen — wozu natürlich auch das Blockieren bestimmter kollektiver Handlungen gehört. Zum anderen wird aber auch die „Tonlage" der politischen Gesamtrichtung durch den Typus der Spitzenpolitiker beeinflußt, die bereit sind, die Führungspositionen zu übernehmen und — im typischen Fall durch einen Wahlprozeß — mit der Amtsautorität zur Wahrnehmung dieser Funktionen ausgestattet werden. Ein zentraler Aspekt dieser Kontrolle bezieht sich auf Art und Umfang der Hierarchieelemente von Machtsystemen. Bestimmte Aspekte von Wertsystemen mögen zwar zur Verstärkung von Hierarchieelementen beitragen, ich meine aber, daß universalistisch orientierten Wertsystemen sozusagen eine automatische Tendenz zur Eindämmung der Ausbreitung hierarchischer Machtmuster innewohnt, wenn der für Effektivität funktional erforderliche Rahmen überschritten wird.[35]

In dem *Alles-oder-Nichts*-Charakter von Wahlprozessen besteht jedoch ein sehr wichtiges Verbindungselement zwischen der Gleichheit des Stimmrechts einerseits und der hierarchischen Autoritätsstruktur innerhalb von Kollektiven andererseits. Jeder Wähler hat bei der Wahl für ein Amt gleiches Stimmrecht, aber in den meisten Fällen wird nur ein einziger Kandidat tatsächlich gewählt — die Amtsautorität wird nicht den Stimmenanteilen entsprechend zwischen den Kandidaten aufgeteilt, sondern auf den erfolgreichen Kandidaten konzentriert (selbst dann, wenn der Simmenvorsprung so, wie bei der US-Präsidentschaftswahl von 1960, sehr gering ist). Obwohl zugegebenermaßen die Variationsbreite von Wahlregeln beträchtlich ist, scheint das geschilderte „Konzentrationsprinzip" genauso zentral zu sein wie das des gleichen Stimmrechts. Dieses Konzentrationsprinzip scheint das Korrelat zur Autoritätshierarchie zu sein.[36]

Weiter oben haben wir den hierarchischen Charakter von Machtsystemen scharf gegen den linearen quantitativen Charakter von ökonomischem Vermögen und Geldwerten abgesetzt. Dies muß wiederum in Verbindung mit dem grundlegenden Unterschied zwischen den Effektivitätserfordernissen kollektiven Handelns einerseits und den Nutzenvoraussetzungen für die Bedürfnisbefriedigung der einzelnen Einheiten andererseits gesehen werden. Um die vorangegangene Diskussion der Beziehungen zwischen Macht und Einfluß in einen vergleichbaren theoretischen Kontext zu stellen, ist es erforderlich, denjenigen Wertstandard herauszuarbeiten, der für die Regulierung der integrativen Funktion von zentraler Bedeutung ist, die dem Nutzen für die ökonomische und der Effektivität für die politische Funktion entspricht.

Meiner Ansicht nach kann man davon ausgehen, daß es sich bei diesem Wertstandard um das berühmte Konzept der Solidarität in Durkheims Sinne handelt.[37] Wie bereits angedeutet, sind die beiden wichtigsten Bezugspunkte für unseren Zusammenhang zwei Kernaspekte von Mitgliedschaft: Der erste betrifft Ansprüche gegenüber der Exekutive auf politische Entscheidungen, die das kollektive Gesamtinteresse einerseits, die partikularen Interessen von Teilgruppen andererseits integrieren. Der zweite betrifft die Integration von „Mitbestimmungsrechten" bei Kollektivproblemen mit der notwendigen Führungs*effektivität* und der entsprechend differierenden Verantwortlichkeit

Das Prinzip besteht in der „Begründung" des Kollektivsystems auf Konsensus, nämlich dem, daß die Mitglieder ihre Zusammengehörigkeit „akzeptieren": Innerhalb eines gewissen Rahmens haben sie der Art nach meinsame Ineressen und einen gemeinsamen Zeithorizont. Die Zeit wird hier wegen des Unsicherheitsfaktors allen menschlichen Handelns wichtig, denn das bedeutet, daß weder Erträge und Vorteile noch Kosten und Belastungen mit Sicherheit vorausgesagt und geplant werden können; ein funktionierendes Kollektiv muß folglich darauf eingerichtet sein, unerwartete Belastungen zu verkraften und − als Gegengewicht dazu − unerwartete und/oder einzelnen Einheiten nicht zurechenbare Erträge und Vorteile gerecht zu verteilen.

Solidarität kann also in der Implementation der einem Kollektiv gemeinsamen Werte liegen. Kollektives Handeln als solches haben wir als politische Funktion definiert. Das berühmte „Problem der Ordnung" kann aber nicht ohne ein gemeinsames normatives Bezugssystem gelöst werden. Solidarität ist also dasjenige Wertprinzip, durch das die innerliche Bindung an bestimmte Normen (*commitment to norms*) − die ihrerseits wertmäßig verankert ist − zur Bildung von Kollektiven führt, die zu effektivem Kollektivhandeln fähig sind.[38] Bei *ökonomischen* Fragestellungen besteht das Problem effektiven Kollektivhandelns darin, mit der Knappheit verfügbarer Ressourcen fertig zu werden (wozu auch Bemühungen um die Erhöhung ihrer Mobilität gerechnet werden müssen); bei *integrativen* Fragestellungen besteht das Problem effektiven Kollektivhandelns darin, zwischen konkurrierenden Ansprüchen zu vermitteln, die einerseits die Verteilung von Vorteilen und Lasten des Mitgliedschaftsstatus und andererseits die Möglichkeit einer Einflußnahme auf den kollektiven Entscheidungsprozeß selbst betreffen. Dies erfordert offensichtlich irgendeine Form der institutionalisierten Unterordnung von Einzel- unter Kollektivinteressen, wenn diese in einen latenten oder manifesten Konflikt geraten, also müssen Einzelinteressen grundsätzlich beweisen, daß sie mit den umfassenderen Kollektiv-Interessen kompatibel sind. Ein Sozialsystem verfügt also in dem Maße über Solidarität, wie seine Mitglieder auf gemeinsame Interessen festgelegt sind, durch die Einzelinteressen integriert sowie Konfliktlösungsmechanismen und Unterordnungsformen definiert, gerechtfertigt und eingesetzt werden können. Solidarität bestimmt nicht die Einzelheiten der effektiven Durchsetzung gemeinsamer Interessen, wohl aber die allgemeine Standards für ihre Realisierung und die Rechte der verschiedenen konstituierenden Mitglieder, auf die Interpretation dieser Standards einzuwirken.

Macht und Chancengleichheit

Wir können uns nun der zweiten wichtigen Systemgrenze des Politbereichs zuwenden, an der ein anderer Modifikationstypus der internen Autoritätshierarchie in den Blickpunkt rückt. Es handelt sich um die Grenze gegenüber der Wirtschaft, wo das ,,*politische*'' Interesse darin besteht, die Kontrolle von Produktivität und Diensten zu sichern, während das *ökonomische* Interesse in der Kontrolle liquider Mittel (*fluid resources*) und — so möchte ich es nennen — der ,,Möglichkeit zur Wahrnehmung von Marktchancen'' (*opportunity for effectiveness*) liegt. Ich werde hier nicht versuchen, den gesamten Austauschkomplex zu behandeln, sondern mich auf das zentrale Problem beschränken, wie auch in diesem Zusammenhang unter bestimmten Umständen die hierarchische Machtstruktur in Richtung zunehmender Gleichheit verändert werden kann.

Wirtschaftliche Produktivität kann im Prinzip als Produktionspotential (*facilities*) in linearer quantitativer Form auf verschiedene kollektive (in unserem Sinne: *politische*) Anspruchsträger zugeteilt werden. Diese lineare Quantifizierung wird durch das Medium Geld erreicht, entweder in der Form, daß frei disponible Geldfonds zur Verfügung gestellt werden oder aber zumindest in der Form, daß eine geldmäßige Bewertung spezifischerer Ressourcen (*facilities*) erfolgt.

In einem hinreichend entwickelten System müssen auch Dienstleistungen in Geldgrößen bewertet werden, für Zwecke der rationalen Einsatzplanung ebenso wie für die Ermittlung der Geldkosten von Arbeitsverhältnissen. Von ihrer Verwendung her betrachtet, sind

Dienste allerdings Leistungs-„Bündel", die qualitativ verschieden und deren Beiträge zur *Effektivität* des Kollektivs unterschiedlich wertvoll sind. Ihre Bewertung als Produktionsmittel (*facility*) muß folglich auch auf einer Einschätzung ihrer strategischen Bedeutung für die Prioritätenskala beruhen, die für die Regulierung der internen Abläufe im Kollektiv entwickelt wurde.

Dienste stellen jedoch eine Ressource dar, die aus der Umwelt des Kollektivs bezogen werden muß, durch einen — wie Weber es formulierte — „formell freien" Arbeitskontrakt. Diese Kontrakte binden beide Kontraktpartner kraft ihrer Einbettung in ein normatives System, das über das je besondere Kollektiv hinausreicht, wobei der Kontrakt (als Vertrag) zugleich zu der internen normativen Struktur des Kollektivs und dessen Zielen, einschließlich der hierarchischen Organisation, „passen" muß. Die Anbieter von Diensten (die „Arbeitnehmer") sind jedoch zunächst an dieses *interne* System von Prioritäten und Normen noch in keiner Weise gebunden (sondern „frei"), so daß eine Angleichung der Wertvorstellungen in Form eines Austauschprozesses einerseits der strategischen Gewichte, die im Machtpotential zum Ausdruck kommen, und andererseits des in Geldgrößen ausgedrückten Wertes der Dienstleistungen erfolgen muß. Natürlich ist der Anbieter von Diensten mit Abschluß des Vertrages an die Bedingungen gebunden, die die Eingliederung seiner Dienste in das interne System, seine Verankerung in der Autoritätshierarchie und seine Machtbefugnisse betreffen. Solange das Kollektiv ein halbwegs rationales Arrangement zu treffen versucht, muß diese Positionszuweisung einer Niveaueinschätzung des strategischen Beitrags des Bewerbers, d. h. seiner Leistungsfähigkeit, entsprechen.

Da jedoch der Austauschprozeß über die Systemgrenzen nicht von system-*internen* Verpflichtungen geregelt werden kann, gelten die internen Hierarchie-Imperative nicht für die Zugangsvoraussetzungen von außerhalb. Das bedeutet, daß hier derselbe Druck eines hierarchisch übergeordneten universalistischen Normensystems wirken kann, der unserer Ansicht nach zur Gleichheit der politischen Rechte beitrug. Auch hier besteht das Prinzip darin, daß keine partikularen Diskriminierungen legitimiert werden, die nicht in den zentralen funktionalen Erfordernissen des Bezugssystems begründet sind. Im Falle der Ausbreitung politischer Bürgerrechte scheint es keinen Endpunkt vor der völligen Gleichheit zu geben, die allenfalls durch ein Minimum an Kompetenzvoraussetzungen für die voll verantwortliche Mitgliedschaft eingeschränkt wird (ausgeschlossen bleiben Heranwachsende, durch Krankheit oder sonstige Gründe geistig Behinderte und diejenigen, die durch schwere Vergehen und Verbrechen moralisch disqualifiziert sind). Im Falle der Dienstleistungen — wobei wir hier eine innerliche Bereitschaft zur Optimierung aller Leistungen unterstellen — liegen die Grenzen für die Gleichsetzung von Universalismus und Gleichheit im Konzept der Kompetenz. Damit gelangen wir zu dem wichtigen Prinzip der Chancengleichheit, das die Angleichung und Offenheit des Zugangs zum Angebot von Leistungen ist, wobei aber die tatsächliche Auswahl unter Berücksichtigung quantitativer und qualitativer Kompetenzunterschiede erfolgt.

Legt man die Perspektive einer Kontrollhierarchie zugrunde, dann ist die Gleichheit des politischen Stimmrechts eine gewissermaßen „von oben" wirkende Kontrolle der Macht (wirksam hauptsächlich als Führungsauswahl), während das Prinzip der Chancengleichheit eine gewissermaßen „von unten" wirkende Kontrolle zur Eindämmung partikularistischer Tendenzen ist, die tendenziell die Gefahr in sich bergen, kompetenzmäßig qualifizierte Bewerber (*sources of service*) auszuschließen und/oder die Leistungen von Organisationsmitgliedern zu halten, die denen von Konkurrenten unterlegen sind.

Diese Kombination von zwei zentralen universalistischen Prinzipien — der egalitäre Anspruch auf Machtkontrolle durch gleiches Stimmrecht und das Recht auf Arbeit auf der Grundlage von Kompetenz — ist der Grund dafür, daß „die Kumulation von Vorteilen"[39], die der internen hierarchischen Struktur von Machtsystemen innezuwohnen scheint, häufig nicht — oder zumindest nicht so stark wie man vermuten könnte — zum Tragen kommt.

Faßt man die lange und komplexe Diskussion zusammen, so ist sie ein Lösungsversuch für das zweite der drei Hauptprobleme, mit denen dieser Aufsatz begann, nämlich die Frage nach dem Verhältnis des Zwangs- und des Konsensaspekts der Macht. Die Antwort beruht *erstens* auf der Vorstellung von Macht als einem spezifischen, aber generalisierten Steuerungsmedium für das Funktionieren sozialer Beziehungen in einem komplexen und differenzierten Interaktionssystem. Zweitens ist Macht auf spezifische Weise mit der bindenden Verpflichtung zur Erfüllung von Obligationen verknüpft, selbst dann, wenn sich innerhalb eines relativ breiten Spektrums irgendwelche Situationsveränderungen ergeben. Die entsprechenden Verpflichtungen müssen folglich einen relativ hohen Allgemeinheitsgrad haben, so daß ihre Besonderheiten von den Umständen abhängen. Verbindlichkeit bedeutet, daß die Verpflichtungen „ernst" sind, so daß der handlungsauslösende Akteur, *Ego*, in der Lage ist, seine Verhaltenserwartung *Alter* gegenüber, sein Insistieren auf Erfüllung, mit Nachdruck zu vertreten. Die Möglichkeit des Insistierens ist mit der Verfügbarkeit negativer situationsverändernder Sanktionen verbunden (die meist erst bei Kooperationsverweigerung, gelegentlich aber auch antizipierend, eingesetzt werden), wobei diese Verknüpfung von Insistenz und negativen Sanktionsmöglichkeiten teilweise die Ernsthaftigkeit von *Egos* Verhaltenserwartungen symbolisiert, teilweise eine unmittelbar instrumentelle Abschreckungsfunktion hat.[40] In Fällen, wo ein legitimierter Entscheidungsträger auf der Befolgung von Verhaltenserwartungen besteht, ohne daß die Möglichkeit von situationsverändernden negativen Sanktionen oder Zwang gegeben wäre, würden wir nicht von Macht sprechen.

Drittens wird hier Macht als generalisiertes Medium zur Mobilisierung von Commitments oder Verpflichtungen zu effektivem Kollektivhandeln verstanden. Als ein solches Medium besitzt Macht in der Regel selbst keine intrinsische Effektivität, sondern symbolisiert sie und damit die Verbindlichkeit der entsprechenden Verpflichtungen, zur kollektiven Effektivität beizutragen. Die tatsächliche Validität dieser Symbolisierung von Bedeutungszusammenhängen ist unserer Meinung nach eine Funktion von zwei Hauptvariablen. Die eine ist die Bereitschaft, auf Erfüllung zu bestehen oder zumindest Nicht-Erfüllung mit Strafe zu bedrohen. Mit dieser Argumentation wird die Bereitschaft zum Einsatz negativer Sanktionen verständlich, die dann, je nach der Bedeutung des Problems, auf der Dimension ihrer intrinsischen Wirksamkeit variieren werden, bis letzthin zum Gewalteinsatz.

Die andere Variable betrifft den kollektiven Bezugsrahmen und damit die Begründung und Rechtfertigung (*justification and legitimation*)[41] für das Abrufen einer bestimmten Verpflichtung. Dieser Aspekt betrifft die Abhängigkeit der Macht von der Institutionalisierung von Autorität, dem Recht des Kollektivs, bestimmte Leistungen und bestimmtes Verhalten zu fordern und sie als bindende Verpflichtungen zu definieren. Diese Rechtfertigung und Begründung sich notwendigerweise auf einen gewissen Konsensus — mindestens zwischen den Mitgliedern eines bestmmten Kollektivs — über ein Normensystem, das Autorität und Macht über die Grenzen des Kollektivs hinaus durch Werte des Systems legitimiert. Noch spezifischer ausgedrückt, stellt Autorität den institutionalisierten Code dar, innerhalb dessen „die Sprache der Macht" ihre Bedeutung gewinnt und ihre Anwendung für die Gemeinschaft (hier: die kollektiven Organisationen) akzeptabel wird.

So gesehen, sollte die Drohung mit Gewalt oder Zwang ohne Legitimation und Begründung überhaupt nicht als Einsatz von Macht betrachtet werden. Vielmehr handelt es sich hier um den Grenzfall, wo Macht ihren symbolischen Charakter verliert und mit intrinsisch motivierenden Instrumenten zur Erreichung von Wünschen verschmilzt, aber nicht mehr zur Einhaltung bindender Verpflichtungen dient. Die monetäre Parallele würde etwa darin bestehen, daß (beispielsweise) Gold oder Silber als Tauschobjekte dienen, während sie als Waren (an der Metallbörse) überhaupt keine institutionalisierten Tauschmedien mehr sind.

In der Ideengeschichte bestand eine sehr enge Verbindung zwischen der Betonung des Zwangs bei Machtsystemen und des Hierarchieaspekts von Autoritäts- und Machtstrukturen. Ich hoffe, daß die Diskussion zu einer Trennung dieser beiden Aspekte beigetragen hat; Hierarchie — obwohl sehr wichtig — bildet nur ein Teil der Struktur von Machtsystemen. Aus unserer Sicht ist Hierarchie ein konstitutiver Aspekt der internen Struktur von Kollektiven. Aber kein Kollektiv — nicht einmal die Nation — steht für sich als totales Sozialsystem allein; stets bestehen Verbindungen mit Normen und Wertsystemen; und noch weniger können Subkollektive autark sein. Zwar mag in bestimmten Fällen der Kollektivaspekt von Sozialstrukturen ein dominierendes Gewicht erhalten, es ergeben sich im Prinzip aber immer zumindest zwei Typen von Grenzproblemen, einmal die Verbindung zum „Unterstützungssystem" des Politbereichs, zum anderen die Verbindung zur Mobilisierung von Diensten als einer wichtigen Quelle von Beiträgen zum Funktionieren des Systems.

In beiden Fällen — so wurde argumentiert — wirken Prinzipien, die sich von dem der Autoritätshierarchie bemerkenswert unterscheiden; es handelt sich dabei um das Prinzip der politischen Gleichheit und um das Prinzip der Chancengleichheit. Ich bin der Ansicht, daß in beiden Fällen ein Austausch von Macht (nicht aber Autorität) über die Grenzen des Politbereiches hinweg erfolgt. In keinem der beiden Fälle kann das Prinzip, das die Machtzuteilung in diesen Austauschprozessen steuert, als hierarchisch im Sinne der Linienstruktur von Autorität betrachtet werden. Die empirischen Probleme sind hier, wie überall, sehr schwierig, ich sage aber ganz nachdrücklich, daß man jedenfalls nicht behaupten kann, aus der Behandlung von Macht als generalisiertem Medium ergäbe sich, daß sich in der Gesamtheit der empirischen Sozialsysteme ein allgemeiner Trend zur Hierarchisierung abzeichnete.[42]

Wir sind nun in der Lage, uns dem letzten der drei Hauptprobleme zuzuwenden, die am Anfang des Aufsatzes genannt wurden. Es handelt sich dabei um die Frage, ob Macht ein Null-Summen-Phänomen in dem Sinne ist, daß der Machtgewinn einer Einheit A notwendig zu einem entsprechenden Machtverlust anderer Einheiten B, C, D. . . führt. Die immer wieder bemühte Parallele zum Geld sollte uns auch hier den Schlüssel zur Antwort geben; sie lautet: Unter bestimmten Umständen ist Macht tatsächlich ein Null-Summen-Phänomen, aber durchaus nicht immer.

Im Falle des Geldes ist offensichtlich, daß bei gegebenem Einkommen die Zuteilung einer Geldmenge für einen bestimmten Verwendungszweck notwendigerweise auf Kosten alternativer Verwendungszwecke erfolgt. Die Frage ist nun, ob ähnliche Beschränkungen für die Wirtschaft als Gesamtsystem gelten. Über lange Zeit tendierten viele Ökonomen dazu, diese Frage positiv zu beantworten; dem entsprach auch die alte „Quantitätstheorie des Geldes". Die direkte politische Parallele dazu bietet die Autoritätshierarchie innerhalb eines gegebenen Kollektivs. Dabei scheint folgendes einsichtig: Falls A seine mit erheblicher Macht ausgestattete Position an B abgibt, verliert A die Macht, die B gewinnt, während die Machtsumme sich nicht verändert. Viele Politiktheoretiker — so etwa Lasswell und C. Wright Mills — haben diesen Fall auf politische Systeme als Ganze verallgemeinert.[43]

Der wichtigste und einsichtigste Punkt, an dem die Null-Summen-Doktrin beim Geld zusammenbricht, ist die Kreditschöpfung durch die Banken. Dieser Fall ist als Modell so wichtig, daß an dieser Stelle eine ausführlichere Darstellung sinnvoll wird. Das Geldvermögen der Anleger wird der Bank nicht nur zum Zweck sicherer Aufbewahrung, sondern auch als Einlage hingegeben. Damit geben die Anleger ihre Eigentumsrechte an den eingezahlten Beträgen gewiß nicht auf. Auf Wunsch des Kunden muß die Bank den vollen Betrag zurückzahlen, wobei die Öffnungszeiten der Bank normalerweise die einzige Einschränkung darstellen. Die Bank benutzt nun ihrerseits einen Teil der Einlagen, um sie gegen Zinsen als Kredite zu verleihen. Dabei stellt sie dem Kreditnehmer nicht nur das Geld zur Verfügung, sondern verpflichtet sich in aller Regel, die Rückzahlung nur nach bestimmten, einverständlich festgelegten Konditionen zu verlangen; im allgemeinen hat der Kreditnehmer für eine bestimmte Zeit die volle Verfügungsgewalt über den gesamten Kreditbetrag, oder er zahlt ihn in festgelegten Raten zurück. Mit anderen Worten: Jede Mark „dient zwei Herren", einerseits wird ein gegebener Geldbetrag von den Einzahlern weiterhin als Eigentum behandelt, andererseits beansprucht die Bank das Recht, ihn ausleihen zu können, als ob er ihr gehöre. Auf jeden Fall ergibt sich eine Netto-Zunahme des zirkulierenden Mediums in Höhe der durch die ausgeliehenen Beträge indirekt geschaffenen neuen Bankeinlagen.[44]

Vielleicht kann das, was hier passiert, am besten als Funktionsdifferenzierung des Geldes erfaßt werden; anstelle von ursprünglich einer Funktion erfüllt das Geld nun zwei. Die normale Bankeinlage — gleichgültig ob sie von einem Privatkunden oder einem Unternehmen stammt — ist eine Rücklage für den laufenden kurzfristigen Zahlungsverkehr (in diesem Zusammenhang ist das oben angesprochene Zeitelement zur Sicherung der Freiheitsgrade wichtig). Aus der Sicht des Anlegers bietet die Bank vor allem eine Reihe von Erleichterungen: sie ist ein sicherer Aufbewahrungsort, ermöglicht den bargeldlosen Zahlungsverkehr, u. s. w. — und dies alles bei relativ niedrigen Kosten (in den USA), weil die Bank vor allem an den Zinsen des Kreditgeschäftes verdient. Aus der Sicht des Kreditnehmers dagegen ist die Bank eine Quelle sonst nicht verfügbarer Mittel für Investitionen — so die idealtypische ökonomische Vorstellung —, also die Finanzierung von Aktivitäten, die zu künftigen, sonst nicht realisierbaren, ökonomischen Produktivitätszuwächsen führen.

Die Möglichkeit dieser Form der ‚wunderbaren Brotvermehrung' beruht auf einer bestimmten empirischen Gesetzmäßigkeit, dem Umstand nämlich, daß die Anleger unter normalen Umständen hinreichend hohe Bargeldbestände halten, so daß die Bank jederzeit problemlos einen relativ hohen Anteil ihrer Einlagen ausleihen kann. Ein solch einheitliches Verhalten ist ferner dadurch abgesichert, daß die einzelne Bank üblicherweise Zugang zu bestimmten „Reserven" hat, d. h. Anlagen, die kurzfristig in liquide Mittel umgewandelt werden können, und letztlich zu Reserven der Bundesbank. Die einzelnen Banken — und ihre Anleger — sind also normalerweise relativ sicher.

Wir wissen jedoch, daß dies nur so lange gilt, wie das System insgesamt problemlos funktioniert. Eine einzelne Bank ist durchaus in der Lage, einen ungewöhnlich hohen Rückzug von Einlagen zu bewältigen; wenn eine solche Tendenz jedoch das ganze Bankensystem erfaßt, dann kann die Krise einen Punkt erreichen, der nur noch durch staatlich-kollektive Intervention zu bewältigen ist. Denn ganz offensichtlich kann die Erwartung, daß alle Anleger gleichzeitig ausgezahlt werden, nicht erfüllt werden. Jedes Geldsystem, in dem der Bankkredit eine wichtige Rolle spielt, ist insofern aus der Natur der Sache heraus in diesem extremen Sinne immer „insolvent" (zahlungsunfähig).

Im Hintergrund dieser Überlegungen steht eine wichtige Beziehung zwischen *bindenden Verpflichtungen* und *Vertrauen*, eine Beziehung, die im Falle der Macht ihre Parallele in der Beziehung zwischen Zwang und Konsensus findet. Mehr noch, das Element der bindenden Verpflichtung stellt eine Brücke, ein Verbindungsstück, zwischen den Medien Geld und Macht her. Wie kann diese Parallele näher definiert werden, und wie funktioniert die Brücke?

Zunächst einmal setzt das Funktionieren einer Bank gegenseitiges Vertrauen voraus: Die Anleger vertrauen der Bank ihre Mittel an, obwohl sie wissen, daß die Bank ein Kreditvolumen anstrebt, bei dem die sofortige Auszahlung aller Einlagen unmöglich wird. Es gibt viele historische Beispiele dafür, wie langwierig und schwierig es war, allen Schichten und Klassen dieses simple Vertrauen in Banken zu vermitteln — das klassische Beispiel des Bauern, der darauf besteht, seine Barschaft unter der Matratze aufzubewahren, ist dafür eine hinreichende Illustration. Die andere Seite derselben Münze ist das Vertrauen der Bank darauf, daß die Anleger in ihrer Gesamtheit nicht den Punkt der Panik erreichen, wo sie in der Tat auf die volle Erfüllung ihrer verbrieften Rechte pochen.

Der Bankier übernimmt hier bindende Verpflichtungen in zwei Richtungen, deren Erfüllung in beiden Fällen auf diesem Vertrauen beruht. Einerseits hat er Geld zu vertraglich fixierten Bedingungen verliehen, die ein beliebiges Zurückrufen dieser Mittel verbieten, andererseits ist er gesetzlich gehalten, die Einlagen bei entsprechendem Wunsch sofort zurückzuzahlen. Dadurch aber, daß er Kredite zu verbindlichen vertraglichen Bedingungen vergibt, ist er in der Lage, „Geld zu schöpfen", im unmittelbaren Sinne des Wortes „Kaufkraft zu schaffen", weil — wie bereits bemerkt — die Gültigkeit der Geldeinheit politisch garantiert ist: Da es sich auch hier um ein „gesetzliches Zahlungsmittel" handelt, ist der „neu geschaffene Dollar", die „neue Mark" genau so gut wie jeder/jede andere. Ich interpretiere das so, daß dem neu geschaffenen Geld seine „Güte" durch den Machtinput verliehen wird, den es in der Firm der bindenden vertraglichen Verpflichtung des Bankiers erhält. Ich betrachte das als eine Chance zur (politischen) Effektivität. Die Bank als Kollektiv genießt eine „Machtposition", die es ihr erlaubt, ihren Kreditkunden die effektive Kontrolle über bestimmte Dispositionsspielräume zu erschließen.

Von entscheidender Wichtigkeit ist jedoch, daß diese Machtüber-
tragung im allgemeinen nicht bedingungslos erfolgt. Erstens einmal
handelt es sich um Macht in ihrer direkt in Geld konvertierbaren
Form, und zweitens gibt es — innerhalb dieses Rahmens — die
Nebenbedingung, daß in der jeweiligen Zeiteinheit ein Überschuß an
Geld geschaffen werden sollte: Im Regelfall kann und muß der Kreditnehmer mehr Geld zurückzahlen, als er erhielt — in der Form der
Zinsen. Geld ist jedoch ein Produktivitätsmaß, und folglich können
wir sagen, daß eine Erhöhung der zirkulierenden Geldmenge ökonomisch nur dann „funktional" ist, wenn sie nach einer bestimmten
Abfolge von Aktivitäten tatsächlich zu einer entsprechenden Produktivitätserhöhung führt — ist dies nicht der Fall, ergibt sich ein inflationärer Schub. Dieser Prozeß wird üblicherweise als Investition bezeichnet, und der Beurteilungsstandard für eine gute Investition ist
der erwartete Produktivitätszuwachs — monetär ausgedrückt, die
Profitabilität. (Spezifisch organisatorische Fragen der Verantwor-
tungszuordnung für einzelne Entscheidungen und Zahlungsvorgänge
dürfen natürlich mit der gegenwärtigen analytischen Argumentations-
ebene nicht unmittelbar in Verbindung gebracht werden).

Vielleicht können wir das Bild dadurch vervollständigen, daß wir
den Investitionsbegriff mit dem des „Wirtschaftskreislaufs" im Sinne
Schumpeters verbinden.[45] Die Ausgangsvorstellung ist, daß sich die
Routine-Abläufe ökonomischer Prozesse auf die Beziehung zwischen
produzierenden und konsumierenden Einheiten — wir können auch
sagen, Wirtschaftsunternehmen und Haushalten — beziehen. Solange
eine Reihe von Parametern konstant bleibt — man denke etwa an die
effektive Nachfrage und die Kostenkoeffizienten der Produktion —,
befindet sich dieser Prozeß in einem Gleichgewicht, in dem Geld die
auf fixierte Bezugsgrößen bezogenen Entscheidungen vermittelt. Auf
genau diese Situation bezieht sich das Null-Summen-Konzept. Wichtige Stabilitätsbedingungen dieses Gleichgewichts sind einerseits eine
Fix-Menge und eine unveränderte „Umlaufgeschwindigkeit" des Geldes, andererseits gibt es in diesem Modell keinen Platz für Bank-
geschäfte, die über Kreditexpansion zu einer Änderung der Para-
meterwerte führen würden. Die wirtschaftlichen Entscheidungen
orientieren sich am Liquiditätsstandard; sowohl produzierende als
auch konsumierende Einheiten müssen ihre Geldausgaben (für Produktionsfaktoren und Konsumgüter) durch entsprechend hohe Einnahmen kurzfristig ausgleichen (auf der Produktionsseite durch den
Verkauf des Outputs, auf der Konsumseite durch den Verkauf von
Produktionsfaktoren, nämlich Arbeit).

Liquidität oder Solvenz bezeichnet also ein Gleichgewicht zwischen (kurzfristigen) monetären Verbindlichkeiten und Einnahmen. Auch Investitionen orientieren sich an Solvenzkriterien, aber über eine längere Zeitspanne; diese Spanne muß lang genug sein, um eine Reihe von produktivitätssteigernden Maßnahmen durchzuführen, wobei die übernommenen monetären Verpflichtungen durch das Produktivitätswachstum zumindest aufgewogen werden.

Es besteht hier eine wichtige Beziehung zwischen der zeitlichen Ausdehnung des Investitionsprozesses und der Verwendung von Macht zur bindenden Absicherung von Kreditverträgen. Nur wenn die Ausweitung der Kontrolle von Ressourcen durch Kredite neue Verpflichtungen schafft, kann der Kreditnehmer seinerseits weitere Verpflichtungen übernehmen und dies auch von anderen erwarten.

Das zentrale Prinzip besteht hier darin, daß ein in der Kontrollhierarchie von sozialen Steuerungsmedien höher stehendes Medium als Hebel zum Aufbrechen des „Schumpeter'schen Kreislaufs" benutzt wird. Der Empfänger dieser Macht erhält die effektive Kontrolle über einen bestimmten Anteil flüssiger Mittel, um sie aus den etablierten Routine-Kanälen zu neuen Verwendungszwecken leiten zu können. Es ist schwer einzusehen, wie diese Prozesse ablaufen könnten, wenn das Element der Verbindlichkeit − und damit die normative Verhaltenssicherheit − fehlte (und dies betrifft sowohl die Kreditverträge als auch den Status des Geldes als „gesetzliches Zahlungsmittel").

Noch ein weiterer Aspekt muß im Zusammenhang mit dem Medium Geld hervorgehoben werden: Bei Investitionen spielt das Zeitelement eine wichtige Rolle und damit die Unsicherheit, ob die Investitionsmaßnahmen auch tatsächlich zu den geplanten Produktivitätssteigerungen führen bzw. genügend hohe Einnahmesteigerungen erzielt werden können, um den Kredit und die Zinsen vertragsgemäß zurückzuzahlen. Im konkreten Einzelfall einer Gläubiger-Schuldner-Beziehung kann dieser Problem durch individuelle, vertraglich-rechtliche Abmachungen über Gewinn- und/oder Verlustbeteiligungen gelöst werden. Für das System insgesamt jedoch entsteht hier die Möglichkeit der Inflation; unter bestimmten Umständen ist nämlich der Netto-Effekt von Kreditgewährungen nicht eine Produktivitätserhöhung, sondern ein Wertverlust der Geldeinheit. Wenn die Kreditkomponente in einer Wirtschaft relativ wichtig wird, kann zudem auch der entgegengesetzte Fall eintreten, d. h. eine Deflation mit der ihr eigenen Neudefinition der wirtschaftlichen Bedeutung finanzieller und kreditärer Verpflichtungen und Erwartungen. Damit sei angedeutet, daß in einer verzweigten Kreditwirtschaft allgemeine

Mechanismen zum Tragen kommen, die — unabhängig von den einzelnen wirtschaftlichen Kreisläufen, Kreditgewährung und Rückzahlungen — das Gesamtvolumen der Kredite, die Zinssätze und die aggregierten Preis-Relationen regulieren.[46]

Das Null-Summen-Problem: Der Fall der Macht

Es soll nun versucht werden, die Parallele und die verbindende Analyse in Machtsystemen herauszuarbeiten. Es besteht m. E. ein Kreislauf zwischen Politbereich und Wirtschaft in den Austauschprozessen zwischen Faktoren politischer Effektivität (hier: einem Teil der Kontrolle über die Wirtschaftsproduktivität) und dem Output an die Wirtschaft in Form einer Art von Steuerung der Ressourcen, die ein Investitionskredit bietet — obwohl es natürlich zahlreiche weitere Formen gibt. Dieser Kreislauf wird durch das Medium der Macht in dem Sinne gesteuert, daß der Output von verbindlichen Obligationen — insbesondere durch die Verpflichtung zu Leistungen — ungefähr dem Angebot von Möglichkeiten zu effektivem Handeln die Waage hält.

Eine Stabilitätsbedingung dieses Kreislaufs scheint zu sein, daß sich Inputs und Outputs der Macht auf jeder Seite die Waage halten. Dies ist nur ein anderer Ausdruck dafür, daß sich dieser Zusammenhang idealerweise als Null-Summen-System formulieren läßt, soweit es um Macht geht.Das trifft jedoch nicht mehr zu, sobald Geld ins Spiel — das heißt in den Austausch-Vorgang — kommt, weil dieser Fall Investitionen umfaßt. Das politische Kreislauf-System wird als „Routine"-Bereich der Mobilisierung von Leistungserwartungen interpretiert, die entweder durch die Berufung auf bestehende Vertragsverpflichtunge (oder beispielsweise auf Bürgerpflichten oder askriptive Beziehungen) oder aber durch eine stetige Rate des Eingehens neuer Vertragsverpflichtungen, die sich typischerweise durch die Erledigung auslaufender Vertragsbeziehungen ausgleichen, zustande kommen. Dieser Gleichgewichtszustand läßt sich natürlich nur für das System, nicht für die einzelnen sozialen Einheiten, erreichen.

Entsprechend zum *Nutzen* als dem Wertmuster, das die ökonomische Funktion steuert, habe ich *Effektivität* als die Größe eingeführt, die die politische Funktion steuert. Wenn es richtig und wichtig war, Nutzen als Wertgröße, die durch den Kombinationsprozeß der ökonomischen Produktion gesteigert wird, vom Begriff der „Solvenz" als Standard eines „richtigen" Umgehens mit Geld als Medium des ökonomischen Prozesses zu unterscheiden, dann müßte man auch Effektivität als politische *Wert*kategorie von einem korrespondierenden *Standard* für den „richtigen" Umgang mit der Macht unterscheiden. Der beste verfügbare Ausdruck für diesen Standard scheint im *Erfolg* kollektiven Zielstrebens zu liegen. Wo der Politbereich hinreichend differenziert ist, so daß Macht wirklich ein generalisiertes Medium bildet, müssen kollektive Einheiten im folgenden Sinne erfolgreich sein: Die Verbindlichkeiten, die sie eingehen, um Möglichkeiten für Effektivität offenzuhalten oder neu zu schaffen, sollen durch den Input von gleichermaßen verbindlichen Leistungsverpflichtungen ausgeglichen werden — entweder innerhalb des Kollektivs in irgendeiner Form des Angestellten-Status oder gegenüber dem Kollektiv auf Vertragsbasis.

Die soziale Einheit, die die produktiven Entscheidungen vollzieht, steht allerdings in einem ähnlichen Sinne unter Erfolgsdruck wie das für den Haushalt im ökonomischen Fall galt: ihrem Aufwand an Macht — nicht nur durch den Output an Diensten, sondern auch durch ihren Einsatz in ganz bestimmten Kollektiven — steht ein Input an Zugangschancen gegenüber, dessen Umfang und Inhalt von der kollektiven Organisation abhängt, also von den Positionen, von denen aus Offerten geboten werden können, die dann verbindlich sind.

Im Lichte dieser Diskussion wird klar, daß Geschäftsunternehmen als Kollektive in unserem fachtechnischen Sinne den Fall darstellen, wo die beiden Standards „Erfolg" und „Solvenz" zusammenfallen. Die Unternehmung setzt ihr Machteinkommen in erster Linie dazu ein, um ihre Produktivität, und damit zugleich auch deren Maßgröße: das Geldeinkomme, zu steigern. Ein „Mehr" an Macht wird daher im allgemeinen gegen ein „Mehr" an Steuerungskapazität für ökonomische Produktivität eingetauscht. Dagegen wäre für ein *politisch* spezialisiertes Kollektiv das primäre Erfolgskriterium in seiner Machtposition relativ zu anderen Kollektiven zu sehen. Hierbei erhebt sich das Problem, den Sinn dieses Ausdrucks „Machtposition" zu bestimmen. Ich verstehe ihn hier so, daß es sich um eine Relation zu anderen Kollektiven in einem maßgebenden System, nicht aber um eine Abstufung innerhalb einer Machthierarchie handelt. Diese Unterscheidung ist natürlich besonders wichtig bei einem pluralistischen Machtsystem, wo die Regierung ein funktional spezialisiertes Machtsystem der Kollektivstruktur ist und keine Approximation an die Gesamtheit dieser Struktur.[47] In ziemlich ähnlicher Weise würde ein auf die *integrative* Funktion spezialisiertes Kollektiv seinen Erfolg an seinem „Einflußpegel" messen — so beispielsweise eine politische Interessengruppe im üblichen Sinne an ihrer Kapazität, öffentliche Politentscheidungen zu beeinflussen. Eine Folge dieses Argumentes wäre, daß eine solche Einflußgruppe dazu neigen müßte, ihre Macht „wegzugeben", nämlich: sie für ein „Mehr" an Einfluß einzutauchen. Dies könnte in der Form geschehen, daß denjenigen Führungskreisen politische Unterstützung in Aussicht gestellt würde, von denen man sich den erwünschten Einfluß verspricht (ohne daß es dabei zu einem direkten Kompensationsgeschäft käme).

Es erhebt sich nun die Frage, ob es ein politisches Äquivalent zum „Bank-Phänomen" gibt: einen Weg, auf dem der Kreislauf der Macht durchbrochen wird, so daß der Netto-Betrag der Macht im System wächst. Die Richtung unserer Analyse deutet darauf hin und weist auf den Kern im „Unterstützungs-System" (*support-system*), also im Bereich der Austausch-Prozesse zwischen Macht und Einfluß, zwischen Politbereich und integrativem System.

Erstens muß nach meiner Ansicht, besonders augenfällig im Fall des demokratischen Wahlsystems, politische Unterstützung als eine generalisierte Form der Gewährung von Macht interpretiert werden, die im Falle eines Wahlsieges die Führungsspitze in eine analoge Position zu der des Bank-Managements bringt. Die Macht-„Einlage" der tragenden Wählerschicht kann zurückgezogen werden, zwar nicht nach Belieben, aber doch bei der nächsten Wahl — eine Situation, die den Regelungen der Öffnungszeiten der Bank entspricht. In manchen Fällen ist die Wahl an kompensatorische Bedingungen geknüpft, also an die Erwartung, daß gewisse Einzelmaßnahmen durchgeführt werden, die von strategisch wichtigen Wählern und nur von diesen favorisiert werden. Aber insbesondere in einem System, das nicht nur im Hinblick auf die Zusammensetzung der politischen Unterstützung, sondern auch im Hinblick auf die politischen Fragen pluralistisch ist, gewinnt die Führung die Freiheit, Entscheidungen zu treffen, deren Verbindlichkeit sich der Sache nach auch auf andere Mitglieder des Kollektivs erstreckt als jene, in deren direktem „Interesse" sie liegen. Diese Freiheit entsteht erst auf der Kreislauf-Ebene, also dann, wenn der Input an Macht durch den Kanal politischer Unterstützung genau durch den Output an politischen Entscheidungen ausgeglichen wird, und zwar an eben die Interessengruppen, die gerade diese Entscheidungen fordern.

Es gibt jedoch noch eine *zweite*, hier sehr wichtige Komponente der Freiheit einer gewählten Führung. Es ist dies die Freiheit, Einfluß zu nutzen — beispielsweise durch das mit dem Amt verbundene

„Prestige" (im Gegensatz zu seiner spezifischen Macht) — , um sich in neue Engagements im System von Macht und Einfluß einzulassen. Genau darum geht es bei der Schöpfung von Zuwachsraten im Angebot an Macht. Wie ist das in der Praxis möglich?

Ein wichtiger Punkt ist, daß die Beziehung zwischen den beteiligten Medien im Hinblick auf die positiven und negativen Sanktionen das Gegenstück zum Fall der Geldschöpfung im Bankensystem bildet. Dort kam die Macht an dem Punkt zum Einsatz, wo es um die Fixierung der Kreditvereinbarungen ging, und dort zeigen sich dann die „feinen Unterschiede". Hier geht es um die optionale Kapazität, Einfluß dadurch zu nehmen, daß man bestimmte Leute anspricht. Dieser Prozeß scheint sich über die Funktion der Führung zu vollziehen, die neue „Nachfrage" (im spezifischen Sinne der Nachfrage nach politischer Entscheidung) anregt und in Bahnen leitet, und zwar über ihren Zusammenhang mit verschiedenen Aspekten, die das Kollektiv in seiner Struktur als Wählerschaft aufweist.

Eine solche Nachfrage (nach politischen Entscheidungen) läßt sich nun aus der Sicht derjenigen, die entscheiden, als Begründung für einen gesteigerten Output an Macht interpretieren. Dies ist möglich infolge der Allgemeinheit des politischen Mandats, der Tatsache also, daß es nicht auf kompensatorischer Grundlage im Austausch gegen ganz bestimmte politische Entscheidungen zustandekommt, sondern es sich um ein Mandat handelt, das — sobald einmal die „Gleichung" zwischen Macht und Einfluß durch die Wahl etabliert ist — in den verfassungsmäßigen Grenzen zu jedem Handeln berechtigt, das nach Lage der Dinge als „am besten" oder auf Behörden- und Regierungsebene als „im öffentlichen Interesse liegend" erscheint. Die Führungsspitze eines Kollektives kann daher mit Bankiers oder „Maklern" verglichen werden, die ein verbindliches Engagement ihrer Klientel in der Weise mobilisieren können, daß die Gesamtheit der Verpflichtungen, die das Kollektiv als ganzes eingeht, steigt. Diese Steigerung muß allerdings durch die Mobilisierung von Einfluß gerechtfertigt sein; sie muß also gleichzeitig in Übereinstimmung mit geltenden Normen stehen und sich auf Situationen beziehen, die ein derartiges Engagement auf der Ebene kollektiver Verpflichtungen erforderlich machen.

Das kritische Problem dieser Rechtfertigung ist in gewisser Hinsicht das des Konsensus; nämlich das Problem des Einflusses auf das oben erwähnte Wertprinzip der Solidarität. Daher ist der *Standard*, der dem Wertprinzip der Solidarität entspricht, *Konsensus* — im oben eingeführten Sinne.

Es stellt sich nunmehr das Problem, die Basis zu finden, auf der der stationäre Kreislauf eines Null-Summen-Machtsystems durchbrochen werden kann. Der entscheidende Punkt ist, daß dies nur dann passieren kann, wenn das Kollektiv und seine Mitglieder bereit sind, neue bindende Obligationen über die bestehenden Verpflichtungen hinaus einzugehen. Es entsteht die kritische Notwendigkeit, diese Ausweitung zu rechtfertigen und das „Gefühl", daß man sich ernsthaft engagieren *müßte*, in eine konkrete Verpflichtung zu positivem Handeln, einschließlich möglicher Zwangssanktionen, zu transformieren. Es kommt dabei entscheidend auf die Führungsspitze an, genauer noch: auf die Komponente von Führung, die analytisch von der bloßen Macht der „Amtsroutine" unabhängig ist und einen Führer als Schöpfer von Rechtfertigungsstrategien für eine Politik definiert, die unter der Prämisse eines stationären Kreislaufes nicht möglich wäre.

Wir wollen annehmen, daß die Parallele zur Kreditschöpfung im Hinblick auf die Zeit ebenso gilt wie in anderer Hinsicht. Die Zuwächse an Effektivität, die notwendig sind, um eine neue verbindliche Politik durchzusetzen, die eine Vergrößerung der Gesamtlast eines Kollektivs bedeutet, kann nicht einfach durch einen Willensakt hervorgebracht werden; das erfordert organisatorische Veränderungen, durch die Rekombination von Effektivitätsfaktoren, die Entwicklung neuer Zuständigkeiten, Bereitstellung von Personal, neue Normen und sogar Veränderungen in den Legitimationsgrundlagen. Folglich kann man von der Führung nicht eine sofortige effektive Implementation erwarten, und umgekehrt: Die Träger der politischen Unterstützung müssen willens sein, ihren Führern so weit zu vertrauen, daß sie nicht sofort − das heißt im Zeitraum bis zur nächsten Wiederwahl − den „Ertrag" ihrer Investition in Macht aufgrund der Entscheidungslage, die doch durch ihre eigenen Interessen bestimmt ist, fordern.[48]

Es ist vielleicht gerechtfertigt, die in diesem Zusammenhang übernommene Verantwortung spezifisch als *Führungsverantwortung* zu bezeichnen und sie so begrifflich von der administrativen Verantwortung zu unterscheiden, die sich auf Routine-Funktionen konzentriert. Jedenfalls möchte ich in diesem Prozeß der Machterweiterung eine genaue Parallele zu ökonomischen Investitionen sehen, auch in dem Sinne, daß der Ertrag ein gradueller Zuwachs des kollektiven Erfolgs im eben erwähnten Sinne sein sollte, also eine gesteigerte Effektivität kollektiven Handelns in einem angestrebten (*valued*) Bereich, die nicht ohne das Eingehen von Risiken durch die Führung, parallel zu unternehmerischen Investitionen vorstellbar gewesen wäre. Sowohl das Vorgehen von Behörden und Ämtern als auch die Tätigkeit privater Kollektive bietet eine Fülle von Beispielen für die Art des von mir gemeinten Phänomens; allerdings ist es angesichts der etwas ungewohnten formalen Analyse schwierig, sie im einzelnen exakt zu fixieren. Beispielsweise hat man oft gehört, daß die Beziehung der Exekutiv-Verantwortung gegenüber den Interessen der Basis innenpolitisch ganz anders liege als außenpolitisch. Ich würde sagen, daß das Element „politischen Bankwesens" im Bereich der Außenpolitik besonders groß ist, und daß die Zustimmung zu politischen Entscheidungen sich nicht unweigerlich in Wählerstimmen ummünzen läßt — jedenfalls nicht kurzfristig. Ähnliche Überlegungen gelten häufig für sogenannte „Entwicklungsprojekte", bei denen man keinen ähnlich gut organisierten Interessen-Rückhalt erwarten kann wie bei laufenden Unternehmen. Die Unterstützung von Forschung und Lehre ist ein gutes Beispiel, weil die „community of scholars" keine sehr starke Lobby bildet, die in der Lage wäre, direkt einen größeren Wählerblock zu beeinflussen. Aus diesen Überlegungen würde folgen, daß sich in einem entfalteten politischen System ein relativ „frei schwimmendes" Element im Machtsystem bildet, das dem Kreditreservoir analog wäre. Dieses Element wäre dann Fluktuationen auf einer Inflations-Deflations-Dimension unterworfen und müßte vom System als ganzem kontrolliert und gesteuert werden, das heißt auf einer Ebene oberhalb der Aktivitäten der einzelnen sozialen Einheiten.

Das Analogon zur Frage der Inflation scheint mir in der Frage der *Kreditwürdigkeit der Zusage* zu liegen, mit der verbindliche Obligationen übernommen werden. Macht als symbolisches Medium ist, wie Geld, in sich selbst „wertlos", wird aber in der Erwartung akzeptiert, daß man damit zu einem späteren Zeitpunkt seinerseits „einsacken" kann — in diesem Fall durch die Einlösung der Obligationen. Wenn allerdings der „Macht-Kredit" zu weit überzogen wurde, ohne daß die erforderliche Organisationsgrundlage zur Erfüllung der Erwartungen geschaffen worden wäre, dann wird der Versuch, die Obligationen einzulösen, zu einem Ergebnis führen, das unter dem Niveau der vollen geforderten Leistung bleibt und durch alle möglichen Defizienzen gemindert ist. In einem Kollektiv, das seinen integrativen Zusammenhalt verliert, kann dasselbe Amt weniger „wert sein" als es eigentlich sein müßte, weil die Grundlage seiner Effektivität ausgezehrt ist. Das gleiche gilt im Fall einer Überziehung neuer Machterwartungen, wenn es an adäquaten Vorkehrungen fehlt, um sie in Kraft zu setzen.

Es versteht sich von selbst, daß ein Machtsystem, in dem dieses kreditäre Element dominiert, sich in einem Zustand der „Insolvenz" befindet, analog zu einem monetären System, in dem ein übermäßiger Kredit in Anspruch genommen wird: Das Gesamtengagement kann nicht mehr eingelöst werden, selbst wenn die „Gläubiger" formal das gute Recht haben, auf Erfüllung zu bestehen. Nur ein striktes Null-Summen-Machtsystem könnte diese „Liquiditätsbedingung" erfüllen. Vielleicht macht der Konservativismus politischer Ideologien es sogar noch schwieriger als im entsprechenden ökonomischen Fall, die Legitimität einer solchen Situation zu akzeptieren — es ist nur allzu leicht, sie als „unehrlich" zu definieren.

Und doch gibt es eine feine Trennungslinie zwischen solider, verantwortungsvoller und konstruktiver politischer Führung, die ein Kollektiv über seine Kapazität zur sofortigen Einlösung aller Verpflichtungen engagiert, und sorgloser Überziehung der Kredite; so wie es einen sauberen Trennungsstrich zwischen verantwortungsvollem Finanzgebahren und „wildem Spekulantentum" gibt.

Andererseits kann unter ungewöhnlichem Druck selbst eine höchst verantwortungsvolle Führung in eine Situation kommen, in der eine „Deflations-Spirale" einsetzt — analog dem Vorbild einer Finanzpanik. Ich würde beispielweise den McCarthyismus als eine solche Deflationsspirale im politischen Bereich interpretieren. Der Kern der Wertbindungen, bei denen sich die größte Ausweitung vollzogen hat, war der internationale Bereich — die Vereinigten Staaten waren mit größter Geschwindigkeit in eine Position geraten, in der sie die Hauptverantwortung für die Erhaltung der politischen Weltordnung gegenüber einem expansiven Kommunismus trugen. Der „Verlust Chinas" war für bestimmte Kreise eine besonders traumatische Erfahrung, und der Korea-Krieg war ein teures Symbol der Kosten dieser neuen Aufsichtsrolle.

Ein pluralistisches politisches System wie das Amerikas enthält stets ein großes Maß an latenten Ansprüchen auf Loyalität der Bürger gegenüber der Regierung — Ansprüche nicht nur auf die „richtige Einstellung", sondern auch auf „Opfer"; allerdings besteht zugleich die Erwartung, daß diese Opfer nur in einer tatsächlichen Notsituation gefordert werden können. Die McCarthy-Definition der Situation war demgegenüber, daß nicht nur ausnahmslos jedermann in einer verantwortlichen Position in jedem Fall die Priorität „nationaler Loyalität" vertreten müßte — was im amerikanischen Wertsystem gar nicht notwendigerweise den höchsten Wert darstellen muß –, sondern darüber hinaus explizit sich von allen anderen Loyalitätspflichten lossagen sollte, die irgenwie mit dieser nationalen Gesinnung konkurrieren könnten, selbst bei Freunden und Verwandten. Dem Effekt nach handelte es sich um die Forderung, alle anderen Wertbindungen zugunsten dieses Nationalismus zu liquidieren – eine Forderung, die der Sache nach in vielfacher Richtung nicht ohne verheerende Folgen zu erfüllen war. Sie führte dazu, das Machtsystem zu „deflationieren", indem die entscheidende Vertrauensgrundlage unterminiert wurde, auf der der Einfluß vieler Element beruht, von denen die formelle und informelle Führungsverantwortung abhängig ist, und von denen wiederum der Machtkredit abhängt. Der schlimmste Schlag war wohl die Verdächtigung „kommunistischer Infiltration" und die als verbreitet unterstellte „Disloyalität" in der Armee, die dazu ausgenutzt wurde, um die Armee-Führung dazu anzuhalten, die Wertbindungen aller Militärangehörigen, einschließlich der wissenschaftlichen Forscher, in vollständig „liquide" Form zu bringen. Es sind insbesondere zwei Eigenschaften, die die McCarthy-Bewegung zu einer *Deflationsspirale* machten: erstens der verhängnisvolle Zirkel seiner Ausbreitung durch die Aussaat von Verdächtigungen in immer weiteren Kreisen von an sich doch loyalen Teilen der Gesellschaft und zweitens das überraschend abrupte Ende der Spirale in dem Moment, in dem die „Blase platzte" und wieder „Vertrauen einkehrte"; verknüpft mit der öffentlichen Reaktion auf McCarthys (Selbst-)Darstellung in der Fernseh-Anhörung und dem Protest Senator Flanders im Senat.[49]

Der Kern der McCarthy-Unruhe lag wohl im *Einflußsystem*, in der Beziehung zwischen den *integrativen* und *strukturerhaltenden* Funktionen in der Gesellschaft. Der eigentliche Deflationseffekt betraf die „Kredit"-Aspekte pluralistischer Loyalitätspflichten. Dies wiederum führte dazu, daß die Führung, nicht nur in der Regierung, sondern auch im privaten Bereich, wesentlich weniger bereit war, Risiken bei der Forderung nach Loyalität dort einzugehen, wo eventuell Loyalitätspflichten gegenüber der Regierung konkurrieren könnten. Da nun in der Kontroll-Hierarchie das Einflußsystem dem Machtsystem übergeordnet ist, setzt sich die Deflation aus dem ersten im zweiten System fort. Zunächst nimmt das die Form eines Ansturms an, allen Teilen der politischen Führung die politische Unterstützung zu entziehen, die irgendwie als „unloyal" verdächtig sind. Der Extremfall wäre hier wohl der von McCarthy geprägte und von republikanischen Führern (wie Thomas E. Dewey) verwendete

Slogan von „20 Jahren Verrat", der die Loyalität der gesamten demokratischen Partei in Zweifel ziehen sollte. Die Wirkung geht dahin, den Oppositionsführern ihren Einfluß zu nehmen und die Alternative, ihnen wieder die Macht anzuvertrauen, als ein Risiko erscheinen zu lassen.

Das Durchbrechen der Null-Summen-Beschränkungen der elementaren Machtsysteme öffnet den Weg zu ganz neuen Ebenen kollektiver Effektivität, bringt aber auch der Sache nach neue Ebenen des Risikos und der Unsicherheit mit sich. Ich habe dieses Problem kurz auf der Ebene des einzelnen Kollektivs und der Ausweitung von Commitments dargestellt. Das Problem ist natürlich für ein System von Kollektiven noch gewichtiger, weil hier nicht nur das Risiko einzelner Fehlschläge, sondern das genereller inflationärer und deflationärer Störungen besteht. Wir haben auf Steuerungs- und Kontroll-Mechanismen hingewiesen, die die Investitionen und entsprechend auch die Ausweitung des Engagements einzelner Kollektive regeln. In beiden Fällen geht es darum, Verantwortung zu gewährleisten: hier Verantwortung für die langfristige Solvenz, dort für Erfolg bei umfassenderen „Erweiterungsstrategien". Man kann mit gutem Recht annehmen, daß es dahinter in beiden Kontexten Mechanismen auf gesamtsystematischer Ebene gibt.

Im monetären Beispiel haben wir gesehen, daß der zentrale Kern dieser obersten Steuerungskontrollen in den Komplexen des Zentralbankwesens, des Kredit-Managements und der Beziehungen zum öffentlichen Finanzwesen liegt. Im Fall der Macht ist natürlich der erste, entscheidende Punkt, daß es eine relativ dominierende Steuerungs- und Kontroll-Spitze des Macht- und Autoritätssystems gibt, die wir uns in irgendeiner Form als den „souveränen" Staat vorstellen.[50] Hauptsächlich hängt dies mit den Beziehungen zwischen Rechtfertigung und Legitimität zusammen, bezogen auf die Regierung als die bislang höchste fest integrierte Kollektiv-Struktur. Hier liegt auch der zentrale Kern Max Webers berühmter Analyse von Herrschaft, aber eben diese Analyse muß in meinem Sinne hier wesentlich erweitert werden. Unter anderem scheint Weber eine unnötig scharfe Alternative zwischen „charismatischer Herrschaft" und „Veralltäglichung des Charisma" eingeführt zu haben, insbesondere in der rational-legalen Fassung von „Routine" (Veralltäglichung). Ich würde insbesondere meinen, daß sehr beträchtliche Möglichkeiten einer geregelten Erweiterung· des Macht-Engagements innerhalb des Rahmens bestimmter Typen „legaler" Herrschaft bestehen, vor allem dort, wo sie als Aspekte eines politischen Systems auftreten, das allgemein pluralistisch ist. Diese Probleme können jedoch hier nicht mehr weiter erörtert werden; wir stehen hier am Ende einer ohnehin schon sehr langen Arbeit.[51]

Schlußbemerkung

Diese Arbeit war als allgemeiner theoretischer Angriff auf das alte Problem der Natur politischer Macht und ihrer Stellung konzipiert – nicht nur in politischen Systemen im engeren Sinne, sondern in den Strukturen und Prozessen von Gesellschaften allgemein. Der Hauptbezugspunkt für diesen Angriff war die Auffassung, daß die Diskussion des Problems in den großen Traditionen politischen Denkens nicht auf ausreichend strenges analytisches Niveau gebracht worden ist. Es bestand vielmehr die Neigung, den Staat (oder kollektiv organisierte Gruppen auf noch niedrigeren Stufen) als empirische Bezugsobjekte zu behandeln und zu einer Analyse ihrer Funktionen ohne weitere analytische Differenzierung anzusetzen. Die auffallendste Manifestation dieser Tendenz war die Behandlung der Macht.

Dieser Aufsatz nimmt eine radikal andere Position ein, die quer zu den traditionellen Linien läuft. Er nimmt seinen Ausgang von der ökonomischen Theorie und der Asymmetrie zwischen ihr und der traditionellen politischen Theorie, in der die *eine* als die Theorie eines analytisch definierten funktionalen Systems der Gesellschaft – Wirtschaft – behandelt wurde und die *andere* als eine konkrete Substruktur, die in der Regel mit der Regierung identifiziert wird.[52] Schrittweise hat sich die Möglichkeit aufgetan, sowohl das analytische Modell der ökonomischen Theorie auf den politischen Bereich auszudehnen – als auch eine direkte Verbindung von politischer und ökonomischer Theorie innerhalb des Begriffsrahmens der Theorie der Sozialsysteme als ganzem zu schaffen, so daß die *Konzeption des Politbereichs (polity)* als dem funktionalen Subsystem der Gesellschaft mit all ihren theoretischen Grundlagen parallel zur Ökonomie entstehen konnte.

In dieser Perspektive konzentrierte sich die Aufmerksamkeit notwendigerweise auf den Platz des Geldes in der Konzeption der Ökonomie. Darüber hinaus wurde zunehmend klarer, daß Geld im wesentlichen ein „symbolisches" Phänomen ist und folglich seine Analyse einen Bezugsrahmen erfordert, der näher zu Linguistik steht als zur Technologie; das heißt, es sind nicht die intrinsischen Eigenschaften des Goldes, die (beim Gold-Standard) den Geldwert bestim-

112

men, genau so wenig wie die intrinsischen Eigenschaften der in einem Buch symbolisierten „Klanggeräusche" für die Bewertung einer Theorie verantwortlich sind. Aus eben dieser Perspektive wird die Konzeption der Macht als einem *generalisierten symbolischen Medium* im Prozeß sozialer Interaktion entwickelt.

In dieser Arbeit sind keine Untersuchungen berücksichtigt, die diesem verzweigten Problemzusammenhang empirische Evidenz liefern würden. Es ist jedoch meine volle Überzeugung, daß die hier gewählte Richtung der Analyse nicht nur mit den allgemeinen Ergebnissen verfügbaren empirischen Materials übereinstimmt, sondern auch bereits gezeigt hat, daß sich hier eine Fülle empirischer Probleme beleuchten läßt, die sich im Rahmen der konventionellen theoretischen Positionen nicht sehr gut verstehen lassen, zum Beispiel die Gründe für den allgemeinen Druck zu mehr Gleichheit in der Evolution der politischen Bürgerrechte oder der Natur des McCarthyismus als einem Prozeß der politischen Deflationsspirale.

Es scheint nicht notwendig zu sein, hier die Linien des Argumentes noch einmal nachzuzeichnen. Ich möchte lieber mit den drei Hauptpunkten schließen, mit denen ich begonnen habe. Ich sagte, *erstens*, daß der hier eingeschlagene analytische Pfad es ermöglicht, Macht in konzeptionell spezifischen und präzisen Begriffen zu fassen und damit von der theoretischen Diffusheit wegzukommen, auf die eingangs hingewiesen wurde und die dazu zwang, so übermäßig viele problematische Phänomene als „Formen" von Macht zu akzeptieren. *Zweitens* glaube ich, den begründeten Anspruch stellen zu dürfen, eine Lösung für das alte Dilemma anzubieten, ob Macht (in der alten Terminologie „seinem Wesen nach") ein Phänomen von Zwang oder von Konsensus ist: beides, weil Macht ein Phänomen ist, das eine Vielzahl von Faktoren und Outputs politischer Effektivität kombiniert, aber nicht mit einzelnen dieser Faktoren identifiziert werden darf. Schließlich wurde *drittens* Licht auf das berühmte Null-Summen-Problem geworfen und eine bestimmte Position bezogen: Zwar gilt unter bestimmten spezifischen Annahmen die Null-Summen-Bedingung, aber diese sind nicht konstitutiv für Machtsysteme im allgemeinen. Vielmehr ist unter andersartigen Bedingungen die systematische „Erweiterung" von Machtsphären ohne Einbußen der Macht anderer sozialer Einheiten möglich, und die Möglichkeit ist ein mindestens ebenso wichtiger Fall.

Diese Behauptungen werden im vollen Bewußtsein der Tatsache aufgestellt, daß sie auf einer Ebene eine gewisse Willkür enthalten: Meine Definition der Macht (und einer Reihe dazugehöriger Begriffe)·

unterscheidet sich von vielen, vielleicht sogar von den meisten üblichen Definitionen in der politischen Theorie. Wäre Theorie nur eine Sache der willkürlichen Festlegung von Definitionen, Annahmen und weiteren Argumenten, dann wäre es verzeihlich, diese Frage auf sich beruhen zu lassen und einfach zu sagen: einmal mehr eine „persönliche Ansicht" des Verfassers. Jeder darüber hinausgehende Anspruch gründet sich auf die Konzeption, daß das wissenschaftliche Verständnis von Gesellschaft dadurch erreicht wird, daß allmählich ein Kanon theoretischer Analyse und empirischer Interpretation und Verifikation entwickelt wird. Meine wichtigste Behauptung ist, daß der hier präsentierte Analyse-Verlauf eine Weiterentwicklung einer wichtigen Richtung der theoretischen Analyse des Sozialsystems als Ganzem und einer begründeten Interpretation aller empirischen Evidenz ist, mit der diese Theorie konfrontiert wurde. Der Gehalt dieser Theorie muß letztlich an den Ergebnissen auf der Ebene theoretischer Allgemeinheit und Konsistenz im gesamten Bereich sozialer Systemtheorie sowie auf der Ebene empirischer Validität – auch hier nicht nur mit den konventionellen „politischen" Bezügen, sondern auch ihren empirischen Interrelationen mit allen anderen Aspekten der modernen komplexen Gesellschaft als Ganzer – gemessen werden.

Technischer Anhang

Die vorangehende Analyse vollzog sich in *diskursiver*, d. h. informeller Weise. Viele Entscheidungen über die Kategorienbildung und Einzelschritte der Analyse bezogen sich dabei allerdings auf ein *formalisiertes Paradigma* der wichtigsten Struktur-Komponenten und Prozeß-Kategorien sowie Relationen einer als Sozialsystem betrachteten Gesellschaft. Für Leser mit einem ausgeprägten Interesse an diesen „theorietechnischen" Aspekten der Theorie der Sozialsysteme wird nachfolgend ein ganz kurzer Abriß der unmittelbar relevanten Teile des allgemeinen Paradigmas zusammen mit einer kurzen Erläuterung seiner Relevanz für die vorangegangene Diskussion geliefert.[53]

Es gibt zwei wesentliche strukturelle Bezugspunkte: einmal die Einsicht, daß auf einer hinreichend hohen Differenzierungsebene einer Gellschaft Wirtschaft, Politbereich und das integrative System empirisch nach ihrem jeweiligen funktionalen Primat als Struktureinheiten eigenständig werden: es kommt beispielsweise zu einer wichtigen strukturellen Differenz zwischen einem privaten Unternehmen, einer Verwaltungsbehörde und einem Gerichtshof. Zum zweiten steht jede derartige Einheit in einer Vielzahl von Austauschbeziehungen mit anderen Einheiten im Hinblick auf die meisten ihrer Funktionserfordernisse in ihrer Situation — der Faktor-Inputs — sowie der Bedingung, Beiträge an die anderen Einheiten im Rahmen der „Arbeitsteilung" liefern zu müssen — der Disposition von „Produkt-Outputs". Diese Form der Differenzierung erfordert einen *Doppel*-Austausch zwischen all den Struktur-Komponenten, die jeweils ein Kategorien-Paar bilden: beispielsweise Unternehmen und Haushalt, Unternehmen und politische Instanz (nicht notwendig eine Behörde, wie man sich erinnern sollte) und so weiter. Die doppelte Austausch-Bedingung schließt aus, daß der Prozeß auf Grundlage askriptiver Erwartungen oder bloßer Kompensationsgeschäfte oder einer Kombination dieser beiden Formen vermittelt würde. Sie erzwingt die Entwicklung generalisierter symbolischer Medien, von denen hier Geld, Macht und Einfluß vorgestellt wurden.

Auf einem hinreichend hohen Niveau generalisierter Entwicklung spielen sich die „steuernden" Austauschprozesse (im Sinne der kybernetischen Hierarchie) zwischen den Medien ab, die in den verschiedenen funktionalen Subsystemen verankert sind — so wie die Macht im Politbereich verankert ist. Diese Medien wiederum dienen als Vermittler zum Erlangen von Kontrolle über Ressourcen „niederer Ordnung", die für die Erfüllung von Erwartungen notwendig sind. So ist die Ausgabe von Geld für „Güter" auf dem „System"- oder „Aggregat"-Niveau (im Sinne der Analysen von Keynes) nicht gleichzusetzen mit dem Erwerb des Besitzes bestimmter Waren, sondern besteht in der generalisierten Erwartung der Verfügbarkeit von Gütern zu „befriedigenden" Marktbedingungen. Dies ist der eigentlich primäre Output der Wirtschaft an die Konsumenten. Entsprechendes gilt, wenn wir von der Kontrolle der Produktivität als Effektivitätsfaktor sprechen: Damit meinen wir nicht die Kontrolle bestimmter Produktionsanlagen, sondern die Kontrolle über einen Anteil der Gesamtproduktivität der Wirtschaft durch Marktmechanismen ohne irgendwelche einschränkenden Spezifika.

Das Paradigma des Austauschs zwischen den generellen Kommunikationsmedien ist in Schema 1 und 2 dargestellt. Schema 1 zeigt einfach nur die Anordnung der Elemente des Paradigmas. Es gibt dabei drei Grundannahmen, die in den Grenzen der vorliegenden Darstellung ihrerseits nicht weiter begründet werden können:
(1) Die Differenzierungsmuster eines Sozialsystems lassen sich in Form von vier primären Funktionskategorien analysieren; jede davon

bildet den Focus eines primären funktionalen Subsystems der Gesellschaft. Wie im Text ausgeführt, bilden Wirtschaft und Politbereich derartige Subsysteme. (2) Die primären Austauschprozesse, durch die diese Subsysteme miteinander integriert werden, vollziehen sich durch generalisierte symbolische Medien derart, wie ich sie in Form von Geld und Macht konzipiert habe[54], und (3) auf der Ebene der Differenzierung von Interessen ist jedes Austauschsystem ein Doppeltausch-Vorgang, der sowohl die „Übertragung" von Ressourcen und Produkten aus ihrem Ursprungssystem als auch die Transzendierung eines Kompensations-Tauschhandels (zu einem generalisierten Kreislaufsystem) erfordert.

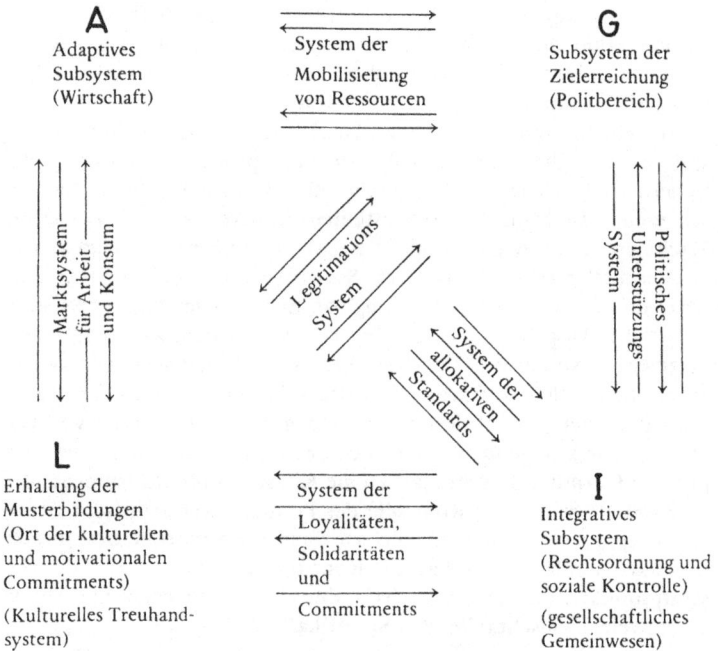

A
Adaptives
Subsystem
(Wirtschaft)

System der
Mobilisierung
von Ressourcen

G
Subsystem der
Zielerreichung
(Politbereich)

Marktsystem für Arbeit und Konsum

Legitimations System

System der allokativen Standards

Politisches Unterstützungs System

L
Erhaltung der
Musterbildungen
(Ort der kulturellen
und motivationalen
Commitments)

(Kulturelles Treuhand-
system)

System der
Loyalitäten,
Solidaritäten
und
Commitments

I
Integratives
Subsystem
(Rechtsordnung und
soziale Kontrolle)

(gesellschaftliches
Gemeinwesen)

Schema 1: Darstellung des gesellschaftlichen Austauschsystems

In *Schema 2* sind die sechs Austausch-Systeme horizontal angeordnet, und zwar einfach nur deswegen, weil man sie so leichter lesen kann. Zusätzlich zu Schema 1 sind hier noch Bezeichnungen für die

Kategorien, für die Ströme und die Bestimmung der Medien (Geld, Macht etc.) für jeden der vier Orte in jedem der sechs Austausch-Systeme angegeben. So ergeben sich 24 Kategorien, dabei erscheinen die vier Grundmedien in vier „Formen".

In den sechs Austauschgruppen kommt Macht als Medium in unserer Analyse nur dreimal vor, nämlich in den Austauschvorgängen des Politbereichs (G) mit jedem der anderen drei: dem System der „Ressourcen-Mobilisierung" *vis-à-vis* der Wirtschaft, dem Träger-system, das den Input von politischer Unterstützung und den Output von Entscheidungen *vis-à-vis* dem integrativen System umfaßt, und dem Legitimationssystem (wie ich es nenne) *vis-à-vis* dem Wertaspekt des Strukturerhaltungssystems. Das letztgenannte ist ein Sonderfall, in dem nicht Macht als Medium eine Rolle spielt, sondern wo es eigentlich um die Struktur des Codes geht, der Autorität bestimmt und die institutionalisierte Verwendung der Macht definiert – also die Legitimation von Autorität. Daher richtet sich unsere Aufmerksamkeit primär auf die anderen beiden.

Die Kategorien in den A-G-Austauschvorgängen (Wirtschaft und Politbereich oder Ressourcen-Mobilisierung) können als „Formen" von Macht oder von Geld (bzw. Reichtum) gekennzeichnet werden. Man wird sehen, daß es sich gerade um die Kategorien handelt, die in den entsprechenden Teilen der diskursiven Erörterung im Text verwendet wurden. Der Doppelaustausch umfaßt hier – wie in der klassischen Ökonomie beim Fall von Arbeit: Konsum – erstens einen Faktoraustausch, nämlich Produktivitätskontrolle als Effektivitätsfaktor im Austausch gegen Effektivitätschancen (*opportunity for effectiveness*) (im Sonderfall des Kapitals als Produktionsfaktor). Produktivität ist ein monetärer Faktor, weil es sich dabei um ein Reservoir von Ressourcen handelt, die durch Kapital kontrolliert werden – wobei natürlich jederzeit ein Austausch gegen bestimmte benötigte Mittel, insbesondere Güter und Dienste, möglich ist. *Opportunity* (Einsatzmöglichkeit/Zugangschance) ist allerdings eine Form der Macht im erörterten Sinne.

Im zweiten Teil des Doppeltauschs geht es um „Produkt"-Outputs. Dies vollzieht sich zwischen der Hingabe von Diensten an eine Organisation, typischerweise durch „*employment*" (Anstellung- oder Beschäftigungsvertrag) einerseits (ich habe dies als eine Form der Macht interpretiert), und andererseits durch die Allokation von liquiden Ressourcen an die Anbieter von Diensten als Mittel, die für die Leistungserfüllung ihrer Obligationen wesentlich sind – typischerweise in Form von Verfügung über Budgets (d. h. Kapital –

allerdings geht oft die Generalisierung der Mittel nicht ganz so weit, die Mittel sind oft spezifischer bestimmt. So nehmen also die liquiden Ressourcen die Form von (monetärem) Kapital (nur) im Idealfall an.)[55]

Das zweite primäre Austauschsystem, das ich als *support-System* (Lieferungs- und Leistungssystem/Untersützungssystem) bezeichnen möchte, besteht zwischen Politbereich und integrativem System (G–I). Dabei umfaßt das integrative System die Aspekte der Gemeinschaftsbildung (*associational aspects*) in Gruppenstrukturen und der Solidarität in Relation zum System der (legalen und informellen) Normen – im Unterschied zu den Werten.

Die grundsätzlichen Differenzen liegen in der Tatsache, daß Macht hier nicht mit Geld, sondern mit Einfluß kommuniziert, und während Macht *vis-à-vis* Geld das „steuernde" Medium ist, so wird sie *vis-à-vis* Einfluß von diesem gesteuert. Dieser Unterschied zeigt sich symbolisch in der Placierung der Machtkategorien in Außenpositionen, während sie bei den A-G-Beziehungen innen standen (so wie dies für die Geldkategorien in den L-A-Beziehungen gilt).

Der relevante Faktoren-Austausch vollzieht sich hier zwischen politischen (*policy*) Entscheidungen als „Solidaritätsfaktor" und Interessen (*interest demands*) als Effektivitätsfaktor im eingeführten Sinne dieser Konzepte. Im wesentlichen kann man sagen, daß „*interest-demands*" (geltend gemachte Interessen, so etwas wie die „Effektiv-Nachfrage") eine „Definition der Situation" für den politischen Entscheidungsvollzug liefern – was natürlich nicht heißt, daß diese Nachfrage auf Anhieb ohne Modifikationen „erfüllt" würde oder werden sollte. Wie andere Faktoren werden sie typischerweise im Laufe des politischen Prozesses transformiert. Entsprechend sind Politikentscheidungen ein Solidaritätsfaktor insoweit, als sie ein Commitment für ein Kollektivhandeln begründen, auf das die Beteiligten in Grenzen rechnen können.

Der Austausch von „Produkt"-Outputs besteht also aus Führungsverantwortlichkeit als Output des Politbereiches (eine Form von Einfluß! – *nicht* von Macht) und politischer Unterstützung als Output des „gemeinschaftsbildenden" (assoziativen) Systems – bei Regierungsämtern beispielsweise durch die Wähler, die eine Quelle des politischen Macht-„Einkommens" sind. Man muß dabei natürlich sehen, daß die sozialen Einheiten, die an irgendeinem besonderen Fall dieser beiden Austausch-Vorgänge beteiligt sind, typischerweise nicht dieselben sind – Parteiführer kämpfen um Unterstützung (für ihr Programm), während Verwaltungsbeamte bestimmte politische

Schema 2: **Die Kategorien des gesellschaftlichen Austauschs**

A ⇄ G

			Code
Faktoren	**Einsatz**		
in	G	Produktivitätskontrolle	M 2b
in	A	Effektivitätschancen	P 1b
Produkte	**Abgabe**		
an	G	Einsatz (von Leistungen) f.d. Kollektiv	P 1a
an	A	Allokation von liquiden Mitteln	M 2a

G ⇄ I

Faktoren	**Einsatz**		
in	I	Politische Entscheidungen	P 2a
in	G	Interessennachfrage	I 1a
Produkte	**Abgabe**		
an	I	Führungsverantwortung	I 1b
an	G	Politische Unterstützung	P 2b

I

			Code
Faktoren	**Einsatz**		
in	I	Rechtfertig. f.d. Allokation v. Loyalitäten	I 2a
in	L	Commitment gegenüber Assoziationen	C 1a
Produkte	**Abgabe**		
an	L	Commitment an gemeinsame Werte	C 1b
an	I	Wertbegründete Ansprüche auf Loyalität	I 2b

I ⇄ L

Faktoren	**Einsatz**	
in	L	Arbeitsverantwortung
in	G	Legitimation von Autorität
Produkte	**Abgabe**	
an	L	Moral. Verantwortung f. Kollektivinteressen
an	G	Legalität der Amtsmacht

L ⇄ A

			Code
Faktoren	**Einsatz**		
in	A	Arbeitskapazität	C 2b
in	L	Lohneinkommen	M 1b
Produkte	**Abgabe**		
an	A	Güternachfrage	M 1a
an	L	Engagement zur Produktion	C 2a

A

Faktoren	**Einsatz**	
in	I	Inanspruchnahme von Ressourcen
in	A	Standards der Allokation von Ressourcen
Produkte	**Abgabe**	
an	I	Basis der Berechtigung von Ansprüchen
an	A	Ordnung der Ansprüche (Budgetierung)

Entscheidungen treffen. Diese Form der „Teilung" (*split*), die unterschiedliches Ausmaß haben kann, ist für jedes hochdifferenzierte System charakteristisch.

Schema 3 ist der Versuch, die generalisierten Medien nicht nur in ihrer hierarchischen Ordnung zu sehen, sondern auch vom Aspekt der Relation zwischen dem Code und den Komponenten der Botschaft (*message*). Dabei erscheint die Botschaft als Sanktion, mit der einerseits wesentliche Faktoren für die funktionalen Subsysteme und andererseits Produkt-Outputs aus diesen Subsystemen kontrolliert werden. Die *Zeilen* laufen von oben nach unten gemäß der bekannten Kontrollhierarchie — jede Zeile bezeichnet eines der vier Medien. Demgegenüber erfassen die *Spalten* die Komponenten, in die jedes Medium zerlegt werden müßte, sobald man die Grundbedingungen ihrer Wirkungsweise bei der Mediatisierung von Interaktion genauer verstehen wollte.

Im Haupttext habe ich die Gründe erörtert, warum im Code jedes Mediums zwei Komponenten zu unterscheiden sind: nämlich einerseits das, was als *relevantes Wertprinzip* bezeichnet wurde, und andererseits den sogenannten *koordinativen Standard*. Der berühmte „Nutzen"-Begriff scheint das relevante Wertprinzip zu sein, während der Begriff der „Solvenz" der koordinative Standard ist. Nutzen ist ein „Grundmaß" für Wert im ökonomischen Sinne, wohingegen die Notwendigkeit, solvent zu bleiben, eine normative Kategorie für die sozialen Einheiten als Maxime ökonomischen Handelns ist. Im politischen Fall habe ich den Begriff der „Effektivität" im Sinne Barnards als Parallele zum „Nutzen"-Begriff der Ökonomen gewählt. „Erfolg" scheint, insbesondere bei Betrachtung von Kollektiven, der beste Terminus für den korrespondierenden *koordinativen Standard* zu sein (evtl. könnte man mit entsprechenden Qualifikationen den Ausdruck „Souveränität" sogar noch vorziehen).

In der zweiten wichtigen Grenzzone des Politbereiches scheint *Solidarität* in Durkheims Sinne parallel zu Nutzen und Effektivität das relevante *Wertprinzip* der *Integration* zu sein, während der für die politische Theorie wichtige Begriff des *Konsensus* adäquat für die Formulierung des relevanten *integrativen koordinativen Standards* zu sein scheint. Schließlich ist auf die Kennzeichnung des *Wertprinzips* im „*patter-maintenance-system*" als *Integrität* und des korrespondierenden *koordinativen Standards* als *Konsistenz der Muster* lediglich hinzuweisen, weil diese nicht direkt in den hier behandelten Austausch-Systemen vorkommen.

Die Spalten A und G im folgenden *Schema 3* kennzeichnen die Wirkungsbereiche jedes der vier Medien als *Sanktionen*; allerdings sind sie nicht als Austauschsysteme angeordnet, wie in *Schema 2*, sondern im Hinblick auf die Steuerung der jeweiligen Faktor-Inputs und Produkt-Outputs. So „steuert" Geld, obwohl es selbst kein Produktionsfaktor ist, Arbeit und Kapital als die eigentlich primären Faktoren in den A—L und A—G-Austauschsystemen, während in den „Konsum"-Systemen Geld den Output der Wirtschaft kauft (d. h. steuert), nämlich Güter (A—L) und Dienste (in A—G).

Der Einbezug der Macht muß ganz parallel vorgenommen werden. Einerseits „verfügt" Macht über die beiden primären mobilen Effektivitätsfaktoren, nämlich Steuerung von Produktivität (in G—A) und Interessen (*interest-demand* — in G—I, begründet durch Bezug auf bestimmte Normen). Auf der anderen Seite können die „Konsumenten" (oder Begünstigten/*beneficiaries*) der Outputs aus diesem Prozeß Macht dazu einsetzen, um diese Outputs in Form von liquiden Ressourcen (beispielsweise durch Budgetaufteilung in G—A) sowie Führungsverantwortlichkeit für erwünschte Ziele (in G—I) zu kommandieren.

Man kann sehen, daß im folgenden *Schema 3* negative und positive Sanktionstypen in der Kontrollhierarchie alternieren. Macht als Medium, das auf negativen Situationssanktionen beruht, ist hier wie ein „Sandwich" zwischen Geld (darunter) mit dessen positiven Situationssanktionen und Einfluß (darüber) mit dessen positiven Absichtssanktionen geschichtet.

Wirft man noch einmal einen Blick zurück auf *Schema 2*, so kommt auch hier Macht vor und zwar im Legitimationssystem (L—G), aber diesmal als Code, als ein Aspekt von Autorität. Man faßt dies am besten so auf, daß es sich hier um einen Mechanismus handelt, der die Prinzipien und Standards in den L—G-Zeilen verbindet. Was hier als „Übernahme der Arbeitsverantwortung" (*assumption of operative responsibility* — P_3a) bezeichnet und als ein „Faktor der Integrität" behandelt wird, ist die Verantwortung für *Erfolg* bei der Implementierung der Wertprinzipien, nicht nur der kollektiven Effektivität, sondern der Integrität des höchsten gesellschaftlichen Wertmusters. Man kann sagen, daß legitime Autorität (C_3a) es geradezu „erzwingt", einen solchen Erfolg anzustreben. Legalität der Amtsmacht andererseits (P_3c) — eine Kategorie für Output an den Politbereich — bildet einen Fall, in dem der Standard der „Konsistenz von Strukturmuster" (*pattern consistency*) Anwendung findet. Auf den verschiedenen relevanten Ebenen kann und sollte das Handeln mit den Wertbindungen konsistent sein. Im Gegenzug für die legale Autorisierung eines solchen Handelns muß der verantwortliche Amtsinhaber die moralische Verantwortung für seinen Einsatz der Macht und seine Interpretationen akzeptieren $(C_3 b)$.

Medienkomponenten und Austausch-äquivalente / Medien in der Kontroll-Hierarchie	Code			Message (Sanktionen)	Sanktionen und Wirkung
	Wertprinzip	Standard der Koordination	kontrollierte Faktoren (Quelle)	kontrollierte Produkte (Bestimmung)	
Commitments	Integrität	Konsistenz	Entlohnung A	Konsumenten-Nachfrage A	negativ-intentional (durch Aktivierung von Commitments)
			Rechtfertigung von Loyalität I	Anspruch auf Loyalität I	
Einfluß	Solidarität	Konsens	Commitment gegenüber Assoziationen L	Commitment an gemeinsame Werte L	positiv-intentional (durch Überzeugen)
			Politische Entscheidungen G	Politische Unterstützung G	
Macht	Effektivität	Erfolg	Interessen-nachfrage I	Führungs-verantwortung I	negativ-situational (durch Sicherung von Kooperations-bereitschaft)
			Kontrolle der Produktivität A	Kontrolle der liquiden Mittel A	
Geld	Nutzen	Solvenz	Kapital G	Einsatz von Dienstleistungen G	positiv-situational (durch Bieten von Anreizen)
			Arbeit L	Erwartung von Gütern L	

Schema 3: Die Medien des Sozialsystems als Sanktionen

Anmerkungen

1 In dem Sammelband *Politics and Social Structure,* New York und London (The Free Press, Collier-Macmillan) 1969, Teil IV „Theory and Polity".

2 So spricht E. C. Banfield: *Political Influence,* New York (The Free Press) 1962 auf S. 348 von „*control*" als der Kapazität, andere zu einem Tun oder Unterlassen zu zwingen (*to cause another to give or withold action*), und von „*power*" als der Kapazität, Herrschaft über andere zu gewinnen (*the ability to establish control over another*). Ähnlich formuliert Robert Dahl in seinem Aufsatz „The Concept of Power' in *Behavioral Scientist* 2

(Juli 1957): „A hat in dem Maße Macht über B, als er B dazu bringen kann, Dinge zu tun, die B sonst nicht tun würde." Eine ähnliche Position nimmt auch C. J. Friedrich ein: *Man and his Government; An Empirical Theory of Politics;* New York (McGraw—Hill) 1963.

3 Anm. d. Übers.: *Was ist ein „empirisches", was ein „analytisches System", was ein „konkretes Kollektiv"?*

Zunächst eine Erinnerung daran, was „Systeme" sind: Sprachlich bezeichnet der Systembegriff einen sogenannten Abstraktor, *also einen Begriff, der dazu dient,* abstrakte Gegenstände *zu bezeichnen. Ein weiteres Beispiel dafür wäre der Begriff der „Menge": Dieser Ausdruck bezeichnet ein abstraktes Konzept, denn Mengen kommen als solche nicht in der Realität vor.*

Wir können uns jedoch aus bestimmten Gründen dazu entschließen, die Regeln der Mengentheorie oder die Regeln der Systemtheorie auf gewisse Zusammenhänge anzuwenden. Mengen und Systeme werden also durch die Anwendung der entsprechenden Verfahren erst konstituiert. Man betrachtet dann den untersuchten Zusammenhang — beispielsweise „die Gesellschaft" — als System, und das bedeutet, daß man diesen Gegenstand („die Gesellschaft") nach den Regeln der Systemtheorie analysiert. Dabei ist vorausgesetzt, daß diese Regeln eindeutig und bekannt wären (was angesichts der vielfältigen Systemkonzepte leider sicherlich nicht der Fall ist). Der als System betrachtete Zusammenhang kann nun seinerseits empirischer oder nicht-empirischer Art sein. Wie erkennt man das? Die Behauptung, daß etwas empirischer Natur sei, ist eine ontologische *Behauptung; damit wird nämlich ausgesagt, daß der betreffende Gegenstand sinnliche Erfahrungsqualitäten hat, die letztlich als materiell-energetische oder informationelle Inputs von unserem Rezeptorensystem empfangen werden können. Hier tritt schließlich ein Begründungszirkel auf, den beispielsweise C. G. Hempel sehr eindrucksvoll analysiert hat; vgl. „The Theoretician's Dilemma: A Study in the Logic of Theory Construction", in: H. Feigl, M. Scriven und G. Maxwell (Hrsg.):* Minnesota Studies in the Philosophy of Science; *Bd. II — Concepts, Theories and the Mind-Body Problem, Minneapolis (University of Minnesota Press)* 1963; 37—98.

Das Gegenteil eines empirischen Phänomens ist ein nicht-empirisches Phänomen, und eine Behauptung über einen solchen Sachverhalt ist natürlich ebenfalls eine ontologische Aussage.

Bei Autoren, die wissenschaftstheoretische Probleme auf dem Weg der Sprachanalyse angehen, hat es sich eingebürgert, empirische mit „synthetischen" Aussagen gleichzusetzen, und als Gegenteil „analytische" Sätze zu definieren (so zum Beispiel R. Carnap: Symbolische Logik; Wien (Springer) *1955). Um die Wahrheit synthetischer Sätze herauszufinden, muß man sich „in der Welt umschauen", man kann sich jedenfalls nicht mit geschlossenen Augen im Sessel zurücklehnen (das bekannte Phänomen des „armchair reasonning"). Die Wahrheit synthetischer Säzte ist* kontingent, *d. h. von den Fakten „in der Welt" in ihrer jeweiligen Raum-Zeit-Konstellation abhängig. Dagegen läßt sich die Wahrheit analytischer Sätze ohne Bezug zu den Fakten der Welt überprüfen; und man könnte vermuten, daß hier ein vollkommen anderer Wahrheitsbegriff vorliegt; vgl. dazu beispielsweise W. Stegmüller:* Das Wahrheitsproblem und die Idee der Semantik; Wien (Springer) 1957.

Parsons ist offenbar der Auffassung, daß „Gesellschaft" ein empirischer Zusammenhang ist. Um diesen Zusammenhang jedoch wissenschaftlich zu *erfassen, benötigt man nach seiner Meinung nicht nur empirische Daten, sondern vor allem ein begriffliches Schema zur* Codifizierung *dieser Daten. Diese Vorstellung der Codifizierung in einem Begriffsschema (oder Begriffsrahmen, dem* „conceptual framework of reference") *ist für Parsons außerordentlich wichtig. Im Hinblick auf die eingeführten Begriffe muß man sich nun klarmachen, daß dieses Begriffsschema selbst nicht empirischer Art sein kann (auch wenn es empirisch aus der persönlichen Erfahrung Parsons' mit seiner Lebenswelt entstanden und daher „in sich" — inhärent — historisch ist), sondern ein* analytisches *Schema ist. Dieses Schema kann also nicht „wahr" oder „falsch" im empirischen Sinne sein, denn es ist nicht aus synthetischen Sätzen komponiert. An Stelle dieser Kriterien treten andere, die hier nicht erörtert werden sollen.*

Das Problem zwischen einer empirischen Datensammlung — oder auch einer „empirischen Theorie" im üblichen Sinne dieses Wortes, nämlich einer Theorie, die unter Verwendung einer Reihe von „operationalen" Begriffen (also von Begriffen, die — angeblich — auf meßbaren Operationen begründet sind) formuliert ist — und Parsons theoretischen Arbeiten besteht folglich in der Frage der „richtigen" oder „adäquaten" Übersetzung. Anders ausgedrückt: Liefert Parsons' Theorie eine adäquate Codifizierung aller verfügbaren Daten? und: liefert diese Theorie mehr als die „Summe ihrer Elemente" — führt sie uns kraft ihrer besonderen Codifizierung zu neuen Einsichten? Parsons (und seine Jünger) würden diese Frage natürlich emphatisch bejahen, während die Kritiker — sofern sie diesen Punkt überhaupt begriffen und ihre Kritik nicht auf völlig abwegige Punkte gerichtet haben — hier starke Zweifel haben.

Schließlich ist noch der Begriff der „konkreten Kollektive" erklärungsbedürftig. Parsons spricht an der Stelle, auf die sich diese Anmerkung bezieht, von einem „concrete type of collectivity". *Wenige Zeilen später sagt er:* „A collectivity ... is ... clearly not a concrete „group", but the term refers to groups ... seen in the perspective of their interests in and capacities for effective collective action."

Das Problem scheint in der Übersetzung des Ausdruckes „collective/ collectivity" *zu liegen. Das Wort „collective" bietet lexikalisch kaum Schwierigkeiten; ihm entspricht unser Begriff des „Kollektivs": „Gemeinschaft, Gruppe, Team"; prägnant auch: „Arbeits- und Produktionsgemeinschaft" (vgl.* Meyers Enzyklopädisches Lexikon, Mannheim (Bibliographisches Institut) 1975 *oder* Duden, Mannheim (Bibliographisches Institut) 1961. *Dagegen stößt das Wort* „collectivity" *auf Übersetzungsprobleme; zwar gibt Langenscheidts* Enzyklopädisches Wörterbuch der englischen und deutschen Sprache, Berlin 1963, *dafür als deutsches Äquivalent „Kollektivität" an, jedoch findet sich dieser Ausdruck weder im* Duden *noch in anderen Lexika.*

Man könnte vorschlagen, den Begriff des „collective" als unproblematisch zu behandeln und ihn als „Kollektiv" zu übersetzen. Demgegenüber müßte der Ausdruck „collectivity" als ein fachtechnischer Begriff in der Theorie Parsons interpretiert und im Deutschen als „Kollektivität" neu definiert werden. Beispielsweise könnten zwei (oder mehr) Aktoren — nennen wir

sie mit Parsons Ego und Alter − *zusammengenommen eine* Kollektivität
bilden, also einen komplementären Komplex von Rollen. *Man kann solche
Definitionen einführen, wenn man das möchte, aber damit ist leider noch
nicht klar, ob Parsons dem zustimmen würde; und selbst wenn er zu-
stimmte, so wäre durch nichts gewährleistet, daß er sich in seinem Sprachgebrauch daran hält − dies ist sein notorisch schwacher Punkt. Ich habe
daher den Begriff „Kollektivität" in dieser Übersetzung nicht verwendet;
vielleicht ergibt sich in einem anderen Zusammenhang die Notwendigkeit,
darauf zurückzukommen. Wenn Parsons nun also formuliert, daß sich die
Theorie der Politik auf ein empirisches System bezieht, so meint er demnach, daß der Bezugsbereich ein empirischer Zusammenhang ist, dessen
Daten dann in seinem Schema codifiziert werden sollen. Dieses Schema
behandelt seinerseits alle politischen Phänomene als funktionale Teil-
aspekte eines umfassenderen Zusammenhanges; Parsons wählt als Bezeichnung für diesen Teilaspekt den Ausdruck „polity", der in der Übersetzung
als „Politbereich" wiedergegeben wurde. Dabei darf man nicht an ein
„konkretes Kollektiv" denken, wie Parsons sagt, man darf also den Politbereich nicht mit dem Begriff der „Regierung" identifizieren. Zweifellos
bildet ein Kollektiv wie das der Regierung die wichtigste Komponente von
Politsystemen, sobald man sich der Realität moderner Gesellschaften zu-
wendet, jedoch liegen diese Begriffe auf unterschiedlichen Ebenen der
Konzeptualisierung und sind nicht deckungsgleich.*

4 Zur Diskussion dieser Konzeption vgl. Talcott Parsons und Neil J. Smelser:
Economy and Society, New York (The Free Press) 1956, Kap. I.

5 Beispielsweise ist die *„American Medical Profession"* (die amerikanische
Ärzteschaft) Teil der amerikanischen Gesellschaft, zugleich aber auch Teil
der *„Medical Profession"* (der Ärzteschaft überhaupt), die diese partikulare
Gesellschaft transzendiert − zum Teil als Kollektiv. *„Interpenetration in
membership"* (Interpenetration durch Mitgliedschaft) ist mithin eines der
Merkmale der Beziehungen zwischen Kollektiven.
Anm. d. Übers.: *Zum Begriff „Interpenetration" vgl. die Beiträge von
Niklas Luhmann sowie den Kommentar von Stefan Jensen zu diesem Stich-
wort in* Zeitschrift für Soziologie *1/1977 sowie 2 und 3/1978.*

6 Eine umfassende Diskussion des Begriffs des „Mehrwerts" *(value-added)*
über die Anwendung in der Ökonomie hinaus findet sich bei Neil
J. Smelser: *Social Change in the Industrial Revolution;* New York (The
Free Press of Glencoe) 1959, Kap. II, S. 7−20, und N. J. Smelser: *Theory
of Collective Behavior;* New York (The Free Press) 1963, Kap. II,
S. 23−47.

7 C. I. Barnard: *The Functions of the Executive;* Cambridge (Harvard
University Press) 1938, Kap. V, S. 46−64.

8 Der Schlüssel zu diesen Zuordnungen findet sich in *Economy and Society;*
op. cit., Kap. II.

9 Die Frage nach dem „Ertrag" *(pay-off)* kann ein entscheidender Faktor bei
der Wahl zwischen verschiedenen Einsatzmöglichkeiten sein; jedoch kann
sie nicht darauf bezogen werden, ob die Ressource überhaupt und grundsätzlich zum Zweck kollektiver Effektivität eingesetzt werden soll.

10 Den Begriff der „Nachfrage" *(demand)* übernehme ich in dieser Form von
David Easton: „An Approach to the Analysis of Political Systems", World
Politics 9 (1957): 383−400.

11 Annm. d. Übers.: *Max Weber (in der amerikanischen Fassung übersetzt und herausgegeben von Talcott Parsons, unter Mitarbeit an der Übersetzung von A. M. Henderson, unter dem Titel:* The Theory of Social and Economic Organization; *New York (Oxford University Press) 1947.) In der deutschen Weber-Ausgabe (hier als WuG zitiert) weist der Index den Begriffskomplex „Legitimation/Legitimierung" an zahlreichen Stellen nach. Demnach bezeichnet der Begriff sinngemäß das „Sich-Ausweisen als . . ." (beispielsweise charismatisch Begnadeter).*

„Legimation/Legitimierung" ist etwas anderes als „Legitimität". Der Begriff der „Legitimität" wird von Weber ausdrücklich auf der der „Ordnung" bezogen — diese kann „als legitim" anerkannt sein, aus Gründen, die von Weber in § 7 WuG klassifiziert sind („Legitimitätsanspruch").

Legitimation/Legitimierung erfordert den Bezug auf einen Rechtfertigungsgrund für den Anspruch, mit normativen Forderungen hervortreten zu dürfen. Die Legitimierung von Führungsansprüchen, um die es Parsons hier geht, muß sich also letztlich auf die Legitimität einer solchen Herrschaft und auf das Legitimitätseinverständnis der Betroffenen stützen; vgl. WuG S. 659.

12 Dabei soll der Fall, in dem Dienstleistungen konkret einem bestimmten Haushalt gegenüber erbracht werden, als Grenzfall gelten, in dem die Rollen von Konsument und Arbeitgeber noch nicht ausdifferenziert sind.

13 In den Fällen, die als typisch für ökonomische Analysen gelten dürfen, erfolgt die Vermittlung des kollektiven Elements im Kapital durch die *Verbindlichkeit (bindingness)* der Kreditverträge. Für uns ist das einer der Sonderfälle (Beschäftigungsverhältnisse sind ein weiterer Sonderfall), in denen Organisationen verbindliche Verpflichtungen *(binding obligations)* eingehen — Beschäftigungs- oder Kreditverträge —, die den Empfänger der vertraglich vereinbarten Leistung in die Lage versetzen, eine größere Effektivität zu entfalten, als er es sonst könnte. Es ist an dieser Stelle nicht möglich, tiefer in diesen komplexen Zusammenhang einzusteigen; er wird jedoch noch durch die später folgende Diskussion des Stellenwertes dieses Begriffes der „Verbindlichkeit" *(bindingness)* in der Theorie der Macht genauer beleuchtet werden.

14 Vgl. den Aufsatz „Über den Begriff ‚Einfluß'" in diesem Band.

15 Wieder scheint mir Barnards Verwendung des Begriffs der „Verantwortlichkeit" *(responsibility)* vorbildlich; vgl. den Literaturnachweis in Anm. 5.

16 Um die Dinge nicht allzu kompliziert werden zu lassen, gehe ich hier auf das Problem der Austausch-Systeme mit Legitimation *(interanche systems involving legitimation)* nicht ein. Vgl. dazu meinen Aufsatz: „Authority, Legitimation and Political Process", in NOMOS I; Wiederabdruck in T. Parsons: *Structure and Process in Modern Societies*, New York (The Free Press) 1960, Kap. V.

17 Anm. d. Übers.: *Man kann bezweifeln, ob dies ein besonders gutes Argument ist. Nehmen wir einmal an, daß die Goldvorräte vollkommen ausreichen würden, um alle Forderungen zu erfüllen (Banknoten wären dann nichts anderes als Inhaberforderungen gegenüber den Banken auf ein entsprechendes Goldquantum). Wären wir dann nicht genau dort, wo Parsons unsere „entwickelten" Systeme nicht mehr haben will — auf einer Ebene, auf der Geld ein Symbol für etwas handfest Greifbares wäre, aber keineswegs eine abstrakte Wert- und Recheneinheit? Tatsächlich ist in der inter-*

nationalen Wirtschaft — und in ihrer Theorie — die Vorstellung selbst einer partiellen „Golddeckung" mittlerweile preisgegeben, auch wenn Politiker in ökonomischen Krisenmomenten immer wieder gern in eine „fundamentalistische" Betrachtungs- und Redeweise zurückfallen, die mit der Assoziation von Geld und Gold magisch ein Gefühl der Sicherheit beschwören will.

18 Physische Gewalt als negative Sanktion weist ein gewisses Element der Allgemeinheit *(generality)* auf, das ihr einen Sonderplatz in Machtsystemen zuweist. Die Diskussion wird darauf zurückkommen.

19 Anm. d. Übers.: *Die Originalstelle lautet: „I have spoken of power as involving* legitimation" *(meine Hervorhebung). Ich glaube, daß es richtig ist, an dieser Stelle* „legitimation" *mit* „Legitimität" *zu übersetzen: Macht muß legitimiert, muß legitime Macht sein, und das heißt, daß sie Legitimität (in Webers Sinne) aufweisen muß. Parsons verwendet die Ausdrücke* „legitimation" *and* „legitimacy" *ohne erkennbare Differenzierung ihrer Bedeutung.*

20 Es ergeben sich hier Komplikationen aus der Tatsache, daß Macht mit negativen Sanktionen assoziiert wird und folglich in Fällen hartnäckigen Widerstandes ihre Effektivität auf Abschreckung reduziert wird *(is confined to deterrence).*

21 Die Erkenntnis dieser Parallele verdanke ich einer Diskussion mit Professor Karl Deutsch (Harvard).

22 „Sadistische" Aktionen ohne instrumentelle Bedeutung für *Ego* gehören nicht in diesen Zusammenhang.

23 Ich habe versucht, diese Linie der Analyse von Gewalt und ihrer Bedeutung etwas ausführlicher in dem Beitrag „Some Reflections on the Role of Force in Social Relations" zu dem Buch von Harry Eckstein (Hrsg.): *The Problem of International War,* Princeton (Princeton University Press) 1963, zu verfolgen; Wiederabdruck in Parsons: *Sociological Theory and Modern Society,* New York (Free Press) 1967, Kap. 9.

24 Wenn also Produktivitätskontrolle über monetäre Kapitalfonds läuft, so kann ihr Besitzer beispielsweise mögliche Bewerber nicht zu einem Anstellungsverhältnis „zwingen".

25 Dies ist natürlich nur ein relativer Unterschied. Stets steigen die Unwägbarkeiten, sobald man die Grenzen seines Heimes überschreitet. Der Polizeischutz kann in der einen lokalen Gemeinde besser sein als in der nächsten, und das Überschreiten der Staatsgrenze kann einen erheblichen Unterschied in den legalen oder praktischen Rechten bedeuten.

26 Vgl. dazu meinen Aufsatz „The Principal Structures of Community", NOMOS 2; Wiederabdruck in Parsons: *Structure and Process;* op. cit., Kapitel 8. Vgl. weiterhin J. W. Hurst: *Law and Social Process in the United States;* Ann Arbor (Univerity of Michigan Law School) 1960.

27 Wie schon gesagt, ist m. E. die Analyse von Chester E. Barnard, *The Functions of the Executive;* op. cit., so überaus klar und überzeugend, daß sie den Status eines „Klassikers" politischer Theorie in meinem spezifischen Sinne hat, vgl. insbesondere Kapitel X.

28 Anm. d. Übers.: *Wann ist „autority" als „Herrschaft", wann als „Autorität" zu übersetzen? Übersetzt man den Begriff „Herrschaft" ins Englische/Amerikanische, so bietet das Lexikon als besten Ausdruck „authority" an; umgekehrt findet sich zu dem lexikalischen Begriff „authority" als*

Übersetzungsangebot "Autorität", "gesetzmäßige Kraft", "Gewalt" (Langenscheid: Enzyklopädisches Wörterbuch: *Berlin 1962, K. Wildhagen und W. Heraucourt:* Deutsch-Englisches Wörterbuch; *London und Wiesbaden (Brandstetter/Allen & Unwin) 1969).*

Max Weber formuliert: "... bedarf es zunächst einer näheren Bestimmung: was "Herrschaft" für uns bedeutet und wie sie sich zu dem allgemeinen Begriff: "Macht" verhält. Herrschaft in dem ganz allgemeinen Sinne von Macht, also von: Möglichkeit, den eigenen Willen dem Verhalten anderer aufzuzwingen, kann unter den allerverschiedensten Formen auftreten.... Wir vergegenwärtigen uns ... nur, daß es, neben zahlreichen anderen möglichen, zwei polar entgegengesetzte Typen von Herrschaft gibt. Einerseits die Herrschaft kraft Interessenkonstellation (insbesondere kraft monopolistischer Lage), und andererseits die Herrschaft kraft Autorität (Befehlsgewalt und Gehorsamspflicht). Der reinste Typus der ersteren ist die monopolistische Herrschaft auf dem Markt, die letztere die hausväterliche oder amtliche oder fürstliche Gewalt..., die (sich)... auf eine in Anspruch genommene, von allen Motiven und Interessen absehende schlechthinnige Gehorsamspflicht (gründet). Beide gehen gleitend ineinander über.... Eine "Autorität"... heißt ein unabhängig von allem Interesse bestehendes Recht auf "Gehorsam" gegenüber den tatsächlich Beherrschten ... ... Wir wollen im folgenden den Begriff der Herrschaft in dem engeren Sinne gebrauchen, welche ... identisch ist mit: autoritärer Befehlsgewalt." (WuG, Neuntes Kapitel — Soziologie der Herrschaft — Erster Abschnitt, § 1, S. 691 ff.)

Die moderne Organisationsanalyse hat zahlreiche Versuche unternommen, den Begriff der "Autorität" im Anschluß an Max Weber noch stärker zu differenzieren; Parsons selbst hat in einer Einführung in Webers Konzeption der Bürokratie bemerkt, daß nach seiner Ansicht Weber "coercive power" und "professional authority" undifferenziert zusammengeworfen habe (in der Einleitung zu dem von ihm herausgegebenen Band: Max Weber — The Theorie of Social and Economic Organization; *op. cit., S. 58 ff.). In Deutschland hat vor allem Heinz Hartmann (Funktionale Autorität; Stuttgart 1964) diese Anregung aufgegriffen und im Begriff der "funktionalen Autorität" präzisiert. Zu Recht bemerkt Hartmann, daß bei einer solchen Differenzierung der Begrifflichkeit Webers im Grunde eine Diskussion des Legitimationsproblems stattfindet: Es geht um eine Erweiterung der Legitimitätsgrundlage und Rückgriff auf einen anderen Typus legitimer Herrschaft (vgl. Hartmann, op. cit. S. 36 ff.), für den — im Anschluß an gewisse Formulierungen aus der Technokratiediskussion, die von Gehlen an die Weber'sche Analyse herangeführt wurden (vgl. A. Gehlen: "Probleme einer soziologischen Handlungslehre", in: C. Brinkmann (Hrsg.): Soziologie und Leben; Tübingen (Wunderlich) 1952, S. 38 f., wo es heißt: "Als Max Weber seine berühmte Einteilung der Herrschaftsarten ... aufstellte, berücksichtigte er nicht ... die ... unpersönliche, funktionale Herrschaft aus dem Zwang der Sache heraus ...") — der Begriff der "Sachzwänge" gefunden wurde. Freilich beruht, wie man heute wissen kann, die "Autorität der Experten" nicht wirklich auf solchen zweifelhaften "Sachzwängen", sondern auf besonderen demagogischen Fähigkeiten, Verhältnisse als "zwangsläufig" erscheinen zu lassen; Hartmann hat diese Möglichkeit bereits in einem schönen Konjunktiv angedeutet.*

*Der Leser möge bei diesem Stand der Diskussion selbst entscheiden, wie er
Parsons Ausdruck „authority" lesen möchte.*

29 Zwei besonders wichtige Erscheinungsformen dieser Monetarisierung des
Eigentums sind: die allgemeine Rechtsauffassung, daß Vermögensverwalter
nicht verpflichtet sind, das physische Inventar unverändert fortbestehen zu
lassen, sondern Stücke veräußern können – ihre Treuhandverpflichtung bezieht sich primär auf den *Geldwert* des Vermögens, und ähnlich läßt sich im
Vertragsrecht eine zunehmende Tendenz aufweisen, Schadenersatz in Geld
anstelle der spezifischen „Leistung" zu verlangen, die ursprünglich verein-
bart war.

30 Da es sich bei diesem System um das territorial organisierte Kollektiv
(collectivity) – den Staat mit seiner Regierung – handelt, beleuchten
diese Überlegungen die kritische Rolle auswärtiger Beziehungen als Relationen zu anderen territorial organisierten Kollektiven mit Zwangsgewalt:
sobald nämlich einmal die interne Gewaltenkontrolle effektiv institutionalisiert ist, liegt die größte Gefahrenquelle ihres Ausbrechens „außen" – in
dieser spezifischen Bedeutung des Wortes. Dieser Punkt wird überzeugend
von Raymond Aron hervorgehoben.

31 Anm. d. Übers.: *Im Original: „. . . influence, defined as a generalized
mechanism of persuasion."*
*„Persuasion" wurde an früherer Stelle (vgl. das Schema auf S. 73) als
„Überredung" übersetzt. Die Schwierigkeiten dieser – oder einer anderen
– Übersetzung werden noch ausführlicher im zweiten Aufsatz (über „Einfluß") zu Tage treten. Dabei wird sich zeigen, daß es im Kern darum geht,
anderen durch Einfluß eine bestimmte Meinung zu einem gegebenen Pro-
blem als „richtig" – und zwar „richtig" aus der Sicht des anderen selbst –
zu vermitteln. Nach deutschem Sprachgebrauch paßt dafür der Ausdruck
„Überredung" nicht, denn „überreden" läßt man sich auch gegen besseres
Wissen. Auch die Beispiele Parsons' – etwa: des Arztes, der einem Patienten zu einer bestimmten Behandlung rät; des Journalisten, der seinen
Lesern eine bestimmte Deutung der politischen oder sozialen Situation in
Form des Leitartikels anbietet – lassen sich kaum unter den Begriff der
„Überredung" fassen: Teils handelt es sich um fachlich begründete Ratschläge und Empfehlungen, teils um die Verbreitung ideologischer Deutungsmuster, teils um wieder andere Formen der Erzeugung von Meinungs-
bildern, die auf der Basis einer gemeinsamen Situationsdeutung komple-
mentäres Handeln ermöglichen sollen. Einfluß in diesem Sinne wäre mithin
(vorläufig) als ein generalisierter Mechanismus zur Erzeugung von gleich-
gerichteten Meinungen durch gezielte Information, Ratschläge usw. zu verstehen.*

32 Anm. d. Übers.: *Die Vorstellung, daß nicht nur Geld, sondern auch andere
Medien „ausgegeben" werden, dürfte auf ein nicht nur sprachlich begründetes Unverständnis stoßen: Das mögliche Mißverständnis beginnt schon
dort, wo gar kein Problem zu liegen scheint – dem „Ausgeben" von Geld.
Nur auf den ersten Blick, der an die alltäglich vertraute Form des Geldes –
Scheine und Münzen – fixiert ist, besteht das Ausgeben von Geld in der
Hingabe von geprägten oder gedruckten Geldeinheiten. Diese stellen jedoch
in den modernen Wirtschaften nur einen Bruchteil des gesamten Geld-
stromes dar, dessen überwiegende Form aus den Sichteinlagen bei den Kre-
ditinstituten (Giralgeld) besteht.*

Im Alltag richtet sich die Höhe der Ausgaben nach der Menge der Barmittel, die man in der Tasche mitführt oder dort schmerzlich vermißt; Kreditierungen überbrücken diesen Mangel, indem sie auf akkumulierte Sicherheiten der Vergangenheit oder erwartbare Einkommen der Zukunft Bezug nehmen. Man kann also auch „ausgeben", was man – in liquider Form – nicht mehr oder noch nicht hat. Dies ist keine Frage von Münzen oder Scheinen; es ist vielmehr eine Frage, die sich auf die ökonomischen Dispositionskapazitäten überhaupt und den darauf begründeten Status bezieht.

Auf der Grundlage und im Rahmen dieses Status kann man sich „engagieren" (ein „Commitment" eingehen, wie Parsons sagt), und dieses „Engagement" (commitment) besteht darin, daß man einen Teil seiner Kapazitäten – ökonomischer oder anderer Art – in bestimmter Weise bindet (diese Formulierung führt zu Parsons Konzept von „bindingness", die im Text meist als „verbindliche Verpflichtung" übersetzt wurde).

Man kann sich über den Rahmen seiner Möglichkeiten, so wie sie der jeweilige Status begründet, hinaus engagieren. Hier erfüllt die Maxime der „Solvenz" in dem von Parsons eingeführten Sinne (standard of solvency) die Funktion eines Regulativs: Ein Engagement, das in einem definierten Zeitraum von einer oder mehr Perioden zur Insolvenz – d. h. der Unfähigkeit, seinen Verpflichtungen in vollem Umfange nachzukommen – führen würde, wäre unzulässig. Freilich ist, bei sich wandelnden Verhältnissen, nicht immer vorauszusehen, welchen Umfang ein Engagement annehmen und wie der eigene Status sich verändern wird.

All dies sind Trivialitäten der Kreditbranche, aber sie erinnern daran, daß „Ausgaben" sich nicht in Bargeschäften erschöpfen. Man könnte allgemein unter der „Ausgabe von Medien" die Bindung (eines Teils) von Kapazitäten verstehen. Dies gilt für Geld wie für Macht, für Einfluß wie Commitments.

33 Dazu Stein Rokkan: „Mass Suffrage, Secret Voting, and Political Participation", *European Journal of Sociology*, 2 (1961): 132–152.

34 Das heißt: Die Gesamtheit der Stimmen entscheidet in Abhängigkeit vom Wahlverfahren über die Besetzung der Ämter.

35 Natürlich kann dort, wo die entsprechenden Bedingungen hinreichend simpel sind oder zuviel Angst vor den hierarchischen Implikationen von Macht besteht, die Ideologie der Gleichheit (*the egalitarian element*) bis weit in die politischen Entscheidungsvollzüge hineingetragen werden; beispielsweise mit der Forderung, daß sämtliche – nach innen oder außen gerichteten – Entscheidungen von Mehrheitsbeschlüssen oder womöglich gar von Einstimmigkeit abhängig sein müßten. Ein derartiges System – das natürlich in Wirklichkeit oft mit einer scharfen hierarchischen Abstufung von *Einfluß* verbunden ist – dürfte, insbesondere bei *großen* Kollektiven, in erkennbarer Weise in zahlreichen Dimensionen mit der Maxime der Effektivität unvereinbar sein.

36 Anm. d. Übers.: *Parsons geht vom reinen Mehrheitswahlrecht aus; bei dem Verhältniswahlrecht oder Mischformen – wie in der BRD – kommt das „Konzentrationsprinzip" erst bei der Regierungswahl durch das Parlament zum Tragen und nicht schon bei der Wahl zum Parlament.*

37 *Solidarität* ist das zentrale Konzept der *Gesellschaftlichen Arbeitsteilung*. Mein eigenes, relativ spät gewonnenes Verständnis dieses Konzeptes spiegelt sich in dem Aufsatz: „Durkheim's Contribution to the Theory of

Integration of Social Systems", in Kurt Wolff (Hrsg.): *Emile Durkheim, 1859—1917;* Columbus/Ohio (State University Press) 1960: 118—153; Wiederabdruck in T. Parsons: *Sociological Theory and Modern Society;* New York (The Free Press) 1967.

38 Anm. d. Übers.: *Ein Beispiel: In der Abstimmung über die Regierungsvorlage zu den sogenannten "Terroristen-Gesetzen" im Deutschen Bundestag am 16. Februar 1978 stimmten 4 Abgeordnete der die Regierung tragenden Parteien-Koalition gegen den Gesetzesentwurf. Sie verhielten sich gemäß der Definition von Parsons also "nicht solidarisch", denn sie trugen nicht zur "Implementation der gemeinsamen Wertvorstellungen von FDP/SPD" bei. Damit war — angesichts der knappen Mehrheitsverhältnisse (die Vorlage erhielt auf diese Weise in der Abstimmung die Mehrheit von nur einer Stimme) — zugleich die "Effektivität des kollektiven Handelns" gefährdet.*

39 C. W. Mills: *The Power Elite;* New York (Oxford University Press) 1956; vgl. dazu auch die Stellungnahme von Parsons in *Structure and Process in Modern Society;* op. cit. Kap. 6; Wiederabdruck in T. Parsons: *Politics and Social Structure;* New York und London (The Free Press und Collier-MacMillan) 1969, Kap. 8: 185—203.

40 Dazu Durkheims berühmter Aufsatz: "Deux lois de l'évolution pénale", in *L'Année Sociologique* 4 (1899/1900): 65—95.

41 Zur Unterscheidung von *"justification"* und *"legitimation"* vgl. auch den folgenden Beitrag zum Begriff "Einfluß".

42 Die Unfähigkeit, diesen Punkt zu erkennen, scheint mir eine der Hauptursachen für den utopischen Zug der marxistischen Theorie, der sich vor allem in der Erwartung staatlichen Verfalls ausdrückt. Hier liegt vielleicht eine Parallele zu der Verwirrung, die jahrhundertelang durch die aristotelische Doktrin von der "Sterilität" des Geldes bestand.

43 H. D. Lasswell und A. Kaplan: *Power and Society;* New Haven (Yale University Press) 1950; sowie Mills: *Power Elite;* op. cit.

44 Es ist unerheblich, ob man dies als Netto-Zuwachs zum Medium oder als Steigerung der Umlaufgeschwindigkeit von "langsamen" Anlagen *("slow" deposit funds)* interpretiert, weil die ökonomischen Effekte identisch sind.

45 Joseph Schumpeter: *The Theory of Economic Development;* Cambridge (Harvard University Press) 1955, in der Übersetzung von Redvers Opie. (Im Original: *Theorie der wirtschaftlichen Entwicklung;* Berlin 1912.)

46 Anm. d. Übers.: *Vielleicht werden sich einige Leser fragen, insbesondere solche, die mit der Darstellung der Geld- und Kredittheorien in den volkswirtschaftlichen Lehrbüchern vertraut sind (beispielsweise A. Paulsen;* Allgemeine Volkswirtschaftslehre, *Berlin (De Gruyter) 1959, insbesondere Bd. II, oder noch differenzierter: E. Schneider:* Einführung in die Wirtschaftstheorie, *Bd. III, 4. Aufl.; Tübingen (Mohr) 1957), warum Parsons nicht von der exakten und differenzierten Analyse Gebrauch macht, die diese Lehrbücher und (in präziserer Form natürlich) die einschlägigen Spezialwerke bieten (beispielsweise Milton Friedmann:* Die optimale Geldmenge und andere Essays; *Frankfurt (Fischer) 1976; J. M. Keynes:* Vom Gelde, *München 1932; J. A. Schumpeter:* Das Wesen des Geldes; *Göttingen 1970). Sicher nicht deswegen, weil Parsons diese Theorien nicht kennen würde: Parsons hat lange Zeit an der Harvard Universität nicht Soziologie, sondern Wirtschaftstheorie unterrichtet und persönlich gute Beziehungen zu Schumpeter gehabt (Parsons: "On Building Social System Theory — A*

Personal History". DAEDALUS 1970/4: 826–881). Der Grund für Parsons' nicht-ökonomischen, soziologischen Ansatz dürfte darin liegen, daß Parsons sich ausdrücklich auf eine gesellschaftliche Theorie des Geldes bezieht. Ein solcher Ansatz wird zwar von der „herrschenden Lehre" an den wirtschaftswissenschaftlichen Fakultäten selten vertreten; er stellt dennoch durchaus eine etablierte Schule der Geldtheorie dar. (Vgl. beispielsweise W. Gerloff: Die gesellschaftliche Theorie des Geldes; Innsbruck 1950, sowie ders.: Die Entstehung des Geldes und die Anfänge des Geldwesens; 3. Aufl., Frankfurt/M. 1957. Bei Gerloff finden sich zahlreiche Formulierungen, die mit den Ansichten Parsons vollkommen übereinstimmen, insbesondere die Vorstellung, daß Geld durch soziales Handeln geschaffen und in seinen Funktionen durch soziales Handeln bestimmt werde. Selbstverständlich gehört auch Simmels Philosophie des Geldes in diesen Zusammenhang, ist allerdings zu verschieden im Stil und Denken, als daß hier Parallelen gezogen werden könnten). In einer solchen gesellschaftlichen Theorie des Geldes werden verständlicherweise andere Begriffe und Aussagen gebildet, als in der engeren ökonomischen Geldtheorie.

Inhaltlich geht es Parsons vor allem um folgende Einsicht: Geld symbolisiert einen sozial konstituierten Zusammenhang, nämlich die ökonomische Dispositionskapazität von Wirtschaftseinheiten (Individuen und Kollektiven).

Der Begriff der „ökonomischen Dispositionskapazität" bedarf einer Erläuterung: Es handelt sich um die Fähigkeit der Wirtschaftseinheiten, sich in einem — durch den sozio-ökonomischen Status bestimmten — Umfang in wirtschaftlichen Transaktionen engagieren zu können. Dieses Engagement (commitment) folgt seinerseits gewissen Maximen, von denen hier nur das zentrale Konzept der „ökonomischen Rationalität" erwähnt sei. Der „Umfang", in dem sich die Wirtschaftseinheiten (vor allem: die als Unternehmungen organisierten Kollektive, aber auch die einzelnen Individuen und Haushalte) engagieren können, ergibt sich aus dem, was hier als „sozio-ökonomischer Status" umschrieben wurde, der seinerseits eine Resultante zahlreicher Faktoren ist, die von den „reinen" Wirtschaftstheorie in der Regel nicht untersucht, sondern als „gegeben" vorausgesetzt werden. Dazu gehören vor allem die gesellschaftlichen Voraussetzungen ökonomischen Handelns, die den demographischen, ökologischen, geographischen und sonstigen „äußeren" Bedingungen ihre kulturspezifischen Muster aufprägen, das „Wirtschaftsethos", der Stand von Wissenschaft und Technik, die politische Ordnung, die soziale Befriedung, die Rechtssicherheit, die fiskalische Politik, die Zahl, Ausbildung, Leistungsfähigkeit und Leistungswilligkeit der arbeitenden Menschen, die Situation der Verkehrswege u. dgl. mehr. Ohne ein hinreichend hohes Entwicklungsniveau dieser Faktoren ist selbst bei größter individueller Begabung und größtem Ehrgeiz in aller Regel ein wirtschaftlicher Aufstieg nicht möglich. Innerhalb eines solchen Rahmens pflegen dann wiederum zahlreiche historisch gewachsene, ihrer Berechtigung nach höchst umstrittene, teils durch bloße Faktizität, teils durch handfeste Interessen erhaltene, Unterschiede der Sozialordnung als Verzerrungen der ökonomischen Zugangschancen wirksam zu sein und Privilegien zu begründen. Dieser umfangreiche, hier nur andeutungsweise in einige der möglichen Komponenten zerlegte, Faktorenkomplex bildet nun

den Rahmenkranz, in dem die einzelnen sozialen Einheiten ihre Wirt-
schaftstätigkeit entfalten können, und dieses Handeln begründet dann, je
nach der individuellen Leistung, den „sozio-ökonomischen Status".
Parsons geht es nun allerdings nicht um individuelle Phänomene, sondern
um die Analyse von Sozialsystemen, vor allem: Gesellschaft. Er argumen-
tiert also in der Regel auf einer Ebene gesellschaftlicher Organisation, die
Gesellschaft als ganze (societal level) *oder Subkollektive (auf der* institutionellen Ebene) *thematisiert. Der Begriff der „ökonomischen Dispositions-*
kapazität" wird daher am besten als aggregiertes *Konzept verstanden, das*
insofern einen soziologischen Parallelbegriff zum ökonomischen Konzept
des „Sozialproduktes" bildet.

47 Bei sehr vorsichtiger Interpretation könnte man vielleicht den alten Begriff
der „Souveränität" als Bezeichnung dieses Standards dem Begriff „Erfolg"
vorziehen.

48 Anm. d. Übers.: *(Um den Sinn des folgenden Beispiels zu verstehen, muß*
man zunächst wissen, was mit dem darin enthaltenen Ausdruck „populistic
component in democratic government" gemeint ist. Parsons bezieht sich
damit auf ein historisches politisches Element der USA. Die „Populisten"
(Populist Party, People's Party) gingen aus den agrarischen Interessenver-
bänden des Südens und Westens hervor und schafften 1891 den Auf-
schwung zu einer nationalen Partei. Nach 1896 schloß sich ein großer Teil
dieser Partei den Demokraten an, und genau diese Komponente in der
Demokratischen Partei meint Parsons mit dem zitierten Ausdruck.)
Vielleicht liegt hier ein deutliches Beispiel für die Relativität der formal-
legalen Bedeutung der Verbindlichkeit von Wertbindungen. So bindet die
„populistische Komponente" in einer Regierung mit Demokratischer Mehrheit häufig sowohl exekutive wie legislative Organe ziemlich starr an formale Regeln. Und doch gibt es zahlreiche de-facto-Obligationen, die die
Regierung eingeht, die fast ebenso verbindlichen Charakter haben. So
könnte der (amerikanische) Kongreß die gesamten Förderungsmittel für die
Unterstützung von Forschung und Lehre an den Universitäten im nächsten
Jahr streichen, denn formal werden diese Mittel jährlich bewilligt. Und
doch planen die Universitäten weitgehend in der Erwartung, daß diese
Mittel auch in Zukunft bewilligt würden, und diese weitere Bereitstellung
von Mitteln für die Universitäten ist gewiß so etwas wie eine de-facto-Ver-
pflichtung des Kongresses.

49 Ich habe eine Reihe von Aspekten der McCarthy-Episode in dem Aufsatz:
„Social Strain in America" (Wiederabdruck in: *Politics and Social Struc-*
ture, Kapitel 7; New York und London (The Free Press und Collier Mac-
Millan) 1969) behandelt. Die innerlich begründete Unmöglichkeit von Forderungen nach „absoluter Sicherheit" in einem pluralistischen System wird
sehr überzeugend gezeigt von Edward A. Shils: *The Torment of Secrey;*
New York (The Free Press) 1956, insbesondere im Kapitel VI.

50 Ich bin dabei weit davon entfernt zu behaupten, daß „absolute" Souveränität eine wesentliche Bedingung für die Integration des politischen Systems
sei. Im Gegenteil ist Souveränität weit entfernt davon, intern gesehen
absolut zu sein, und zwar genau wegen des pluralistischen Charakters
der meisten modernen politischen Systeme und wegen der Offenheit ihrer
Grenzen in integrativen, ökonomischen und anderen Richtungen. Ex-
tern spielt die Beziehung des territorialen Gebildes zu den transzendie-

renden Normen und Werten eine zunehmend kritische Rolle. Vergleiche dazu meinen Beitrag: „Polarization of the World and Internation Order", in: Quincy Right, William M. Ivan and Morton Deutsch (Hrsg.): *Preventing World War III*; New York (Simon & Schuster) 1962: 310–331 (Wiederabdruck in T. Parsons: *Sociological Theory and Modern Society*; New York (The Free Press) 1967: 446–489).

51 Anm. d. Übers.: *Wie vielleicht bekannt ist, hat Parsons sich nicht nur in seiner Doktorarbeit ausführlich mit Weber beschäftigt — „Capitalismus" in Recent German Literature: Sombart and Weber; erschienen in* Journal of Political Economy, *35: 641–661 sowie 37: 31–51 — und ihm nicht nur eine Reihe von Aufsätzen gewidmet, sondern ihn auch übersetzt: 1930 erschien die Übersetzung der Protestantischen Ethik* (The Protestant Ethic and the Spirit of Capitalism; *London (Allen and Unwin) und New York (Scribners) 1930; 1947 erschien die Übersetzung von* Wirtschaft und Gesellschaft *als* The Theory of Social and Economic Organisation, *edited, with an introduction, by Talcott Parsons; Oxford University Press. (Wiederabdruck durch die Free Press of Glencoe, New York, 1957.)*

Man darf vielleicht außerdem daran erinnern, daß Parsons im Anschluß an seinen Aufenthalt in London an der London School of Economics *(1924—1925) ein Stipendium an der Universität Heidelberg erhielt (1925—1926), wo der Einfluß des (1920) verstorbenen Max Weber noch überaus mächtig war.*

Und dennoch sind die einzelnen Bemerkungen über Weber, die Parsons mit dem Air der Selbstverständlichkeit einstreut, keineswegs überall einleuchtend. Wo und wieso gilt beispielsweise, daß Weber „an unduly sharp alternative between charismatic and ,routine' cases, particularly the rational-legal version of the latter" gezogen hätte?

Resümieren wir kurz einige Grundgedanken Max Webers aus diesem Problemkreis:

„Im Zentrum seiner empirischen *Analyse steht für ihn der (faktisch vorhandene, mit Erfolg in Anspruch genommene) typische Legitimitäts*glaube *als Herrschaftsgrundlage, und er erörtert diese Zusammenhänge unter dem Thema der drei reinen Typen der legitimen Herrschaft. Immer wieder finden wir Max Weber auf dieses Thema zurückkommen, und es darf mit Sicherheit angenommen werden, daß er diese Einsicht in diese Strukturtypen unter seine bleibenden wissenschaftlichen Entdeckungen gerechnet hat."* Zitat aus J. Winckelmann: Legitimität und Legalität in Max Webers Herrschaftssoziologie; *Tübingen (Mohr, Paul Siebeck) 1952, S. 25).*

Der entscheidende Ausgangspunkt ist die Einsicht, daß „Handeln, insbesondere soziales Handeln und wiederum insbesondere eine soziale Beziehung, ... von seiten der Beteiligten an der Vorstellung *vom Bestehen einer* legitimen Ordnung *orientiert werden (können). Die Chance, daß dies tatsächlich geschieht, soll ,Geltung' der betreffenden Ordnung heißen." (Max Weber:* Wirtschaft und Gesellschaft, *Studienausgabe von J. Winckelmann (Hrsg.), Köln und Berlin (Kiepenheuer & Witsch) 1964, S. 22, § 5, zitiert als* WuG.

Legitimität *entspringt (oder ist gleichzusetzen mit) dem Prestige der* Vorbildlichkeit *oder* Verbindlichkeit (WuG, *S. 23). Eine* Ordnung — ein *System von Regeln — hat mithin ihre* Legitimität — ihre Sollensgültigkeit — *darin, daß sie mit normativem Anspruch auftritt: innerhalb ihres Bezugs-*

bereiches soll *dies und jenes (was die Ordnung im einzelnen bestimmt)
gelten. Ob und wie weit sich die Betroffenen danach im einzelnen richten,
inwieweit man also von der „Geltung" dieser Ordnung sprechen kann, ist
eine* empirische *Frage.
Damit erhebt sich die Frage, wie denn die Legitimität einer Ordnung* garantiert *sein kann. Weber nennt dafür zwei Gründe:* innerliche *Motive und*
äußerliche *Garantien. Garantien sind* äußerlich, *wenn sie auf Erwartungen
besonderer Art (Mißbilligung, Zwang) begründet sind.* (WuG, S. 23, § 6).
Dieser Aspekt beleuchtet sozusagen die Motivlage, *aus der heraus die Frage
der Befolgung einer Ordnung geprüft wird. Daneben tritt nun noch ein
zweiter Aspekt, der in folgender Frage zum Ausdruck kommt: Aus
welchem Grunde und mit welcher* Rechtfertigung *erhebt denn eine bestimmte Ordnung überhaupt den Anspruch der Verbindlichkeit, der Sollgültigkeit, für sich?
Dieser Legitimitäts*anspruch, *der sich* normativ *in der Forderung: „Du
sollst . . ." und* empirisch *in der Tatsache der effektiven Zuschreibung legitimer Geltung ausdrückt, kann auf* Tradition, *auf* affektuellem *oder* wertrationalem Glauben *und schließlich auf* positiver Satzung *(Vereinbarung
oder Oktroyierung) begründet sein* (WuG, S. 26, § 7).
Dieses Konzept der Legitimitätsgeltung *(„warum gilt eine Ordnung als ‚legitim' aus der Sicht der Betroffenen?") bildet den Ausgangspunkt für die
Analyse von* Herrschaft *(WuG, Drittes Kapitel: Die Typen der Herrschaft,
S. 157 et passim).
Jede Herrschaft sucht, wie Weber sagt, „den Glauben an ihre ‚Legitimität'
zu erwecken und zu pflegen." (WuG, S. 157). Dabei kommt es offenbar
zunächst darauf an, welche Art von Legitimität die jeweilige Herrschaftsordnung selbst beansprucht. Herrschaft, obwohl nicht so definiert, ist eine
besondere* Form *von Ordnung. Mithin nimmt Weber also durch die Analyse
der Rechtfertigungsgründe („Legitimitätsanspruch") von* Herrschaft *eine
Qualifizierung der soeben gelieferten Kategorien der Rechtfertigungsgründe
von* Ordnung *vor.
Max Weber selbst formulierte dies so:
„. . . auf welche letzten Prinzipien (kann) die ‚Geltung' einer Herrschaft,
d. h. der Anspruch auf Gehorsam . . . gestützt werden? Es ist uns dies
Problem der „Legitimität" schon bei der Betrachtung der „Rechtsordnung" begegnet und hier in seiner Bedeutung noch allgemeiner zu begründen. . . . Der Bestand jeder ‚Herrschaft' in unserem technischen Sinne des
Wortes ist selbstverständlich in der denkbar stärksten Art auf die Selbstrechtfertigung durch den Appell an Prinzipien ihrer Legitimation hingewiesen. Solcher letzter Prinzipien gibt es drei . . ." (WuG, S. 701).
Ihrem* Legitimitätsanspruch *— also den Rechtfertigungsgründen für den
Anspruch, eine sollgültige Ordnung zu sein — nach lassen sich drei reine
(d. h. ideale) Typen der legitimen Herrschaft unterscheiden:* legale *Herrschaft (rationalen Charakters);* traditionale *Herrschaft und* charismatische
Herrschaft *(WuG § 2, S. 159 sowie S. 702).
Wer sich nun weiter mit der Bemerkung Parsons auseinandersetzen will, der
müßte auf dieser Grundlage die Analyse der drei Typen der Herrschaft
weiterverfolgen. Robert Bierstedt hat in seinem Aufsatz: „The Problem of
Authority", in M. Berger, T. Abel und C. Page (Hrsg.):* Freedom and Con-

trol in Modern Society, *New York 1954, auf die Notwendigkeit einer Differenzierung zwischen „Führung" und „Autorität" hingewiesen, und Reinhard Bendix hat diese Unterscheidung ausdrücklich in die Darstellung der Herrschaftssoziologie Max Webers aufgenommen; vgl. R. Bendix:* Max Weber — Das Werk, *München (Piper & Co.) 1960, S. 226. Bendix gelangt damit zu einer Einteilung, die Herrschaft in drei Klassen differenziert: Herrschaft auf der Grundlage von (bestehender)* Autorität *(legale — unpersönliche — Herrschaft; traditionale Herrschaft und charismatische Herrschaft, die beide Formen persönlicher Herrschaft sind); Herrschaft auf der Grundlage von* Führung *(außeralltägliche, auf besonderen Eigenschaften einer Person begründete Herrschaft, die sich dann in der Nachfolgeproblematik zu anderen Formen verändern kann und in der Regel verändern wird); Herrschaft auf der Grundlage von* Interessenkonstellation *(insbesondere kraft monopolistischer Lage), den reinsten Typus bildet „die monopolistische Herrschaft auf dem Markt" (WuG, S. 692 mit ausführlicher folgender Darstellung dieser Verhältnisse).*

Diese Andeutungen und Literaturhinweise mögen dem Interessierten ein Ausgangspunkt sein für weitere eigene Nachforschungen auf den Pfaden, die Parsons mit Weber verbinden.

52 Ich selbst habe diese früher einmal akzeptiert — vgl. *The Social System;* New York (The Free Press) 1951, Kapitel V: 161—163.

53 Das Paradigma selbst ist noch immer unvollständig, und selbst in dieser Form ist es noch nie als Ganzes publiziert worden. Die ersten Aussagen zum Problem (sozialer) Prozesse stammen von Parsons und Smelser, *Economy and Society,* insbesondere Kapitel II, und wurden in bestimmter Richtung in Smelsers beiden folgenden Büchern weiterentwickelt *Social Change in the Industrial Revolution* und *Theory of Collective Behavior.* Ich selbst habe bestimmte Aspekte, die inzwischen einer Überarbeitung bedürfen, in dem Aufsatz „Pattern Variables Revisited" veröffentlicht. (American Sociological Review, August 1960, Wiederabdruck in *Sociological Theory and Modern Society).* Frühe und partielle Fassungen der Anwendung auf politische Zusammenhänge finden sich in meinen Beiträgen zu Roland Young (Hrsg.): *Approaches to the Study of Politics* und Burdick and Brodbeck (Hrsg.): *American Voting Behavior* (Wiederabdruck in *Politics and Social Structure).*

Anm. d. Übers.: *Die neueste — und durch Parons' Tod nunmehr auch letzte — Version des Paradigmas findet sich in der* American University, Cambridge (Harvard University Press) 193, *unter dem Stichwort „Technical Appendix, S. 423—447, sowie in dem letzten Buch Parsons,* Action Theory and the Human Condition, New York und London (Free Press) 1978, *Kapitel 15.*

54 Ein äußerst kritischer Problembereich bleibt die Natur der Austausch-Prozesse zwischen einer Gesellschaft als System in unserem Sinne und ihrer Umwelt. Auf diesen Problemkompex kann leider hier nicht eingegangen werden.

55 Investitionsprozesse, die ich für einen sehr wichtigen Sonderfall in den Abläufen dieses Austausch-Systems halte, scheinen folgendermaßen zu erfolgen: Die Machtkomponente eines Kredites ist die Gewährung einer Einsatzmöglichkeit *(opportunity).* Dadurch wird ein Zuwachs eines sonst nicht

erreichbaren Grades an Produktivitätskontrolle gewonnen. Der Empfänger dieses „Zuschusses" (*grant*) ist nun – durch den Einsatz (individueller oder kollektiver) Dienste – in der Lage, diese Ressourcen zu nutzen, um die künftige ökonomische Produktivität in irgendeiner Weise zu steigern. Dies ist ein Sonderfall, weil die Ressourcen auch für irgendwelche anderen Zwecke genutzt werden könnten, beispielsweise zur Linderung von Not oder für wissenschaftliche Forschung oder ähnliches.

2. Über den Begriff „Einfluß"*

Vorbemerkung

Diese Arbeit ist eine Ergänzung zum Essay über die Macht. Falls dessen Voraussetzungen stimmen, daß Macht ebenso ein generalisiertes Medium ist wie Geld, dann wäre es sicherlich erstaunlich, wenn diese beiden Medien in den Abläufen von Sozialsystemen allein stünden. Offensichtlich gibt eine ganz entscheidend wichtige Relation von Geld und Macht im Bereich der Mobilisierung von Ressourcen für politische Zwecke. Die vermutete Parallele im Bereich von Einfluß besteht in der Mobilisierung von Unterstützung (im politischen Sinne); jedoch werden sich noch weitere Verästlungen des Problems zeigen.

Einleitung

Ich habe nicht das Gefühl, daß die Analyse von Einfluß mit diesem Aufsatz schon ebenso gelungen oder befriedigend wäre wie zuvor die Analyse der Macht. Ein wirklicher Erfolg bei der Arbeit an diesem Problem scheint mir von der Klärung eines Bereiches abzuhängen, in dem es um die *integrativen* Prozesse von Sozialsystemen geht, die schon oft erwähnt wurden . . .

Die Logik des allgemeinen Begriffsschemas, in dem ich Geld, Macht und nun auch Einfluß analysiere, erfordert darüberhinaus die Konzeption eines vierten generalisierten Tauschmediums, das ich „*generalized commitment*" nenne: Um dieses Medium hat sich in der neueren theoretischen Arbeit ein weiteres Problemfeld aufgetan, das in dem dritten Aufsatz dieser Sammlung dargestellt wird.

---

* Der vorliegende Aufsatz wurde erstmals 1963 zusammen mit Kommentaren von Raymond A. Bauer und James S. Coleman in der Zeitschrift *Public Opinion Quarterly* veröffentlicht. Übersetzung vom Herausgeber.

Man kann mit gutem Recht sagen, daß die Entwicklung der Forschungstechnologie auf dem Gebiet der Meinungs- und Einstellungsforschung der Entwicklung der Theorie davongelaufen ist. Diese Arbeit soll dazu beitragen, wieder ein Gleichgewicht herzustellen — durch einen Beitrag im Theoriebereich mit dem Versuch, ein allgemeineres Begriffsschema, das zunächst in einem anderen Zusammenhang entstand, auch auf dem Feld der Meinungsbildung zum Tragen zu bringen. Zunächst möchte ich die wesentlichen Probleme umreißen, auf die ich mich konzentrieren will. Der erste Schritt über die unmittelbare Beschreibung und Klassifizierung von Meinungen hinaus ist natürlich der Versuch einer Analyse determinierender Faktoren, um Fragen derart zu beantworten: „Warum oder unter welchen Bedingungen bilden oder verändern sich bestimmte Meinungen? " Dies ist der Bereich, um den es mir geht — nicht dagegen um Katergorien der Beschreibung und Klassifizierung. Noch weiter eingegrenzt geht es mir um die Frage: „Kann man irgendetwas über *allgemeine* Prozesse oder Mechanismen sagen, durch die eine Meinungsbildung und insbesondere ein Meinungswandel zustande kommt? " Als einen solchen generalisierten Mechanismus, durch den Einstellungen oder Meinungen bestimmt werden, möchte ich „Einfluß" in dieser Arbeit verstehen.[1]

Eine weitere Spezifizierung besteht darin, die Überlegungen über generalisierte Mechanismen im sozialen Interaktionsprozeß auf ihre intentionalen Formen zu beschränken. Wenn also die Meinung einer Person durch ein Naturereignis (etwa einen Wirbelsturm) oder selbst durch ein soziales Ereignis verändert wird, das vernünftigerweise nicht so interpretiert werden kann, als sollten dadurch intentional Einstellungen beeinflußt werden (etwa eine Rezession), so werde ich davon nicht als „Einfluß" sprechen — so wenig wie in dem berühmten Beispiel von der postulierten Beziehung zwischen der Rechtsauffassung eines Richters und dem Zustand seiner Verdauung. Einfluß ist eine Art, auf die Einstellungen und Meinungen anderer durch intentionales (wenn auch nicht unbedingt rationales) Handeln einzuwirken — mit der möglichen Folge, die Meinung zu ändern oder eine Änderung zu verhindern.

Allgemeine Mechanismen sozialer Interaktion: Geld

Was ist nun mit einem generalisierten Mechanismus gemeint, der in sozialer Interaktion wirkt? Es gibt verschiedene Wege, diese Frage anzugehen. Der Prototyp ist wohl die Sprache, und sie kann als wichtiger Bezugspunkt dienen: Durch linguistische Kommunikation einen Effekt auf das Handeln anderer haben, es somit möglicherweise „beeinflussen", heißt, *symbolische* Erlebnisse anstelle der konkreten Dinge oder Objekte zu präsentieren, auf die sich die Symbole beziehen, die sie „bedeuten". So kann ein Schild „cave canem" Vorsicht auslösen, ohne daß die Passanten wirklich einen Hund sähen oder hörten. „Intrinsisch" haben die Sprachsymbole keine Eigenschaften, die Vorsicht auslösen; die schwarzen Zeichen auf dem Schild haben noch nie jemanden gebissen, sie bellen nicht einmal.

In der bekannten Formulierung von Jacobsen und Halle[2] liegen in der Sprache zwei Aspekte: Einerseits ist der Gebrauch der Sprache ein Prozeß der Emission und Übertragung von Botschaften, der Kombinationen von linguistischen Komponenten mit spezifischen Bezügen zu bestimmten Situationen; andererseits ist Sprache ein *Code*, kraft dessen die jeweiligen Symbole, die irgendeine bestimmte Botschaft bilden, ihre „Bedeutung" haben. Mithin kann eine Botschaft nur für den sinnvoll sein und nur von dem verstanden werden, der „die Sprache" – d. h. den Code – „kennt" und ihre „Regeln" akzeptiert.

Sprache, so wie der Begriff allgemein verstanden wird, ist kein Einzelphänomen. Im Bereich sozialer Interaktion haben viele Mechanismen Eigenschaften, die denen der Sprache so ähnlich sind, daß man sagen könnte, sie seien tatsächlich spezialisierte Sprachen. Mathematische und künstlerische Symbole sind solche Fälle; sehr bekannt und unserem Gegenstand naheliegend ist Geld. So würde ich für meine Zwecke nicht nur sagen, daß Geld an Sprache erinnere, sondern eine sehr spezialisierte Sprache *ist*, das heißt, ein generalisiertes Medium der Kommunikation durch den Gebrauch von Symbolen, die innerhalb eines Codes Bedeutung haben.[3]

Ich werde daher Einfluß als ein generalisiertes Medium behandeln, das ich wiederum als eine spezialisierte Sprache interpretiere. Bevor ich die wesentlichen Eigenschaften von Einfluß als Medium aufführe, möchte ich zunächst versuchen, ein Paradigma solch eines generalisierten Mediums zu skizzieren; dabei verwende ich Geld als vertrautes Beispiel.

In diesem Licht ist Geld eine symbolische „Verkörperung" ökonomischen *Wertes*, den Ökonomen im fachtechnischen Sinne „Nutzen" nennen. Ebenso wie das *Wort* „Hund" weder bellen noch beißen kann, aber auf ein Tier mit diesen Fähigkeiten verweist, hat eine Mark keinen intrinsischen Nutzen, verweist aber auf Güter, die einen solchen haben, weil das Geld unter bestimmten Umständen für sie eingesetzt werden und die Kontrolle über Beziehungen mit ihnen gewähren kann, in den besonderen Arten sozialer Interaktionsprozesse, die wir ökonomischen Tausch nennen. Das heißt, daß Besitzer von Gütern fallweise bereit sind, die Kontrolle über diese gegen Geld aufzugeben, und umgekehrt Geldinhaber in der Lage sind, durch den Einsatz von Geld („Ausgeben"), Kontrolle über Güter zu erwerben.[4]

Der „Nutzen" genannte ökonomische Wert ist jedoch die Grundlage bestimmter Arten des *Interesses* an Objekten in der Handlungssituation. Er definiert einen Aspekt ihrer aktualen oder möglichen Bedeutung. Darunter soll nicht nur verstanden werden, was sie „sind", sondern auch, was sie „tun" (wenn sie Aktoren sind), und was man *mit ihnen* tun kann – etwa sie als Güter im ökonomischen Sinne konsumieren oder, soweit sie Personen sind, ihre Dienste gewinnen. Damit eine Symbolisierung stattfinden kann, muß die Grundlage dieses Interesses hinreichend klar und spezifisch sein, so wie die Objektkategorie „Hund" adäquat definiert sein muß, wenn das linguistische Symbol sie eindeutig bezeichnen soll. Im Fall von Geld bringt dies eine sehr hohe Stufe der Generalisierung mit sich, da die Vielfalt der Güter immens ist; weiterhin erfordert es eine sehr präzise Quantifizierung auf einer linearen Skala.

Zusätzlich zu der relevanten Kategorie „Wert für menschliche Aktoren" einerseits und der Grundlage des Interesses an Objekten ihrer Situation andererseits, sind unbedingt zwei weitere Bezüge in der Konzeptualisierung eines generalisierten symbolischen Mediums zu beachten. Eine davon richtet sich auf die „Definition der Situation" – die Kategorisierung von Objekten in der Situation im Hinblick auf ihre Auswirkung auf die jeweilige Art des Interesses. Im ökonomisch-monetären Falle besteht die Situation aus Gütern, an denen Aktoren ein ökonomisch begründetes Interesse haben können. Die Implementation dieses Interesses besteht darin, daß man in dem Grade Kontrolle über solche Objekte erwirbt, wie dies Bedingung ihrer Verwertung ist. Der Weg zu einer solchen Kontrolle führt über den Tausch; soweit Geld dabei eine Rolle spielt, liegt ein „Tauschmarkt" vor.[5]

Im Fall des Geldes als einem Symbol liegt eine seiner Bedeutungen klar auf dem Gebiet der „Beschaffung", der Verwertungsmöglichkeit, um Zugang zu und Kontrolle über Güter zu gewinnen. Die erste Komponente der Situation, die der Definition bedarf, besteht also aus den mannigfachen Objekten, die einen Nutzen haben und mithin

„Güter" sein können und darüber hinaus auch innerhalb des Tauschsystems verfügbar sind: Somit sind manche Objekte potentiellen Nutzens — wie totale Kontrolle über andere Menschen als Sklaven — in unserem System als „Ware" ausgeschlossen. Die zweite Komponente betrifft die Angebotsquellen, nämlich soziale Einheiten im Interaktionssystem, die einerseits Kontrolle über solche Objekte haben und andererseits bereit sind, diese Kontrolle im Austausch gegen andere Nutzengrößen — insbesondere gegen Geld — aufzugeben. Die dritte Komponente betrifft die Bedingungen für den Tausch; am wichtigsten ist dabei die Institutionalisierung des Angebots in einer bestimmten Summe Geldes als Anreiz zum Transfer von Kontrolle. Die vierte Komponente schließlich betrifft die Frage der Zeitbeziehungen, die bei der Verbindung der beiden Enden einer Tauschkette von Nutzengrößen entstehen, zum Beispiel das Abtreten der Kontrolle über die eigene Arbeit an einen Arbeit„geber" und die Erlangung von Kontrolle über Konsumgüter.

Im Gegensatz zu den beiden oben erwähnten prämonetären Formen des Tausches — askriptivem Tausch und Kompensationsgeschäften — führt Geld in allen dieser vier Beziehungen neue Freiheitsgrade ein. So ist der Besitzer von Geld — anders als der, der ein bestimmtes Gut relativ zu seinem eigenen Bedarf im Überfluß besitzt und es für eine andere Ware eintauschen will — nicht daran gebunden, einen bestimmten Partner zu finden, der das hat, was er braucht und das braucht, was er hat. Ihm steht das *Marktsystem* in seinem ganzen Umfang offen, sowohl bei den Dingen, für die er seine Gelder ausgeben möchte, als auch bei Quellen, aus denen er sie schöpfen möchte — solange der Markt dafür nicht monopolisiert wird. Vor allem ist er nicht zeitgebunden, da Geld, im Gegensatz zu allen Gütern, nicht in der Zeit verschleißt und nur minimale Lagerkosten ursacht, wenn überhaupt. Schließlich hat er eine viel größere Freiheit, Bedingungen zu akzeptieren oder auszuschlagen und auszuhandeln. Diese Freiheit, wie jede, hat ihren Preis. Geld — als Symbol — ist „intrinsisch" wertlos. Wenn man also die Kontrolle über Objekte mit „echtem" Nutzen für Geld abtritt, riskiert man es, kein Äquivalent zu bekommen und auf dem Symbol „sitzen zu bleiben"; ähnlich ist es, wenn man sich auf ein Schild verläßt, anstatt auf die mögliche Wahrnehmung eines Hundes: Man riskiert, getäuscht zu werden — entweder, indem man alarmiert wird, obwohl gar keine Gefahr vorliegt, oder indem man beispielsweise einen Dackel erwartet, wo in Wirklichkeit eine Dogge lauert.

Es hat ohne Zweifel heroische Figuren in der Geschichte des Markttausches gegeben, für die Geld alles war, und die für Geld alles riskierten, ohne daß irgendein institutionlell etablierter normativer Bezugsrahmen von Regeln für ein solches Medium existiert hätte. Es ist jedoch klar, daß ohne solch einen Bezugsrahmen ein *System* des Tauschmarktes, wo die Partizipanten regelmäßig das Hauptinteresse an monetären Größen haben, die in unserem Sinne „intrinsisch" wertlos sind, kaum funktionieren könnte. Die elementarste dieser Regeln ist die Bedingung der Gegenseitigkeit bei der Annahme von Geld. Sie kann wie folgt formuliert werden: Wer anderen Geld im Austausch für „reale Güter" aufdrängt, muß bereit sein, auch von anderen Geld im Austausch gegen seine Güter zu akzeptieren. Nur gegenseitige Annahmebereitschaft kann Geld zu einem funktionierenden Medium machen, statt zu einer einfachen Methode, Dinge „für nichts" zu erhalten. Von diesem zentralen Punkt aus kann das Netz von Normen ausgearbeitet werden, das üblicherweise als die Institutionen der Eigentums- und Vertragsrechte verstanden wird. Dies ist die vierte wesentliche Komponente des Komplexes zur Bildung eines generalisierten Mediums.

Wenn ein Symbol oder eine Klasse von Symbolen bei der Vermittlung der Prozesse sozialer Interaktion als ein generalisiertes Medium funktionieren soll, dann müssen nach meiner Vorstellung spezifische Definitionen und institutionelle Annahmebereitschaft in vier wesentlichen Hinsichten existieren:

(1) Eine Klasse von *Werten* — bei denen es um die Bedürfnisse der anderen Einheiten geht;
(2) eine Klasse von *Interessen* — von Eigenschaften der Objekte in der Handlungssituation, die im Lichte dieser Werte wichtig sind;
(3) eine *Definition der Situation* derjenigen Elemente der aktualen Situation, die bei der Verfolgung dieser Interessen nutzbar werden können; und
(4) einen *normativen Rahmen* von Regeln — für die Unterscheidung legitimer und illegitimer Formen des Handelns bei der Verfolgung des jeweiligen Interesses.

Nur wenn alle vier Beziehungen institutionalisiert sind, kann man erwarten, daß die Handelnden die Risiken eingehen, die mit der Annahme von „Symbolen" anstelle „realer" Dinge verbunden sind.

Weil Geld in höchstem Maße institutionalisiert und vertraut ist, und weil die Bedingungen seines Funktionierens eingehend von Ökonomen analysiert worden sind, habe ich es als Beispiel benutzt, um Natur und Bedingungen eines generalisierten Mediums im Sinne dieser Arbeit zu beleuchten. Der nächste Schritt zu einer vollen Analyse des eigentlichen Objektes unseres Interesses — Einfluß — ist der Versuch, Einfluß und Geld in den Kontext einer übergreifenden Gruppe von Mechanismen zu bringen. Meiner Ansicht nach gehört Geld in eine solche Familie, zu der als weiteres wohlbekanntes Mitglied Macht, im weiteren politischen Sinne, zählt. Diese Mechanismen wirken in sozialer Interaktion auf eine Weise, die zugleich spezifischer und allgemeiner ist als Kommunikation durch Sprache. Weiterhin haben sie den imperativen Modus gemeinsam, d. h. sie führen zu Resultaten, statt bloß Informationen zu übertragen. Sie konfrontieren das Objekt mit einer Entscheidung, die eine Reaktion fordert — etwa Annahme oder Ablehnung eines Geldgebots.

Diese Überlegungen zeigen den Ansatz. Solche Mechanismen sind Formen der Strukturierung von *internationalem* Bemühen, zu Ergebnissen zu kommen, indem anderen Aktoren auf Ansätze, Vorschläge etc. ein Respons entlockt wird. Im Falle von Geld ist dies eine Frage von Offerten; im Falle von Macht eine Frage der Kommunikation von Entscheidungen, die Obligationen zum Tragen bringen; im Falle von Einfluß eine Frage, Gründe oder „Rechtfertigungen" für eine vorgeschlagene Linie des Handelns zu geben. Wie können diese vielfältigen Arten, Resultate zu erzielen, klassifiziert werden?

Mein Vorschlag besteht in einem sehr einfachen Paradigma der Formen der Strukturierung von *intentionalem* Bemühen, zu Ergebsuchen kann, Resultate zu erzielen, indem sie eine andere Einheit — „*Alter*" — irgendeiner Art kommunikativer Operation unterwirft — einem Druck, wenn dieser Terminus nicht pejorativ verstanden wird.[6]

Diese kann durch zwei Variablen ausgedrückt werden, deren Kreuzung dann zu einer vierteiligen Typologie führt. Die erste Variable beschreibt, wie *Ego* vorzugehen versucht: durch potentielle Kontrolle über die *Situation*, in der sich *Alter* befindet und in der er handeln muß, oder durch einen Versuch, *Alter* in seinen *Intentionen* zu beeinflussen, unabhängig von den Situationsveränderungen. Dies heiße „*Kanal*"-Variable. So ist eine Offerte wirtschaftlichen Tauschs situationsbezogen, weil damit Kontrolle entweder über Güter oder

Geld offeriert wird, das wiederum gegen die Kontrolle von Gütern austauschbar ist.

Offerten sind kontingent – *wenn Alter* tut, was *Ego* möchte, dann wird *Ego* tun, was die Situation zum Vorteil von *Alter* verändert. Der Grenzfall wäre, daß *Ego* einen situativen Vorteil auf *Alter* ohne dessen Option überträgt – dies wäre der Fall eines reinen Geschenkes. Dieses Element der Kontingenz, das bis zur Grenze ohne Option geht, gilt für die gesamte Typologie.

Die zweite Variable betrifft die Natur der *kontingenten* Folgen, die *Egos* Intervention für *Alters* Handlungszüge hat, also gewissermaßen die Art von Entscheidung, vor der *Alter* steht. Kontingenz betrifft hier die Frage, ob die *Sanktionen*, die kontingent von *Ego* eingeführt werden, in ihrer Bedeutung für *Alter* positiv oder negativ sind, also ihm Vor- oder Nachteile bringen. So *verspricht Ego* im Falle wirtschaftlichen Tausches, etwas für die Wünsche *Alters* – d. h. seinen Vorteil – zu tun, wenn *Alter* gibt, was *Ego* wünscht. Prototypisch wäre die Hingabe von Geld oder Kontrollrechte über Güter. Andererseits könnte *Ego* versuchen, *Alter* zu etwas zu veranlassen, indem er sagt: ,,Du mußt, solltest, bist verpflichtet, das zu tun''. *Alter* mag dann fragen: ,,Und wenn ich nicht will? '' Wenn *Ego* die Sache ,,ernst meint'', so muß er behaupten, daß die Konsequenzen von *Alters* Weigerung (sofern er ,,anders könnte'') irgendwie nachteilig für *Alter* sein werde. Wenn der Kanal (zu Alter) situativ definiert ist, wird er *androhen* müssen, etwas für *Alter* Nachteiliges zu tun. Andererseits kann er Gründe vorbringen, warum eine Weigerung, und zwar unabhängig von jeder Intervention *Egos,* nicht akzeptabel wäre, so daß eine Weigerung Alter dumm erscheinen müßte. Hier wäre die negative Sanktion *innerlicher* oder *intentionaler* Art, nicht aber in der Situation begründet.

Der Grenzfall, in der *Alter* keine Wahl bleibt, entsteht aus der Kombination negativ-situationsbezogener Elemente: *Ego* strukturiert die Situation so, daß *Alter zwangsweise* folgen muß.

Eine Kreuztabelle dieser beiden Variablen im Fall kontingenten Handelns (das heißt, von Handeln in Abhängigkeit vom Handeln anderer) ergibt die im folgenden Schema dargestellten vier Felder. Dabei ist (1) ,,Anreiz'' *(inducement)* der Versuch, eine gewünschte Entscheidung zu erhalten, indem *Ego* Situationsvorteile anbietet, die von *Alters* Zustimmung zu *Egos* Wünschen abhängen. (2) ,,Einschüchterung'' *(deterrence)* besteht in dem Versuch, durch Drohungen ein gewünschtes Verhalten zu erzwingen, so daß *Alter* Nachteile erleidet, wenn *Ego* seine Drohung wahrmacht.[7] (3) ,,Appell an Wertbindungen" *(activation of commitments)* ist der Versuch, *Alter* zu einem gewünschten Handeln zu veranlassen, indem *Ego* Gründe nennt, die zeigen, daß es aus *Alters* eigener Sicht „falsch" (unrecht) wäre, nicht so zu handeln, wie *Ego* es wünscht. Und schließlich ist (4) „Überredung" *(persuasion)* der Versuch, *Alter* zu einem gewünschten Handeln zuzuraten, indem Ego ihm zeigt, daß dies im eigenen Interesse Alters läge.[8]

		Kanal	
		Situation	Intention
Sanktion	positiv	Anreiz	Überredung
	negativ	Einschüchterung	Appell an Wertbindungen

Schema 1

Meine Idee ist nun, diesem einfachen Paradigma des Erreichens von Zielen in sozialer Interaktion ein zweites Paradigma generalisierter Medien gegenüberzustellen. Sie machen es möglich, in einem entsprechend strukturierten Interaktionssystem die Kapazität zur Erreichung solcher Ziele zu steigern, vorausgesetzt, man akzeptiert das Risiko, ein solches Medium in der jeweiligen Situation anzunehmen. So könnte Geld als ein generalisiertes Medium des „Anreizes" und Einfluß als ein generalisiertes Medium der „Überredung" betrachtet werden. Ich werde anschließend versuchen, die Implikationen des zweiten Komplexes weiter zu beleuchten; es wird aber von Nutzen sein, zunächst noch allgemeiner die Klassifikation der Medien einzufügen.

Geld und Einfluß wirken als positive Sanktionen im obigen Sinne: Geld über die Situation, Einfluß über die Intention. Das negative Medium, das Geld in der Situation entspricht, ist Macht im politischen Sinne; intentional ist das negative Medium, das mit Einfluß korrespondiert, die Generalisierung von Commitments. Die Beziehung zwischen den beiden Paaren bedarf einiger Erläuterung.

Anreiz und Überredung sind Wege zu erwünschten Reaktionen. Die Reaktion entspricht der Sanktion. Einschüchterung andererseits zielt auf eine inverse Relation zwischen sanktionierter Handlung und erwünschter Reaktion. Die rein negative Seite ist der Verzicht auf Sanktionen bei „Kooperation". *Ego* will gerade diese Kooperation, die obligate Leistung. Er verhängt Saktionen nur dann, wenn er dazu „gezwungen" würde.

Es wäre daher nicht richtig, Macht einfach als ein generalisiertes Medium der Einschüchterung zu definieren. Macht ist vielmehr ein Medium zur Mobilisierung von Leistungen aufgrund bindender Verpflichtungen, an denen sozusagen als konditionelle Implikation bei mangelnder **Kooperation die. Auflage negativer Sanktionen Hängt** Die Intention von *Ego* ist jedoch nicht zu strafen, sondern Leistungserfüllung sicherzustellen. Also können wir sagen, Macht sei die generalisierte Kapazität, die Erfüllung bindender Verpflichtungen im Interesse effektiven Kollektivhandelns (Zielerreichung) zu sichern. Parallel dazu auf der intentionalen Seite (soweit *Alter* betroffen ist), läßt sich von der Generalisierung von Commitments sprechen, als der Kapazität, durch den Appell an eine subjektiv vermeinte Verpflichtung zur Erfüllung relevanter Aufgaben zu motivieren — ohne Bezug auf irgendeine Drohung mit *situativen* Sanktionen (im Unterschied zur Macht). In diesem Fall stoßen allerdings eventuelle Weigerungen, kooperativ zu handeln, auf evaluative Stellungnahmen *Egos* (Verurteilung der Kooperationsverweigerung), die darauf abgestellt sind, *Alters* Sinn für seine Verpflichtungen zu aktivieren und ihn mit Schuldgefühlen zu belasten, wenn er nicht mitmacht.[9]

Wir können dann die vier generalisierten Medien in das Paradigma von Sanktionen folgendermaßen einfügen:

		Kanal	
		Situation	Intention
Sanktion positiv	Modus	Anreiz	Überredung
	Medium	Geld	Einfluß
negativ	Modus	Einschüchterung	Appell an Wertbindungen
	Medium	Macht	Generalisierung von Commitments

Schema 2

Leser, die mit dem allgemeineren Paradigma der Handlungsanalyse vertraut sind, an dem verschiedene Kollegen und ich seit einigen Jahren arbeiten, mag es interessieren, daß „Anreiz" (*inducement*) und Geld für mich primär adaptive Funktionen im Sozialsystem haben; Drohung und Macht primär zielfunktional sind; Überredung und Einfluß primär integrativ sind; und schließlich Appell an Wertbindungen und Generalisierung von Commitments strukturfunktional sind.

Es soll nun versucht werden, der Analyse von Einfluß etwas näher zu kommen, indem wir uns einem anderen Aspekt der generalisierten Medien zuwenden: als Mechanismen innerhalb des Sozialsystems. Sie überbrücken dabei die Kluft zwischen normativen und faktischen Aspekten des Systems, in dem sie wirken. Aus der Sicht der individuell oder kollektiv handelnden Einheit hieße das, es gäbe eine „Richtung", in die das Medium als ein Mittel zur Verfolgung ihrer Interessen wirke, einschließlich der Strukturierung der kontingenten Bedingungen, unter denen ihre Interessen mehr oder weniger gesichert sind. Andererseits sind das, was vom Standpunkt der handelnden Einheit bestimmte Normen oder Regeln sind, denen man in Verfolgung seiner Interessen unterliegt, aus der Sicht des Systems Bedingungen, nach denen Prozesse ohne Störung seiner Integration und anderer fundamentaler Funktionen stabilisiert werden können.

Im Falle des Geldes bildet der Besitz der richtigen Menge und Kombination von konkreten Nutzobjekten, also die volle „ökonomische Autarkie" bei der „Güterversorgung" für die handelnde Einheit, sozusagen den „sicheren Boden". Die nächst höhere Ebene ist der Besitz von Objekten wie Gold, Diamanten und Land, die in beinahe jeder kontingenten Form ausgetauscht werden können und sich nicht abnützen. Institutionalisiertes Geld hat den Vorteil sehr viel größerer Verwertbarkeit beim Tausch als solche Güter, aber auch den Nachteil der Anfälligkeit gegen Störungen im System. Geld ist jedoch, wie hervorgehoben wurde, ein Symbol, dessen „Bedeutung" (in diesem Fall: sein ökonomischer Wert) von seiner wechselseitigen Annahme abhängt. Diese Akzeptierung hängt u. a. von seiner Konvertibilität in Objekte mit ökonomisch „sicherem Boden" ab. Jedoch ist die freie Konvertierbarkeit eine Sache, das häufige Bestehen auf effektivem Umtausch eine ganz andere.

Der springende Punkt ist ganz einfach, daß das Bestehen auf tatsächlichem Umtausch nur durch Maßnahmen möglich ist, die gerade diejenigen Freiheitsgrade zerstören, die Geld zu einem vorteilhaften Mechanismus machen[10] — sowohl aus Sicht der handelnden Einheit als auch der des Systems. Die Erhaltung der Freiheitsgrade hängt jedoch ab von einem Minimum an Konformität mit den Normen der Wirtschaft bei der Erfüllung von Vertragspflichten und den Rechten und Pflichten des Eigentums. Dieser Gedankengang führt zu der Auffassung, daß sich zwar der Wert des Geldes in einem gewissen Sinne auf seine Deckung kraft seiner Konvertibilität in sichere Nutzwerte gründet, aber in anderer und wahrscheinlich wichtigerer Hinsicht auf dem effektiven Funktionieren eines weitverzweigten monetären

Tausch- und Marktsystems beruht. Dies wiederum ist eine Hauptgruppe von Faktoren für die Produktivität der Wirtschaft, wobei diese Märkte eine zentrale Rolle spielen. Kein Ökonom würde annehmen, daß Produktivität sich einfach durch die Vergrößerung der Angebotsmenge an Geld erzeugen ließe.[11]

Dieser Doppelbezug ist m. E. nicht nur für den Geldmechanismus charakteristisch, sondern für die ganze Gruppe, die uns beschäftigt — Sprache, Recht u.a.m. Im Falle der Macht wird der „feste Boden", der dem „Realvermögen" in der Wirtschaft entspricht, durch die Verfügbarkeit effektiver Mittel gebildet, Kooperation (also die Erfüllung von Wünschen oder Verpflichtungen) zu *erzwingen* — in der Form, daß eine Drohung wahrgemacht oder Zwang ausgeübt werden kann. In diesem Zusammenhang nimmt bekanntlich physische Gewalt eine Sonderstellung ein, die der monetärer Metalle im ökonomischen Falle entsprechen dürfte. Dies gilt vor allem deswegen, weil Gewalt Einschüchterung *par excellence* ist. Wichtigster Aspekt dieser Einschüchterung ist allgemein die Blockierung von Kommunikationskanälen; so ist z. B. das Hauptmerkmal von Gefangenschaft, daß der Häftling daran gehindert werden soll, mit anderen zu kommunizieren — außer auf Wegen und Kanälen, die seine Wächter kontrollieren können.

So wenig nun ein Geld- oder Goldhort eine produktive Wirtschaft allein aus sich erzeugen kann, so wenig kann physische Gewalt allein die effektive Erfüllung verzweigter Systeme von bindenden Verpflichtungen garantieren. Diese Möglichkeit hängt von einer Reihe von Faktoren ab, so etwa von der Institutionalisierung eines Normensystems im Bereich von Herrschaft und der Legitimation von Führungsmacht. Die Gegenseitigkeit der Institutionalisierung von Herrschaft einerseits und Akzeptierung der Legitimität ihrer Ausübung andererseits bildet die Parallele zum Vorgang des wechselseitigen Akzeptierens „an sich wertlosen" Geldes bei Tauschprozessen. Das Funktionieren eines Macht*systems* hängt ganz klar in erster Linie von der effektiven Anlage dieser normativen Struktur ab. Als Analogie zur ökonomischen Produktivität läßt sich hier von der *Effektivität kollektiver Organisation* sprechen.

Einfluß als symbolisches Medium der Überredung

Es soll nun versucht werden, diese Überlegungen auf den Bereich von Einfluß anzuwenden. In gewissem Sinne hängen alle vier betrachteten Mechanismen von der Institutionalisierung inneren Vertrauens ab. Im ökonomischen Falle tritt der Aktor seine Interessen (an Gütern oder Arbeit) an den Markt ab, und die Frage ist, worauf er sein Vertrauen gründen kann, einen „fairen Gegenwert" für das zu erhalten, was er aufgegeben hat. Es wurde gesagt, daß zwei Punkte beim Problem von Vertrauen zu unterscheiden seien, nämlich die Konvertierbarkeit von Geld in „reales Vermögen" und Vertrauen auf das Funktionieren des „Systems", was für den Aktor die Erfüllung seiner mehr oder weniger legitimen Erwartungen durch tatsächliche oder potentielle Tauschpartner bedeutet. Ähnlich kann im Falle von Macht ein Aktor seine Autarkie der Gewalt aufgeben: Er kann sich dann nicht mehr mit eigener Hand hinreichend verteidigen. Vertraut er seine Sicherheit einem Macht*system* an, so steht damit seiner möglichen Identifikation mit der tatsächlichen Kontrolle der Machtmittel (letztlich Gewalt) sein Vertrauen gegenüber, daß seine Erwartungen durch Institutionen, die sich seiner persönlichen Kontrolle entziehen, effektiv erfüllt werden, weil das Macht*system* funktioniert.

Um Einfluß in dieses Schema einzupassen, muß man fragen, was Einfluß symbolisiert. Geld symbolisiert Nutzen; Macht symbolisiert die Effektivität kollektiven Handelns.[12]

Die Antwort scheint im Paradigma „interaktiver Performance- und Sanktionstypen" zu liegen. *Einfluß ist ein Mittel der Meinungsbildung (persuasion).* Es wird eine Entscheidung *Alters* für eine bestimmende Art des Handelns erzielt, weil es *ihm selbst* „richtig" (*a good thing*) zu sein scheint, unabhängig von kontingenten oder sonstwie verursachten Veränderungen in seiner Lage einerseits, aus positiven Gründen andererseits, und nicht etwa der Verpflichtung wegen, die er durch eine Weigerung verletzen könnte.

Es scheint also, als müsse es entsprechend den intrinsischen „Bedürfnisbefriedigern", die bei den Ökonomen „Güter und Dienstleistungen" heißen, eine Gruppe von „intrinsisch überzeugenden Informationen" geben. Das augenfälligste Element dieser Gruppe sind die „Tatsachen", aus denen *Alter* „seine eigenen Schlußfolgerungen ziehen" kann. *Ego* kann also überreden, indem er *Alter* Informationen gibt, die ihn bei seiner Lage und Absicht zu bestimmten Entscheidungen führen werden.[13]

Wahrscheinlich ist Information tatsächlich die passende Parallele zur Währung,und eine besondere Form von Information — die Verkündigung bestimmter Handlungsabsichten von „signifikanten anderen" — bildet die Parallele zu Dienstleistungen.[14] Einfluß als ein Symbol kann jedoch keines von diesen, sondern muß im Vergleich zu beiden stärker generalisiert sein.

Das entscheidende Merkmal, nach dem man suchen muß, dürfte eine symbolische Handlung oder Handlungskomponente sein, mit der *Ego* eine allgemeine Absicht kommuniziert, auf deren Grundlage Vertrauen für spezifischere Absichten erbeten und erwartet wird. Dies kann sich im Bereich von Information abspielen. Hier muß es eine Basis geben, aufgrund derer *Alter Ego* für eine vertrauenswürdige Informationsquelle hält und ihm „glaubt", auch wenn er nicht in der Lage ist, die Information selbständig zu verifizieren — oder sich nicht diese Mühe machen will. Das kann sich auch im Bereich von *Egos* Intentionen abspielen, und hier liegt wirklich der kritische Punkt; zum Beispiel ist die Zustimmung zu einem Vertrag im wesentlichen eine Absichtserklärung, die vielleicht nur in einer langen Verhaltensfolge über eine ausgedehnte Zeitspanne hin erfüllt werden kann.

Das monetäre Metall ist nicht „bloß" eines unter vielen Gütern; es hat bestimmte Eigenschaften, die Sicherheit und maximale Austauschbarkeit gewährleisten. Ähnlich ist es mit Gewalt als Zwangsmittel. Gibt es nun irgendeine vergleichbare „intrinsische" Quelle der Meinungsbildung, die mit besonderer Wahrscheinlichkeit Vertrauen schafft? Wenn man bei der Beantwortung dieser Frage in Erinnerung behält, daß es spezifisch um soziale Interaktion geht, dann scheint die folgende Annahme vernünftig: Die günstigste Bedingung, unter der *Alter Ego* (bei *Egos* Bemühen, *Alter* zu überreden) vertrauen wird — unabhängig von besonderen Fakten oder „inhärent" vertrauenswürdigen Absichten —, liegt vor, wenn beide in einer wechselseitigen Beziehung einer fundamentalen diffusen Solidarität stehen, wenn sie einem gemeinsamen Kollektiv angehören, so daß *Ego* bei Bestehen der Bindung gar kein Interesse daran haben *kann*, *Alter* zu täuschen. Die gemeinsame Zugehörigkeit zu einer Solidaritäts*gemeinschaft (a Gemeinschaft type of solidarity)* wäre also die primäre „Basis" gegenseitigen Einflusses, und sie wäre für Einflußsysteme das Äquivalent des Goldes in monetären und der physischen Gewalt in Machtsystemen.

Dies kann aber eben nur die Sicherheits*basis* sein. Genau wie ein verzweigtes Geldsystem nicht mit einem rein metallischen Medium funktionieren könnte, so wäre ein verzweigtes Einflußsystem hinfällig, wenn nur nahe Gemeinschaftsmitglieder einander über ganz konkrete Informationsebenen und bindende Intentionen hinaus vertrauen würden. Hier entsprechen die mit dem Markt zusammenhängenden Grade an Freiheit denen der „Kommunikationssysteme", wie Pressefreiheit und ähnlichem. Die Stabilität eines freien Kommunikationssystems hängt, wie bei jedem Tauschsystem, von der Steuerung durch eine Gruppe institutionalisierter Normen ab, die denen von Eigentum und Vertrag entsprechen. Dabei geht es um die Bedingungen, kraft derer eine normative Steuerung der Arten von Assoziierungen zwischen Menschen, der Arten von Verpflichtungen, die mit dem Aufstellen von Behauptungen und der Äußerung von Meinungen einhergehen, und der Arten von Verpflichtungen, die sich aus Absichtserklärungen ergeben, stattfindet. Somit kann man sagen, daß das ganz fundamentale Prinzip der Assoziationsfreiheit das normative Prinzip in dieser Sphäre ist und mit der Vertragsfreiheit im Bereich der Marktorganisation korrespondiert; in beiden Fällen sind die Freiheiten natürlich bei weitem nicht vollkommen, da sie Restriktionen durch die Interessen Dritter unterliegen.

Was läßt sich nun generell über die Natur dieser normativen Bezüge sagen? Geld ist innerhalb des Bereiches der Vertragsfreiheit auf die Wertäquivalente von Nutzengrößen bezogen. Geld fungiert hier als Wertmesser, und ein Preis ist eine Aussage über den behaupteten Wert eines Tauschobjektes. Im Falle von Macht richtet sich der Bezug auf Herrschaftsbefugnis im folgenden Sinne: ein Machthaber ist innerhalb gewisser Grenzen befugt, Entscheidungen zu treffen, die nicht nur ihn selbst, sondern auch bestimmte andere und das betroffene Kollektiv als Ganzes binden. Eine Wahl ist also die Ausübung von Macht, und die Stimmenverhältnisse bestimmen gemäß den Wahlregeln über die Besetzung von Positionen.

Im Falle von Einfluß wäre der entsprechende Begriff die normative Rechtfertigung allgemeiner Aussagen über Intentionen oder Sachverhalte (*nicht* ihre empirische Validierung). Wer Einfluß nutzt, steht unter dem Druck, seine Aussagen zu rechtfertigen, mit denen er *Alters* Handeln beeinflussen will, indem er sie zu Normen in Beziehung setzt, die für beide verbindlich sind.[15] Aussagen über Sachverhalte erfordern eine Rechtfertigung deswegen, weil Einfluß ein symbolisches Medium ist. Die Funktion einer Rechtfertigung besteht nicht etwa darin, einzelne Informationen zu verifizieren, sondern eine Basis für das *Recht* des Kommunizierenden zu schaffen, sich zu äußern, ohne daß *Alter* diese Äußerung verifizieren müßte; *Ego* könnte zum Beispiel eine kompetente „Autorität" auf einem Spezialgebiet sein. Bei Intentionen kann Rechtfertigung durch verschiedene Statusaspekte geregelt werden, auf die regelmäßig hingewiesen wird, um anzuzeigen, daß solche Absichtserklärungen als Äußerungen von Person einer bestimmten Kategorie zu vertrauen sei.[16]

Eine sehr wichtige Kategorie der Rechtfertigung von Einfluß ist das, was man gemeinhin unter „Reputation" versteht. Dieselbe Aussage hat mehr „Gewicht", wenn sie jemand mit hoher Reputation für Kompetenz, Zuverlässigkeit, Urteilsvermögen, etc. äußert, als wenn sie von jemandem ohne Reputation oder gar mit einem Ruf für Unzuverlässigkeit stammt. Die gemeinsame Komponente kann als „moralische Verantwortung" *(fiduciary reponsibility)* bezeichnet werden.

Eine handelnde Einheit hat Einfluß in dem Maße, in dem — im relevanten Kontext — ihre unverifizierten Informationen oder Absichtserklärungen für verantwortungsvolle Äußerungen gehalten werden. Dies ist die „reputationale" Parallele zur finanziellen Kreditwürdigkeit.

In vertrauten soziologischen Begriffen ausgedrückt: Die assoziative Basis von Einfluß ist in erster Linie partikularistisch. Die Frage nach Einfluß ist die Frage nach der Stellung als Mitglied eines Kollektivs. Der normative Bezug ist in erster Linie jedoch universalistisch. Nicht was jemand sagt — der Inhalt — ist von Bedeutung, sondern es kommt darauf an, welches „Recht" jemand hat, ernst genommen zu werden, unabhängig von der inneren Triftigkeit dessen, was er sagt.

Ich sagte oben von Einfluß, er „gründe" auf der Solidarität der Gemeinschaft, auf der elementaren diffusen Art von Zusammengehörigkeit. In unserer Gesellschaft ist dafür die Familie der Inbegriff. Die Relevanz assoziativer Verbundenheit in Kollektiven erschöpft sich jedoch nicht in diesem Grenzfall. Vielmehr kann man sagen: Auf vielen Ebenen schafft die Tatsache, daß jemand „zu uns gehört", Einfluß, sei es über die Zugehörigkeit zu einer Gemeinde, einer Arbeits- oder Berufsgruppe oder einer der vielen anderen. Aus diesem Grunde müssen Nichtmitglieder bei Äußerungen zu Gruppenangelegenheiten besonders darauf achten, daß diese nicht als „Einmischung" aufgefaßt werden. Ein offensichtliches Beispiel wäre ein Ausländer, der über die Innenpolitik des Gastlandes spricht, zumal, wenn er in seinem Heimatland eine offizielle Position innehat. Umgekehrt wäre dann der Versuch, Einfluß auszuüben, zu einem gewissen Grade der Versuch, ein gemeinsames Band der Solidarität zu weben, manchmal sogar, das Objekt des Einflusses in die Gemeinsamkeit eines Kollektivs einzubeziehen. Gegenseitige Beeinflussung bedeutet also die Bildung einer „Wir"-Gruppe in dem Sinne, daß die Beteiligten gemeinsame Meinungen und Einstellungen haben, durch die sie zusammengehören, gegenüber jenen, die davon abweichen. Es gibt natürlich neben der Offenheit für gegenseitige Beeinflussung unter den Mitgliedern noch verschiedene andere Bedingungen für das Entstehen eines echten Kollektivs, aber man kann gewiß sagen, daß dies eine notwendige, wenn auch nicht hinreichende, Bedingung für ein stabiles Kollektiv ist.

Es besteht eine sehr deutliche Beziehung zwischen diesem Punkt und den Befunden der „*Voting*"-Studie (von Berelson u. a.) über die Bedeutung von Solidaritätsgruppenstrukturen für das Wählerverhalten, angefangen bei der Familie, dann bei Berufskollegen, dann weiter bei ethnischen, religiösen und sonstigen Gruppen, mit denen man jeweils verbunden ist.[17] Allgemein scheint zu gelten, daß man tendenziell mit der Gruppe (und wie die Gruppe) wählt, die man als „Leute wie ich" definiert. Am ehesten werden aus dieser Gemeinschaft solche Gruppen ausbrechen, die Zugehörigkeits-Konflikte haben; ein solcher Zugehörigkeits-Konflikt ist seinerseits eine Folge des zunehmenden Rollenpluralismus in komplexen Gesellschaften. Dieses Ergebnis war einer der wichtigsten Punkte, an dem es mir möglich schien, empirische Studien des Wählerverhaltens mit dem allgemeinen Schema der Analyse sozialer Interaktion zu verbinden, das der Ausgangspunkt dieses Essays war.[18]

Typen von Einfluß

Wir können uns nun dem Problem der Klassifizierung der Typen oder Formen von Einfluß zuwenden. Hierbei muß man sich erinnern, daß Einfluß kein abgeschlossenes System bildet. Andererseits wird er natürlich dazu eingesetzt, Zustimmung zu bestimmten Einstellungen und Meinungen zu erhalten, die sich zu Einfluß verhalten wie bestimmte Waren und Dienstleistungen zu Geld. In diesem Sinne läßt sich Einfluß als „zirkulierendes" Medium vorstellen. Ein „Meinungsmacher" muß einen Teil seines Einflusses für Zustimmung „ausgeben". Er muß deshalb sparsam damit wirtschaften, indem er die Gelegenheiten zur Intervention und die passende Form sorgsam auswählt. Die klassische Art verschwenderischen Umganges wird durch eine Kindergeschichte illustriert: Der Schrei „Wolf, Wolf!" wurde zu oft wiederholt, so daß der Warnung nicht mehr geglaubt wurde, als der Wolf wirklich kam. Dies soll zeigen, daß der Schreihals seine Überzeugungskraft verlor, indem er seinen Einfluß verschwendete.

Der Kreislauf-Charakter von Einfluß als Medium kommt klarer heraus, wenn man ihn in Typen zerlegt, weil es einfacher ist, die Ströme in jedem Kontext in beiden Richtungen zu identifizieren, als auf nur einer Ebene. Versuchsweise sei folgende Klassifikation vorgeschlagen: (1) „politischer" Einfluß, (2) „fiduziärer" Einfluß, (3) Einfluß mittels „Appell an unterschiedliche Loyalitäten" und (4) Einfluß, der auf die „Interpretation von Normen" gerichtet ist. Der Umstand, daß man zur Charakterisierung der letzten beiden Typen auf schwerfällige Formulierungen zurückgreifen muß, anstatt bündige Begriffe benutzten zu können, zeigt deutlich, daß der Begriff kaum entfaltet ist und der Ausarbeitung bedarf. Eine wichtige Leitlinie zur Interpretation der ersten drei Typen ist die Konvertibilität jedes Typs in eine der anderen drei Typen generalisierter Medien, die diskutiert wurden.

(1) Der Begriff „politischer Einfluß" ist in einem analytischen Sinne gemeint, wobei direkt eine signifikante Relation zwischen Einfluß und Macht besteht. Der prototypische Strukturkontext wäre eine demokratische Vereinigung auf irgendeiner Ebene im öffentlichen oder im privaten Bereich. Die demokratische Vereinigung wird durch eine Ämterstruktur charakterisiert, die die Inhaber berechtigt, bestimmte Entscheidungen zu treffen, die für das Kollektiv als ganzes und somit für die Mitglieder in ihrer jeweiligen Kapazität verbindlich sind.[19]

Solche Rechte gelten für Handeln innerhalb von konstitutionellen Normen, und es gibt ebenfalls konstitutionelle Verfahren — summarisch Wahl und Ernennung —, durch die Inhaber von Ämtern bestimmt werden.

Das Treffen von Entscheidungen, die ein Kollektiv binden, interpretiere ich als Ausübung von Macht; einschließlich der Ausübung des Stimmrechts im Wahlverfahren, weil das Stimmenverhältnis entscheidet, wer für ein Amt gewählt ist. Aber sowohl bei der Kandidatur für ein Amt als auch in der Tätigkeit in einem Amt nutzen Funktionäre und Bewerber neben der Verwendung von Macht im eigentlichen Sinne laufend andere Wege, zu den gewünschten Resultaten zu gelangen. Natürlich geben sie auch Informationen und Absichtserklärungen. Ebenso können sie Anreize (*inducements*) anbieten, Drohungen außerhalb ihrer Amtsgewalt äußern und ihre eigenen und anderer Leute Commitments aktivieren. Aber vor allem operieren sie mit Einfluß.

Dies gilt vor allem für zwei wichtige Zusammenhänge. Assoziative Zusammenschlüsse sind typischerweise auf der Achse „Führung – Gefolgschaft" differenziert, deshalb kann diese Achse auch hier benutzt werden. Ein Zielpunkt von Einfluß liegt im Aufbau einer Führungsposition oder -reputation, entweder als Amtsinhaber oder aber (explizit oder implizit) als Amtsbewerber, so daß es für die betreffende Gefolgschaft eine Vertrauensbasis gibt, die für den eigentlichen Machtgebrauch, den Einsatz bestimmter Informationen und ähnlichem und auch über die Manipulation von Anreizen, von informellen Drohungen etc. hinausgeht. Ein Führer, so meine ich, muß versuchen, eine Basis zu schaffen, auf der ihm seine „Gefolgschaft" – im symbolischen Sinne dieser Diskussion – vertraut, so daß er bei Übernahme einer Position auf Anhänger zählen kann, die „mit ihm mitziehen" oder sogar aktiv im Rahmen ihrer Fähigkeiten und Rollen für seinen Erfolg arbeiten. Man drückt dies oft so aus, daß ein Führer die „Verantwortung" für eine solche Position übernimmt. Jedenfalls würde ich den Schwerpunkt des Begriffs „Führung" auf den Einsatz von Einfluß und den Schwerpunkt des Begriffs „Amt" auf den Einsatz von Macht beziehen.

Der zweite Zusammenhang liegt entgegengesetzt: Es geht um Prozesse, durch die Einheiten, die keine (hier relevante) Führungsposition innehaben, Einfluß auf die Führungsspitze besitzen und benutzen können.

Im großen und ganzen ist dies das wohlbekannte Gebiet der „Interessengruppen"; dies sind ganz allgemein Teile der Wählerschaft mit bestimmten Ansprüchen an Parteien und Amtsinhaber. Einfluß kann in Wahlprozessen genutzt werden, um Bedingungen festzulegen, zu denen die Wähler Unterstützung – eine Form der Macht – gewähren werden. Oder er kann auf Amtsinhaber zielen mit der Absicht, ihre politische Entscheidung zu beeinflussen. In jedem Fall geht es um die Nutzung einer Basis mutmaßlichen „Vertrauens" und damit um die Nutzung des „Rechtes, sich zu äußern", um Stimmung für oder gegen eine Sache zu machen, sei es nun ein Bewerber für ein Amt oder eine bestimmte Politik oder was immer.

Politischer Einfluß also wird als die Art von Einfluß aufgefaßt, die im Kontext kollektiver Zielerreichung (*goal-functioning of collectivities*) angesiedelt ist und die Form generalisierter Überredung (*persuasion*) ohne Macht annimmt[20], das heißt, vom Einsatz von Macht oder direkter Drohung unabhängig ist, und die einerseits von der Führungsspitze oder Führungsbewerbern eingesetzt sowie andererseits von Einheiten außerhalb der Führungsspitze benutzt wird, um die Entscheidungen der Führung zu beeinflussen. Obwohl politischer Einfluß analytisch von der Macht unabhängig ist, sind beide eng verbunden. Ganz allgemein erwartet die Führung, daß ein Großteil ihres Einflusses — insbesondere bei der Wahl — in verbindliche Unterstützung für sie umgewandelt werden kann — und die Wähler erwarten, daß ein wesentlicher Teil ihres Einflusses in die von ihnen gewünschten Entscheidungen umgesetzt werden kann. Aber Macht und Einfluß sind unabhängig, und das bedeutet, daß hier offene Systeme vorliegen. Wäre Einfluß direkt Zug um Zug an Macht gebunden, so würde die Macht-Einfluß-Relation auf einen kompensatorischen Abtausch reduziert, und damit wäre das entscheidende Element der symbolischen Generalisierung zerstört.

(2) Der zweite Typ von Einfluß wurde als „fiduziärer" Einfluß bezeichnet. Der hier relevante Kontext ist nicht die effektive Festlegung des Weges zu Kollektivzielen, sondern die Allokation von Ressourcen in einem System, in dem es zahlreiche Kollektive und Ziele gibt und die Rechtfertigung jedes dieser Ziele problematisch ist. Die Interessen an der Kontrolle über Ressourcen und über die Erreichung von Zielen sind die klassischen Fälle für die Wirkung von „Interessen" in Sozialsystemen. In einem mehr oder weniger pluralistischen System muß die Allokation von Ressourcen jedoch einer normativen Kontrolle unterliegen; Verteilungen müssen durch den Bezug auf Normen gerechtfertigt werden, die allgemeiner sind als die Vorstellung, daß es schön wäre zu erhalten, was man gerne hätte. Darüber hinaus stellen Mittel, vom Standpunkt der Zielerreichung, den wesentlichen Wirkungsfaktor dar, der konditional die Erfolgsaussichten steuert. Einfluß auf die Allokation von Ressourcen ist somit ein besonders wichtiger Vertrauensbereich.

Es gibt in diesem Fall eine Beziehung zum Geld, die in gewisser Hinsicht der von politischem Einfluß zur Macht entspricht. Dies hängt mit folgender Tatsache zusammen: In einer Gesellschaft, in der die Wirtschaft gegenüber anderen Elementen der Sozialstruktur hochdifferenziert ist, wird Geld zum wichtigsten Verteilungsmechanismus — nicht nur für Waren, sondern auch für Dienstleistungen. Der Focus der Treuhand(*fiduciary*)-Funktion liegt also in der Verteilung von Vermögen, denn wer über Vermögen verfügt, ist in der Lage, über Marktkanäle Kontrolle über den entsprechenden Anteil an „realen" Ressourcen zu beanspruchen.

Die hier gemeinten Tauschprozesse konstituieren nicht den Geldverkehr mit Geld als zirkulierendem Medium, sondern Geld bildet hier einen Wertmaßstab. Auf der monetären Seite wäre die Planung eines Budgets ein Beispiel. Die verschiedenen Interessen am Budget formulieren ihre Ansprüche, und die Planung muß zu einer Rangordnung dieser Ansprüche führen. Dies ist der Ausdruck von Anspruch und „Recht" im monetären Bereich. Aber Ansprüche und Rechte unterliegen wiederum ihren eigenen Rechtfertigungs-Regeln. Es kann sich dabei niemals um die Vorgabe von „Werten als solchen" handeln, weil die Planungsinstanz, die mit knappen Mitteln wirtschaften muß, immer die Situationsbedingungen und konkurrierenden Ansprüche berücksichtigen muß. Sie arbeitet also auf der Normen- und nicht auf der Wertebene. Wer Ansprüche stellt, kann im konkreten Fall natürlich Macht einsetzen, um sie zu erzwingen, oder Anreize bieten — im extremen Fall Bestechung — oder verschiedene andere Möglichkeit probieren. Einfluß aber fällt eine besondere Rolle zu. Ein Beispiel: Bei Budgetverhandlungen führt ein hochqualifizierter und vertrauenswürdiger technischer Experte die Behauptung ein, er müsse, um den Erwartungen gerecht zu werden, ein bestimmtes Mindestmaß an Mitteln zu seiner Verfügung haben. Diese Forderung ist von den Budgetplanern, die selbst keine Fachleute auf dem Gebiet sind, schwierig zu ermessen. Andererseits müssen Allokationsentscheidungen durch den Bezug auf verbindliche Prioritäten gerechtfertigt werden. Solche Maßstäbe zeigen sich wahrscheinlich dann am deutlichsten, wenn es zu einer ungewöhnlichen Knappheit an Mitteln kommt und Einsparungen gerechtfertigt werden müssen. Ebensowenig wie der Budgetplaner in der Lage ist, den Bedarf der Experten zu beurteilen, so wenig sind diese, da sie in einem speziellen Sektor arbeiten, qualifiziert, die Dringlichkeit der konkurrierenden Ansprüche zu ermessen. Hier entspringt die Notwendigkeit gegenseitigen Einflusses, um diese Lücke zu schließen.

Der Budgetfall ist besonders einleuchtend, weil hier mehr oder weniger ein geschlossenes System vorliegt, und zwar infolge einer einheitlichen organisatorischen Kontrolle seiner Mittel und der Macht (in striktem Sinne), die Allokationsentscheidungen verbindlich durchzusetzen. Dieselben grundlegenden Prinzipien gelten jedoch für Allokationsprozesse auf dem freien Markt. Das Ideal der Ökonomen — freier Wettbewerb — bildet hier (wie in der Wirklichkeit) den Grenzfall, wo Einfluß als unabhängiger Faktor verschwindet. Es ergibt sich also, daß Einfluß vor allem in zwei Bereichen besonders wirksam ist. Der eine umfaßt die Aufstellung von Normen, durch die der Allokationsprozeß gesteuert wird — etwa durch Steuergesetzgebung und ähnliche Maßnahmen — der andere umfaßt

Modifikationen des „reinen" Marktes, wie die Einbeziehung von freiwilligen Beiträgen in die Allokation. Der Begriff der „Treuhandschaft" wird auch im allgemeinen Sinne für Fälle verwendet, in denen man von bestimmten „Betroffenen" nicht erwarten kann, daß diese ihre Interessen ohne Hilfe wahrnehmen können − ein Beispiel ist die Verwaltung des Vermögens Minderjähriger durch einen Vormund, durch Personen also, von denen man annehmen kann, daß sie akzeptable Maßstäbe anlegen, obwohl ihre Handlungen nicht durch persönliche finanzielle Interessen bestimmt sind.

(3) Die dritte Kategorie wurde als „Einfluß mittels Appell an unterschiedliche Loyalitäten" bezeichnet. Während im Fall des politischen Einflusses die Differenzierung auf der Führungsachse den strukturellen Schwerpunkt bildete und im Falle des fiduziären Einflusses das Kernproblem in der Verteilung knapper Mittel lag, geht es in diesem Fall um die pluralistische Mitglieder-Struktur in der Gesellschaft. Dies spielt sich sowohl auf der Ebene von (Individuen in) Rollen als auch von Kollektiven ab. Je stärker eine Gesellschaft strukturell differenziert ist, desto stärker ist jede konkrete Einheit ein verantwortliches Mitglied einer Vielzahl von Kollektiven.[21] Es müssen daher die Ansprüche dieser zahlreichen Kollektive auf loyales Verhalten − das eine Klasse von normativen Commitments darstellt − gegeneinander abgewogen werden.

Für das Individuum, besonders für den Erwachsenen, ist der wichtigste Fall in der Regel die Relation von Verwandschaft und Beruf, weil für die meisten (männlichen) Erwachsenen beide Zusammenhänge gleich wichtig und in modernen Gesellschaften strukturell voneinander unabhängig sind. Im allgemeinen sind in einer ausreichend stabilen Situation die ungefähren Richtlinien der Allokation von Commitments institutionell festgelegt, es gibt aber immer Unbestimmtheitszonen und Verschiebungen im Lichte sich wandelnder Umstände. Darüber hinaus wandelt sich unsere Gesellschaft rapide, und einer der Hauptaspekte dieses Wandels ist das Entstehen neuer (unter Zerfall alter) Kollektive und Loyalitäten. Ein großer Teil der Bevölkerung ist daher mit Entscheidungen konfrontiert, neue Commitments zu übernehmen oder alte zu opfern oder beides und Loyalitäten zu verschieben.

Die hier gemeinten Commitments gründen sich auf institutionalisierte Werte, die im Sinne dieser Analyse als gemeinsame Werte der Mitglieder einer Gesellschaft gelten können. Jedoch liegt es in der Natur einer differenzierten Gesellschaft, daß es ein wesentlicher

Unterschied ist, ob man einen Wert als wünschenswert hinstellt — wie aufrichtig auch immer — oder ob man sich persönlich für seine Verwirklichung einsetzt, weil die Fähigkeiten und Möglichkeiten jeder handelnden Einheit notwendig begrenzt sind und darüber hinaus ein Teil dieser Anstrengungen mit den Vorrechten anderer Einheiten kollidieren würde. Genau um dieses Problem geht es bei dem dritten Typ von Einfluß. Es ist die Frage der Rechtfertigung dafür, sich für bestimmte Dinge in Kollektiven und Subkollektiven besonders einzusetzen.

Eine Person wird also durch die Zugehörigkeit zu Kollektiven mit diversen Forderungen konfrontiert und dabei oft die Allokationsentscheidungen zu rechtfertigen haben. Die normative Struktur (von Commitments), die solche Prozesse steuert, umfaßt also einerseits Appelle an gemeinsame Werte und andererseits die Feststellung von Normen, die die praktischen Entscheidungen über die Allokation von Commitments gegenüber mehreren Loyalitäten regeln. Die Elemente dieser Art von Einfluß sind also, erstens, die Forderung, daß ein Aktor sich faktisch für gewisse kollektive Belange einsetzen sollte (nicht nur, daß es wünschenswert wäre, wenn diese Funktion effektiv erfüllt würde, unabhängig von *seinem* Einsatz; das wäre bloß die Assertion ihres Wertes), und zweitens die Postulierung der Normen, die nach allgemeiner Auffassung solche Entscheidungen regeln sollten — ebenfalls auf der Ebene der faktischen Allokation.

Im gewissen Sinne geht es auch hier — wie schon bei der vorherigen Kategorie von Einfluß — um die Allokation von Ressourcen. Aber das, was hier als „Loyalitäten" bezeichnet wird, ist nicht dieselbe Art von Ressourcen wie Geld und Macht oder wie die konkreten Nutzobjekte und Modi der Effektivität, die sie kontrollieren. Aus der Sicht der sozialen Einheit lautet die Frage nicht, mit welchen Mitteln man seinen Commitments nachkommen will, sondern *ob man die Verpflichtungen überhaupt* eingeht. Will man überhaupt etwas tun, so ist die Frage nicht, *wie* es erreicht werden kann, sondern vielmehr, ob man es eigentlich unternehmen *dürfte* — im Sinne einer Rechtfertigung eines solchen Engagements. Commitments sind in diesem Sinne sicherlich eine gesellschaftliche Ressource; im Handlungsparadigma beziehen sie sich aber bei der Analyse der „unit action" auf die „Orientierungsseite" und nicht auf die „Situationsseite".[22]

Wie schon oben gesagt, stellen generalisierte Commitments ein symbolisches Medium dar, das im Interaktionsprozeß grundsätzlich im selben Sinne wirkt wie Geld, Macht und Einfluß. Ein Versprechen, durch das ein Aktor bestimmte Alternativen von vornherein ausschließt, kann als eine *besondere* Verpflichtung angesehen werden. Beschwört man jedoch ein *generalisiertes* Commitment, so ist man damit in der Lage, eine Folge von einzelnen Verpflichtungen zu verlangen und diese als Antwort auf entsprechende Umstände zu „aktivieren", wie oben formuliert wurde. Ein gutes Beispiel bietet die Annahme eines Stellenangebotes. Commitment gegenüber der Stellung durch den prospektiven Arbeitnehmer schließt die Verpflichtung ein, eine komplexe Folge von Verhaltensweisen gemäß den Gegebenheiten der Organisation zu akzeptieren.

Generalisierte Commitments gründen sich auf Werte und berühren daher in gewissem Sinne die „Ehre" der betroffenen Aktoren, und zwar um so stärker, je generalisierter sie sind. Im allgemeinen können sie deshalb nicht leicht verändert werden. Andererseits würde in einer pluralistischen und sich wandelnden Gesellschaft die totale Rigidität von Commitments zu einer unerträglichen Rigidität ihrer Struktur führen. Es muß daher Prioritätsstufen in der Gewichtigkeit von Commitments, d. h. allgemeine Maßstäbe, und es muß Normen für die Definition von Situationen geben, in denen einzelne Verpflichtungen verändert und nicht nur neue eingegangen, sondern auch alte preisgegeben werden können, selbst wenn dies einen Bruch von Versprechen bedeutet, die guten Glaubens gegeben und angenommen wurden. Ein gutes Beispiel hierfür ist die allgemeine Regel, daß selbst in Berufen, in denen ein Stelleninhaber „unkündbar" ist, eine Kündigung unter Berufung auf bestimmte Gründe dennoch möglich ist. Die Kategorie von Einfluß, mit der wir uns hier beschäftigen, operiert in diesem Bereich flexibler Commitments und betrifft die Beziehungen zwischen der Rechtfertigung von Veränderung und den allgemeineren Loyalitäten gegenüber der Erfüllung eingegangener Verpflichtungen.

(4) In den drei Typen von Einfluß, die bisher diskutiert wurden, geht es um die Beziehungen des normativen oder integrativen Systems zu den anderen primären funktionalen Subsystemen der Gesellschaft, nämlich dem Politbereich, der Wirtschaft, und dem „strukturfunktionalen" System.[23] Der vierte und letzte Typus, der als „Einfluß, welcher auf die Interpretation von Normen gerichtet ist", bezeichnet wurde, gehört in das integrative System. Der Prototyp hier ist die Interpretation von Rechtsnormen in den Berufungsinstanzen des Prozeßwesens. Da Normen zwischen Wertbindungen *(value-commitments)* einerseits und einzelnen Interessen sowie Situa-

tionserfordernissen andererseits vermitteln, bedürfen sie bei ihrer Formulierung einer ständigen Anpassung an die Veränderungen auf diesen Ebenen. Weil darüber hinaus ihre primäre Funktion im Sozialsystem integrativ ist, gewinnt das Problem der Konsistenz besonderes Gewicht. Folglich ist in einem komplexen System mit normativer Steuerung die interpretative Funktion höchst wichtig. Um diese Funktion gruppiert sich eine Kategorie von Einfluß, für die das beste Beispiel die Art von Einfluß ist, die bei der Reputation von Richtern und Anwälten zum Tragen kommt. Wie auf so vielen Gebieten, spielen auch hier substantielle Argumente, das heißt, die einzelnen Begründungen, natürlich eine zentrale Rolle. Aber es besteht hier dasselbe Bedürfnis nach symbolischer Generalisierung wie in anderen Gebieten. Ein weiteres Beispiel für interpretativen Einfluß findet sich im Gebiet der Auslegung von ethischen Normen, die eine so wichtige Rolle in vielen religiösen Traditionen spielt.

Dies war ein überaus flüchtiger und vorläufiger Versuch, eine Typologie der verschiedenen Zusammenhänge zu präsentieren, in denen Einfluß eine Rolle spielt. In allen Fällen handelte es sich um Bereiche, in denen die allgemeinen Themen dieser Analyse mit hinreichend bekannten Begriffen belegt werden konnten, um die Überzeugung von der Realität und Wichtigkeit des hier als „Einfluß" bezeichneten Phänomens zu tragen. Es soll nochmals betont werden, daß der entscheidende gemeinsame Faktor im Mechanismus der persuasiven Meinungsbildung (persuasion) liegt, der über den Appell an einzelne Tatsachen, einzelne Intentionen, einzelne Obligationen und Commitments und einzelne normative Regeln hinaus generalisiert ist. Meine allgemeine Vorstellung ist, daß ohne ein verzweigtes System von Einfluß in diesem Sinn entweder eine sehr viel stärkere Atmosphäre des Mißtrauens existieren würde als dies der Fall ist oder das Vertrauensniveau nur durch die Einführung rigider Spezifizierung angehoben werden könnte — wem darf in welchen Fällen vertraut werden? —, was gerade die Flexibilität, die für eine komplexe Gesellschaft so wesentlich ist, drastisch einschränken würde.

Ist Einfluß eine Fixmenge in einem Sozialsystem?

Ein weiterer Hauptpunkt ist für das allgemeine Verständnis symbolischer Medien so wesentlich, daß die Diskussion ohne ihn recht unvollständig wäre. Es geht um ein Problem, das in der Geschichte der Analyse von Geld und Macht besonders prominent war. Demgegenüber blieb die fachtechnische Analyse von Einfluß auf einem so primitiven Niveau, daß es in diesem Zusammenhang nur selten auftauchte. Man kann es in die Frage fassen, ob die Medien allgemein in ihrer Wirkung der Bedingung einer „Summenkonstanz" (zero sum condition) unterliegen.

Auf bestimmten Ebenen und in bestimmten Zusammenhängen ist es offensichtlich, daß diese Bedingung vorliegt. Eine Einheit mit festem Geldeinkommen muß erhöhte Ausgaben für einen Zweck durch eine Reduktion der Aufwendungen für andere ausgleichen. Entsprechend bedeutet in Machtsystemen gemäß den Wahlregeln, daß eine für einen Kandidaten abgegebene Stimme den anderen verweigert wird; Amtsinhaber müssen bei vielen Entscheidungen zwischen einander ausschließenden Alternativen wählen. So wichtig dies ist — es ist nicht die ganze Geschichte.

Der am besten vertraute Fall im monetären Bereich, in dem das Null-Summen-Konzept nicht stimmt, ist die Kreditschöpfung der Banken. Geld ist in einer Hinsicht der wichtigste Träger von Eigentumsrechten. Depositäre einer Bank „verleihen" ihr Eigentum gewissermaßen an die Bank. Aber im Gegensatz zu den meisten Kontrakten geben sie nicht einmal zeitweise irgendeines ihrer Rechte auf; Hauptmerkmal einer Einlage ist, daß sie auf Anforderung zurückzuzahlen ist, mit keiner anderen Einschränkung als etwa den Banköffnungszeiten.

Die Bank handelt jedoch nicht einfach als Custos der Einlagen ihrer Depositäre. Sie verleiht einen bestimmten Anteil an Kreditnehmer zu Bedingungen, nach denen über die Gelder so weit verfügt werden kann, wie die termingerechte Rückzahlung und natürlich die Zinsleistungen (und Zahlungen der Nebenkosten) gewährleistet bleiben. Dies bedeutet, daß *dieselben Gelder* doppelt als zirkulierende Medien fungieren, so daß die Bankkredite eine Netto-Addition zur Quantität des zirkulierenden Mediums darstellen.

Dieser Gemeinplatz der Ökonomie hat eine sehr wichtige Implikation. Offensichtlich ist eine Bank unter *einem* gewichtigen Aspekt formell immer „insolvent", da ihre Einlagen „auf Abruf", ihre Kredite aber auf Frist stehen. Wenn alle Anleger gleichzeitig Zurückzahlung verlangten, könnte die Bank ihre Verpflichtungen nicht ohne Hilfe von außen erfüllen. Sie hat für gewöhnlich genügend Bargeld — und andere Ressourcen — an Hand, um Abhebungen in der erwarteten Größenordnung, einschließlich einer Sicherheitsmarge, auszahlen zu können; wäre sie aber völlig „liquide", würde sie aufhören, Bank zu sein. Geldpanik ist, genau genommen, eine Situation, in der eine abnormale Rückforderungsrate die Bank in eine schwierige, wenn nicht geradezu unmögliche, Lage bringt und im Extremfall ihr „Versagen" erzwingt.

Es stellt sich die Frage, ob es im Hinblick auf die anderen Medien nicht Phänomene gibt, die denen des Bank- und Kreditwesens im monetären Bereich entsprechen. Im Bereich der Analyse von Macht scheint diese Frage von der herrschenden Meinung verneint worden zu sein[24], aber diese Position ist fragwürdig. Der hierfür beste Kontext scheint die Beziehung zwischen der Gewährung von Macht an die Führung in einer demokratischen Vereinigung und dem Gebrauch dieser Macht durch die Führung zu sein.

Man kann sagen, daß die gewählten Führer durch den Vollzug der Wahlen Empfänger von Macht sind. Diese Verleihung (von Macht) ist darüber hinaus typischerweise im Prinzip widerruflich, zwar nicht „auf Abruf", aber doch am Ende einer Amtsperiode, wenn der Wähler seine Unterstützung auf einen rivalisierenden Kandidaten übertragen kann. Man könnte nun argumentieren, daß dies eine Macht-„Einlage" sei, die den Anlegern zum „Erwerb" politischer Vorteile zur Verfügung stünde – durch die Entscheidungen, die die Amtsinhaber irgendwo im System (nicht notwendig in diesem besonderen Amt) treffen. Dadurch würde es zu einem „zirkulierenden" System, in dem sich dann die Quantitäten von Macht ausglichen.

Auch dies ist jedoch wieder nur ein Teil der ganzen Geschichte. Der Machtanteil, der durch die Wahl für ein Amt erworben wird, kann in kollektive Unternehmungen „investiert" werden, die nicht direkt den interessenbedingten Forderungen der Wähler entsprechen, und diese Macht können wiederum Instanzen außerhalb der Wählerschaft nutzen. Da Macht unter bestimmten Umständen in Geld konvertierbar ist, bespielsweise durch Besteuerung, kann man sagen, daß ein Teil der Verwendung von Steuergeldern, wie die Unterstützung von wissenschaftlicher Lehre und Forschung, ein Prozeß der „Investition" durch Amtsinhaber ist – in der Exekutive wie in der Legislative –, der die Gelder Wissenschaftlern und Bildungseinrichtungen zur Verfügung stellt. Wenn die Wählerschaft, wie die Gläubiger einer Bank eine sofortige und strikte Abrechnung der Macht verlangen, würde das System sich, wie eine Bank, als „insolvent" erweisen – in dem Sinne, daß nicht alle Verpflichtungen gleichzeitig erfüllt werden könnten. Oft können Politiker jedoch gewitzt abschätzen, wie weit sie gefahrlos Verpflichtungen neben denen eingehen können, die spezifisch von ihren „Wählern", von denen sie abhängig sind, gefordert werden. Politisch organisierte Kollektive, einschließlich der Regierung, können wohl hauptsächlich vermöge dieses Mechanismus — die Schöpfung eines Zuwachses an neuer Macht — als Agenten kreativen sozialen Wandels dienen; es würde sehr viel grössere Schwierigkeiten mit sich bringen, würde man versuchen, direkt Forderungen der Wählerschaft für diese Veränderungen zu erzeugen.

Es erscheint logisch, daß dieselbe Überlegung auch für Einfluß gelten müßte. Der Fall, in dem das Null-Summen Konzept ganz besonders gelten sollte, ist der politischen Einflusses, weil nach der ökonomischen Analogie dies eine Art von *circular flow situation* (Kreislauf) ist, in der der Prozeß kollektiver Entscheidungsfindung in einem verzweigten System mediatisiert wird.[25] Die ökonomische Parallele liegt in den Märkten für Konsumgüter und Arbeit.

Im Bereich von Einfluß erscheint die Analogie zum Bank- und Kreditwesen am deutlichsten im Zusammenhang mit der Allokation von Loyalitäten. Die gesamte Analyse in diesem Bereich basiert auf dem Postulat, daß die Analogie insbesondere für ein hochpluralistisches Sozialsystem gilt, in dem die Allokation von Loyalitäten nicht im ganzen Umfang auf einer direkten Abschätzung der Wichtigkeit beruhen kann, die die jeweiligen Themen an sich haben, sondern wo Commitments weithin aufgrund von Einfluß eingegangen werden. Wenn die Einflußmenge nicht fix ist, sondern sich — vergleichbar monetären Krediten — erweitern kann, muß Einfluß als Mechanismus betrachtet werden, durch den eine bestimmte Kapazität an Macht und Commitment umverteilt wird, indem der Einfluß über solche Commitments mehr oder weniger direkt und absichtlich in die Hände bestimmter Instanzen gegeben wird.

Ich glaube, daß dies in einer Gesellschaft wie der amerikanischen hauptsächlich durch freiwillige Vereinigungen geschieht, die sich, anders als die Regierung, selbst in ihrem „demokratischen" Aspekt nicht primär mit politischen Funktionen befassen. Wer sich einer solchen Vereinigung anschließt, entspricht einem „Anleger". Man hat damit, wie oft gesagt wird, dem Verein und seiner Führung „seine Stimme gegeben". Aber ein solcher Verein tut oft mehr, als nur Einfluß zu sammeln; er schafft im Effekt ein Mehr des umlaufenden Einflusses. Dies kann in dem Maße geschehen, wie die Führung *unabhängig* entscheidet, wie der „Name" — nicht des einzelnen Mitgliedes, sondern des Vereins — benutzt werden soll, um ein Engagement zu fördern, das man für wünschenswert hält, im allgemeinen jenseits der Grenzen der Mitglieder selbst.

Solche Assoziationen kann man folglich als einer Art „Einfluß-Bank" auffassen. Wie Geldinstitute sind sie formal insolvent. Wenn ihre Mitglieder also eine strikte Abrechnung forderten — „ihr sollt den Namen der Vereinigung nicht benutzen ohne explizite Zustimmung der gesamten Mitgliedschaft zu jeder einzelnen Implikation!" — zerstört dies natürlich die Handlungsfreiheit der Führer und bewirkt eine Deflation des „Einflußkredits". Die Folge daraus wäre, daß vielen Instanzen, die von der Unterstützung solcher Einflußlieferanten abhängig sind, die Grundlage genommen würde, auf der sie es „sich leisten" können, wichtige Verpflichtungen einzugehen. Jedoch arbeiten die Führer solcher Assoziationen unter gewöhnlichen Umständen mit der Einschätzung der Margen ihrer Unabhängigkeit. Sie gehen in der Tat im Namen des Vereins Verpflichtungen ein, die über die Ebene expliziter Autorisierung — wenn auch nicht über die Ebene realistischer Erwartung der „Entlastung" — durch die Mitglieder hinausgehen. Indem sie das tun, vergrößern sie den Nettobetrag an Einfluß, der im System zirkuliert, und bewirken einen Effekt in der Verteilung von Commitments in der Gesellschaft in Richtung auf eine Förderung der Ziele, die sie anstreben.

Aus diesem Argument sieht man, daß auch in den Bereichen von Macht und Einfluß Phänomene analog zu Deflation und Inflation im ökonomischen Falle zu finden sind. Es wurde bereits angedeutet, was deflationäre Tendenzen in diesem Bereich bedeuteten. Im Bereich von Macht führten sie zu einem immer stärkeren Rückgriff auf strikte Autorität und Zwangssanktionen, die in der Androhung und Verwendung physischer Gewalt gipfeln würden. Im Bereich von Einfluß würden sie durch immer stärkeres Infragestellen aller Loyalität und durch zunehmendes Beharren auf einer engen Orientierung an der Innengruppe die Basis des Vertrauens zu Reputation und treuhänderischer Verantwortung unterminieren.[26]

Inflationäre Prozesse andererseits bedeuten für Einfluß eine Ausweitung des Rufs nach verbindlichen Situationsdiagnosen, die nicht mit soliden Informationen validiert werden können, und demgegenüber die Deklaration löblicher \bsichten, die im Ernstfall nicht durch ein echtes Engagement eingelöst werden. Leider ist es hier nicht möglich, diese Themen so auszuführen, wie sie es verdienen.

Es muß nicht gesagt werden, daß dieser Essay wirklich nur sehr tentativ ist. Er kann nicht mehr beanspruchen, als eine erste Annäherung an die sehr komplizierten Probleme dieses Bereichs zu sein. Jedoch hoffe ich, daß er nicht nur eine nützliche Grundlage der Diskussion, sondern auch ein Stimulanz ernsthafter Forschung sein möge.

Postscript zur Arbeit über Einfluß

Anläßlich des Wiederabdrucks der drei Aufsätze über Macht, Einfluß und Wertbindungen in dem 1969 erschienenen Sammelband *Politics and Social Structure* schrieb Parsons ein Postcript zur Arbeit über Einfluß. In diesem Postcript sagt Parsons (sinngemäß) folgendes:

Einige der Schwierigkeiten in der Behandlung von Einfluß haben mich veranlaßt, dem Verständnis des Lesers durch ein kurzes Postscript entgegenzukommen.

Mir scheint der Beitrag mittlerweile an einem Punkt verfehlt zu sein. Wenn Einfluß wie Geld und Macht als generalisiertes Tauschmedium behandelt werden soll, muß es ein Äquivalent zum Konzept des ökonomischen „Tauschwertes" im Unterschied zum „Gebrauchswert" geben. Wird Einfluß als Medium der Meinungsbildung betrachtet, dann muß es so etwas wie „intrinsische" „Meinungsmacher" – parallel zu „Bedürfnisbefriedigern" – geben, über die mittels Einfluß in Tauschprozessen verfügt werden kann, die aber nicht schon in sich selbst Einfluß darstellen. Im Bereich der Wirtschaft sind dies die „Güter und Dienste". In meinem Aufsatz habe ich zwei Gruppen von intrinsischen Meinungsmachern vorgeschlagen, nämlich *Information* und *Intention (Absichtserklärung)*.

Im ersten Teil dieses Postscripts wird der Status der Intentionen diskutiert; es wird gezeigt, daß ein bestimmter Typus solcher Intentionen tatsächlich ein intrinsischer Meinungsmacher ist, nämlich die sogenannten *„value-commitments"*. Zwei weitere Gruppen von intrinsischen Meinungsmachern, nämlich politische Unterstützung von Kollektiven und die Abstufung von Ansprüchen gegenüber flüssigen Ressourcen müssen etwas anders präsentiert werden. Beim ersten handelt es sich allerdings um eine spezielle Klasse von Intentionen, es gilt nicht für Intentionen im allgemeinen. Formal gesehen, sind alle drei *Produkt*-Outputs des integrativen Systems gegenüber jedem der drei anderen primären Subsysteme (man vergleiche dazu Schema 2 des Technischen Anhangs). Das Problem des Status von Informationen muß anders gesehen werden als im Original-Aufsatz dargestellt, und dies wird zu erläutern sein.

Der zweite Teil dieses Anhangs beschäftigt sich mit zwei wichtigen Möglichkeiten der Analyse von Einfluß, die im Original-Aufsatz noch nicht gesehen wurden. Die erste bezieht sich auf die Relation von Einflußmechanismen auf die Abläufe und Funktionsweisen einer Vielzahl von verflochtenen Solidaritätsgruppen im Gegensatz zur Wirkungsweise dieses Mechanismus innerhalb eines einzelnen derartigen Kollektiv-Systems. Hier wird sich ein Anschluß an die Bezugs-gruppen-Theorie ergeben. Die zweite Erweiterung der ursprünglichen Theorie besteht in einem neuen Ansatz gegenüber dem Problem der Definition und Analyse der quantitativen Dimension von Einfluß-systemen, was im Original-Beitrag vollkommen unberücksichtigt blieb. Es wird sich zeigen, daß man dazu eine sorgfältige Unterscheidung zwischen Einfluß und dem Problem seiner Quantifizierung einerseits sowie Geld, Macht und Commitments auf der anderen Seite treffen muß. Dies wird zu der These führen, daß der eigentliche Focus für die Quantifizierung von Einfluß in der Rangordnung von Prioritäten liegt, nach denen die Funktionen der verschiedenen sozialen Einheiten oder Subsysteme in einem Bezug zu Systemen geordnet werden können.

Zunächst zum Problem der Intentionen: Hier ergibt sich bereits eine wesentliche Klärung durch die Behandlung der Wertbindungen im Folgekapitel. Das Problem besteht im wesentlichen darin, die „Intentionen" auf der richtigen Ebene zu interpretieren, wobei es um die Spezifizierung der Wertbindungen geht, die auf eben jener Ebene vorgenommen werden muß, die für die praktische Verwirklichung in gegebenen Situationen erforderlich ist. Der Prototyp wäre die Validierung von Einflußnahmen in der Weise, daß das betreffende Individuum oder Kollektiv ein „Commitment" eingeht, einen Weg einzuschlagen, der ihm durch die Einflußnahme vorgezeichnet wurde. Im wesentlichen bedeutet das, daß nicht schon jede Absichtserklärung in diese Kategorie gehört, sondern nur solche, die ein tatsächliches Commitment (im Sinne des folgenden Kapitels) darstellen. Das entscheidende Kriterium ist die Frage, ob der Makel moralischer Schuld entsteht, wenn die Commitments nicht erfüllt werden, soweit nicht ihre Verletzung durch den Aufweis ihrer Inkompatibilität mit höheren Verpflichtungen hinreichend begründet ist. Anderenfalls lägen nur die bekannten guten Absichten vor, mit denen sprich-wörtlich der „Weg zur Hölle gepflastert ist".

Natürlich bilden die Commitments als solche nicht schon das ‚letzte Ziel' im Prozeß der Meinungsbildung, sondern sie sind vielmehr gebündelte Komponenten, die für die gewünschte Entscheidung und die Implementation ihrer Konsequenzen vermutlich von Bedeutung sind. Der Meinungsmacher „erhält" durch den Einsatz seines Einflusses bestimmte Commitments, die er seinerseits wieder „verwenden" kann. Was das bedeutet, kann vielleicht am Beispiel des Einsatzes von Einfluß erläutert werden, der die „Kompetenzlücke" im medizinischen Bereich überbrücken soll. Beispielsweise soll ein

Patient „angewiesen" werden, sich einer bestimmten Operation zu unterziehen. Wenn er diesen Rat akzeptiert, und das heißt, ein Commitment eingeht, kann der Chirurg dann die tatsächliche Operation mit einer hohen Wahrscheinlichkeit planen, daß der Patient „die Sache wirklich durchzieht". In einem komplizierteren Fall kann der Patient angewiesen werden, sich einer ziemlich umständlichen Prozedur in Verfolg eines langwierigen Krankheitsproblems zu unterziehen. Folgt er diesen Anweisungen, so geht er ein Commitment ein, eine Vielzahl von Pflichten in verschiedenen Umständen über eine ausgedehnte Periode hinweg auf sich zu nehmen. Dem läuft natürlich in der Regel auf der anderen Seite des Commitment des Arztes parallel, die Behandlung kontinuierlich zu überwachen. Das „Initial-Commitment" ist jedoch der eigentliche Auslöser, durch den der „Meinungsmacher" (hier der Arzt) eine kontinuierliche Kontrolle über das Verhalten des Patienten übernimmt, beispielsweise durch die direkte oder indirekte Erinnerung daran, was der Patient „ihm versprochen hat". Formal gesehen handelt es sich hier um einen reziproken Austausch zwischen dem integrativen und dem *pattern-maintenance*-System (vgl. Schema 2). Die hier relevante Form des Commitments ist ein „Commitment gegenüber gemeinsamen Werten", also eine Bestätigung der Wertgrundlagen, auf denen die Beziehung Arzt/Patient beruht, wenn jener gesund werden soll, wobei insbesondere Sensibilität und Offenheit des Patienten gegenüber den Ratschlägen des Arztes gefordert wird. Natürlich darf man nicht etwa annehmen, daß die beiden sich nicht gegenseitig beeinflussen würden; der Arzt sucht das Commitment des Patienten, seinen Rat anzunehmen, und umgekehrt sucht und wünscht der Patient das Commitment des Arztes, sein Bestes im Interesse seiner Gesundheit zu tun. Die reziproken spezifischen Commitments erhalten ihren Sinn kraft der allgemeineren Commitments auf beiden Seiten gegenüber dem Wert der Gesundheit.

Der Input an Commitments in das integrative System, der die Form von Commitments gegenüber positiv bewerteten Gemeinschaftsbildungen annimmt (*valued association*), ist der Faktor, der eine Form der Solidarität fördert, die den höchsten Rang in der kybernetischen Stufenfolge einnimmt, und steht in diesem Sinne sogar über der Solidarität selbst. In dieser Hinsicht entspricht seine Rolle der der Macht in einem Kreditsystem, durch die ein Zugang zu anderweitig nicht verfügbaren ökonomischen Ressourcen geschaffen wird, so daß es zu einer Steigerung der Produktivität durch Investitionen kommen kann. Im Gegensatz zu dem allerdings, was vorher in dem Aufsatz gesagt wurde, sollte dies nicht als die „Sicherheitsbasis" von Einfluß als einem generalisierten Medium betrachtet werden. Die Frage wird noch einmal weiter unten behandelt. Information als möglicher „intrinsischer Meinungsmacher" steht nicht ganz so dicht an dem primären Statut eines „intrinsischen Meinungsbildners" wie dies für „Intentionen" im Sinne des Haupttextes gilt. Soweit die Relation symmetrisch zu der L-I-Relation ist, müßte der relevante Input eine Form politischer Macht, insbesondere politischer Unterstützung sein. Sofern dies der Fall ist, wäre es zu weit hergeholt, dies eine Form von „Intentionen" zu nennen. Der Unterschied zwischen Commitments gegenüber gemeinsamen Werten, der hier vor allem zum Tragen kommt, liegt jedoch in dem Umstand, daß politische Unterstützung als eine Form von Macht (wie im Haupttext behauptet) *Kollektive* bindet, während Wert-Commitments eine soziale Handlungseinheit „innerlich" binden, aber nicht spezifisch mit konkreten kollektiven Maßnahmen verknüpft sind. Ein Akt politischer Unterstützung kann jedoch durch eine Absichtserklärung eingeleitet und dann durch Abstimmungsprozesse realisiert werden. Folglich sind *beide* Hauptgruppen von intrinsischen Meinungsmachern mindestens teilweise eine Form von „Absichtserklärung".

Information steht auf einer ganz anderen Ebene, weil sie eine Komponente in allen Austausch-Vorgängen von Sozialsystemen ist. Information ist jedoch nicht selbst, isoliert von allen anderen Komponenten, ein Tauschmedium. So ist die Information, daß eine Verpflichtung eingegangen wurde oder aller Wahrscheinlichkeit nach eingegangen wird, von entscheidender Bedeutung für die meinungsbildende Kraft dieses Commitments, und Ähnliches gilt für einen Akt politischer Unterstützung. Das gleiche gilt auch für die „Grundlage" von Einfluß, weil, wie im vorigen Beispiel, die Information, daß die wohlüberlegte und verantwortliche Meinung eines reputablen Arztes, daß Patient X eine bestimmte Operation vornehmen lassen *müßte*, ein entscheidender Faktor für X' Entscheidung ist, ob er ein Commitment eingehen soll oder nicht. Die Information, auf deren Grundlage der Arzt *seine* Meinung bildet, liegt natürlich auf einer anderen Ebene, die in der Regel wegen der Kompetenzlücke für den Patienten nur partiell zugänglich ist. So werden also bestimmte Informationsinhalte der entscheidende Faktor dafür sein, daß eine bestimmte Person *Alter* von einer bestimmten Person *Ego* gemäß dem oben entwickelten Einflußschema zu einer bestimmten Meinung geführt wird. Aber auf beiden Seiten dieser Commitment-Macht-Relation ist Information eine Komponente des „Bündels", die intrinsisch meinungsbildend in unserem theorie-technischen Sinne ist, sie ist keineswegs ein „Typus" eines solchen Bündels, geschweige denn das einzige Bündel.

Wo eine bestimmte Informationsgröße hinreicht, um eine Meinung zu erzeugen, findet man oft zugleich den Versuch, Einfluß auszuüben. Das übliche Muster sieht so aus: *Ego* sagt zu *Alter*: „weißt Du eigentlich schon, daß . . .". Hier wird *Alter* ihm um so eher glauben, wie *Ego* in seiner Beziehung zu *Alter* ein bestimmtes Maß an Einfluß im erörterten Sinne besitzt, sofern *Alter* die Sache nicht ohnehin leicht selbst überprüfen kann.

Einer der Gründe dafür, warum die Behandlung von Information als einem intrinsischen „Überredner" so verführerisch naheliegend schien, ist die Tatsache, daß Information tatsächlich einen sehr wichtigen Platz im Einflußsystem einnimmt. Der wichtige Punkt ist, daß Commitment gegenüber Solidarität bei Gemeinschaftsbildungen (*valued associations*) nicht, wie oben behauptet, die Sicherheitsgrundlage des Einflußsystems ist; dies sind vielmehr bestimmte Formen von Wissen, die hier als Formen von Informationen behandelt werden können. In Einflußsystemen spielt dieses informative Wissen eine ähnliche Rolle, wie das Gold in monetären Systemen und die Gewalt in Macgtsystemen. Diese Einheiten (Information, Gold und Gewalt) bilden die Randzone des symbolischen Charakters von Medien; sie bilden den Punkt, wo der Gebrauchswert als zentraler Gesichtspunkt hervortritt; Gold beispielsweise ist als Tauschgut beinahe immer akzeptabel, mit Ausnahme der Fälle, in denen besondere Bedürfnisse bestehen — für einen Verhungernden etwa wäre eine „Gold-Diät" nicht besonders nahrhaft.

In gleicher Weise ist der Einsatz von Gewalt das „äußerste" Zwangsinstrument, das verbindliche Entscheidungen „erzwingen" kann, aber wie Gold bestimmte kritische Grenzen hat, weil es im Grunde das äußerste Präventiv, aber nicht notwendigerweise der beste „positive Motivator" zur Erzeugung von Willfährigkeit ist. Und entsprechend kann eine bestimmte Form von Wissen oder Information in gewissen beschränkten Umständen ausreichen, um zu überzeugen und größere Sicherheit bieten als die bloße „Meinung" oder „Ansicht" der Person, die zu beeinflussen sucht. Die Beschränkung liegt darin, daß Information nicht die vielfältigen Lücken überspringen kann, für die Überredung so wichtig ist — so wie bei der oben angedeutete „Kompetenzlücke". Folglich würde ein System der Meinungsbildung, das man auf die Zirkulation von verifizierbarer

Information reduzieren könnte, die Funktionen von Einfluß als Medium ganz erheblich deflationieren.

Wir können uns nun der Erweiterung der Analyse von Einfluß über das im Haupttext erreichte Niveau hinaus zuwenden; dies geht in zwei Richtungen, die bei kurz zu kommentieren sind, ohne allzu sehr ins Detail zu gehen. Einmal geht es um die Natur der Solidaritätssysteme, der assoziativen Gruppen, innerhalb derer Einfluß als Medium wirkt. Die Diskussion im Haupttext konzentrierte sich überwiegend auf seine Wirkung innerhalb eines einzelnen Solidaritätskollektivs. Den Implikationen dieses Bezuges vollständig nachzugehen, würde sicherlich zu weit führen. Sie gewinnen allerdings erhebliches Gewicht, wenn sie im Kontext eines „pluralistischen" Systems von einander interpenetrierenden Gruppen betrachtet werden, die infolge der vielschichtigen Bezüge aus der Sicht der sozialen Einheit (insbesondere des Individuums) zu einem *Referenzgruppen*-System werden.

Mit *Interpenetration* meine ich hier, daß dieselben Individuen und Kollektiv-Einheiten Mitglieder von zwei oder mehr derartigen Solidaritätsgruppen sind; so ist beispielsweise ein Angestellter sowohl Familienmitglied als auch Angehöriger der Betriebsorganisation und darüber hinaus noch Mitglied in vielen anderen Zusammenhängen. Einfluß, wie die anderen Medien, ist daher von einer Solidaritätstruppe zu einer anderen *transferierbar*, ähnlich etwa der Art und Weise, wie das Lohneinkommen von den Unternehmen zum Familienhaushalt transferierbar ist.

Hier wirkt die soziale Einheit (ein Individuum oder ein Kollektiv) durch die gemeinsame Mitgliedschaft wie ein „Knotenpunkt", durch den Einfluß von einer Gruppe zur anderen fließen kann. Im Fall des Individuums können wir an Prozesse denken, die sich so auswirken, daß das „Prestige" eines Individuums in einem Kollektiv ihm hilft, die Mitglieder in einem anderen Kollektiv gemäß seinen Wünschen zu beeinflussen. Das Phänomen der „Ehefrau eines Prominenten" (*corporation wife*), das in einer gewissen Periode ausführlich diskutiert wurde, bildet ein Beispiel. Ein Unternehmen kann aufgrund der Position des Ehemannes im Unternehmen einen gewissen Einfluß auf die Ehefrau ausüben, sich über die Grenzen hinaus zu engagieren, die sie sonst beschränken würden, wie umgekehrt solche „Rand"-personen einen merklichen Einfluß auf die Vorgänge im Unternehmen haben können.

Dahinter steht die Idee, daß in dem Bereich, in dem Einfluß wirkt, ein analoges Problem zu dem des „Marktumfanges" liegt, wie das in der Wirtschaftstheorie mindestens seit Adam Smith gesehen wurde, und daß dieser „Markt"-Umfang mit einem bestimmten Aspekt der Arbeitsteilung in Durckheims Sinne verbunden ist, nämlich dem Einbezug des Einflußsystems in einen Bereich differenzierter Solidaritätsgruppenbildungen. Vor allem in diesem Zusammenhang — also in der Relation zu pluralistischen Strukturen — liegt die besondere Bedeutung von Einfluß als einem Integrationsmechanismus von Sozialsystemen.

Die explizite Einführung einer pluralistischen Menge von Bezügen für die Analyse von Einflußsystemen schafft vor allem zwei Probleme. Dabei geht es nicht nur um die Frage der Quantifizierung, auf die schon oben Bezug genommen wurde, sondern vor allem auch um die Frage der Natur des institutionellen Codes, mittels dessen Einfluß in legitimer Form ausgeübt wird, wobei man die Parallele zum Eigentum im Auge haben muß, als dem institutionellen Code, der der monetären Evaluation zugrunde liegt, und zur Herrschaft als dem „Recht" der Verwendung von Macht. Es ist klar, daß ein solcher Code von höherem Allgemeinheitsgrad sein muß, als seine Funktion in den einzelnen Kollektivsystemen.

Der Kern dieses Codes scheint im Schichtungssystem in einer Gesellschaft zu liegen.[27] Es geht hier im wesentlichen um die Kriterien, durch die Einheiten in einem Sozialsystem einen *generalisierten* Status-Rang erhalten, der die Spezifität von Funktion oder Situation transzendiert. Die relative Rangposition einer bestimmten sozialen Einheit, also eines Individuums oder eines Kollektivs, wird folglich durch den Begriff „Prestige" bezeichnet. Eine Prestige-Position, die in sich selbst notwendig relativ ist, d. h. einen Punkt einer Rangordnung bezeichnet, ist die Status-Basis, von der aus die soziale Einheit als Knotenpunkt im oben gemeinten Sinne im Prozeß der Zirkulation von Einfluß wirken kann, wobei es nicht nur um die „Ausübung von Einfluß" geht, sondern auch darum, in eine Position dafür zu gelangen, indem man ein bestimmtes „Einkommen" an Einfluß erhält, ebenso aber auch durch die Anerkennung dessen, was man im Einzelfall erreicht haben mag, oder auch durch den Erwerb noch angesehener Mitgliedschaftsrollen oder -ämter.

Ein besonders augenfälliges Beispiel ergibt sich dort, wo ein Einzelner durch Wahl oder Ernennung ein hohes öffentliches oder privates politisches Amt übernimmt: dadurch erlangt er nicht nur einen höheren Grad an Kontrollgewalt als früher, sondern erweitert darüber hinaus das vorhandene Maß an Einfluß durch die Verbindung mit der hinzugewonnenen Macht. So hat beispielsweise die damalige

Wahl von Richard Nixon zum Präsident der Vereinigten Staaten seine verfügbare Macht enorm gesteigert, darüber hinaus aber auch den Grad an Einfluß in vielen Bereichen der Gesellschaft ganz erheblich erweitert. Diese Zweitfolge des Machtgewinns würde ich so ausdrücken, daß sein Prestige gewachsen ist.

Dieses bekannte Phänomen beweist auch das theoretische Problem der *quantitativen* Dimension von Einfluß als Medium, das in der Diskussion von Einfluß im Haupttext allenfalls angedeutet wurde. Es kann wenig Zweifel darüber bestehen, was gemeint ist, wenn man sagt, daß X mehr Geld hat als Y, da Geld als Quantität sich über ein lineares Kontinuum erstreckt, das durch eine formalisierte Einheit aufgebaut ist, nämlich der „Währungs"einheit. Es ist jedoch wichtig zu erkennen, daß es hier nicht darum geht, etwas zu „haben", z. B. einen Geldhort, sondern darum, Kontrollgewalt über ein „Vermögen" von monetären Werten zu haben, von denen viele in ihrem Wert ebenso stark auf „Erwartungen" begründet sind wie vieles andere auch.

Ähnlich ist es innerhalb eines umgrenzten Organisationszusammenhangs auf der im Haupttext dargestellten Grundlage nicht schwierig zu definieren, was gemeint ist, wenn man sagt, daß X mehr Macht hat als Y. Im Sinne vollständiger Institutionalisierung würde ich sagen, daß innerhalb einer einzelnen Kollektiv-Organisation folgendes gemeint ist: X ist Inhaber eines Amtes, das in einer gegebenen Autoritäts-Hierarchie höher steht als das Amt von Y. Als Kriterium muß hier gelten, daß bei konfligierenden Ansichten die Entscheidung von X im Hinblick auf die Festlegung des Kollektivs den Ausschlag gibt.[28] Wo schließlich verschiedene Sysetme kollektiver Organistion ins Spiel kommen, ist es Macht im umfassenderen und übergeordneten Kollektivsystem, die bei sonst gleicher Ausgangslage über die anderen Subsysteme dominiert. Der Föderalismus und die Gewaltenteilung errichtet Schranken gegenüber einer vollständigen Transferierbarkeit der Macht zwischen den sozialen Einheiten in diesem Fall, ebenso wie dies für eine klare Differenzierung zwischen privaten sozialen Einheiten bei Organisationen gilt. So gibt es in der Regel keine klare Beziehung relativer Amtsautorität zwischen dem Präsidenten einer Universität in einer lokalen Gemeinde und dem Spitzenmanager eines Unternemens mit etwa vergleichbarer relativer „Wichtigkeit" in dieser Gemeinde. Ihre primären Beziehungen zueinander sind nicht durch Macht in unserem Sinne bestimmt.

Die Frage: „Was ist gemeint, wenn man sagt, daß X mehr *Einfluß* hat als Y? " muß in diesem Kontext gesehen werden, in dem *unter-*

schieden wird zwischen der Sinnbedeutung von „mehr Einfluß", „mehr Macht" oder „mehr Reichtum". Spezifisch geht es um folgendes: Wie kommt es, daß X mehr meinungsbildende Kraft hat als Y, unabhängig davon, wieviel direkte Kontrollgewalt der Einzelne über „intrinsische Meinungsbildner" hat, einschließlich der eben schon betrachteten Formen von Commitment und politischer Unterstützung. Die Antwort auf diese Frage ist nicht einfach und tief verknüpft mit der Theorie sozialer Schichtung. Soweit es dabei um hierarchische Aspekte geht, liegt es nahe, daß man hier von einer „Prestige-Hierarchie" spricht. Damit entsteht zwingend die Frage, ob dies nicht mit der Reichtumsskala identisch ist, d. h. der Verfügung über Vermögenswerte, die in Geld konvertierbar sind, oder mit der Verfügbarkeit von Macht, die konvertierbar ist in die Fähigkeit, kollektive Organisationen zu einem bestimmten Handeln zu verpflichten.

Die Antwort ist ein klares Nein. Die Erzeugung von Einfluß ist eine Funktion von *Faktoren*, die sowohl aus der Wirtschaft wie aus der Politik stammen; folglich sind sowohl Reichtum wie Macht für den Grad des Einflusses von Bedeutung. Aber Einfluß ist auch eine Funktion eines Faktor-Inputs, der von denen des Reichtums und der Macht, jeweils für sich oder in Kombination betrachtet, *verschieden* sind, nämlich in strikt sozialsystematischen Termini Commitment gegenüber Werten und Loyalität gegenüber solidarischer Gruppenbildung. *Weder* Commitments gegenüber Werten noch Loyalität, geschweige denn beide zusammengenommen, lassen sich als eine einfache abhängige Variable von Reichtum oder Macht oder beidem betrachten. In unserem Bezugssystem hängt die Struktur solidarischer Gruppenbildung teilweise von der Struktur der Kollektive mit ökonomischem und politischem Primat ab, ist aber andererseits davon auch unabhängig, obwohl natürlich Interpenetrationsbeziehungen in beiden Richtungen bestehen.

Einfache Beispiele aus der heutigen Gesellschaft bieten den Einfluß von Sprechern der Kirche und Sprechern ethnischer Gruppen. Im ersten Fall ist beispielsweise die katholische Kirche in den USA weder übermäßig reich noch umfaßt ihre Mitgliedschaft (trotz der Zugehörigkeit des Kennedy-Clans) im allgemeinen den wohlhabendsten Sektor der Bevölkerung noch verfügt die katholische Kirche in den berühmten Worten von Stalin über „die meisten Divisionen". Ihr Einfluß, würde ich sagen, steht in keinem Verhältnis zu ihrem Reichtum und ihrer Macht. Ein ähnliches Argument ließe sich für die Universitäten vorbringen: Zwar konsumieren sie erhebliche Geldmittel, sie sind aber im ganzen „in sich selbst" nicht gerade wohlhabend, im Gegenteil müssen sie in großem Umfange subsidiert werden und ihre Mittel „erbitten", beispielsweise von der staatlichen Verwaltung, und sie haben folglich keine Verfügungsgewalt, finanzielle Ressourcen aus „eigener Gewalt" zu verteilen. Und doch sind sie höchst einflußreich als soziale Einheiten moderner Gesellschaften.

In diesem Zusammenhang gewinnt der Pluralismus der Solidaritätssysteme, in denen Einfluß seine Wirkung entfaltet, wieder besondere Bedeutung. Die Konzeption der „Arbeitsteilung" im Sinne Durckheims, die hier zum Tragen kommt, bedeutet, daß durch ausgedehnte „Einflußmärkte", die zahlreiche interpenetrierende Gruppen umfassen, der Zugang sowohl zu Einflußfaktoren, wie Commitment gegenüber den freien Assoziationen, und zu „intrinsischen Meinungsbildnern", wie politischer Unterstützung, wesentlich größer geworden ist, als es sonst der Fall sein könnte. Es scheint tatsächlich gerechtfertigt, die Hypothese aufzustellen, daß die quantitative Dimension von Einfluß durch den *Umfang* der interpenetrierenden Kanäle definiert werden muß, durch die Einfluß einerseits transportiert und andererseits an Land gezogen werden kann. Daraus ergibt sich folgendes: Wer das höchste Prestige in einem bestimmten Bereich hat, kann seinen Einfluß in dem weitestmöglichen Umfang verschiedener kollektiver Subsysteme geltend machen und hat zugleich in diesem Bereich Zugriff auf die Ressourcen — was in beiden Fällen einen Variationsbereich in den *Proportionen* von Faktoren und Produkten umfaßt. Diese Aussage erfordert noch ein erhebliches Maß an Begründung und Erforschung ihrer Implikationen, aber sie scheint eine vernünftige Grundlage für einen Ansatz zu dem wichtigen Problem einer Definition der quantitativen Dimension zu sein.

Diese Überlegungen stützen die Ansicht, daß Prestige verhältnismäßig unabhängig von (natürlich zugleich aber interdependent mit) sowohl Reichtum — als der Verteilung von ökonomisch wertvollem Vermögen — und Macht — als der Verteilung von Autorität — und tatsächlich auch *value-commitments* ist. Diese Unabhängigkeit beruht m. E. auf zwei Fundamenten. Eine davon ist der *Umfang* des Systems von interpenetrierenden Solidaritätsgruppen-Bildungen, die soeben diskutiert wurden, innerhalb derer Einfluß von der jeweiligen Position aus effektiv zur Wirkung kommt. Die berühmte soziologische Unterscheidung zwischen „Lokal-Berühmtheiten" und „Kosmopoliten" ist für diesen Punkt von Bedeutung.

Die zweite Grundlage bildet demgegenüber der Ort, den die jeweiligen Solidaritätsgruppen in bezug auf die vielfältigen Subsysteme des im umfassenderen gesellschaftlichen System institutionalisierten Wertsystem besetzen, und andererseits die Prioritäten der relativen Wichtigkeit, die mit diesem Wertsystem zusammenhängen oder darin sozusagen „eingebaut sind". So kann man, glaube ich, sagen, daß in dem amerikanischen Wertsystem in der letzten Generation eine substantielle Verschiebung in der relativen Stellung der Subwerte „ökonomische Rationalität" zugunsten der Subwerte „kognitive Rationalität" und „gerechterer Verteilung" stattgefunden hat. Diese Verschiebung hat ihrerseits die Verhältnisse der Legitimation in dem Sinne verschoben, daß sich die Betonung der Wichtigkeit von ökonomischer Produktivität als der primären Funktion eines Subsystems der Gesellschaft zugunsten der Betonung der Wichtigkeit des Einbezugs von „Minderheiten" verändert hat und darüber hinaus Bildung und Forschung als funktionell vordringlich erscheinen. Dies eine *relative*, aber keineswegs unwichtige, Verschiebung.

Wir nehmen natürlich an, daß relative „Auszeichnungen" durch besondere Leistungen, welcher Art auch immer, stets ein Prestige-Faktor sind. So war ein Carnegie oder ein Rockefeller ein „Held der Produktion", ein Einstein oder irgendein anderer aus der Liste der Nobelpreis-Gewinner ein „Held der Erkenntnis". Dies und den Faktor Umfang vorausgesetzt, hängt Einfluß vor allem von der relativen Bewertung der *Funktionen* im größeren System der solidarischen Gruppenbildung ab, von denen wir gesprochen haben. Aus dieser Sicht muß man Prestige und den Einfluß, der sich um prestigehaltige Einheiten der Sozialstruktur verdichtet, als Kapazität sehen, die *Allokation von Funktionen* im Sozialsystem zu bestimmen, einschließlich der Förderung von Chancen für die Erfüllung bestimmter Funktionen und den Rückfall anderer Funktionen in relative Bedeutungslosigkeit.

In einer relativ stabilen Gesellschaft geht die Tendenz wahrscheinlich dahin, daß Einfluß und Macht empirisch etwas stärker korrelieren als dies in sich wandelnden Gesellschaften der Fall wäre, obwohl sie nichtsdestoweniger analytisch unterschieden bleiben müssen. Wahrscheinlich gilt, daß die gegenwärtige Bedeutung derartiger Probleme, wie das des Status von Einfluß, im Unterschied zum Status der Macht, teilweise ein Produkt der Tatsache ist, daß die gegenwärtigen Gesellschaften sich tatsächlich rapide verändern.

Anmerkungen

1 Es wird hier vorausgesetzt, daß in diesem Gebiet keine formale Standardisierung der Terminologie existiert, und daß somit unvermeidlich eine gewisse Willkür darin liegt, einem so allgemeinen Terminus wie „Einfluß" eine fachtechnische Bedeutung zu geben. Ich möchte mich dafür nicht entschuldigen, weil in den Sozialwissenschaften die einzige Alternative in vielen Fällen darin bestünde, Neuschöpfungen zu prägen, gegen die unzählige Einwände möglich wären.

2 Roman Jacobsen und Morris Halle: *Fundamentals of Language;* Den Haag (Muton & Co.) 1956.

3 Diese Perspektive von Geld als einer Sprache wird gestützt durch die klassischen Ökonomen (z. B. Adam Smith, Ricardo und J. S. Mill), die von der „Doppelnatur" des Geldes sprechen: einmal als „Tauschmedium" (Übertragung von Botschaften) und zum zweiten als „Wertmaßstab" (Code).

4 Es ist wichtig zu erkennen, daß hier eine linguistische Parallele besteht. Das Ergebnis einer Begegnung mit einem wütenden Hund kann in Worte umgesetzt werden, indem zum Beispiel der Betroffene einem anderen davon erzählen und entsprechende Reaktionen auslösen kann. Umgekehrt kann eine linguistische Warnung uns auf den Hund vorbereiten, ohne daß man ihn direkt wahrnehmen müßte. Die linguistischen Symbole haben weder die Eigenschaft, gefährlich zu sein, noch die Fähigkeit, eine Gefahr zu bewältigen, aber sie können den wirklichen Prozeß *vermitteln,* indem sie den Aktoren entsprechend der Gefahr „orientieren".

5 Es gibt zwei Arten des Tausches, denen das fehlt, was ich als „Marktebene" bezeichne, nämlich askriptiven Tausch – der Fall obligatorischer Geschenke, der den Anthropologen wohlbekannt ist (Marcel Mauss: *The Gift;* Glencoe (Free Press) 1945 – und den Fall von Kompensationsgeschäften. Beiden fehlt das generalisierte Medium, das Nutzen spezifisch symbolisiert, nämlich Geld.

6 Am nächsten kommt diesem Paradigma in der mir bekannten Literatur Herbert P. Kelman: „,Processes of opinion change", *Public Opinion Quarterly,* Band 25 (1961): 57–78.

7 Dieser Fall und sein Bezugsrahmen wird sehr viel ausführlicher im ersten Aufsatz dieses Buches analysiert.

8 Anm. d. Übers.: *Ein Beispiel zur Verdeutlichung:*
Eine Mutter (Ego) *kann ihr Kind* (Alter) *auf folgende Weise zu manierlichem Benehmen bei Tisch veranlassen:*
(1) „Anreiz": Anbieten von Belohnungen
(2) „Einschüchterung": Anbieten von Prügel
(3) „Appell an Wertbindungen": „Wenn Du Mutti lieb hast, dann wirst Du jetzt ganz manierlich essen!"
(4) „Überredung": „Es ist nur zu Deinem eigenen Besten, wenn Du es lernst, manierlich zu essen."

9 *Ego* kann diese Drohung durch Verwendung der (intentionalen) Sanktion der *Verurteilung* wahrmachen. Im Fall von Kooperation kann er *Alter* mit dem Ausdruck der Zufriedenheit belohnen.
Anm. d. Übers.: *Noch ein Beispiel dazu; diesmal aus dem Wirtschaftsleben:*
Ein Produzent (Ego) *kann einen Händler* (Alter) *gemäß dem Schema von*

Parsons in folgender Weise zur Abnahme zusätzlicher Angebote veranlassen:

(1) Wenn Alter *die Ware nimmt, erhält er von* Ego *einen Sonderrabatt (Anreiz/Geld).*

Anm. d. Übers.: *Noch ein Beispiel dazu; diesmal aus dem Wirtschaftsleben; Ein Produzent* (Ego) *kann einen Händler* (Alter) *gemäß dem Schema von Parsons in folgender Weise zur Abnahme zusätzlicher Angebote veranlassen:*

(1) Wenn Alter *die Ware nimmt, erhält er von* Ego *einen Sonderrabatt (Anreiz/Geld).*

(2) Wenn Alter *die Sonderware nicht nimmt, entzieht* Ego *ihm das gesamte Depot (Einschüchterung/Macht).*

(3) Wenn Alter *die Sonderware (nicht) nimmt, so verhält er sich (nicht) als loyaler Partner des Produzenten (Appell an Wertbindungen/Commitment)*

(4) Wenn Alter *die Sonderware nimmt, so handelt er damit nur in ,,seinem eigensten Interesse" — mehr Umsatz, mehr Profit.*

Der schwierigste Fall dürfte bisland in der Möglichkeit (3) liegen, weil sie bislang in der Systematik von Parsons noch nicht ausgearbeitet wurde. Dieser Mangel wird im folgenden dritten Aufsatz überwunden. Vorab dazu folgender Hinweis:

Der ,,Appell an Wertbindungen" besteht darin, sich auf die gemeinsamen Wertvorstellungen zu beziehen, die die Handelnden verbinden oder doch verbinden sollten. Solche Wertvorstellungen (und die ,,innerliche Bindung' daran können höchst allgemein sein (,,Menschlichkeit", ,,Christ-Sein"), aber ebenso auch höchst partial (,,Du als mein Kind . . . Geschäftspartner . . . Nachbar), sie können sich auch auf Werte beziehen, die Ego und Alter keineswegs gemeinsam teilen (so mag Ego an Alter in dessen Eigenschaft als Tierfreund appellieren, ohne selbst Tierfreund zu sein; bekanntlich pflegen auch viele Leute an soziale Werte zu erinnern, die sie selbst nicht für sich akzeptieren). Für einen ,,Appell an Wertbindungen" genügt also regelmäßig allein die Vorstellung, daß ein anderer (Alter), *dessen Handeln man zu beeinflussen wünscht, innerlich an diesen Wert ,,gebunden" und ihm ,,verpflichtet" sei.*

Das Medium, das diesen Zusammenhang von Egos Selektion und Alters *Übernahme dieser Selektion (den* Selektionstransfer) *steuert, soll nach Parsons mit dem Begriff ,,Commitment" bezeichnet werden.*

Commitment symbolisiert die Kapazität, sich für bestimmte Werte — allgemeiner oder partialer Art — zu ,,engagieren".

Der Fall (3) ist in Parsons Schema der Sanktion nach als negativ *gekennzeichnet. Dies bedeutet, daß man das Beispiel auch* negativ *lesen muß: Wenn* Alter *sich nicht so verhält, wie* Ego *es wünscht, so war der Appell an den bei* Alter *als ,,verbindlich" vorausgesetzten Wert vergeblich. Die Sanktion besteht nunmehr darin,* Alter *vorzuhalten, daß er von einem Wert abgewichen sei, der ,,eigentlich" für ihn hätte verbindlich sein müssen. Es liegt immer nahe, diesen moralischen Vorwurf mit sozialen Konsequenzen zu verbinden. So hat sich typischerweise die Kirche eben gerade nicht damit begnügt, den Sünder zu ermahnen, sondern ihn vor allem mit Strafen* bedroht *(Fall (2)). Der ,,reine Fall" in dieser Systematik besteht jedoch in dem Verzicht auf jede Drohung und allein in dem Appell an das jeweilige Wertmuster.*

179

10 Der wichtigste Grund liegt in der Rolle des Bank- und Kreditwesens, deren Wirkungen auf das Funktionieren von Einfluß später behandelt werden.

11 Anm. d. Übers.: *Im Original: „ . . . we come to the conception that, while in one context the value of money rests on its „backing" by convertibility into a secure utility, for example metal, in another and probably more important context, it rests on the effective funktioning of a ramified system of monetary exchanges and markets."*

Hier irritiert zunächst einmal der Begriff der „Konvertibilität", der in der Regel nicht bedeutet, daß Geld in „utility", beispielsweise Metall, umgewandelt werden kann, sondern sich auf den freien Austausch zwischen Währungen bezieht. Zu vage ist auch formuliert, daß der Wert des Geldes auf seiner „Konvertibilität in Güter" beruht; die gebräuchliche Formel lautet: Der Wert des Geldes wird durch seine Kaufkraft bestimmt (und diese wiederum durch den reziproken Wert des Preisindex: Erhöht sich der Preisindex, so fällt die Kaufkraft, bzw. der Geldwert).

Zu dem folgenden Satz: „No economist would suppose that . . . productivity can be created simply by adding to the supply of monetary gold" vgl. den Exkurs über „Internationale Goldbewegung" bei P. A. Samuelson, Volkswirtschaftslehre; *3. Auflage, Köln (Bund-Verlag) 1964, Bd. 1, S. 402 ff.*

Parsons schwebt bei diesem Satz vermutlich der alte merkantilistische Trugschluß vor, daß der Reichtum eines Landes auf der verfügbaren Geldmenge beruhe. Man muß nur an die spanischen Silberimporte und die dadurch ausgelöste Inflation denken, um den Trugschluß zu erkennen. Wenn andererseits aufgrund der internationalen Handelsbeziehungen beispielsweise durch Exportüberschüsse Goldüberweisungen in ein Land strömen, so führt dies zu einer Gutschrift bei der Zentralbank in Höhe des Goldpreises, und dies ist gleichbedeutend mit einer Erhöhung der Aktiva.

12 Aus Platzmangel wird diese Aussage hier nicht weiter begründet. Vgl. dazu den Beitrag über Macht in diesem Band.

13 Um ein extremes Beispiel zu wählen: Ein Mann im mittleren Alter kann es wegen seiner Unsterblichkeits-Phantasie hartnäckig ablehnen, sein Testament zu machen. Wenn ihm jedoch ein Arzt sagt, daß er wegen unheilbaren Krebses nur noch ein paar Monate zu leben hätte, könnte dies ausreichen, ihn zu überreden, sein Testament zu machen. Diese Vorstellung von Information und Intention als primäre Typen intrinsischer Meinungsbildner ist in jüngster Zeit modifiziert worden.

14 Aus vielen Gründen haben Ökonomen „Güter und Dienstleistungen" als die beiden fundamentalen „Bedürfnisbefriediger" verklammert. Für bestimmte Zwecke der ökonomischen Soziologie ist es jedoch wichtig, sie zu unterscheiden, besonders weil der Begriff „Dienstleistung" eine Dimension der Arbeit als Produktionsfaktor bildet. Vergleiche Talcott Parsons und Neil J. Smelser: *Economy and Society;* Glencoe (Free Press) 1956, S. 157, wo sich eine Diskussion der Bedeutung dieser Unterscheidung findet.

15 Der Terminus „Rechtfertigung" *(justification)* bezieht sich hier auf die *Normenebene.* Es ist wohl zweckmäßig, ihn von dem Begriff „Legitimation" zu unterscheiden, womit ich eine Beziehung auf der Ebene von Werten meine. Vgl. „Grundzüge des Sozialsystems" in Jensen, S. (Hrsg.): *Talcott Parsons — Zur Theorie sozialer Systeme;* Opladen (Westdeutscher Verlag) 1976: 161—262

16 Es sollte festgehalten werden, daß dies von der Annahme formell bindender Verpflichtungen unabhängig ist.

17 Berelson, B., Lazarsfeld, P. und W. McPhee: *Voting*; Chicago (University of Chicago Press) 1954.

18 Talcott Parsons:" ,Voting' and the Equilibrium of the American Political System", in Eugene Burdick und Arthur J. Brodbeck (Hrsg.): *American Voting Behavior*; Glencoe (The Free Press) 1959. Wiederabdruck in Talcott Parsons, *Politics and Social Structure*; New York und London (The Free Press und Collier MacMillan) 1969, Kap. 9.

19 Damit die Analyse relevant bleibt, muß die fragliche Vereinigung natürlich nicht „voll" demokratisch sein, jedoch braucht uns dieses Problem der Grade von Demokratie in dieser sehr begrenzter Diskussion nicht zu beschäftigen.

20 Amtsinhaber sind trotz ihrer Macht oft sehr vorsichtig, wenn sie für irgendwelche Maßnahmen plädieren, um klar herauszustellen, daß sie ihre Macht in dem bestimmten Falle nicht direkt ausüben wollen. Ein gutes Beispiel sind Amtsinhaber, die einer bestimmten Partei angehören, aber ihren Einfluß streng überparteilichen Zwecken leihen: So wird ein republikanischer Gouverneur *alle* Menschen (ohne Rücksicht auf Parteizugehörigkeit) auffordern, für das Rote Kreuz zu spenden. (Er nützt also den Einfluß seines Status und nicht die Macht seines Amtes.)

21 Für das Kollektiv als Einheit ist die relevante Mitgliedschaftsbeziehung die Zugehörigkeit zu umfassenderen Kollektiven; so ist zum Beispiel ein Fachbereich ein Subkollektiv einer Universitätfakultät.

22 Vgl. zur Klärung Talcott Parsons: „Pattern Variables Revisited"" *American Sociological Review*, Bd. 25 (1960: 467—483. (Wiederabdruck in T. Parsons: *Sociological Theory and Modern Society*; New York (Free Press) 1967: 192—219)

23 Dies bezieht sich auf ein generalisiertes Paradigma der Analyse von vier funktionalen Kategorien. Eine ausführliche Darstellung bietet der Aufsatz „Grundzüge des Sozialsystems" (in deutscher Fassung erschienen in Jensen 1976) sowie der Aufsatz „Pattern Variables Revisited", op. cit.

24 Dies scheint zum Beispiel die Position von Harold D. Lasswell und Abraham Kaplan zu sein: *Power and Society*; (New Heaven, Yale University Press) 1950.

25 Zum Begriff des *„circular flow"* vergleicht J. A. Schumpeter, *The Theory of Economic Development*; Cambridge (Harvard University Press) 1934, Kapitel 1.

26 Die McCarthy-Ära war das klassische Beispiel einer deflationären Periode im Bereich von Einfluß, die auf ihrem Höhepunkt das Ausmaß einer Panik erreichte: Die Forderung nach „absoluter Loyalität" entsprach der Forderung nach Rückkehr zum Goldstandard im monetären Bereich. Vgl. E. A. Shils: *The Torment of Secrecy*; op. cit. sowie T. Parsons: „Social Strains in America" (Kap. 7 der Aufsatzsammlung *Structure and Process in Modern Society*; Glencoe (Free Press) 1960.

27 Diese Konzeption war in meinem frühen Essay zur Schichtentheorie schon angelegt und wurde in einem späteren „revidierten" Ansatz weiterentwickelt. Beide Essays sind in der Ausgabe von 1954 meiner *Essays in Sociological Theory* als Kapitel IV und XIX wiederabgedruckt.

28 In beschränktem Maße erstreckt sich dieses Muster auch auf die Marktsituation. In der Konkurrenz der Käufer bei der Akquisition von Vermögenswerten wird in der Regel die Offerte des höchsten Bieters zum Zuge kommen. Dies kann zu Recht als eine Form des Einsatzes von „ökonomischer Macht" angesehen werden, d. h. der Verwendung überlegener finanzieller Ressourcen — oder der Bereitschaft, derartige Ressourcen in *diesem* Kontext einzusetzen —, um über einen Konkurrenten im gleichen System zu dominieren. Hier wird Geld als ein „Machtinstrument" eingesetzt. Die Allokation der Ressourcen gewinnt ihre verbindliche Wirkung durch die Institution des Vertrags.

3. Über „Commitments"*

Vorbemerkung

In diesem Aufsatz wird die Natur von Commitments analysiert. Diese werden als ein allgemeines symbolisches Tauschmedium im Prozeß sozialer Interaktion interpretiert — parallel zu Geld, Macht und Einfluß. Commitments sind moralische Verpflichtungen der Aktoren eines sozialen Interaktionssystems, die die Integrität einer Wertstruktur erhalten und zusammen mit anderen Faktoren zu ihrer Verwirklichung im Handeln führen. Diese Commitments müssen stabil sein; dies ist eine grundlegende Bedingung für die Vereinbarkeit von weitgehender moralischer Freiheit mit den Erfordernissen sozialer Abläufe. Wie die anderen drei Medien unterliegen auch Commitments nicht einer Summenkonstanz, sondern können vermehrt werden, insbesondere durch charismatische Bewegungen.

Kultur, Werte und Commitments

Mit dieser Arbeit will ich einer lange bestehenden Verpflichtung (*commitment!*) nachkommen und das analytische Schema von vier generalisierten symbolischen Tauschmedien „abrunden", die innerhalb von Gesellschaften (*societal systems*) — abgehoben vom allgemeinen Handlungssystem und den anderen drei primären Handlungssubsystemen — operieren. Die drei gesellschaftlichen Medien neben Commitments sind Geld, politische Macht und Einfluß. Ich habe zwar nie speziell über Geld geschrieben, habe es jedoch ausführlich als das theoretische Modell für die Analyse aller Medien diskutiert. Zum Begriff von „Macht" und „Einfluß" sind zwar Arbeiten von mir erschienen, die jedoch noch viel zu wünschen übriglassen.[1]

---

* Quelle: *Sociological Inquiry* 38 (1968): 135–160. Übersetzung vom Herausgeber.

In diesem Aufsatz soll weder der Hintergrund der Konzeption generalisierter symbolischer Medien in Sozialsystemen und anderen Handlungssystemen diskutiert noch sollen die wesentlichen Züge der anderen Medien — soweit dies hier nicht unbedingt erforderlich ist — besprochen werden. Ich werde von dem verfügbaren Wissen über die drei anderen Medien und von gewissen anderen Überlegungen ausgehen. Die wichtigste dieser Überlegungen betrifft die Kulturwerte, ihr Wesen und ihre Rolle in Sozialsystemen.

Diese Arbeit ist also ein Versuch, zwei Grundaspekte sozialsystemischer Theorie zu verbinden, die beide den Autor lange Zeit beschäftigt haben. Einmal geht es um das Problem der Konzeptualisierung von Werten auf der Ebene ihrer Relevanz für Sozialsysteme und die Frage, wie Werte in konkrete soziale Prozesse eingehen, vor allem unter dem Aspekt dessen, was wir hier ihre *Implementierung*[2] nennen wollen. Insbesondere werden wir uns mit den Bedingungen effektiver Implementierung in Typen konkreter Situationen befassen. Zum anderen geht es, wie schon bemerkt, um die Rolle allgemeiner symbolischer Medien bei der Determination von *Prozessen* in Sozialsystemen. Geld — das bekannteste Beispiel eines solchen Mediums — operiert auf einer Ebene, die von dem eigentlichen Einflußbereich der Werte auf die Struktur und Prozesse von Gesellschaften ziemlich weit entfernt ist. Infolgedessen sind die Zusammenhänge, mit denen wir uns jetzt beschäftigen, relativ vernachlässigt geblieben.

Zunächst ist die hier *relevante Konzeption von Werten* als Strukturkomponente von Sozialsystemen und als Faktor bei der Determination von Prozessen zu klären. Es scheint in der Literatur der Sozialwissenschaften im wesentlichen zwei Ansätze zum Problem der Konzeptualisierung zu geben. Den ersten — den ich ablehne — möchte ich den „Chicago-Ansatz" nennen; er hat seinen Ursprung wohl in der Arbeit von Thomas und Znaniecki.[3]

Dieser Ansatz geht von der Dichotomie zwischen „Einstellungen" und „Werten" aus. Aus dieser Sicht sind Einstellungen Eigenschaften oder Charakteristika von *Aktoren*, während Werte den *Objekten* zukommen, an denen sich die Aktoren orientieren. Der kritische Punkt dieser Konzeption liegt in seiner Identifizierung dieser Unterscheidung mit einer konkret begriffenen Aktor-Objekt— (oder Aktor-Situation) Dichotomie. Diese Linie wurde in jüngster Zeit von Politologen, die in der „Chicago-Tradition" stehen, vor allem von Lasswell und Easton, ganz deutlich verfolgt.

Ich möchte dem einen Ansatz entgegensetzen, der im wesentlichen einerseits von Max Weber, andererseits von der amerikanischen Anthropologie, insbesondere Clyde Kluckhohn, kommt. Aus dieser Sicht ist ein Wert weder eine Kategorie von konkreten Objekten noch eine Eigenschaft davon, sondern — um den anthropologischen Terminus zu benutzen — ein „Muster" (*pattern*). Er ist zugleich eine Strukturkomponente von *Kultur* — was konkrete Sozialobjekte nicht sind — und ein Faktor in der *Steuerung* der Interaktion von Aktoren und Objekten im sozialen Prozeß, der in gewissem Sinne immer ein Interaktionsprozeß ist. Zu den „Mechanismen", über die Werte als empirische Faktoren im sozialen Prozeß wirken und zu Strukturkomponenten von Sozialsystemen werden, gehören die Phänomene der Institutionalisierung[4] und der Internalisierung in der Persönlichkeit des Individuums. Daher übernehme ich den ersten Teil von Kluckhohns bekannter Definition von „Werten" als „Konzeptionen des Wünschenswerten" (*conceptions of the desirable*).[5] Der Kulturbezug liegt in dem Schlüsselbegriff „Konzeption", während die Besonderheit von Werten im Unterschied beispielsweise gegenüber „existenziellen Ideen" oder „expressiven Symbolen" in dem Terminus „wünschens*wert*" — den Kluckhohn sehr sorgfältig von dem Terminus „erwünscht" unterscheidet — zum Ausdruck kommt.

Werte sind also „Muster" (*patterns*) auf der Kulturebene, die durch ihre Institutionalisierung zu Determinanten (natürlich niemals den einzigen) des empirischen Sozialprozesses werden können. Dies erfolgt durch ihre Einbeziehung in die Rollenelemente von Sozialsystemen, *sowohl* für „Aktoren" als auch „Objekte" — dies gilt *immer* für jedes Element in einem Sozialsystem, eigentlich in allen Handlungssystemen.

Es stellt sich nun die Frage, *welche Wertaspekte von besonderer soziologischer Bedeutung sind*. Hier muß man Kluckhohns Ansatz erweitern, ohne ihm zu widersprechen. *Evaluation* ist ein Prozeß, durch den bestimmte Arten von *Beziehungen* zwischen Aktoren und Objekten hergestellt werden. Unsere Unterscheidung von Werten und dem Prozeß der „Evaluation" ist hier auf den besonderen Fall bezogen, in dem das Bezugssystem auf beiden Seiten der evaluativen Beziehung dasselbe ist. Das ist dann der Fall, wenn die Einheiten, die sozialsystemisch interagieren, also letztlich handelnde Menschen, ihr eigenes Sozialsystem selbst evaluieren, dies also zum Objekt nehmen. *Die für die Struktur eines gesellschaftlichen Systems konstitutiven Werte* sind dann die Konzeptionen der wünschenswerten *Gesellschaft* für die Mitglieder dieser Gesellschaft.[6] Dasselbe gilt für andere Arten sozialer Systeme.

Ein „Wertmuster" (*value-pattern*) definiert also eine Entschei-
dungs*richtung* und die daraus folgende Verpflichtung. Vielleicht ist
„Selektion" der bessere Terminus, weil wir nicht irgendeinen psychologischen Mechanismus implizieren wollen. Im Prinzip könnte ein
Wertmuster die Orientierung einer Klasse von Aktoren gegenüber der
gesamten „conditio humana" bestimmen. Wenn wir jedoch von *gesellschaftlichen* Werten sprechen, meinen wir die Spezifizierung des
Musters für einen bestimmten abgegrenzten Bereich von Commitments innerhalb der „conditio humana", nämlich den der Konzeption einer wünschenswerten Gesellschaft − oder eines anderen Sozialsystems − für die Mitglieder dieser Gesellschaft. Dies schließt
somit Konzeptionen von wünschenswerten Persönlichkeitstypen, Or-
ganisationsformen, physischen und kulturellen Objekten ein, soweit
diese nicht schon in sich selbst mit dem jeweiligen besonderen Sozialsystem verwoben sind.

Unser Schlüsselbegriff im Zusammenhang mit den Wertmustern ist
hier das Konzept des „Commitments". Ungeachtet der sonstigen
Wertbindungen, die eine Einheit haben mag, geht es uns hier darum,
Wertstrukturen in der Kapazität als Mitglied eines oder mehrerer
Sozialsysteme zu verwirklichen. Die *Ebene der Allgemeinheit* des
Commitments in diesem Kontext definiert dann den *Feldbereich* des
evaluierten Systems, innerhalb dessen dieses Commitment als wirksam angesehen werden kann. Es mag kompliziertere andere Arten
von Systembezügen geben; der wichtigste Variationsbereich liegt jedoch zwischen System und Subsystem. Dabei gibt es jeweils zwei
Achsen der Spezifizierung. Die eine ist die makroskopisch-mikro-
skopische Achse, auf der man in immer kleinere Segmente desselben
funktional definierten Systems vordringt. Der zweite betrifft die Beziehung zu funktional definierten Subsystemen.

Commitments und das Vier-Funktionen-Schema

In diesem zweiten Kontext verbinden sich differenzierte Sub-Werte
mit den generalisierten symbolischen Tauschmedien. Diese Zuordnung findet innerhalb eines jeden der vier primären funktionalen
Subsysteme einer Gesellschaft statt; diese Subsysteme sind analytisch, nicht konkret definiert. Wie die linke Spalte von Schema 1
zeigt[7], werden die Prozesse eines jeden funktionalen Subsystems von
dem charakteristischen Wertprinzip im kybernetischen Sinne „gesteuert", das ihre funktionale Spezifikation bestimmt[8].

Im Fall der Wirtschaft, dem primär adaptiven Subsystem einer Gesellschaft, ist das relevante Wertprinzip als *Nutzen (utility)* im Sinne der ökonomischen Theorie definiert. Produktion ist in gewisser Weise ein Prozeß der Implementation von Werten: der Einsatz von Faktorkombinationen, um den Nutzen derjenigen Güter und Dienstleistungen zu erhöhen, die der Wirtschaft als System und dann durch den Output der Wirtschaft dem System der Haushalte als „Konsum" zur Verfügung stehen. Geld ist in seiner klassischen Fassung ein Maß für Nutzen. Dieser Maßstab wird dazu verwendet, um die Produktion und den Austausch über den Standard der *Solvenz (solvency)* zu koordinieren. Dies drückt seinem eigentlichen Sinne nach die Erwartung aus, daß — nach gewisser Zeit — die monetären Kosten des ökonomischen Prozesses durch die monetären Erträge (also den Verkauf von Produkten) wieder eingebracht werden. Der Zusammenhang zwischen dem Commitment zur Ausdehnung des Nutzenprinzips und der konkreten Allokation von Ressourcen und die Distribution des Produktions-Outputs erfordert die Verwendung von Geld als Tauschmedium zwischen dem Erwerb von Produktionsfaktoren und dem Verkauf von Produkten, die generell als „Güter und Dienste" bezeichnet werden.

Den Politbereich *(polity)* sehen wir als ein zweites funktional primäres Subsystem einer Gesellschaft an. Es geht dabei um kollektive Zielerreichung, nicht nur die der Regierung, sondern jeder Art von Kollektiven. Das relevante Wertprinzip bezeichnen wir als *Effektivität*.[9] Sie ist als Beitrag zum Funktionieren des Bezugssystems aufzufassen, wobei die Bedeutung eines solchen Beitrages durch die Implementation der im System institutionalisierten Werte definiert ist. Der alte Terminus „*Erfolg*" soll den koordinativen Maßstab bezeichnen, nach dem solche Beiträge ausgewertet werden[10]. Dies soll heißen, daß jedes zielorientierte Kollektiv einer Erfolgsvorstellung anhängt, die abstrakt dem Standard der Solvenz im Falle der Wirtschaft entspricht. Kollektive mit anderen als politischen Primärfunktionen müssen möglicherweise durch zusätzliche Effektivitätsfaktoren „subventioniert" werden, ähnlich der finanziellen Subventionierung von Kollektiven im Nichtunternehmensbereich.

Macht ist das generalisierte symbolische Medium, das seinen Schwerpunkt im politischen Kontext hat. Ich definiere Macht als *generalisierte Kapazität, gemeinsame Leistungspflichten von Mitgliedseinheiten zu aktivieren — und zwar im Interesse einer Durchsetzung von zielgerichteten Entscheidungen, die das betreffende Kollektiv binden.* Macht in diesem Sinne kann als Maß für Effektivität betrachtet werden, sowohl für das Kollektiv als ganzes als auch für seine Entscheidungsorgane. Bei einer differentiellen Erfolgsbewertung ist Macht ein Standard für die Allokation von Ressourcen, und diese Funktion wird operativ dadurch erfüllt, daß Macht als generalisiertes Tauschmedium dient.

Schließlich sind ein paar Worte über *Einfluß* zu sagen. Hier ist das funktionale Subsystem der integrative Bereich, den man auf der gesamtgesellschaftlichen Ebene am besten wohl als „sozietale Gemeinschaft" (*societal community*, gesellschaftliches Gemeinwesen) bezeichnen kann. Ihr regulatives Wertprinzip habe ich *Solidarität* (im Sinne Durkheims) genannt, mit besonderem Akzent auf der Erhaltung der Komplementarität zwischen Einheiten, die qualitativ unterschiedliche Funktionsbeiträge zur Gesellschaft als System leisten. Solidarität ist ein Zustand der „Kohäsion" in einem Sozialsystem; dabei besteht Widerstand sowohl gegen zentrifugale Kräfte („Parteienbildung"), die zur Zerteilung und Fragmentierung des Systems tendieren, als auch gegen die völlige Gleichschaltung der segmentierten und differenzierten Teile.

Einfluß oder Prestige sind Maßstab für Beiträge zum Solidaritätspegel in einem solchen System. Ausgedrückt werden darin erfolgreiche Kombinationen von Solidaritätsfaktoren, wie z. B. Hingabe an gemeinsame Bindungen und die Gewährleistung solidaritätsfördernder Kollektiventscheidungen. Halten wir fest, daß es eine quantitative Dimension von Einfluß in Form einer Rangordnung gibt, aber nicht in Form einer Skala oder eines numerischen Kontinuums.

Einfluß kann weiterhin auch dazu dienen, Einheiten miteinander bei der Herstellung von Konsens zu koordinieren, was zum entscheidenden Kriterium erfolgreicher Beiträge zur Solidarität wird. In diesem Zusammenhang ist wichtig, sich vor Augen zu führen, daß neuer Konsensus permanent erfordert wird, weil ständig neue Situationen auftreten, die Meinungsverschiedenheiten begründen können. So stellen etwa gerichtliche Entscheidungen, sofern die Legitimität des Rechtssystems akzeptiert wird, neuen Konsensus her, weil beide Parteien in einem Prozeß für gewöhnlich die Entscheidung des Gerichts akzeptieren und im weiteren von ihr ausgehen. Schließlich umfaßt der Zusammenhang zwischen Verpflichtung zur Erweiterung von Solidarität und den Prozessen der konkreten Mobilisierung von relevanten Ressourcen den Einsatz von Einfluß als einem Tauschmedium, insbesondere als einem Mittel zur Gewährleistung dessen, was wir fachtechnisch als die Verpflichtung gegenüber der Gemeinschaft und als die kollektiven Verpflichtungen, die aus legitimen politischen Entscheidungen resultieren, bezeichnen.

Wenn wir zur Rolle von Werten im vierten der primären funktionalen Subsysteme, dem „Strukturerhaltungs-System", kommen, stehen wir einer besonderen Problematik gegenüber. Der Grund dafür ist, daß die Primärfunktionen dieses Subsystems in der Erhaltung der effektiven kybernetischen Kontrolle der Wertstruktur selbst liegen, was in jedem Fall durchaus mit einem erheblichen Maß an konkretem sozialem Wandel vereinbar ist. Das Problem liegt hier allerdings nicht in der Spezifizierung der Wertstruktur für die „unteren" Ebenen der Allgemeinheit (d. h. solchen, die entweder stärker mikroskopisch oder in einer Richtung stärker ausdifferenziert sind), sondern in der Integrität der Struktur selbst. Daher haben wir *Integrität* als das entsprechende subsystemische Wertprinzip gewählt. Das Problem liegt nicht — wie bei den drei anderen primären Subsystemen — in der Frage nach den Werten, die den Prozeß ihrer Implementation im gewöhnlichen Sinne leiten, sondern vielmehr darin, Wertbindungen als die zentrale normative *Bedingung* des Implementationsprozesses zu erhalten.

Wir haben es hier mit einem Typ von Sozialsystemen mit hohem Differenzierungsgrad zu tun; anderenfalls würden wir uns nicht die Mühe machen, die komplexen Differenzen zwischen etlichen funktional differenzierten Subsystemen der Gesellschaft zu bestimmen. Das Problem der Erhaltung von Integrität in diesem Sinne ist also nicht nur eine Frage der Entscheidung zwischen „richtig" und „falsch" in einer bestimmten Situation. Es geht vielmehr um die Erhaltung der Integrität von Wertbindungen über einen weiten Bereich verschiedener aktueller oder potentieller Entscheidungen, in verschiedenen Situationen, mit verschiedenen Konsequenzen und mit verschiedenen Stufen der Voraussagbarkeit dieser Konsequenzen. Dazu muß man einerseits an einem Standard der Strukturkonsistenz oder „Kongruenz" festhalten, andererseits flexibel und offen sein, um die diversen Möglichkeiten zu ergreifen und relevante Werte in genuiner Weise zu verwirklichen und falschen Möglichkeiten auszuweichen.

Wenn sich die Anzeichen von Integrität über primitive Stufen der Differenzierung von Sozialsystemen hinaus zeigen sollen — also mehr als die Überzeugung, daß die Aufrechterhaltung von Integrität, um Stanner zu zitieren „*a one possibility thing*" oder eine simple Entscheidung zwischen dem absolut Guten und dem absolut Schlechten sei —, muß es Maßstäbe für die *quantitative* Generalisierung des allgemeinen Wertes „Integrität" geben — als Pflicht, sich an seine Wertbindungen zu halten. Oben wurde vorgeschlagen, diese Dimension als *Wertgeneralisierung* zu bezeichnen. Das soll heißen: Implementation im Einklang mit dem Wert der Integritätsbewahrung wird in dem Maße zunehmen, wie Integritätsbewahrung als vereinbar mit einem größeren *Feld* (scope) von Handlungsbereichen und -möglichkeiten gilt, in denen sowohl segmentiertes als auch differenziertes implementives Handeln legitimiert werden kann. Es ist anzunehmen, daß der „Feld"-Begriff, der hier verwendet wird, eine komparative Ordnung aufweist, und daß dies die eigentliche Basis für seine Verbindung mit Einflußsystemen ist.

Dies wiederum legt seine Verbindung zu einer anderen Variablen nahe, die als *Intensität* von Wertbindungen bezeichnet werden kann. Dieser Ausdruck deutet im Zusammenhang mit unserer vorausgegangenen Diskussion darauf hin, daß das Problem der Intensität sich auf Prioritätsbeziehungen zwischen verschiedenen spezifischeren Bindungen innerhalb derselben Wertmuster bezieht. In Parallele zur ökonomischen Produktion könnte man sagen, daß zusätzlich zu der allgemeinen Verpflichtung, gemäß einem Wertmuster zu handeln, eine Kombination der Vorlieben der Bezugseinheit notwendig ist, um den Weg und die Richtung der entscheidenden implementiven Ansätze einzelner Aktor-Einheiten und Klassen von Aktor-Einheiten zu bestimmen.

Auf einer gegebenen Ebene der Allgemeinheit von Verpflichtungen besteht demnach die Notwendigkeit für einen Mechanismus, durch den spezifischere Verpflichtungen mit größerer Intensität verfolgt werden als andere, die an sich grundsätzlich genau so legitim wären. Aus diesem Grund wurde in der Überschrift dieser Arbeit von „Commitments" im Plural gesprochen. Daraus folgt: Die Charakteristika des eben skizzierten Systems bedeuten, daß es ein quantitatives Maß für Commitments geben müßte, der durch die Dimension eines Feldes von Ebenen der Allgemeinheit gegeben ist. Außerdem müßte man einen koordinativen Standard haben, der in der Forderung nach Strukturkonsistenz oder -kongruenz zum Ausdruck kommt. Aber darüber hinaus müßte es auch noch ein generalisiertes Medium geben, durch das nicht nur detailliertere Commitments spezifisch aufgeteilt würden, wobei sie stets integritätskonform bleiben müssen, sondern durch das auch die Commitments für den Austausch gegen nicht-valuative Faktoren *(non value factors),* die für seine Verwirklichung notwendig sind, verwendet werden und dabei als legitim im Sinne ihrer Übereinstimmung mit dem allgemeinen Erfordernis von Integrität gelten dürfen. Um diesen Zusammenhang geht es bei der Analyse der Frage, in welchem Sinne Commitments als ein generalisiertes gesellschaftliches Tauschmedium behandelt werden können, das derselben Klasse wie Geld, Macht und Einfluß angehört.

Commitments als generalisiertes symbolisches Medium

Es sollen nun in dem vorliegenden Bezugsrahmen Commitments als *generalisiertes symbolisches Medium* im Sinne der anderen drei Medien dargestellt und dabei gezeigt werden, wie sie effektiv funktionieren. Als erstes muß man sich darüber im klaren und darin konsistent sein, daß ein symbolisches Medium *keine* intrinsische Wirksamkeit hat. So hat Geld, im Sinne der ökonomischen Klassiker, keinen „Wert an sich", sondern nur einen „Tauschwert". Macht ist in meiner Konzeption nicht für die Erreichung kollektiver Ziele „intrinsisch effektiv", z. B. durch Zwang; sie wird nur durch Kommunikation effektiv, die Pflichten „aktiviert", durch Konformität mit kollektiven Entscheidungen einen Beitrag zu kollektiven Prozessen zu leisten. Einfluß ist kein „intrinsischer Überreder", wie relevante Information, sondern besteht aus einem „Appell" zu einem bestimmten Handeln im Interesse einer integralen Solidarität. Je weiter wir uns von dem relativ vertrauten Fall des Geldes entfernen, desto schwieriger wird es, konsistent zu bleiben. Auf theoretischer Ebene ist dies jedoch äußerst wichtig. Wenn wir unsere Diskussion über die Implementation von Commitments auf „Abtausch" (*barter*) oder auf askriptive Prozesse beschränken, ist die Chance für einen neuen theoretischen Beitrag völlig vertan.

Jedes symbolische Medium (Geld eignet sich besonders gut zur Illustration, weil es so vertraut ist) ist Bedingung und Richtschnur für Kombinationen von Mitteln zu dem Zweck, ein Handlungs*system* in stärkere Übereinstimmung mit einer Gruppe von normativen Erwartungen – die letztlich im Wertsystem wurzeln – zu bringen. In der Wirtschaft handelt es sich dabei um die Kombination von Produktionsfaktoren, wobei die monetäre Bewertung die Definition der Produktions*kosten* ergibt und der monetäre Wert des Outputs durch die faktischen oder potentielle Erlöse bestimmt wird. Somit ist Geld nicht nur ein Tauschmedium, sondern wird auch zu einem evaluativen Medium – zur Beurteilung der „Rationalität" von Produktionsentscheidungen, die durch die Kombination von Produktionsfaktoren implementiert werden können. Die Produktionsfaktoren wiederum müssen in Begriffe „übersetzt" werden, die für technologische Prozesse relevant sind, in denen die Kosten minimiert und die Output-Werte maximiert werden können.[11] Ich behaupte nun, daß dieselbe elementare Logik überall dort gilt, wo generalisierte Medien dieser Art vorkommen. Es wurde bereits hervorgehoben, daß Commitments insofern eine besondere Stellung einnehmen, als sie im Funktionsbereich der „Strukturerhaltung" liegen. Daraus leitet sich als Wertprinzip die Erhaltung der strukturellen Integrität (*pattern integrity*), wie wir es nennen, her. Dieser Aspekt der Stabilität[12] muß nun aber mit der notwendigen Flexibilität verbunden werden, der für ein generalisiertes Tauschmedium charakteristisch ist.

Die Beziehung zwischen dem Wertinhalt des allgemeinen strukturfunktionalen Subsystems und den einzelnen struktur-funktionalen Sektoren der vier gesellschaftlichen Subsysteme bringt es mit sich, daß die Wertstruktur für die unteren Ebenen jeweils spezifiziert werden muß. Spezifizierungen bilden einen Schritt in den Prozessen der Implementation von Werten. Die ökonomischen Produktionseinheiten sind zwar vermutlich in ihrer Wertbindung am allgemeinen Wertsystem orientiert, sie sind aber von der Verantwortung für die Implementation dieser Werte in bezug auf ihre anderen (nicht ökonomischen) sozietalen Funktionen frei. Im Implementationsprozeß kommen einmal die Funktionsbedingungen der Kombination mit besonderen Faktoren gegenüber denen, die für soziale Einheit in anderen funktionalen Subsystemen erforderlich sind und zum anderen die verschiedenen Standards der Leistungsbewertung zum Tragen. Aus dieser Sicht kann die Spezifizierung eines allgemeinen Wertmusters wie ein Baum gesehen werden, der sich auf jeder Spezifikationsstufe weiter verzweigt. Im allgemeinen ergibt sich auf jeder Hauptstufe eine Vierteilung. Diese Struktur der Querverbindungen zwischen den einzelnen Ästen auf den verschiedenen Stufen ergibt sich aus der Kombinatorik. So sind z. B. ökonomische Ressourcen erforderlich, um die Werte kognitiver Rationalität in der wissenschaftlichen Forschung zu verwirklichen.[13]

Wir wollen uns nun den Kriterien zuwenden, die Wertbindungen als generalisiertes Medium und seine Bezüge zu anderen Medien kennzeichnen. Der beste Ausgangspunkt ist ein Paradigma, das verschiedene Möglichkeiten verbindet, die Handlungsweise anderer zu bestimmen, also in Form eines Sanktionen-Schemas aufgefaßt ist. Dieses Paradigma ist schon zuvor in den ersten beiden Aufsätzen verwendet worden, allerdings weicht diese Version hier von den früheren Darstellungen etwas ab:

Sanktions-typen	Situation	Intention
positiv	*Anreiz:* durch das Angebot von Vorteilen,die von der Kooperationswilligkeit abhängen, gestützt durch Vereinbarungen, z.B. Verträge	*Überredung:* durch Information oder Absichtserklärungen, gestützt durch Status-Prestige
negativ	*Aktivierung von kollektiven Commitments,* gestützt durch evt. Zwangsmaßnahmen	*Aktivierung von Wertbindungen,* gestützt durch moralische Sanktionen

Sanktions-Paradigma

Dieses Schema bezieht sich auf die Alternativen, die einer handelnden Einheit — hier als *Ego* bezeichnet (obwohl es sich um ein Kollektiv handeln kann) — dann offenstehen, wenn sie eine andere Einheit — *Alter* — zu einem bestimmten Handelns veranlassen (bzw. ein unerwünschtes Handeln verhindern) will. Hier ergeben sich zwei Dichotomien je danach, (1) ob *Egos* voraussichtliche kontingente Reaktion für *Alter* von Vorteil oder von Nachteil ist; dies ergibt den Unterschied zwischen positiven und negativen Sanktionen; und (2) ob der Vorteil oder Nachteil eine voraussichtliche oder kontingente Veränderung in *Alters* Handlungssituation (unabhängig von seinen Intentionen) mit sich bringt oder ob er seine *Intentionen* betrifft, nämlich die Definition seiner Ziele, seiner spezifizierten Werte und so weiter, unabhängig von seiner Situation. Die vier generalisierten Medien passen dazu in folgender Weise: Geld ist ein generalisiertes Medium für *positive Anreize (inducements)* — des Angebots kontingenter Situationsvorteile. Macht ist ein generalisiertes Medium zur *Aktivierung von Verpflichtungen, im Rahmen von kollektiv bindenden Entscheidungen zu kooperieren,* wobei mit der Verweigerung von Kooperation entsprechende Zwangssanktionen — Situationsnachteile für *Alter* — verbunden sind. Einfluß ist ein generalisiertes Medium der Meinungsbildung, das durch das Ansprechen *Alters* eigener Definition seiner Interessen operiert und in den legitimen Fällen seine eigenen Interessen mit denen eines Kollektivs integriert, in dem sowohl *Ego* als auch *Alter* Mitglieder sind.

Commitments stellen ein generalisiertes Medium zur Aktivierung von *Wertbindungen* dar, die in der Regel *moralisch bindend* sind, weil sie auf gemeinsamen Werten von *Ego* und *Alter* beruhen. Die Sanktionen, die sich an die Mißachtung von geltenden Werten knüpfen, sind, wie im Falle der Macht, negativ; sie wirken jedoch „innerlich", weil sie sich für den einzelnen als Schuldgefühle (oder auch Scham) und für das Kollektiv als eine Reaktion im internen Ordnungsgefüge zeigen — etwa der Entlassung eines Funktionärs, der für eine Entscheidung verantwortlich zeichnete, die mit geltenden Werten unvereinbar wäre.

Das hier zentrale Konzept ist das der *Verbindlichkeit*, dessen bindende Kraft (*bindingness*) sowohl für die Macht als auch für die Commitments gilt und jeweils die Grundlage für die Relevanz negativer Sanktionen bildet. In diesem Begriff der Verbindlichkeit liegt eine „Pflicht-Vermutung" in der erwarteten Weise zu handeln, einschließlich der Abstandnahme von „falschem" Tun. Versagen oder — schlimmer noch — absichtliche Weigerung, korrekt zu handeln, sollte also irgendwie „bestraft" werden. Der Unterschied zwischen der auf Macht und der auf Commitments bezogenen Form von Verbindlichkeit liegt im Ursprung der Sanktionen und *folglich* im Punkt der Verantwortung.

Beide setzen voraus — vor jeder Handlung *Egos*, die *Alters* Pflichten „aktiviert" —, daß bereits eine regulative Allgemeinebene von Wertbindungen existiert. Als Mitglied eines Kollektivs akzeptiert man irgendwie die Legitimität seiner normativen Ordnung und seiner „rechtmäßig bestimmten" Autoritäten; werden kollektiv bindende Entscheidungen getroffen — ob durch einzelne Führer oder durch Abstimmung der gesamten Mitgliedschaft, bleibt hier ohne Bedeutung —, so wird diese generalisierte Wertbindung in eine spezifische Verpflichtung „übersetzt", die verbindlich *Alters* Konformität mit den jeweiligen Implikationen seiner Situation vorschreibt. Ein Steuergesetz, das von der Legislative in Kraft gesetzt ist, verpflichtet den „guten Bürger" zu zahlen, was er dem Gesetz nach schuldig ist. Eine Wahlentscheidung der Mitglieder verpflichtet die unterlegene Minderheit dazu, sich der Mehrheitsentscheidung zu fügen. Hier läuft der Prozeß der Spezifizierung von der allgemeinen kollektiven Verpflichtung durch den Entscheidungsprozeß einer kollektiv legitimierten „Autorität" zu der besonderen Verpflichtung von sozialen Einheiten (oder Klassen von sozialen Einheiten). Da die Verantwortung für die Entscheidungen bei bestimmten Instanzen des Kollektivs liegt, müssen diese − eventuell zusammen mit Sonderinstanzen, denen die „Erzeugung" obliegt − auch die Verantwortung für die Gewährleistung von Kooperation übernehmen. Mithin können die Sanktionen im allgemeinen nicht von der Einheit selbst verhängt werden, die bestimmten Verpflichtungen unterliegt; z. B. kann die Verantwortung für die Gewährleistung der Steuerzahlungen nicht allein auf den Steuerschuldnern ruhen.

Im Fall der Commitments nehmen wir an, daß es generalisierte Pflichten gibt, die als „moralisch" verbindlich aufgefaßt werden.[14] Commitments schreiben auf dieser Ebene jedoch keine detaillierten Handlungsabläufe zur Erfüllung von Verpflichtungen vor, wenn die Notwendigkeit zur Implementation in der konkreten Situation entsteht. So bin ich als Sozialwissenschaftler, wie meine Kollegen, fest an die Werte kognitiver Rationalität gebunden. Diese Bindung allein schreibt mir jedoch *nicht* vor, was ich in der Rezension eines schwierigen Buches schreiben soll. Kognitive Rationalität muß auf entsprechender Ebene spezifiziert und mit anderen Komponenten kombiniert werden − wie empirischer und theoretischer Kompetenz in der jeweiligen Thematik, Rücksicht auf den Leserkreis usw. Aber die *Verantwortung* für diese Entscheidung liegt in diesem Fall beim jeweiligen Rezensenten. Die *American Sociological Review* ist eine „offizielle" Zeitschrift der *American Sociological Association*, aber weder schreibt die *Association* die Buchrezensionen durch Mehrheitsbeschluß ihrer Mitglieder noch übernimmt sie korporativ die Verantwortung für den spezifischen Inhalt der Rezensionen. Die Selektion der Rezensenten ist als Verantwortung an einen Redakteur delegiert; der Rezensent übernimmt innerhalb sehr weiter Grenzen die alleinige Verantwortung für die Besprechung − auch für die *Integrität* des Beharrens auf den gemeinsamen Commitments der Mitglieder der Assoziation.

Aus solchen Gründen müssen die primären Sanktionen, die Commitments unterstützen, von der verantwortlichen Aktor-Einheit internalisiert sein. Wo und soweit es um die Implementation von Commitments geht, sprechen wir von moralischer Verantwortung. Jemand kann hier zu Recht von außen kritisiert oder getadelt werden, aber nicht im üblichen Sinne „bestraft" werden. Natürlich kann der Ruf, Wertbindungen gegenüber nachlässig zu sein, zum Verlust an beruflichen Chancen führen und somit ein Faktor dafür sein. Wenn jedoch ein Herausgeber einem Autor direkt fehlende Integrität vorhält, etwa wegen Plagiatierung des Werkes eines Kollegen, dann gehört dieser Fall ins Machtsystem, nicht ins Commitment-System.

Flexibilität bei der Allokation von Commitments

Als nächstes wäre die Grundlage von Flexibilität bei der *Allokation* von Commitments zu diskutieren. Die besondere Verwertung von Grund und Boden — im Unterschied zur Gesamtmenge — können durch den Preis bestimmt werden, soweit Nutzungsrechte nach normativen Regeln erworben werden können. Dasselbe Prinzip gilt für die Wertkomponente von Grund und Boden,[15] soweit Verpflichtungen, ökonomische Rationalität in bestimmten Produktionsbereichen und unter bestimmten Umständen zu verwirklichen, ebenfalls „erworben" werden können, z. B. durch Arbeitskontrakt oder durch Profiterwartung.

Vereinfacht läßt sich dies durch den allgemeinen Aktivismus des amerikanischen Wertmusters darstellen.[16] In diesem Wertsystem besagt eine moralische Verpflichtung im allgemeinen nicht nur, daß eine bestimmte Situation wünschenswert wäre, sondern sie fordert auch jeweils soweit wie möglich ihre konkrete Implementation. Dies zielt ganz direkt auf die Spezifizierung allgemeiner Wertbindungen, so daß daraus die Verpflichtung resultiert, den Versuch zu unternehmen, individuell oder kollektiv bestimmte Ziele zu erreichen. Allerdings muß man beim Prozeß der Zielerreichung die jeweiligen Situationsbedingungen in Betracht ziehen — etwa nicht kontrollierbare Faktoren, die gewisse Klassen wünschenswerten Handelns ausschließen, oder knappe Mittel, die jeweils nur für ein Ziel genutzt werden können und dann nicht für andere verfügbar sind.

Ein kritischer Punkt liegt in der Kombination zweier Bedingungen: einmal der, daß moralische Verpflichtungen sich auf die Ebene der handelnden Einheit beziehen; dies ist *per definitionem* nur ein Teil des primären Bezugssystems;[17] zum anderen jener, daß die *Kapazitäten* jeder Einheit beschränkt sind, wenn man sie im Verhältnis zu den Erfordernissen der Umwelt sieht; keine Einheit kann mit realistischen Erfolgsaussichten die Verantwortung für die Implementation aller Wertbindungen übernehmen. Um sie also realistisch mit den Bedingungen einer erfolgreichen Implementation abzustimmen, muß der Handelnde seine Verpflichtungen in folgender Richtung begrenzen: (1) durch Spezifizierung der *Ebene* der Verantwortung innerhalb der hierarchischen Struktursegmente; und (2) durch Spezialisierung auf eine funktionale „Rolle" in der Arbeitsteilung, die einen *partiellen* Beitrag zum allgemeineren Implementationsprozeß leistet.

Im ersten Fall bietet die Hierarchie bürokratischer Ämter und Verantwortung ein naheliegendes Modell. Hier gilt: je höher die Stufe der Amtsautorität in einem kollektiven System ist, desto größer ist der *Bereich* der Verantwortung, desto größer muß der Anteil verfügbarer Macht im Rahmen dieser Verantwortung sein. Autorität – und mit ihr Verantwortung – wird dann gemäß den Bedingungen erfolgreicher Zielerreichung auf immer niedrigeren Stufen „parzelliert". Im politischen Fall geht das oft einher mit immer kleineren territorialen Subeinheiten, die aber möglicherweise auf anderer Grundlage beruhen. In der Manufaktur kann dasselbe bei der Herstellung bestimmter Teile des fertigen Produktes beobachtet werden – gegenüber der Fließbandproduktion. Autorität und Macht müssen an die unteren Stufen „delegiert" werden, weil nur dort die erforderliche Kontrolle über die Situationsbedingungen gegeben ist; so kann zum Beispiel ein Generaldirektor nicht persönlich all die detaillierten Abläufe überwachen, die zur erfolgreichen kollektiven Zielerreichung notwendig sind.

Die Implementation von Bindungen ist ähnlich, aber doch auf subtile Weise anders. Im idealtypischen Fall besteht allgemein eine gemeinsame Bindung an eine sehr generelle Wertstruktur bei allen Einheiten des Sozialsystems, in dem diese institutionalisiert ist. Jedoch folgt daraus nicht, daß der Grad des Commitments zur *Implementation* bei allen gleich wäre, mindestens nicht in dem Sinne, daß alle die gleiche Verantwortung für alle Einzelheiten der Implementation trügen. Es resultiert daraus eine *Schichtung der Verantwortung* in Richtung auf Segmentierung, die ihren Schwerpunkt in dem oft als „moralische Führung" bezeichneten Phänomen hat. Wegen des engen Zusammenhanges zwischen der moralischen Ebene der Wertinstitutionalisierung und Religion, gründet sich die primär moralische Führung vieler Gesellschaften auf religiösen Formen, besonders auf ihre „professionellen" Elemente, dem Priestertum. In den Differenzierungsprozessen, die mit der Säkularisierung verbunden waren, haben jedoch politische Bewegungen oft eine bedeutsame Rolle in der moralischen Führung gespielt. So hat es manchmal eine „moralische Elite" gegeben, deren Mitglieder kollektiv eine solche Führung für sich beansprucht haben.

Die auserkorenen „Heiligen" des frühen Calvinismus und der Kommunistischen Partei waren in mancher Hinsicht ähnliche Eliten moralischer Führung; beide haben politische Macht im ganzen als ein *Instrument* zur Durchsetzung ihrer moralischen Commitments angesehen. Es ist eine empirische Frage, inwieweit moralische Führung auf scharf differenzierten Status und Gruppen beruht und inwieweit politische Machthaber daran Anteil haben. Weber hat — neben vielen anderen — auf die Spannungen zwischen moralischer Führung und politischer Macht hingewiesen.

Etwas anders liegen die Dinge im Bereich der „Arbeitsteilung" — verstanden im Sinne Durkheims und der Ökonomen. Gegenüber der allgemeinsten Ebene des Wertsystems ist das Commitment zur Implementation auch hier eher „partial" als „total" — im Hinblick auf die Verantwortung. Verantwortung ist in diesem Fall partieller Art, nicht nur bezüglich einer Implementations*ebene*, sondern auch bezüglich der differenzierten Implementations*weise*. So ist zum Beispiel die — große oder kleine — Verantwortung für effiziente ökonomische Produktion nicht dieselbe, wie die Verantwortung für den Fortschritt des Wissens; beide sind Verantwortungen für einen Aspekt von Wertimplementation. In der Metapher des Baumes: Eine Implementationsverpflichtung kann nicht nur eine bestimmte Entfernung vom undifferenzierten „Stamm" haben, sondern sich auch auf einem bestimmten Aste befinden.

Man muß sich deutlich die Bedeutung der Unterscheidung zwischen diesen beiden Arten der Beschränkung des Umfanges der Implementationsverantwortung vor Augen führen sowie die allgemeine Überlegung, daß die Differenzierung einer Gesellschaft entlang *beider* Achsen um so ausgeprägter ist, je höher sie differenziert ist. Damit steht man zwei Hauptproblemen bezüglich der Natur von Commitments als „zirkulierendem" Medium sozialer Interaktion gegenüber. Das erste betrifft die Natur der „Bedingungen" (*exigencies*) zu erfolgreicher Implementation, also die hierfür notwendigen Mittel sowie Zugangsvoraussetzungen. Wir betrachten dieses Problem vom Standpunkt der Aktor-Einheit, die für die Implementation von Commitments einer gegebenen Art auf einer bestimmten Ebene verantwortlich ist. Das zweite Problem betrifft die Beziehung zwischen Allokation von Commitments und Systemintegration, wobei als Teilaspekt das Verhältnis zur Allokation der anderen Arten sozialer Ressourcen, insbesondere ökonomischer Ressourcen (durch finanzielle Medien), politischer Ressourcen (durch Autorität und

Macht) und solidarischer Ressourcen (durch Einfluß und Prestige) auftritt.

Zum ersten Problem: Das wichtigste Prinzip ist, daß die erfolgreiche Implementation *jeder* Werbindung im allgemeinen *alle* Faktoren erfolgreichen Handelns einbezieht, so daß Zugang zu ihnen mindestens in einem gewissen Maße eine „notwendige Bedingung" darstellt. Soweit es um sozialsystemische Funktionsabläufe geht, gilt dies besonders für die Faktoren des Sozialprozesses, sowohl auf der „intrinsischen" Ebene als auch auf der Ebene symbolischer Medien. Hinter den sozialen Komponenten stehen jedoch die restlichen Faktoren des Handlungssystems, physische Umwelt, Verhaltensorganismus, Motivstruktur der Persönlichkeit und Kultursystem.

Die *Kombinationen* dieser Faktoren variieren natürlich mit Ebene und Art der Verantwortung. Anscheinend ist die *relative* Bedeutung der Faktoren, die in der Hierarchie kybernetischer Kontrolle weiter unten stehen, um so größer, je niedriger die Ebene von Verantwortung liegt. So haben physische und organische Mittel die größte relative Bedeutung auf der unterstens Ebene kybernetischer Kontrolle.[18] Im wesentlichen gilt dies deswegen, weil die „Kontrollfunktionen" in um so größerem Umfange bereits in übergeordneten Systemen wahrgenommen werden, je niedriger die Ebene des Subsystems ist — besonders dadurch, daß die Pflichten sowie das Ausmaß ihrer Handlungsfreiheit bei den zugewiesenen Funktionen für die unteren Ebenen relativ genau definiert sind. Wenn Wertbindungen die oberste Kontrolle unter den generalisierten symbolischen Medien im Sozialsystem verkörpern, dann folgt daraus, daß physische und organische Gesichtspunkte besonderes Gewicht auf den unteren kybernetischen Ebenen haben müssen, gefolgt von der ökonomischen Ebene, deren heftiges Vorspringen im 19. Jahrhundert ein sozialer Index eines gesellschaftlichen Aufschwunges war.

Das amerikanische Wertsystem stellt vor ein sehr spezielles Problem: das des Staus von *analytisch*-politischen Faktoren. Die aktivistische Komponente des Wertsystems schafft einen „normativen Druck" zur Effektivität von Implementation, einschließlich einer Vorliebe für unmittelbare „Resultate". Es besteht also eine Neigung, Verantwortungen zu „politisieren", was leicht mit der Bedeutung höherrangiger Faktoren kollidieren kann, die ihren Schwerpunkt im Einfluß- und Wertbindungssystem haben, unabhängig von bestimmten Zielorientierungen als solchen für die Politik als ganze oder für ihre verschiedenen Subsysteme. Der amerikanische „Erfolgskult" —

vom Individuum in seiner Berufsrolle über die operativen Organisationen und Unternehmen bis hin zur Sorge, wie die Gesellschaft als ganze abschneidet — ist zum Teil eine Konsequenz hiervon. Gerade weil aber das Problem der wünschenswerten Lösung für die Allokation von Commitments offen ist, erhebt sich stets die Frage, inwieweit eine solche „Politisierung" zum „Über-Commitment" an bestimmte — kollektive oder individuelle — Ziele führen kann und damit die Freiheit zu einer Neuverteilung im Lichte sich wandelnder Umstände und Interpretationen der grundlegenden Wertverantwortlichkeiten selbst einschränkt. Dies mag zum Teil die amerikanische Empfindlichkeit dem Kommunismus gegenüber erklären, der als Ansatz zur totalen Politisierung des Gesellschaftssystems als ganzem stehen kann.[19]

Natürlich hat auch die *qualitative* Differenzierung eines Sozialsystems in funktional unterschiedliche Subsysteme einen hierarchischen Aspekt, da die verschiedenen funktionalen Kategorien über die kybernetische Hierarchie miteinander in Beziehung stehen. So steht die politische Funktion über der ökonomischen, die integrative über der politischen und die strukturerhaltende über der integrativen. Bei der Evaluierung dieser Beziehung muß man sich jedoch vergegenwärtigen, daß auf der entsprechenden Unterscheidungsebene *sämtliche* funktionalen Kategorien in *jedem* Subsystem involviert sind. Ich habe oft gesagt, daß höhere Bildung und Forschung in den letzten Jahrzehnten für die Struktur und Prozesse moderner Gesellschaften immer wichtiger geworden sind, vielleicht insbesondere in Amerika. Sozialsystemisch ist bessere Erziehung hauptsächlich im „*maintenance*"-Subsystem angesiedelt, der primären Interpenetrationszone einer Gesellschaft mit dem Kultursystem. Sein oberstes Wertprinzip, das wir kognitive Rationalität[20] nennen, steht — unter den differenzierten Subsystemen des allgemeinen Wertsystems — kybernetisch höher als die ökonomische oder politische Rationalität, obwohl es, als Wert eines primären funktionalen Subsystems, nicht denselben *Rang* funktionaler Bedeutung für die Gesellschaft hat.

Es ist aus solchen Gründen wichtig, in Wert*systemen* zu denken; komplexe Handlungssysteme können weder von einem einzigen undifferenzierten Wert, noch von diskreten, unverbundenen Einzelwerten gesteuert werden — etwa im Sinne der „*culture traits*"-Konzeption, wie sie von den „historischen" Anthropologen verwendet wird. Die Elemente eines solchen Systems werden differenziert durch Stufen der Spezifizierung und Implementationsverantwortung sowie durch Sub-Werte, die sich aus der Funktion, die das jeweilige gesellschaftliche Sub-System erfüllt, und aus den gegebenen Implementationsbedingungen ergeben. Dabei sind Werte über insgesamt in ein System durch die „Kongruenz" mit dem durch die verschiedenen Typen und Ebenen vorgezeichneten Muster integriert, so daß wir legitimerweise von einem umfassenden systemischen Wertmuster sprechen können, obwohl der Grad der Institutionalisierung empirisch immer eine offene Frage ist.

Auf jeder Stufe und für jeden Sub-Typus verlangt der Zwang der Implementation jedoch, daß die Commitments mit anderen Faktoren kombiniert werden, die beim Zustandekommen erfolgreicher Implementation eine Rolle spielen. Das heißt, daß für jedes Sub-System oder System als ganzes Wertbindung nur eine der Handlungsdeterminanten sein kann. Wer zum Wertabsolutismus tendiert, neigt oft dazu, die Wertbindung als „kompromittiert" zu betrachten, sobald diesen anderen Faktoren Beachtung zugewandt wird. Dies mag ohne Zweifel ein verbreitetes und wichtiges Phänomen sein, aber es wäre kaum realistisch zu behaupten, daß jede Kombination mit anderen Faktoren kompromittiere. Inwieweit die Integrität einer Wertbindung in einem gegebenen Fall gewahrt worden ist oder nicht, kann nur im Lichte der alternativen Lösungsmöglichkeiten und des moralischen „Imperativs" des Commitments selbst beurteilt werden. Darüber hinaus sind die Kosten der Implementation einer Wertbindung ein relevanter Faktor einer solchen Beurteilung, sowohl vom Standpunkt der implementierenden Aktor-Einheit als auch von dem des betreffenden umfassenderen Systems.

Man muß wohl alle Wertimplementationsprozesse in erster Linie als zielorientiert, d. h. − analytisch − mit politischem Primat sehen. In genuin Weberschem Sinne *legitimiert* m. E. das Wertsystem implementatives Handeln, einschließlich der notwendigen kombinatorischen Bezüge auf andere als die Wertfaktoren. In unserem Austausch-Paradigma (Schema 2 des Macht-Aufsatzes) umfaßt der Output an Legitimation vom „*Pattern-Maintenance*"-Subsystem zum Politbereich die Erfüllung dieser Funktion durch das Wertsystem. Ihre Komplexität sollte nicht unterschätzt werden. Selbst wenn das Gesamtmuster stabil ist, treten ständig auf vielen Ebenen in allen Teilen einer Gesellschaft strukturelle Veränderungen auf. Relativ zu Subwerten verändern sich die Bedingungen unaufhörlich und erfordern so eine Neubewertung der Legitimität verschiedener Methoden ihrer Bewältigung. Tatsächlich schaffen Strukturveränderungen in Teilen des Systems neue Bedingungen für andere Teile, weil sie deren Situation verändern.

Die Kombination dieser differenzierten und spezifizierten Komplexität mit der Empfindlichkeit für — zumeist nicht vorherzusagende — *Veränderungen macht Commitments als generalisiertes symbolisches Medium zu einem wesentlichen Element* des Funktionierens einer Gesellschaft. Nur in einfachen und stark traditionalistischen Gesellschaften können die möglichen Implementationserfordernisse im voraus konkret spezifiziert werden.[21] Dies würde die vollständige askriptive Festlegung der Commitments erfordern. Aber selbst die Allokation von Commitments per Legitimation durch irgendeine Art von legitimierender *ad-hoc* Übereinkunft zwischen den unmittelbar Betroffenen (ein krudes Äquivalent für Kompensationsgeschäfte im ökonomischen Bereich) wäre überaus umständlich und unsicher.

Das generalisierte Medium gibt der Aktor-Einheit die Freiheit, ihre eigenen Legitimitätsentscheidungen zu treffen. Die Aktor-Einheit soll genügend Commitments auf generalisierteren Ebenen haben, so daß die Spezifizierungsschritte, für die sie Verantwortung hat, sich im großen und ganzen im Einklang mit der relevanten Wertstruktur vollziehen. Dies soll auch die Entscheidung der Aktor-Einheit darüber umfassen, ob es legitim ist, Erfordernisse mit einzubeziehen, die selbst keinen Wertcharakter tragen, und Mittel für Faktoren für eine effektive Implementation einzusetzen, die keine Wertbedeutung haben.

Wenn wir davon sprechen, daß *Ego die Commitments eines anderen (Alter) aktiviert*, so ist gemeint, daß *Ego Alter* durch symbolische Kommunikation hilft, „die Situation zu definieren", so daß *Alter* seine moralische Freiheit im obigen Sinne ausüben kann. Dies kann entweder durch mahnende Hinweise vor dem Handeln oder durch anschließende Kritik geschehen. Generalisierte Commitments sind jedoch auch gegen andere Desiderate austauschbar, besonders gegen Geld, Macht und Einfluß, und durch diese dann gegen konkrete Mittel in Form von Belohnungen oder Vorteilen. Der Einsatz von Commitments als Sanktionen impliziert, daß moralische Zustimmung eine Belohnung und Ablehnung eine Strafe ist, solange *Ego* und *Alter* gemeinsame Werte haben, so daß *Egos* Zustimmung oder Ablehnung *Alters* internes Sanktionssystem „aktivieren" wird. Gewisse Modifikationen müssen natürlich vorgenommen werden, wenn *Ego* und/oder *Alter* nicht Einzelpersonen, sondern Kollektive sind.

Jedes generalisierte Medium unterliegt *Knappheitsbedingungen;* ein „Bestand" des Mediums wird durch „Ausgaben" vermindert, und sein Erwerb muß mit bestimmten Kosten „bezahlt" werden. Darüber hinaus kann der „Bezug" eines Mediums durch die indirekten Effekte kluger „Ausgabenpolitik" vergrößert werden, genau wie Firmen ihr künftiges Einkommen steigern können, indem sie Gelder produktiv anlegen. Welche Prozesse passen in diese Kategorie im Falle von Commitments?

, Commitments als Medium sollten definiert werden als *„generalisierte Fähigkeit und glaubwürdiges Versprechen, die Implementation von Werten zu bewirken"*. Ihre Code-Komponente ist die *moralische Autorität* in ihrem gesellschaftlichen Bezug. Ihre Botschaften sind im wesentlichen die Versicherung eines Commitments gegenüber der relevanten Wertstruktur, etwa in Form von Handlungselementen, die auf Implementation deuten — wie die Abgabe von Versprechen, die wir oft explizit als Verpflichtung *(commitment)* bezeichnen, gewisse spezifizierte Aufgaben zu übernehmen.

Es ist hier von Bedeutung, daß die Nichterfüllung von Commitments in diesem Sinne einer besonderen Rechtfertigung bedarf; ein Aktor, der einer Verpflichtung entbunden werden will, trägt die Beweislast dafür, daß die Erfüllung mit einer übergeordneten Aufgabe mit denselben Werten kollidierte. Solche Versprechen abzugeben, ist eine Form des „Ausgebens" freier Commitments.

Wir haben mit Nachdruck betont, daß die primären negativen Sanktionen im Aktor selbst liegen, der Verpflichtungen eingeht. Wie in allen solchen Fällen können nun solche Sanktionen durch Kommunikation „aktiviert" werden. So können wir von „Ermahnung" *(admonition)* sprechen, als einem Ausdruck der Sorge, daß eine Verpflichtung verletzt werden könnte, und von „moralischer Mißbilligung" als einer *post facto* „Bestrafung". Diese Sanktionen entsprechen den wirklichen Sanktionen durch Gewalt und Zwang im Machtsystem. Sie sind ein Teil der „Sicherheitsgrundlage" und nicht Teile des Mediums selbst.

Moralische Autorität wird durch Reputation für integere individuelle oder kollektive Commitments erworben. Um *effektiv* zu sein, muß sie jedoch umsichtig gehandhabt werden. Das bedeutet, daß man eine vorsichtige Balance zwischen Toleranz und Härte, zwischen Skrupellosigkeit und Pragmatismus halten muß. Wir haben gesagt, daß die Freiheit, sein *eigenes* Urteil über die Legitimität der Details der Implementation zu fällen, eine entscheidende Dimension der Generalisierung von Commitments in einem Sozialsystem ist. Eine zu schnelle Bereitschaft zu Ermahnung oder Verurteilung kann eine Verletzung von *Alters* Freiheit darstellen, und da diese Freiheit selbst wieder einen Wert hat, kann damit *Egos* Reputation beeinträchtigt werden. Wenn man andererseits zuviel „durchgehen" läßt und zu viele dubiose Handlungen nicht verurteilt, kann auch dies die Reputation untergraben. Das Äquivalent zur ökonomischen Solvenz besteht im wesentlichen darin, daß diese Balance gelingt, so daß das eigene moralische Urteil für gewöhnlich respektiert wird.

Ehe wir beginnen, die wichtigeren Unterklassen besonderer Commitments zu entwerfen, die Tauschprozesse im Sozialsystem vermitteln, empfiehlt es sich, die Vorstellung von der *„Zirkulation" der Commitments* analog zur Zirkulation des Geldes im Marktsystem zu explizieren.

Jedes generalisierte Medium ist zunächst in einem der primären Subsysteme *verankert*, so zum Beispiel Geld in der Wirtschaft. Auf einer hinreichend hohen Stufe der Differenzierung müssen nun die Beziehungen des primären Bezugssystems zu seinen „Nachbar"-Systemen auf einer generalisierten Ebene *vermittelt* werden. Der klassische Fall ist die Zirkulation von Geld zwischen Unternehmen und Haushalten — dabei sind die Haushalte nicht primär Einheiten der Wirtschaft, sondern des „strukturfunktionalen" Subsystems *(pattern-maintenance subsystem)*. Das Geldeinkommen der Haushalte ist zunächst einmal das Ergebnis des Outputs aus dem Arbeitseinsatz *(labour commitment)* in der Wirtschaft. Es fließt der Wirtschaft wiederum in Form der Konsumentenausgaben zu, diese Beziehung wurde durch die Keynes'sche Analyse berühmt. Ähnliche Überlegungen gelten für die Märkte für Kapital und für „Dienstleistungen", im Unterschied zu Arbeit und Waren.[22]

Es wurde gesagt, daß Commitments — gemäß dem Grade ihrer Generalisationsstufe — auf Spezifikationsbereiche verteilt werden müssen. Implementation erfordert darüber hinaus die Kombination mit anderen Faktoren (die keine Werte sind). So können diejenigen, die über ein großes „Lager" *(stock)* von Commitments verfügen, sich damit die Kontrolle über die anderen Faktoren sichern. Ebenso wie Firmen Löhne bezahlen, um Arbeit als Produktionsfaktor zu regeln, so gilt unseres Erachtens, daß in einem besonders relevanten Zusammenhang Besitzer von Commitments für das Privileg der Vereinsbildung *(association)* mit anderen durch die Implementation ihrer Commitments „bezahlen". Das bedeutet, daß sie Commitments an die betreffende Assoziation „ausgeben", die für die Gemeinschaft (kollektiv wie individuell) als „Aktiva" zur Verfügung stehen. Die Gemeinschaft ist in einer stärkeren Position bei der Implementation der gemeinsamen Werte, weil jene, die ihr beitreten, ihre Commitments einbringen. Die „Beitretenden" haben ihre Commitments also in dem Sinne „ausgegeben", daß sie die Kontrolle darüber zu einem gewissen Grade aufgegeben haben. Sie sind jetzt durch Loyalitätsverpflichtungen an das Kollektiv gebunden, dem sie beigetreten sind.

In der Regel sind diese Obligationen jedoch nicht absolut zwingend. In einem Sozialsystem, das durch einen Pluralismus gekennzeichnet ist, der sich von den Rollen deren Individuen über viele Ebenen kollektiver Organisation erstreckt, müssen Loyalitäten gegenüber einer Vielzahl von Ansprüchen ins Gleichgewicht gebracht werden. Engagiert man sich, zum Beispiel durch den Beitritt zu einer Vereinigung, so „verausgabt" man nicht seinen ganzen Besitz an Commitments, sondern behält einen Teil für andere Verbindungen.

Der „Rückfluß" von Commitments, zum Beispiel vom integrativen zum strukturfunktionalen Subsystem, nimmt die Form einer − im Ablauf kollektiven Handelns zum Ausdruck gebrachten − Demonstration der Integrität des gemeinschaftlichen Commitments gegenüber den relevanten Werten an. In solch einer Situation gilt der Satz „Einigkeit macht stark", weil die gesammelten Commitments einer Vielzahl vereinter Einheiten einen größeren Effekt erzielen, als wenn sie je einzeln mit der Möglichkeit der Zersplitterung implementiert würden.

Eine weitere Implikation der Parallele zum Geld und zur Wirtschaft liegt natürlich in der Tatsache, daß in unserem *„double interchange"* die Einheiten auf den beiden Seiten einer bestimmten Transaktion im allgemeinen nicht identisch sind. Ebenso wie die Haushalte ihre realen Güter von vielen Unternehmen beziehen, wobei die meisten nicht ihre Arbeitgeber sind, so sichern sich die Aktor-Einheiten bei der Implementation von Werten ihren „Rückfluß" an Commitments einerseits und ihr „Einkommen" an Einfluß und Macht andererseits von ganz verschiedenen Einheiten des Systems. *Die Mediatisierung von Integration ist die primäre Funktion von Commitment als generalisiertem Medium in einem solchen differenzierten System.* Die Alternative zu einer solchen Generalisierung wäre das funktionale Äquivalent von Kompensationsgeschäften *(barter).*

Commitments und das Paradigma von Austauschprozessen

Der Verdienst moralischen Respekts ist nicht nur eine Funktion des Tauschs von Commitments, sondern hängt auch vom Verhalten der Aktor-Einheit in anderen Handlungsbereichen ab − und zwar bezogen auf deren Interdependenz mit Wertkomponenten. Unser

Tauschmodell (Schema 2) zeigt drei derartige Bereiche mit primärer Bedeutung für das strukturfunktionale Subsystem der Gesellschaft. Einer dieser Bereiche wurde bereits erörtert, nämlich die Legitimierung zielorientierten Handelns — analytisch als politisches Kollektivhandeln in Sozialsystemen definiert. In diesem Tauschsystem entsteht das „Einkommen" an Commitments vor allem durch die Übernahme von „operativer" Verantwortung für die konkrete Implementation, einschließlich der effektiven Verwertung von Nichtwert-Faktoren. Der Output vom Politbereich *(polity)* an das strukturfunktionale Subsystem, nämlich „moralische Verantwortung für das kollektive Interesse", bildet die Kehrseite des Umstandes, daß *Ego* und *Alter* gemeinsame Werte haben.

Der zweite bedeutsame Austauschprozeß von Commitments ist der bekannte Fall, in dem idealtypisch Haushalt und Unternehmen die tauschenden Einheiten bilden.[23] Den Output der Haushalte nennen wir *Arbeit*, den der Unternehmungen *Güter*. Beide Begriffe müssen für unsere Zwecke geklärt werden. Generalisierte Medien auf der Ebene von Sozialsystemen beziehen sich offensichtlich weder auf Güter als physische Objekte noch auf Arbeit als physisches Verhalten des Organismus. Gemeint sind vielmehr die Mechanismen, kraft derer Objekte und Prozesse kontrolliert werden — einschließlich ihrer Verteilung. Als Output-Kategorie der Wirtschaft sind „Güter" das Commitment zur *Produktion*. Der entsprechende Subwert ist ökonomische Rationalität. Das Commitment zu seiner Implementation (in Webers klassischer Formulierung „der Geist des Kapitalismus") bedeutet die Verpflichtung, ihre „rationale" Kombination mit anderen Produktionsfaktoren zu betreiben und die technologischen Verfahren zu überwachen, die dem speziellen, durch rationale Kombinationen geschaffenen Kontrollsystem entsprechen. Erfolg der Produktion wird also am *Nutzen* der erzeugten Güter und Waren gemessen, ein Beleg dafür, daß Unternehmen und Haushalt den Wert ökonomischer Rationalität *gemeinsam* haben. Als Folge von Spezifikationsstufen betrachtet, besteht also für die Unternehmen das Commitment zunächst generell zur Produktion, dann zur Distribution auf bestimmten Märkten und so weiter. Auf jeder Stufe muß jedoch das Commitment (als Produktionsfaktor wie „Land" klassifiziert) mit anderen Produktionsfaktoren kombiniert werden. Der Erfolg dieser ökonomischen Kombinationen wird dann durch den Standard der Solvenz gemessen, d. h. an der Fähigkeit der produzierenden Einheit, über einen hinreichenden Zeitraum *alle* Ausgaben aus ihren Verkäufen zu decken.[24] In modernen Gesellschaften erwartet man „normalerweise" von Haushalten und Unternehmen, daß sie in diesem Sinne zahlungsfähig (solvent) sind, d. h. ihren Lebensstandard durch Geldeinkommen oder anderes Vermögen ihrer Mitglieder selbst „tragen". Der Haushalt ist der *einzige* Typus einer gesellschaftlichen Einheit, neben den Unternehmen, für den diese Erwartung gilt. Natürlich führt die Unfähigkeit, diese Bedingung zu erfüllen, für gewöhnlich nicht zur Forderung nach einer Liquidation, wie im Fall des Unternehmens; die normale Reaktion besteht darin, Möglichkeiten der Subventionierung zu finden, zum Beispiel durch Sozialunterstützung.

Arbeit — als Output des Haushaltes — muß als Commitment verstanden werden, den Wert ökonomischer Rationalität durch den Beitrag zur Produktion zu verwirklichen. Da Arbeit nur einer der Produktionsfaktoren ist, muß eine hinreichend differenzierte Wirtschaft „Entfremdung" von Arbeit institutionalisieren, denn normalerweise kann man Arbeits-Commitments, in Organisationszusammenhängen, die vollständig von einem selbst oder von anderen kontrolliert werden, mit denen man eine *Gemeinschaft* bildet (wie etwa den Mitgliedern des eigenen Haushalts), nicht erfolgreich verwirklichen. Allgemein erfordert dies eine politische Komponente, die über einen Arbeitgeber, Kapital-Input und ähnliches wirkt. In diesem Sinne ist die *Ausdifferenzierung* von Arbeit als einem Faktor aus der diffusen Matrix der ursprünglichen Solidarität ein wichtiger Meilenstein moderner Sozialorganisation.

Analytisch ist Arbeit ein Produktionsfaktor im ökonomischen Sinne, während „Dienstleistungen" — von der ökonomischen Theorie traditionell mit Gütern verklammert — als *Output* des Produktionsprozesses betrachtet werden muß. Im Begriff der Dienstleistung ist das Arbeits-Commitment zum Ziel effektiver Implementation mit den anderen ökonomischen Faktoren bereits verknüpft. Analytisch behandeln wir den Output von Dienstleistungen als *Macht* im politischen Sinne, nicht als Commitment (vgl. den Aufsatz über Macht). Seine direkte Verbindung zu Commitments wird durch den L-G-Tauschprozeß bestimmt, der Akzeptierung moralischer Verantwortung für Kollektivinteressen und operative Verantwortung in einem Kollektivsystem einschließt. Auf den höheren Ebenen der Differenzierung muß jedoch eine *indirekte* Verbindung (über L-A und A-G) mit der Wirtschaft bestehen.

Der Punkt primären Interesses ist hier das „Arbeitsverhältnis" in einer „Organisation". In einem hinreichend differenzierten System ist ein solches Arbeitsverhältnis *immer* ökonomisch insoweit, als es über einen „Arbeitsmarkt" zustande kommt. In modernen Gesellschaften sind die quantitativ mit Abstand größten Arbeitgeber Unternehmen — eine sozialistische Wirtschaft ist grundsätzlich in dieser Hinsicht nicht anders. Somit hat der Markt eine doppelte Wirkung: er bestimmt die Kriterien sowohl für die Allokation von Dienstleistungen als auch für die Solvenz der arbeitgebenden Unternehmen. Das Individuum in der Berufsrolle muß jedoch ein totales ökonomisches Primat bei der Verwertung seiner Leistungen nicht akzeptieren. Dabei bestehen vor allem zwei Wahlmöglichkeiten. Die erste betrifft den L-G Intertausch und den Umfang an Arbeitsverantwortung. Ein wissenschaftlicher Forscher in einem kommerziellen Laboratorium zum Beispiel braucht praktisch keine Verantwortung für die Solvenz des Unternehmens zu übernehmen.[25] Die zweite betrifft den *Typus* des Kollektivs, in dem man eine Anstellung sucht. Der akademische Berufsstand zum Beispiel hat seinen besonderen „Arbeitsmarkt", seine arbeitgebenden Organisationen sind jedoch keine Unternehmen im idealtypischen Sinne. Diese Wahlmöglichkeiten sind weitere Schritte im Prozeß der Implementation des Wertsystems. Sie modifizieren den Primat der ökonomischen Rationalität — beziehungsweise der politischen Rationalität und „assoziativen" Loyalität — mit anderen Komponenten. Zwar soll ökonomische Rationalität alle verschiedenen Sub-Märkte für Dienstleistungen steuern, dabei ist jeder aber teilweise von den anderen isoliert, und ein Hauptfaktor seiner Isolation besteht in dem größeren Commitment seiner Teilnehmer gegenüber seinen besonderen Sub-Werten. So sollte ein Akademiker eine stärkere Bindung an kognitive als an ökonomische Rationalität haben; er sollte nicht direkt auf den allgemeinen Märkten für ökonomische Dienstleistungen konkurrieren, sondern seine Bewerbung auf den „Akademiker-Markt" beschränken. Allzu große Diskrepanz in der Bezahlung führen tendenziell jedoch zu einer Schwächung oder dem Zusammenbruch dieser Isolationsmechanismen.

Der dritte Tauschvorgang findet zwischen dem strukturfunktionalen System und dem gesellschaftlichen Gemeinwesen statt, dem integrativen System. Hier sind Commitments auf den Kontext der sozial „wertvollen Vereinigungen" bezogen; kombinationslogisch geht damit die Akzeptierung vor allem der *normativ-sozialen* (gegenüber politischen und ökonomischen) Bedingungen effektiver Wertimplementation einher. Das Individuum steht nicht länger allein, sondern nimmt einen Gemeinschaftsstatus an, der ihm die Erwartung auf Solidarität mit anderen Mitgliedern der jeweiligen Gemeinschaft oder dem betreffenden Kollektiv gibt. Assoziative Beziehungen können die Kapazität erfolgreicher Implementation wesentlich verbessern, weil Solidarität und das zugehörige Einflußpotential Macht und ökonomische Ressourcen effektiv kontrollieren und verstärken können. Status stellt in einem entsprechenden Kollektiv vom Standpunkt eines Teilnehmers die primäre gesellschaftliche „Operationsbasis" dar, von der aus weitere Kombinationszüge der Implementation erfolgen können. Wäre diese Basis nicht tasächlich verhältnismäßig gut abgesichert, so wäre wahrscheinlich die Kapazität für eine erfolgreiche Implementation stark beeinträchtigt. Zwar schaffen gerade die *gemeinsamen* Wertbindungen der Mitglieder die Möglichkeit für eine solche Sicherheit, aber diese Wertbindungen verwirklichen sich nicht von allein. Solidarische Vereinigung ist also die erste Zusatzbedingung für eine erfolgreiche Implementation, darüber hinaus müssen sowohl effektive kollektive Zielerreichung als auch die Mobilisierung generalisierter Ressourcen gewährleistet sein.

Bindungen an eine Vereinigung „kaufen", wie bemerkt, Loyalität, das heißt, „Unterstützung" in einem allgemeinen nicht-politischen Sinne für Bestrebungen der Wertimplementierung. An dieser Stelle taucht aber ein besonders wichtiges Problem auf, das in modernen Gesellschaften stark akzentuiert ist, nämlich der *Pluralismus*. Wir haben betont, daß der Schwerpunkt von Commitments in der Struktur von Sozialsystemen auf der Ebene der handelnden *Einheit* liegt — seien es Kollektive oder Individuen in ihren Rollen. Je stärker ein Sozialsystem jedoch differenziert ist, desto vielfältiger werden die Mitgliedschaftsbeziehungen einer jeden Aktor-Einheit. Beim einzelnen Individuum ist dies ein Gemeinplatz; so kann man zum Beispiel gleichzeitig einem Familienhaushalt, einer Arbeitsorganisation, verschiedenen Nachbarschaftsgruppen, einer religiösen Vereinigung, einer politischen Partei, verschiedenen wohltätigen Vereinigungen usw. angehören. Dasselbe Prinzip gilt auch für Kollektive. So ist die Harvard-Universität ein „Mitglied" der lokalen Gemeinden Cambridge und der Stadt Boston, des „Commonwealth of Massachusetts", der Vereinigten Staaten und — in gewissem Sinne — auch der „Weltgesellschaft" Sie ist also mit unzähligen anderen Vereinigungen verwoben: mit den verschiedenen Regierungsebenen, der komplizierten Welt der Organisation von Gelehrten-Interessen, der Leserschaft von Publikationen ihrer Fakultätsmitglieder und so weiter.

Das Problem eines Individuums oder eines Sub-Kollektivs, die Implementation seiner Wertbindungen zu optimieren, kann also nicht durch Beitritt zu *der* einzigen passenden Vereinigung gelöst werden. Generell ist *eine* Gemeinschaft vom Standpunkt der Einheit aus nie adäquat, so daß kollektive Beziehungen zu einer Sache komplexer Interrelation assoziativer Bande wird. Vom Standpunkt der Aktor-Einheit aus bilden die Elemente eines solchen Komplexes *Bezugsgruppen* im üblichen sozialpsychologischen Sinne. Solche Gruppen variieren auf verschiedenen Dimensionen. Eine ist die der Inklusivität; das nationale gesellschaftliche Gemeinwesen, in der das Individuum als ein Bürger lebt, ist sehr viel inklusiver als die Arbeitsorganisation, selbst wenn es die Bundesregierung wäre. Eine zweite Dimension betrifft die Typen qualitativ verschiedener Interessen, die zur Teilnahme „motivieren"; ein Individuum hat gewöhnlich ein starkes Interesse sowohl an seinen familiären als auch an seinen beruflichen Rollen, beide sind aber typischerweise sehr verschieden voneinander. Zum dritten können die Teilnahmefelder innerhalb eines einzigen wertorientierten Sub-Systems systematisch interreliert sein. So ist ein Hochschul-Lehrer im allgemeinen in mindestens zwei einander überschneidenden Kollektiv-Klassen Mitglied, nämlich der seiner Arbeitsorganisation (College oder Universität, und hier wieder auf zwei verschiedenen Inklusivitätsebenen: Fachbereich und Fakultät) und seiner „Disziplin", auf nationaler oder internationaler Basis, was in der Regel mit der formalen Mitgliedschaft in den entsprechenden Vereinigungen verbunden ist. Ganz offensichtlich muß die Aktor-Einheit ihre Commitments unter diese verschiedenen Partizipationszusammenhänge aufteilen — vielleicht sogar unter Einbezug erstrebter, aber nicht erreichter Mitgliedschaften.

Das Problem wird durch die oben erwähnte Tatsache kompliziert, daß die Bedingungen, die die implementative Effektivität von Commitments bestimmen, wohl nicht stabil sind. Analog zu der Notwendigkeit für Unternehmen, sich kontinuierlich den veränderten Marktbedingungen anzupassen, muß eine Aktor-Einheit stets bereit sein, die Allokation ihrer Commitments an Veränderungen der Implementationsbedingungen anzupassen. Im akademischen Bereich zum Beispiel braucht die Bereitschaft, Lehrangebote an anderen Universitäten zu suchen, nicht *ausschließlich* eine Funktion des Strebens nach persönlichem Vorteil — etwa höherem Gehalt — zu sein, sondern kann sich auch auf die Aussicht beziehen, die Chance für die Implementation der eigenen akademischen Wertbindungen zu verbessern. Die Überbewertung der Loyalität zur gegenwärtigen Universitätsstellung gegenüber der Bereitschaft, neue Gelegenheiten wahrzunehmen, kann eine relative Schwäche des Commitments an die akademischen Werte implizieren.[26]

Inflation und Deflation von Commitments

Die vorangegangene Überlegung zeigt deutlich, daß Commitments als ein generalisiertes Medium flexibel sein müssen. Diese Flexibilität ist jedoch im idealtypischen Falle mit Stabilität auf den höheren Ebenen von Allgemeinheit keineswegs unvereinbar. Diese Stabilität wird allerdings durch die bekannte Deflations/Inflationsproblematik kompliziert, die das Funktionieren aller generalisierter Medien beeinträchtigt. Der inflationäre Fall bezieht sich auf das, was — zumindest im Zusammenhang der Implementation von Werten — oft als *„Über-Commitment"* bezeichnet werden kann: Jemand ist so viele, so verschiedene und so „tiefe" Verpflichtungen eingegangen, daß seine Fähigkeit, ihnen effektiv nachzukommen, vernünftigerweise in Frage gestellt werden muß. Über-Commitment muß sich im Zweifel an den Aussichten für die tatsächliche Implementierbarkeit messen oder Kritik am Ausbleiben der zu Recht erwarteten implementativen Maßnahmen gefallen lassen. Die Triftigkeit von Zweifeln und Kritik kann dann das Vertrauen in die Integrität des (oder der) Handelnden (*committed unit*) unterminieren, mit der Konsequenz, daß das Vertrauen gegenüber zukünftigen Commitments oder sogar gegenüber den bereits existierenden geschwächt wird.

Die deflationäre Tendenz liegt in der schwindenden Neigung, die Commitments zu „honorieren", die jemand einzugehen bereit ist. Sie bringt somit eine gewisse Einschränkung der Freiheitsgrade in der Sphäre der Implementation von Werten mit sich, besonders dadurch, daß die Verantwortung sich von der handelnden Einheit auf eine äußere Instanz verschiebt, wie zum Beispiel „das Gesetz". Das Grundprinzip ist der Aufbau scharfer externer Kontrollen, um zu verhindern, daß jemand bei der Implementation versagt. Größere Entwicklungen in dieser Richtung haben jedoch die bekannte Konsequenz, daß „Sicherheit" auf Kosten von Vorteilen geht, die aus einem größeren Spielraum für autonome Verantwortung erwachsen könnten.

Die Bedeutung der *Komplexität* von Wertsystemen wurde mehrfach betont. Während dies auf der gesellschaftlichen Ebene am auffälligsten ist, bilden die Werte gesellschaftlicher Systeme und Subsysteme — als Schwerpunkt unseres Interesses hier — nur einen Teil noch größerer normativer Systeme, gebildet vor allem aus dem Kultursystem, aber auch aus den individuellen Persönlichkeits- und Organismus-Systemen. Alle diese Systeme interpenetrieren mit den gesellschaftlichen Wertkomponenten. Außerdem ist das Wertsystem differenziert: Auf der vertikalen Achse kybernetischer Ordnung nach makroskopisch/mikroskopischen Bezügen und qualitativ durch die Funktion im Sozialsystem und im allgemeinen Handlungssystem.

Deflation (von Commitments) kann auf jeder Stufe der Hierarchie oder jedem „Ast" des „Funktionen-Baumes" ausbrechen. Das Gemeinsame aller Deflationen jedoch ist das, was man *Wertabsolutismus* nennen könnte: die scharfe Limitierung implementativer Flexibilität, mit der Beschränkung jeder Verpflichtung auf die ganz unmittelbaren − oft sehr drastischen − Schritte zur Implementierung des Wertmusters auf der spezifischen Bezugsebene. Dadurch wird aus den zuvor offenen Flexibilitätszonen Legitimation abgezogen, die für ausgefallenere Formen der Implementation oder für andere Subwerte innerhalb eines größeren Systems verfügbar war.[27] Das Kriterium für ein „echtes Engagement" *(commitment)* ist dann die Frage, in welchem Grade eine Aktor-Einheit die direkte Implementation des jeweils springenden Punktes des Wertmusters zu ihrem ganz vordringlichen oder gar einzigen Anliegen macht. Wie bei jedem deflationären Prozeß sind die Betroffenen, eben weil sie die Sicherheit eines unzweifelhaft „echten" Commitments anstreben, von umfassenderen Systemen mit einem größeren Grad an Freiheit und Solidarität abgeschnitten. Sie sind auf sich allein gestellt, und angesichts der negativen Sanktionen für Nichterfüllung von Commitments sind sie Prozessen der „Eskalation" ausgesetzt, zum Beispiel der gegenseitigen Aufschaukelung beim Vorwurf der Verweigerung von Kooperation − die oft eine Generalisierung des Konfliktes und die Bereitschaft zur Gewaltanwendung nach sich zieht. Dies führt wieder dazu, daß bislang als legitim betrachtete Elemente aus der moralischen Gemeinschaft *ausgeschlossen* werden. Kybernetisch (d. h. kontroll-theoretisch) ist die höchste Stufe von Commitments die religiöse Ebene. Aus diesem Grunde scheint „Fundamentalismus" ein Prototyp deflationären Druckes auf das Commitment-System zu sein, wobei unsere Verwendung des Begriffes eine Reaktion *gegen* das bezeichnen soll, was oft die „Liberalisierung" der Religion genannt wird.[28] Im Fundamentalismus wird versucht, das Angebot eines weiten Freiheitsraumes auf Dinge zu beschränken, die − nach strengest möglicher Anforderung − „solide" sind, wie das Gold in monetären Systemen oder die Sicherheitskraft überlegener Gewalt in politischen Systemen.

Von diesem Standpunkt aus bedeutet die „Säkularisierung" der modernen Gesellschaft − als Resultat eines gewaltigen Differenzierungsprozesses − die Institutionalisierung von Freiheitsgraden bei

212

der Implementation religiöser Commitments, die mit fundamentalistischen Versionen des Protestantismus — auch des Katholizismus oder des Judentums — unvereinbar wären. So sind Gruppen, die historisch als religiös definiert wurden und die Hauptzüge der Säkularisierung verwerfen und als „Glaubensverlust" definieren, im strengen Sinne als fundamentalistisch anzusehen.

Der Schwerpunkt des Fundamentalismus liegt aber wohl nicht in der Religion im analytischen Sinne, sondern in den Dogmen der Organisation von Gesellschaft oder in dem zweiten heute entscheidenden Gesichtspunkt: der *persönlichen* Moral. Von diesem Standpunkt aus stellt der scharfe ideologische Streit zwischen sozialistischen und kapitalistischen Commitments eine „deflationäre" Bewegung innerhalb der Entwicklung der westlichen Gesellschaft und ihres Commitment-Systems dar. Jede Seite beansprucht die absolute moralische Legitimität für ihre eigenen Commitments und rechtfertigt dadurch — im Extremfall — „Krieg" gegen den anderen, wenn auch meist nur in der „kalten" Spielart. Glücklicherweise — von meinem Standpunkt aus, denn ich bin weder ein engagierter Kapitalist noch Sozialist — erleben wir eine gewisse Lösung dieser fundamentalistischen Rigidität, und neue Freiheitsgrade beginnen sich abzuzeichnen.

Aus einer bestimmten Sicht kann man den Existenzialismus und die verwandten „neo-anarchischen" Strömungen als fundamentalistische Muster des von Durkheim so genannten „Kult des Individuums" ansehen. Eine solche Orientierung prüft die Authentizität des Commitments eines einzelnen gegenüber seiner moralischen Freiheit an der Bereitschaft, allen Bindungen an die etablierten Organisationen und Vereinigungen *(valued associations)* abzuschwören. Der neue „Liebeskult" (der seinen Kern in der Hippie-Bewegung hat) scheint erlaubte Vereinigungen auf „Basis-Gruppen" oder gewisse Substitute zu beschränken und damit alle Vereinigungen in den universalistisch-unpersönlichen Strukturen der modernen Gesellschaft für illegitim zu erklären.

Die Geschichte komplexer Gesellschaften ist deutlich mit fundamentalistischen Bewegungen im Commitment-System durchsetzt. Wo ein hoher Grad der symbolischen Generalisierung und der damit einhergehenden Wahlfreiheit erreicht wurde, da entstanden auch ernste Konflikte und hohe Kosten — selbst heute steht noch vieles auf unsicherem Boden. Es ist nicht verwunderlich, daß die „säkularen Religionen" unserer Tage wiederholt Wellen der Deflation von Commitments erleben. Hier besteht durchaus ein Zusammenhang mit dem Wiederaufleben — wie ernsthaft dies ist, bleibt sehr schwierig zu beurteilen — der Rufe nach Sicherheit, die durch die Deflation der anderen generalisierten Medien zu erreichen wäre. (So drang Präsident De Gaulle auf eine Restauration des traditionellen Gold-Standards im Geldwesen. Auch die Garantie nationaler Sicherheit rein durch überlegene physische Stärke ist, trotz des Wesens der modernen Waffentechnik, nicht ohne Fürsprecher. Desgleichen war der Tenor De Gaulles im Falle von Französisch-Canada — „Volkszugehörigkeit sei so grundlegend für die nationale Solidarität, daß sie in sich selbst einen gültigen Anspruch auf souveräne Unabhängigkeit begründe" — ein arger Fundamentalismus in der integrativen Sphäre.)

Die Interpretation der Ursachen und wahrscheinlichen Folgen solch deflationärer Bewegungen bildet eine sinnvolle Überleitung zur Frage nach der Anwendung des Null-Summen-Problems auf das Medium der Commitments. Dazu gehört die Generalisierung jener Logik, die der Klärung der Phänomene von Kreditschöpfung im monetären Bereich und der korrespondierenden Phänomene in den Bereichen von Macht und Einfluß zugrundeliegt, für den Bereich der Commitments. Meines Erachtens besteht in dem Phänomen der Wirkung von „moralischer Führung" ein Mechanismus, der bestehende Commitments nicht nur verteilen, sondern auch ihre Quantität im System vergrößern kann; dabei ist Quantität eine Resultante der Kombination von Generalisationsebenen und Intensität im besprochenen Sinne.

Im ökonomischen Fall besteht eine auffällige Asymmetrie zwischen den Rechten, die im Falle normaler Einlagen den Depositären verbleiben, und den Verpflichtungen der Bank. Die Anleger geben keines ihrer Eigentumsrechte an den Geldern auf, wie sich an ihrem Rechte, Einlagen nach Belieben vollständig und in bar abzuheben, deutlich zeigt. Banken andererseits verleihen „anderer Leute Geld" auf einer vertraglichen Basis, wobei der entscheidende Punkt des Vertrages die Übernahme einer rechtlichen Verpflichtung ist, die Rückzahlung *nicht* vor Ende der Kredit-Laufzeit zu verlangen.

Wie man weiß, wäre jede Geschäftsbank „insolvent", wenn alle Anleger auf voller und sofortiger Auszahlung bestünden, weil sie nicht in der Lage ist, alle formell bestehenden Verpflichtungen einzulösen. Nur auf der Basis der Erwartung, daß kein „*run*" einsetzen wird, kann die Bank „darauf setzen", daß ihre Kreditverträge ordnungsgemäß liquidiert werden können, ohne daß sie vor einer weit über der „normalen" Rate liegenden Forderungsquote stünde. Diese

Erwartung findet natürlich ihren allgemeinen Rückhalt in einem System von „Reserve-Mechanismen".

Im Falle von Commitments haben wir versucht, deutlich zu machen, daß eine starke Präferenz dafür besteht, ihre „Liquidität" — die Offenheit von Verteilungsalternativen — zu erhalten. Die primäre Bedingung hierfür ist, wie bei allen Medien, *Vertrauen*, in diesem Fall auf die Integrität der Commitments. Das gilt erstens für diejenigen, die sie „deponieren" und ihre Liquidität einer anderen Instanz „anvertrauen", und zweitens für jene, die dieses Vertrauen akzeptieren. Die „Commitment-Bank", der die Handlungsfreiheit bei der Implementation von Commitments anvertraut wird, ist immer eine Instanz, die eine Art moralischer Autorität besitzt; dies war oben mit dem Bezug auf moralische Führung gemeint. Ein klareres Beispiel wären religiöse Körperschaften, zu denen die Allgemeinheit aufblickt. Verschiedene „Laien"-Organisationen und einzelne Persönlichkeiten besitzen jedoch ebenfalls moralische Autorität in diesem Sinne; so gibt es Vertrauen in die Integrität einer akademischen Institution in ihrem Commitment an akademische Freiheit oder Vertrauen zu einer politischen Partei. Das „Deponieren" von Commitments bedeutet in diesem Falle, daß einerseits Entscheidungen über die Allokation für einige Zeit in der Schwebe gehalten werden können; das „Einkommen" an Commitments braucht nicht im selben Maße und Rhythmus „ausgegeben" zu werden, wie es empfangen wird. Andererseits braucht für den Schutz der Integrität nicht die „deponierende" Aktor-Einheit allein verantwortlich zu sein, sondern sie kann sich mit anderen Anlegern zusammentun, die dann gemeinsam der Integrität einer Kollektiv-Einrichtung vertrauen. Diese Einrichtung kann nun dieses Vertrauen dazu nutzen, den Bereich von Commitments auszudehnen, insbesondere auf höheren Ebenen der Generalisierung, über das hinaus, was die einzelnen Anleger wagten, ohne direkte kollektive Autorisierung. Wie im Falle des routinemäßigen kommerziellen Bankverkehrs, kann diese besondere Freiheit der Bank auf relativ konventionelle Weise dazu genutzt werden, die Fluktuationserfordernisse in den Situationen verschiedener Einheiten im Marktsystem durch Kredite auszugleichen, um sie in solchen Situationen „flüssig" zu halten. Bankkredite können jedoch auch darüber hinaus zu wirklichen ökonomischen Innovationen führen. Solche Mittel können dann dazu genutzt werden, das produktive System in einer bestimmten· Weise zu reorganisieren, um seine Gesamtproduktivität zu steigern. Eine Zunahme des gesamten zirkulierenden monetären Mediums ist dafür eine wesentliche Bedingung.

Wenn der Anstieg der Produktivität ausreicht und innerhalb einer angemessenen Zeitspanne eintritt, wird der Effekt nicht inflationär sein.

Ich möchte behaupten, daß Institutionen, die ausgeprägt „moralische Autorität" in Gesellschaften besitzen, einerseits quasi die Funktion eines custodialen Bewahrers der individuellen Commitments haben, sich aber andererseits gelegentlich in einer innovativen Expansion von Commitments engagieren — mit der Konsequenz, daß das System der Wertinstitutionalisierung reorganisiert wird.

Commitment-„Banking" und Charisma

Die wohl allgemeinste Formulierung der Rolle des „commitment-banking" in der soziologischen Theorie bietet Max Webers Begriff der charismatischen Führung.[29] Der charismatische Führer verlangt die Erfüllung seiner „Forderungen" als *moralische Pflicht*, nicht als Verfolgung von Eigeninteressen. Typischerweise betont er jedoch, daß er diese Forderungen nicht zur Erfüllung traditionell etablierter Verpflichtungen, sondern für etwas Neues stellt. Weber zitiert mehrfach aus den Evangelien: „Es steht geschrieben, *ich aber sage Euch . . .*".

Obwohl Webers Analyse sich hauptsächlich mit religiösen System beschäftigte, schloß er politische und selbst ökonomische Führung nicht explizit vom charismatischen Typ aus. Dies wirft für die Analyse der tatsächlichen Funktionen der generalisierten Medien äußerst komplexe Fragen des Systembezugs auf. Wir befassen uns primär mit dem Sozialsystem; dessen Interdependenz mit dem Rest des Handlungssystems darf aber keinesfalls übersehen werden.

Vom allgemeinen Handlungssystem aus gesehen, lenken „moralische" Streitfragen in einem sozialen Kontext den Focus auf eine hohe Ebene der allgemeinen kybernetischen Skala. Das Paradigma für das allgemeine Handlungssystem zeigt, daß dies an einer besonderen Beziehung zwischen dem Kultur- und Persönlichkeitssystem liegt — einer Beziehung, die die Verbindung zwischen Charisma und „Eigenschaften der Persönlichkeit" erklärt.[30] Dies impliziert, daß das Individuum als der eigentliche Träger der moralischen Verantwortung für die *Implementation* kultureller Werte gelten muß. In diesem Zusammenhang ist die Zugehörigkeit des Individuums zu „wertvollen Gemeinschaften" (*valued associations*) zunächst einmal instrumentell — besonders beim „Definieren der Situation" im Hinblick auf die Handlungsdurchführung. Folglich führt „deflationärer Druck" — ob er nun auf Individuen oder Kollektive wirkt — dazu, die mögliche Wirkung „charismatischer" Einflüsse innerhalb eines schon legitimierten Rahmens einzuschränken, soweit er nicht von sich aus Chancen zur charismatischen Innovation im Bereich von Wertbindungen eröffnet.

Eines der schwierigeren Probleme bei der Interpretation Webers Konzeption vom charismatischen „Durchbruch" ist der Grad der „Totalität" des Bruches.[31] Da solche Bewegungen oft mit schweren Konflikten einhergehen und sowohl Anhänger wie Gegner zur Verabsolutierung der Werte neigen, besteht eine Tendenz, diesen Totalismus zu betonen — vielleicht auch deshalb, weil dramatische Fälle besonders deutlich sind. Es ist jedoch fraglich, ob dieses Schema einer totalen Konfrontation allgemeingültig ist. Im Lichte historischer Evidenz muß zum Beispiel die grundlegende Kontinuität der Werte im Christentum und der jüdischen Kultur einerseits sowie des Hellenismus andererseits sicherlich akzeptiert werden. Ähnlich ist der Marxismus/Leninismus deutlich aus den Hauptströmen der westlichen Kultur des 19. Jahrhunderts hervorgewachsen. Natürlich enthält die Herausbildung beider Bewegungen ganz generelle innovative Elemente, die hiermit *nicht* geleugnet werden sollen.

Wären Brüche wirklich so radikal, wie die Ideologen oft annehmen, wäre es kaum einzusehen, wie die sie tragenden Bewegungen vermeiden könnten, daß sofort ein „*run*" auf das System der „Commitment-Banken" einsetzte, so daß die Schöpfung von Commitments durch den charismatischen Prozeß unmöglich wäre. Ich glaube, daß solche Bewegungen sehr oft „Erweiterungen" des vorherigen Systemzustandes der Wert-Commitments darstellen und obwohl ihre Legitimität oft aus mehr oder weniger fundamentalistischen Perspektiven lauthals in Frage gestellt wird, ist die Trennungslinie zwischen Legitimität und Illegitimität selten zweifelsfrei zu ziehen. So geht aus „kapitalistischen" Werten nicht leicht hervor, daß „Ausbeutung" gut und weit verbreitet sei. Die „demokratischen Volksrepubliken" haben mit den demokratischen Gesellschaften der „freien" Welt einige Sinnaspekte des Wortes „Demokratie" gemeinsam; Elemente der „Linken" innerhalb der nicht-sozialistischen Gesellschaften betonen Aspekte gemeinsamer Commitments mit den Sozialisten und behaupten, daß ihre Unterschiede in der Ansicht über die besten Vorgehensweisen und nicht in den grundlegenden Commitments liege. Zumindest ein Teil der „Commitment-Anleger" zieht die Commitments nicht sofort aus Furcht vor „Unsolidität" der Bankinstanz (dem charismatischen Innovator) zurück, sondern gewährt, oft indirekt und passiv, die entscheidende Unterstützung. Würde das erste Aufblitzen einer charismatischen Bewegung sofort die Einstellungen der Individuen auf der Ebene von Commitments polarisieren, wäre das Ergebnis beinahe unausweichlich die schnelle Unterdrückung jeder Bewegung.

Dieses Element der Kontinuität deutet auch eine Antwort auf die Frage an, ob solche Bewegungen immer eine Inflation von Commitments bedeuten – sowie des Kriteriums dafür, wann dies nicht der Fall ist. Diese Antwort liegt, so meine ich, in der Konzeption der *Institutionalisierung* von Wertinnovationen. Eine charismatische Expansion von Commitments wird dann nicht inflationär sein, wenn sie einen ersten Schritt in einem Prozeß der Institutionalisierung darstellt. Er muß zum Entstehen passender „Muster" – sowohl von „wertvollen Gemeinschaften" *(valued associations)* als auch der Beherrschung von „operativen Ressourcen" – führen, die in ihrer Struktur mit der neuen Ebene von Commitments kongruent sind, besonders in der Form von effizienter Organisation und mobilisierbaren (vor allem ökonomischen) Ressourcen. Zu inflationären Konsequenzen käme es, wenn die charismatische Bewegung für große und wichtige Bevölkerungsteile neue erhebliche Commitments erzeugen würde, ohne effiziente Implementationsverfahren zu schaffen, die schließlich in entsprechendem Maße zur „Routine" werden, um mit Weber zu sprechen. Zur Deflation würde es kommen, wenn die Implementation auf den verschiedenen Stufen so streng reglementiert würde, daß entweder eine charismatische Expansion nicht stattfinden könnte oder in ihren Anfangsstadien auf so starken Widerstand stieße, daß er zur Aufgabe zwänge. In *beiden* Fällen ist natürlich das Verhältnis des charismatischen Prozesses zum „normalen" Commitmentsystem von vitaler Bedeutung. In einem System, das in hohem Maße die institutionelle Absicherung für Innovation erwartet, bedeutet ein Mißerfolg in beiden Fällen eine profunde Störung.

Einiges über Ursprünge und Folgen von Entdifferenzierung

Hier stoßen wir auf eine zweite Anwendung des Konzeptes der *Intensitätsverstärkung* von Commitments. Ein „Kredit" für Commitments, der einmal durch den charismatischen Prozeß erworben wurde, wird allmählich legitimiert – nicht überall, wo mit Commitments operiert wird, aber überall dort, wo sich Bedarf und Möglichkeit verbinden. Dieser Prozeß entspricht der Erschließung neuer Kapitalquellen durch Wachstumsindustrien.

Die Spannungen, die aus der Vertretung von oder der Identifizierung mit einer Gruppe von Commitments entstehen, die sich mindestens teilweise im Widerspruch zum etablierten System befinden, scheint zwei Haupttendenzen hervorzubringen. Erstens wird der Commitment-Gedanke im Vergleich zu anderen Faktoren im innovierenden Subsystem besonders betont. Zweitens wird das innovierende Subsystem, weil es sich absondern (*partialize*) und spezialisieren muß, verglichen mit dem Hintergrund sehr oft zum Brennpunkt eines Prozesses der *Ent-Differenzierung*. So kommt es zu einer dichten Konzentration der Allokation von Commitments auf dem Feld innovativer Commitments. Verantwortlichkeiten in anderen Bereichen mit „normalen" Obligos können vernachlässigt oder bei genügendem Spannungsanstieg sogar explizit so weit verworfen werden, daß man sie für illegitim erklärt. So wurde ein sehr großer Bereich der allgemeinen liberalen sozio-politischen Werte des Westens von der kommunistischen Bewegung verworfen, besonders während ihrer stalinistischen Phase. Die Werte der Redefreiheit, der ordnungsgemäßen Verfahren bei kollektiven Entscheidungen und viele andere Aspekte der „bürgerlichen Freiheit" wurden abgewertet. Tatsächlich wurden für die elitären „Kader" fast alle Werte im Privatleben des Individuums geopfert.[32]

Solche „Opfer" sind oft als Zeichen der Aufrichtigkeit des Commitments interpretiert worden, verbunden mit der fundamentalistischen Implikation, daß ein „Feind" der neuen Bewegung sei, wer zwar die Werte teile, aber dennoch ein allgemeineres Muster der Allokation von Rechten beibehalten wolle.[33] Die Folgen solcher Ent-Differenzierungsprozesse — in diesem Falle in Richtung auf die *„Gesinnungsethik"* mit immer geringerer Berücksichtigung der Erfordernisse stark differenzierter Implementation — hängen ab von der Art der Verbindung (oder ihrem Fehlen) mit dem zuvor etablierten System der Institutionalisierung von Werten. Hier lassen sich vier Hauptalternativen spezifizieren.

Erstens kann eine Bewegung so „deviant" sein, daß sie keine hinreichende Verbindung zu den Grundlagen evaluativer Unterstützung findet, wahrscheinlich mit der Folge, daß sie durch den negativen Prozeß einer soziologischen „natürlichen Auslese" eliminiert wird. Dies war das Schicksal vieler „exotischer" sektiererischer Bewegungen — religiöser und anderer Inhalte.

Als *zweite* Möglichkeit kann die Bewegung eine nur „milde" Herausforderung darstellen, die die Gesellschaft trotz Spannung und Widerstand ohne grundlegenden Strukturwandel „absorbieren" kann. Sehr umfangreiche Fortschritte wissenschaftlicher Erkenntnis auf bestimmten Gebieten, einschließlich ihrer weitreichenden technologischen Anwendung, gehören wohl in diese Kategorie. Schwierige Abgrenzungsprobleme bei solchen Fällen schafft die Frage nach der Verbindung mit umfassenderen Innovationsbewegungen. So hat nicht die erste große Synthese der modernen Physik selbst die Gesellschaft des 17. Jahrhunderts „revolutioniert"; sie war vielmehr Teil einer sehr umfassenden Bewegung, die eine Vielzahl anderer Komponenten auf der rechtlichen, politischen und ökonomischen Ebene umfaßte.

Dieser Typus von Innovation würde wohl in der Regel nicht „charismatisch" genannt werden. Er muß sicherlich nicht mit einer größeren Erschütterung des Sozialsystems als ganzem verbunden sein. Wir sollten jedoch bedenken, daß die Störung, die von einer größeren Innovation hervorgerufen wird, relativ zum Bezugssystem zu sehen ist. Was für ein kleines Subsystem einer Gesellschaft eine größere Störung bedeutet, mag jenseits seiner Grenzen kaum die Oberfläche kräuseln. Der wichtigste Punkt ist vor allem folgender: Der anschwellende Innovationsprozeß — der, wie gesagt, zu „progressivem" sozialem Wandel führt — kann durch Vorgänge ausgelöst werden, die durchaus nicht in allen Fällen größere soziale Konflikte nach sich ziehen, und die wesentliche Rolle spielt aller Wahrscheinlichkeit nach dabei die Neuschöpfung von Commitments — sowohl in diesen wie in den dramatischeren charismatischen Fällen. Eine gute Illustration wäre die Gründung des amerikanischen Universitätssystems im letzten Drittel des 19. Jahrhunderts, die — verglichen mit den großen industriellen Umwälzungen, den Spannungen der Epoche zwischen Land und Städten und der neuerlichen Abkapselung der Südstaaten — keinen bedeutenden sozialen Konflikt hervorrief, wohl aber innerhalb des Erziehungssystems einige Auswirkungen hatte. Andererseits war dieser Prozeß einer der gundlegenden Züge der Bildungsrevolution, die schon tiefgreifende Konsequenzen für die Gesellschaft gehabt hat.

Die *dritte* Alternative maximiert die Konfliktpotentiale zwischen etabliertem und innovativem Sektor, indem sie Konflikte erzeugt oder zuspitzt und/oder bereits vorhandenen Konfliktstoff ausnutzt. Die marxistische Theorie von der Basis der „proletarischen" Revolution im organisierten Klassenkampf „kapitalistischer" Gesellschaft kann als ihr Prototyp gelten. Solch eine Bewegung kann zu einem Schisma im ursprünglichen System führen — hier verweist der Terminus selbst auf das Beispiel der Spaltung der Christenheit zwischen der Ost- und Westkirche, die erst im Spät-Mittelalter zum formalen Bruch führte. Dieses Beispiel zeigt auch, daß die Trennungslinien oftmals schon zuvor bestehenden tieferen kulturellen oder strukturellen Unterschieden folgen. Im Falle der Christenheit verlief die Linie zwischen den westlichen und östlichen Teilen des Römischen Reiches, wobei jede Kirche im großen Maße missionarische Proselyten-Werbung im Norden ihrer wichtigsten Basen trieb. Ebenso hat die kommunistische Bewegung zu einer Trennung entlang der Ost-West-Achse geführt, grob gesprochen, zwischen den stärker „industrialisierten" Gesellschaften und den Staaten östlich der europäischen Mitte, die noch eine stärkere Entwicklung der ökonomischen Grundlagen brauchen. Die „revolutionäre" Alternative kann nun den „Weg zurück" zur Re-Integration überaus schwierig machen. Es scheint, daß die totale „Eroberung" einer Seite durch die andere, friedlich oder gewaltsam, ganz selten, ist, sobald die Spaltung wirklich tief geht. Vielleicht bietet die Reformation ein typisches Beispiel, da der heutige „ökumenische" Trend zum religiösen Pluralismus innerhalb einer sozio-kulturellen Struktur geht, der die beiden Hauptmuster der Implementation der westlichen „christlichen" Commitments, die protestantische und die katholische, in gewissem Sinne zu einer Synthese führt.

Die Reformation illustriert die *vierte* Möglichkeit für charismatische Innovation, die Institutionalisierung einer neuen Ebene der *Wertgeneralisierung*. Diese ermöglicht es, in das entstehende System — institutionell wie kulturell — *sowohl* das „etablierte" Commitment-System *als auch* die neuen charismatisch begründeten Formen von Commitment einzubeziehen. Als kritischer Aspekt praktisch aller „progressiver" Evolution im Sozialsystem führt dies zu der „Einsicht", daß die beiden Positionen gemeinsame „Wertprämissen" haben. Wenn die mannigfachen Erfordernisse angemessen berücksichtigt werden, denen die verschiedenen „Sektoren" des Gesamtsystems unterliegen, und wenn beim implementativen Handeln gegenseitige Toleranz diesen Erfordernissen gegenüber institutionalisiert ist, dann ist es möglich, daß *gemeinsame* Commitments auf der allgemeinsten Ebene mit einer Differenzierung der implementativen Commitments auf den unteren Ebenen koexistieren. So gibt es in einer religiös pluralistischen Gesellschaft — wie den Vereinigten Staaten — eine *moralische* Grundlage für Konsens über fundamentale gesellschaftliche Commitments, verbunden mit einem weiten Pluralismus auf der eigentlich religiösen Ebene — natürlich gibt es dabei keinen indefiniten Bereich religiöser Variationen.[34]

Es scheint, daß mit steigender Ebene der Generalisierung eines Wertsystems der Bereich von Subwerten größer wird, der durch dieses Wertsystem legitimiert werden kann und *muß*, sowohl was die Ebene als auch was die Qualität anbelangt. Dies bedeutet jedoch auch, daß mit steigender Ebene der Generalisierung der Spielraum für fundamentalistische Revolten im Namen des Wertabsolutismus gegen gängige Muster und Implementationsebenen auf verschiedenen Stufen und bei unterschiedlichen konkreten Themen größer wird. Diese Umstände scheinen einen primären Aspekt der Unruhe und Konflikt-Geladenheit unserer Zeit auszumachen. Die große Frage, mit der diese Arbeit abgeschlossen werden kann, ist eher empirisch als theoretisch. Sie betrifft die *Balance* zwischen den alternativen Antworten auf Wertinnovation. Unsere zweite Möglichkeit war die relativ „harmlose" fließende Institutionalisierung. Klammern wir diese aus, so müssen wir fragen, was am wichtigsten ist:

1. Fundamentalistischer Rückschritt auf primitivere Ebenen,
2. Schismatische revolutionäre Resultate mit einer Tendenz zur Konflikt-Maximierung oder
3. Institutionalisierung neuer Ebenen der Allgemeinheit in Wertsystemen?

Soziologie hat die schwere Verantwortung, zum Verständnis dessen beizutragen, worum es geht, und was in der Abwägung zwischen diesen Möglichkeiten auf dem Spiel steht.

Anmerkungen

1 Anm. d. Übers.: *An dieser Stelle befindet sich im Original eine Fußnote, die inhaltlich mittlerweile überholt ist. Parsons berichtet darin andeutungsweise von Arbeiten, die dazu beitragen könnten, das Medienkonzept zu vervollständigen. Inzwischen sind folgende Beiträge erschienen, die der interessierte Leser berücksichtigen sollte:*
In dem Sammelband von John C. McKinney und Edward A. Tiryakian (Hrsg.): Theoretical Sociology — Perspectives and Developments: *New York (Meredith Corporation) 1970, erschien der Aufsatz „Some Problems of General Theory in Sociology" (S. 27—68). Darin wiederholt Parsons in der*

knappsten möglichen Form seine gesamte Handlungstheorie, einschließlich der Medientheorie, die hier bereits über den Rahmen der vier gesellschaftlichen Medien hinaus verallgemeinert ist und auch die Medien auf der allgemeinen handlungstheoretischen Ebene umfaßt.

Seit 1970 erschien eine Folge von Arbeiten, in denen Parsons sich dem Bereich des (akademischen) Bildungswesens zuwandte und dabei das Konzept der Medien zunehmend entfaltete. Bei diesen Arbeiten handelt es sich vor allem um die Aufsätze: „Higher Education as a Theoretical Focus", in Herman Turk und Richard Simpson (Hrsg.): Institutions and Social Exchange; *Indianapolis (Bobbs-Merrill) 1971: 233—252; sowie* „Theory in the Humanity and Sociology", Daedalus 1970: 495—523; „The Impact of Technology on Culture and Emerging New Modes of Behavior", International Social Science Journal, 22(4/1970): 607—627; „Stability and Change in the American University", Daedalus (American Higher Education — Toward an Uncertain Future) 1974: 269—277, mit weiteren Nachweisen.*

Die bei weitem wichtigste Arbeit in diesem Rahmen bildet das Buch von Parsons und Gerald M. Platt: The American University, Cambridge (Harvard University Press) 1973. *Ausdrücklich erinnert sei nochmals in diesem Zusammenhang an Band 2, Teil IV („Generalized Media in Action") der sogenannten* „Parsons-Festschrift" *von Loubser et. al. 1976, die in der Einleitung zu diesem Band ausführlich zitiert wurde.*

Schließlich ist noch auf die beiden letzten Aufsatzbände Parsons' hinzuweisen, nämlich Social Systems and the Evolution of Action Theory, 1977; *sowie* Action Theory and the Human Condition, *1978 (beide erschienen in der Free Press, New York und London).*

2 Anm. d. Übers.: *Implementation = Erfüllung, Aus- oder Durchführung. Vollendung. Eine deutsche Form dieses Wortes gibt es (nach dem Duden) nicht. Dennoch ist es im Zusammenhang der Planungstheorie üblich geworden, von der* „Implementation" *eines Planes, seiner* „Implementationsphase" *o. ä. zu sprechen.*

Implementation ist ein zentraler Begriff im folgenden Aufsatz. Keiner der Übersetzungsvorschläge, die eingangs zitiert wurden, paßt befriedigend. In der Übersetzung wurde daher der Terminus „Implementation, Implementierung" *beibehalten.*

Es geht dabei um die „Implementation von Werten". Werte *— als* „conceptions of the desirable" *— verwirklichen sich nicht* „von selbst". *Es handelt sich um abstrakte Konzeptionen, die in einer vagen begrifflichen Fassung in den Vorstellungen der Menschen existieren und in Ausdrücke wie* „Frieden", „Gerechtigkeit" *oder* „kognitive Rationalität" *gefaßt sind. Wer an einen Wert* „glaubt", *spürt zugleich eine moralische Verpflichtung, in irgendeiner Form diesem Wert zu* „dienen", *das heißt, ihn in seinem Handeln zum Ausdruck zu bringen und damit zu verwirklichen. Diese innerliche Verpflichtung — den Zustand inneren Verpflichtet-Seins — bezeichnet Parsons mit dem Begriff des* „value-commitment", *der in der Regel als* „Wert-Bindung" *übersetzt wird. Der Prozeß der* „Wert-Implementation" *bezieht sich nun auf das Bemühen, einen Wert (oder Wertkomplex), dem man innerlich verpflichtet ist, durch sein Handeln zu verwirklichen, das heißt, ihn effektiv in der sozialen Interaktion durchzusetzen.*

Zwar ist jede Wertvorstellung notwendig immer die Wertvorstellung eines Individuums, aber in der Regel nicht nur eines einzelnen. Zahlreiche Menschen haben gemeinsame Wertvorstellungen. Eine wichtige Ausgangsvorstellung von Parsons in diesem Aufsatz ist es nun, daß gemeinsame Wertvorstellungen die Basis für die Bildung von „associations" darstellen, von Gemeinschaften aller Art, die von Liebesbeziehungen bis zu streng sachlichen Zweckverbänden reichen können. Jeder einzelne, der einer solchen Gemeinschaft beitritt, bringt in diese Vereinigung sein inneres „commitment" gegenüber den tragenden Wertvorstellungen der Gemeinschaft ein. Die Kumulation dieser individuellen Commitments gestattet es dann der Vereinigung als Kollektiv, sich in sehr viel stärkerer und effizienterer Weise für den relevanten Wertkomplex einzusetzen, als der einzelne dies für sich allein tun könnte.

Wir alle, die wir in großen und komplexen Gesellschaften mit einem hohen Grad an Differenzierung und Segmentierung der Sozialstrukturen leben, sind Mitglieder sehr vieler Kollektive, deren Anforderungen sich teilweise ergänzen, teilweise überschneiden und teilweise auch widersprechen. Dadurch gibt es für jeden einzelnen eine gewisse Zahl „höchster" und zugleich sehr abstrakter Werte sowie darunter eine große Zahl spezifischer Sub-Werte, die jeweils in den einzelnen Bezugsgruppen zum Tragen kommen. Diese Wertvorstellungen werden von klein auf durch die Sozialisationsprozesse in uns erzeugt und kontinuierlich verstärkt, aber auch durch neue Erfahrungen in neuen Gruppenbildungen erschüttert oder verändert. Eine wesentliche These von Parsons besteht nun darin, daß Menschen in jeder Interaktionssituation an die relevanten Werte des jeweiligen Bezugssystems „erinnert" und zu ihrer aktiven Erfüllung (implementation) angehalten werden können. Parsons spricht hier von einem „activation of commitments". Allein aufgrund der Zugehörigkeit zu den einzelnen Kollektiven unserer Lebenswelt, in die wir teils freiwillig, teils ohne unser Zutun hineingelangt sind, werden wir gezwungen, gewisse Wertvorstellungen zu übernehmen und uns ihnen innerlich zu verpflichten. Dieses innerliche Engagement bezeichnet Parsons als „Eingehen eines Commitments" (d. h. einer Verpflichtung gegenüber einem Wert oder Wertkomplex). Mit dem „Eingehen eines Commitments" wird zugleich der Prozess eingeleitet, der dann zur Implementation, also zur Durchsetzung des Wertes, führt, demgegenüber das Commitment besteht.

3 Blumer, H.: *An Appraisal of Thomas and Znaniecki's „The Polish Peasant in Europe and America"*; New York (A Social Science Research Council Monograph) 1939.

4 Leon H. Mayhew: *Law and Equal Opportunity*; Cambridge (Harvard University Press) 1968, Kap. I.

5 Clyde Kluckhohn: „Values and Value-Orientations in the Theory of Action: An Exploration in Definition and Classification", in: Talcott Parsons and Edward A. Shils (Hrsg.): *Toward A General Theory of Action*; Cambridge (Harvard University Press) 1951.

6 Ich habe verschiedentlich ausführlich über die Stellung von Werten in Sozialsystemen gesprochen. Die bisher wohl vollständigsten Aussagen finden sich im 2. Teil der „General Introduction" zu dem Sammelband *Theories of Society*, New York (Free Press) 1961, sowie in dem — zusammen mit Winston White geschriebenen — Artikel: „The Link between Character and

Society"; der in meiner Aufsatzsammlung *Social Structure and Personality*, New York (Free Press) 1964, enthalten ist. (der zuerst genannte Aufsatz ist in deutscher Fassung in *Jensen 1976* erschienen).

7   Vgl. den technischen Anhang im ersten Aufsatz dieses Bandes.

8   Die Theorie der Kybernetik wurde zuerst von Norbert Wiener entwickelt; vgl. *Cybernetics*, Cambridge (MIT Press) 1948 (dt. *Kybernetik*, Düsseldorf und Wien (Econ) 1963 sowie Rowohlt (rde 294/295) 1968; und *The Human Use of Human Beings*, Garden City (Anchor Books) 1954 (dt. *Mensch und Menschmaschine*, Frankfurt und Berlin, 1952, sowie Ullstein Bücher 184, Berlin 1958). Eine gute Einführung für Sozialwissenschaftler findet sich bei K. W. Deutsch, *The Nerves of Government*, New York (The Free Press) 1963 (dt. *Politische Kybernetik*, Freiburg (Rombach) 1969). Die Theorie gibt eine analytische Übersicht über die Bedingungen, unter denen Systeme mit viel Energie und wenig Information von Systemen mit den entgegengesetzten Charakteristika, also wenig Energie und viel Information, gesteuert werden können. Der Thermostat, der den Energieausstoß eines Heizsystems kontrolliert, ist ein einfaches Beispiel – die relevante Information ist die registrierte Differenz zwischen der Raumtemperatur und der Temperatur, auf die der Thermostat programmiert ist.

9   Den Terminus benutze ich im Sinne von Chester I. Barnard, *The Functions of the Executive*; Cambridge (Harvard University Press) 1938.

10 Dies ist offensichtlich ein ungewöhnlicher Gebrauch des Wortes, das meist auf die Verhaltensweisen von Individuen angewandt wird. Es in dieser Weise zu benutzen, verrät meine Überzeugung, daß der eigentliche Ursprung eines zielgerichteten Beitrages zum Funktionieren eines Sozialsystems stets kollektiver Natur ist. Der Fall eines reinen „Einzelbeitrages" ist der Grenzfall eines „Ein-Mann-Kollektivs". Vgl. „Some Theoretical Considerations bearing on the Field of Medical Sociology", Kapitel 12 in meinem Buch *Social Structure and Personality*; New York (Free Press) 1964.

11 Talcott Parsons und Neil J. Smelser, *Economy and Society*; Glencoe (Free Press) 1956.

12 Wegen des evolutionären Zusammenhangs zwischen der genetischen Komponente in der Struktur von Organismen und der Kulturkomponente in der Struktur von Handlungssystemen liegt der Schwerpunkt dieser stabilisierenden und „reproduzierenden" Funktion im *Code*-Bereich des Symbolsystems, der als Kern das kulturelle System enthält. Symbolische Codes sind durchaus nicht immun gegen Veränderung, aber wie jene verändern sie sich langsamer und sind in der Regel schwieriger zu verändern. Sie ändern sich auch durch andere Prozesse als die anderen Handlungskomponenten. Wertstrukturen werden hier als Code-Elemente betrachtet, die die Strukturierung des Handelns „programmieren".

13 Ich würde deshalb behaupten, daß die Logik des Prozesses der Implementation von Wertbindungen im Grunde dieselbe Logik des „Mehrwertes" ist wie im Prozeß ökonomischer Produktion. Dieses Argument wurde von Smelser ganz deutlich in seinem Buch formuliert *Social Change in the Industrial Revolution*, Chicago (University of Chicago Press) 1959, ebenso auch in seinem Buch *Theory of Collective Behavior*, New York (Free Press) 1963.

14 Hier liegt ein Problem der analytischen Feinheit, das ich aus Platzgründen nicht durcharbeiten kann, der Leser sollte sich aber seiner bewußt sein.

Dieses Problem betrifft die analytische Unterscheidung zwischen der kulturellen und der gesellschaftlichen Ebene von Wertkomponenten des Handlungssystems. Soweit es darauf ankommt, diese Unterscheidung zu betonen, sollte der Terminus „moralisch" verwendet werden, um die *Kulturebene* zu bezeichnen als der im kybernetischen Sinne normativen Struktur höchster Ordnung des Handelns überhaupt. Die moralischen Komponenten befinden sich im integrativen Subsystem der Kultur und verbinden das religiöse System mit Gesellschaft, Persönlichkeit und Organismus. Gesellschaftliche Werte bilden die Interpenetrationszone des Moralsystems und der Gesellschaft, im idealtypischen Sinne, ihrer *Institutionalisierung.* In ihrem Kulturbezug sind sie „moralisch", ohne die Kategorie des Moralischen zu erschöpfen; insbesondere haben „reine" kulturelle Wertbindungen sowie persönliche − unabhängig gesellschaftlicher Bezüge − die Qualität moralischer Verbindlichkeit. Es ist jedoch nur an wenigen Stellen dieser Arbeit erforderlich, auf diese allgemeineren Beziehungen der Moralkategorie einzugehen. Bei der Behandlung von Commitments als gesellschaftlichem Tauschmedium gelten sie als Bindungen an gesellschaftlich institutionalisierte Werte. Analytisch parallel wird im ökonomischen Nutzenbegriff das Konzept „technologische Relevanz" unter den vielen Möglichkeiten einer technologisch „effizienten" Produktion physischer Güter auf solche beschränkt, die in den institutionalisierten Zusammenhängen der „Bedürfnisbefriedigung" gehören, wie es die älteren Ökonomen ausdrückten.

15 Talcott Parsons und Neil J. Smelser, *Economy and Society*; op. cit., S. 25.

16 Parsons und White, op. cit.

17 Man muß sich hier die Relativität von Systembezügen vor Augen führen. Was auf einer Ebene eine Einheit ist, wird auf einer anderen im allgemeinen ein System sein. Es gibt Wertbindungen für Gesellschaften als ganze, somit eine Definitionsvorschrift der Implementationsbedingungen *für* die gesamte Gesellschaft. Die Diskussion bewegt sich hauptsächlich auf der Ebene von Gesellschaften als System und bezieht sich auf die Wertbindungen, die seine Einheiten, Subkollektive und Individuen in Rollen, verpflichten.

18 Diese Behauptung wird durch Technologie nicht widerlegt. Die Leitung technologischer Prozesse erfordert nicht, daß der verantwortliche Leiter die physischen Anlagen selbst bedient; er sagt dem Bedienungspersonal, was, wann und gegebenenfalls wie es arbeiten soll. Ähnlich feuert ein kommandierender General nicht selbst noch fliegt er Bomber, sondern er gibt „Anweisungen an einen Unterteufel".

19 Das Argument bezog sich hier absichtlich auf die Bedingungen in Sozialsystemen. Wir behaupten, daß die „Ebene" der Commitments, die die relative Bedeutung der Commitment-Komponenten im Faktorensystem der Gesellschaft als ganzer betrifft, eine Funktion des Status von Aktor-Einheiten in der Kontrollhierarchie ist. In gewissem Sinne kommt dies der Behauptung gleich, daß die „Intensität" von Commitments wahrscheinlich eine Funktion der Position der Aktor-Einheiten in der Hierarchie sei. Dies ist *keine* psychologische Verallgemeinerung über die Persönlichkeiten von Individuen. Als regelmäßiges Muster der Variation soll hier folgendes postuliert werden: Personen in ihrem Status sind als Persönlichkeitssysteme *mehr oder weniger* intensiv der Implementation der Wertmuster verpflichtet, die in ihrem jeweiligen Status institutionalisiert sind.

20 Kognitive Rationalität wird kurz diskutiert in Talcott Parsons und Gerald M. Platt: „Some Considerations on the American Academic Profession"; Minerva, Vol. VI, Nr. 4,1968: 497—523.

21 Diese Spezifizierung geht in sogenannten „legalistischen" Ethik-Systemen sehr weit, wie beispielsweise in der talmudischen Tradition des orthodoxen Judentums und in vielen Teilen des islamischen Rechts. Die Implementation von so detaillierten Systemen von Obligationen ist nur in sehr beschränkten sozialen Umständen möglich, und selbst dann muß der Kasuistik als kulturellem Sicherheitsventil ein ziemlich großer Spielraum eingeräumt werden.

22 Diese Beziehungen bilden ein Kernproblem bei der schwierigen Aufgabe, die Grenzen funktionaler Subsysteme zu definieren. So würden viele Ökonomen den „Haushalt" im analytischen Sinne in die Wirtschaft einbeziehen, mit der Begründung, daß er sehr stark in monetäre Austauschprozesse einbezogen sei. Ähnlich tendiert ein politischer Theoretiker wie David Easton dazu, das von mir so genannte „gesellschaftliche Gemeinwesen" wegen seiner Rolle bei Austauschprozessen von Macht in das politische System einzubeziehen.

23 Dieser Austausch wird ausführlich, jedoch mit etwas anderen Bezügen, in Parsons und Smelser 1956 diskutiert.

24 In modernen Gesellschaften müssen Einheiten mit nicht-ökonomischen Zielen in einem modifizierten Sinne zahlungsfähig (solvent) bleiben. Man erwartet zwar, daß das Einkommen die Ausgaben deckt, dies muß jedoch keineswegs vollständig oder auch nur zum Teil aus den finanziellen Erträgen des Betriebes stammen. Im Falle einer (privaten) *Non-Profit-Organization*, wie einer Universität, besteht ein großer Teil des Einkommens aus Spenden, Zuwendungen etc. und nicht aus den Beiträgen der Studenten.

25 Vgl. die Kapitel über formale Organisation in meinem Buch *Structure and Process in Modern Societies*; New York (Free Press) 1960.

26 In einer Gesellschaft, in der es sehr verbreitet ist, Handeln einen krassen Egoismus zu unterstellen, ist es wichtig, diesen Punkt zu unterstreichen. Wo Eigeninteressen und die Chance zur Wertimplementation eine Entscheidung in dieselbe Richtung drängen, neigt man zu dem Urteil, daß „natürlich" das egoistische Moment den Ausschlag gab. Weiterhin ist folgendes bedeutsam: Wo Wertbindungen wirklich internalisiert sind, liegt es konkret im Eigeninteresse eines Individuums, ihrer Implementierung hohe Priorität einzuräumen; anderenfalls müßte mit Schuldgefühl sowie mit möglichem Verlust an Reputation „bezahlt" werden. Die Verwendung des Ausdrucks „Prostitution" im Zusammenhang mit Talenten deutet auf diesen Zusammenhang hin.

27 Weber bezeichnet dies als „Gesinnungsethik" (von Parsons mit „*ethic of the absolute value*" übersetzt) und stellt ihr die „Verantwortungsethik" — „*ethic of responsibility*" gegenüber. Letztere betont die Freiheit, aus einer größeren Menge von Alternativen zu wählen, aber auch die Verantwortung für die Konsequenzen einer solchen Wahl. Vgl. Max Weber: *Gesammelte Aufsätze zur Religionssoziologie*; Tübingen (J. C. B. Mohr/Paul Siebeck) 1920.

28 Anstelle von „Fundamentalismus" könnte man auch den Begriff „moralischen Absolutismus" verwenden, falls der erste Ausdruck in seiner Bedeutung zu restriktiv scheint, um das zu umfassen, was als ein sehr allgemeines

Phänomen verstanden werden muß. Ich verallgemeinere den Gebrauch des Begriffes „Fundamentalismus" nur deswegen, weil ich meine, daß die heutigen fundamentalistischen religiösen Bewegungen ein treffendes und relativ gut analysiertes Beispiel für das allgemeinere Phänomen abgeben. Wir sollten natürlich peinlich darauf achten, durch den unkritischen Gebrauch des Terminus keinen ethno-zentrischen Bezugsrahmen für die Analyse anderer Fälle der Deflation von Commitments zu schaffen.

29 Max Weber: *Gesammelte Aufsätze zur Religionssoziologie*, op. cit., sowie *Wirtschaft und Gesellschaft*, op. cit.

30 Vgl. die Diskussion über Charisma in meinem Buch *Structure of Social Action*; New York (Mac Graw-Hill) 1937, S. 662 ff.

31 Vgl. meine Einleitung zu der amerikanischen Ausgabe von Max Weber, *The Sociology of Religion, Translated by E. Fischoff from Wirtschaft und Gesellschaft*. Boston (The Beacon Press) 1963.

32 Paul Hollander: „The New Man and his Enemies: A Study of the Stalinist Conception of Good and Evil Personified", unveröffentlichte Dissertation, Princeton University, 1963.

33 Der Rückzug der christlichen religiösen Orden durch ihre Gelübde des Zölibats, der Armut und des Gehorsams aus den „normalen" Lebensbedingungen christlicher Laien, ist ebenfalls ein gutes Beispiel für diesen Prozeß der Ent-Differenzierung.

34 Bemerkenswerterweise scheint die große öffentliche Krise unserer Tage, nämlich der Krieg in Vietnam, der sehr stark als moralisches Problem empfunden wird, die religiösen Gruppen der amerikanischen Gesellschaft nicht in eindeutiger Weise zu involvieren: Es gibt keine besondere katholische, jüdische oder protestantische Position bezüglich des Krieges.

B Sozialstruktur und die symbolischen Tauschmedien*

Vorbemerkung des Herausgebers

Der folgende Aufsatz wurde ursprünglich als Beitrag zu einem Sammelwerk über die Theorie der Sozialstruktur geschrieben. Die Einladung, sich an diesem Band zu beteiligen, war für Parsons der gegebene Anlaß, ein Spezialthema darzustellen, das ihn — und seine Mitarbeiter — seit einer Reihe von Jahren zunehmend beschäftigt. Es handelt sich um die Analyse der symbolischen Tauschmedien — der generalized symbolic media of interchange — *als Komponenten von Sozialsystemen und den anderen Handlungssystemen.*

Die Eigenschaften von Medien

Für mich war *Geld* (Mill 1909)** das Modell, von dem ich bei meinen Überlegungen zur Medientheorie ausging; demgegenüber trat in neueren Überlegungen zur Medientheorie in letzter Zeit mehr und mehr der Vergleich zur *Sprache* in den Vordergrund, insbesondere seit den Untersuchungen von Victor Lidz (1974, 1976). In unseren Überlegungen zur Medientheorie greifen wir vor allem die früher vorfindliche Auffassung an, Phänomene wie Geld, Sprache usw. jeweils für sich zu betrachten und keine Querverbindungen zu den anderen Aspekten des Handlungssystems zu ziehen. Unser Ansatz zielt dahin, jedes derartige Phänomen als Mitglied einer umfassenden Familie von Medien zu behandeln. Intensiv erforscht wurde bisher nur die Gruppe, die im Sozialsystem verankert ist — Geld, politische Macht, Einfluß und Commitments. Die Analyse wurde nun auch auf das allgemeine Handlungssystem ausgedehnt. Als ein Grundbe-

---

* „Social Structure and the Sybolic Media of Interchange." Erschienen in Peter M. Blau (Hrsg.): *Approaches to the Study of Social Structure*; New York (Free Press) 1975: 94—120. Übersetzt vom Herausgeber.
** Die Literaturnachweise befinden sich auf S. 258.

griff wurde dabei „Intelligenz" gewählt — etwas unkonventionell nicht als Eigenschaft der Persönlichkeit, sondern eben als Medium verstanden. Ansatzweise wurde ein Vierfelder-Schema für die allgemeine Handlungsebene ausgearbeitet. Erste Anfänge für die Persönlichkeit liegen ebenfalls vor, aber das ist alles nur ein Anfang und erfordert viel weitere Arbeit.

Ausgangspunkt dieser Entwicklung waren zwei wichtige Abschnitte meiner eigenen theoretischen Arbeit, insbesondere im Vier-Funktionen-Schema. Seine erste Fassung wurde 1953 in den *Working Papers in the Theory of Action* veröffentlicht, in Zusammenarbeit mit Robert F. Bales und Edward A. Shils. Der zweite, spätere Ausgangspunkt ist die wesentlich revidierte Version meiner Ansichten über den Zusammenhang von ökonomischer und soziologischer Theorie in dem gemeinsam mit Neil J. Smelser verfaßten Band *Economy and Society* (1956). Dennoch benötigte die Entwicklung der Idee der generalisierten Medien nach diesen Arbeiten noch einige Jahre. Der erste über Geld hinausgehende Versuch war die Analyse der politischen Macht und der zweite die Analyse von Einfluß. Im Zusammenhang mit dieser zweiten Arbeit traf ich auch zum ersten Mal mit James S. Coleman zusammen, der meinen — auf der Tagung der *Association for Public Opinion Research* gehaltenen — Vortrag kommentierte (Coleman 1963).

Geld hat drei entscheidende Funktionen, die schon verhältnismäßig früh im letzten Jahrhundert von den ökonomischen Klassikern dargestellt wurden: (1) Geld ist Tauschmittel, das einen Tauschwert, aber keinen Gebrauchswert hat; (2) Geld dient als Wertmaßstab, wie man sagt, weil es Güter und Dienstleistungen sowie Produktionsfaktoren, die ansonsten — etwa in ihren physischen Eigenschaften — völlig heterogen sind, durch den Bezug auf eine ökonomische Größe, nämlich den Nutzen, vergleichbar macht; und (3) Geld dient als Wertaufbewahrungsmittel: nimmt man Geld im Austausch gegen reale Güter oder Leistungen an, so erleidet man keinen Verlust (soweit das Phänomen der Inflation außer Betracht bleibt), im Gegenteil, man erhält einen Zinsgewinn.

Das Bestreben bei der Erweiterung des Theorienmodells von Geld als einem Medium auf weitere Medien ging dahin, zu diesen Eigenschaften Parallelen in Fällen zu finden, die zwar formal ähnlich lagen, aber einen anderen Inhalt hatten. Erstes Kriterium oder *erste* Eigenschaft eines Mediums war der Symbolcharakter, der bei den ökonomischen Klassikern Ausdruck in der These fand, daß Geld einen Tauschwert, aber keinen Gebrauchswert habe. Dieses Kriterium gilt auch für linguistische Symbole; beispielsweise kann das Wort „Hund", das eine Spezies vierfüßiger Säugetiere bezeichnet, weder bellen noch beissen, während ein wirklicher Hund beides kann. Unter dem allgemeinen Rubrum „Symbolcharakter" haben wir vier weitere Eigenschaften von Medien herausgearbeitet. An erster Stelle steht seine *Institutionalisierung*, beim Geld insbesondere der Bezug zum Eigentum. Ein Medium wird also durch einen bestimmten Grad der Institutionalisierung charakterisiert. Beim Geld kommt dieser Aspekt u. a. darin zum Ausdruck, daß es kraft seiner Stellung als gesetzliches Zahlungsmittel durch staatliche Autorität abgesichert ist. Bei der Macht führte uns dieses Kriterium im Kern zu dem, was Weber den „legitimen Gebrauch der Macht" nennt[1], im Gegensatz zu der Einstellung, sein Ziel durch Einsatz aller Mittel zu erreichen (Hobbes 1651)[2]. Geld kann natürlich gesetzeswidrig durch Kanäle politischer Bestechung fließen, und ähnlich können Macht und Einfluß in ungesetzlicher Weise verwendet werden; aber dies bleiben Ausnahmen und sind keine konstitutiven Merkmale dieser Phänomene.

Es muß *zweitens* eine *spezifische* Sinnbedeutung und Wirkungsweise in der Evaluation und im Austausch geben. Für Geld als Medium haben wir diese Bedingung in folgender Weise formuliert: Geld ist das Medium, das die *ökonomischen* Tauschvorgänge vermitteln kann, es gibt aber viele andere Tauschvorgänge zwischen Menschen, die sich nicht durch Geld vermitteln lassen.

Die *dritte* Eigenschaft könnte man *Zirkulationsfähigkeit (circulability)* nennen. Geld und Güter gehen von Hand zu Hand. Jedes Medium muß geeignet sein, die Übertragung der Kontrolle von einer handelnden Einheit auf eine andere in irgendeiner Transaktionsform zu ermöglichen.

Eine *vierte* Eigenschaft, die sich als besonders wichtig erwies, als es um die Einbeziehung der politischen Macht in diesen Zusammenhang ging, ergibt sich aus der These, *daß Macht keine Nullsummen-Eigenschaft haben kann*, obwohl ihr das in allen möglichen Zusammenhängen unterstellt wird. Die meisten Politikwissenschaftler haben entweder ausdrücklich festgestellt oder stillschweigend unterstellt, daß die von ihnen thematisierte Macht ein Nullsummen-Phänomen wäre, d. h. daß einem Machtzuwachs einer Gruppe *ipso facto* ein entsprechender Machtverlust bei einer anderen Gruppe korrespondieren müsse (Friedrichs 1963; Lasswell und Kaplan 1950; Mills 1956). Beim Geld ist dies offenkundig nicht der Fall und zwar wegen des − Ökonomen wohlbekannten − Phänomens der Kreditschöpfung. Wir haben große Mühe darauf verwandt zu zeigen, daß man die Nullsummeneigenschaft auch bei Machtsystemen nicht unterstellen darf.

Der institutionelle Kontext von Medien

Die theoretische Verknüpfung der Medien sozialer Systeme mit der Sozialstruktur muß auf der *Institutionen*-Ebene − unterschieden von der *Kollektiv*-Ebene − erfolgen. Dies ist ein überaus wichtiger Punkt. Leider wurden diese beiden Ebenen in der soziologischen Terminologie fast von Anbeginn durcheinandergebracht. Man bezeichnet Organisationen und andere Kollektive als Institutionen (etwa die McGill University oder die Université de Montreal), aber zugleich bezeichnet man auch Eigentum, Vertrag und Herrschaft als Institutionen. Bezogen auf Kollektive hat der Begriff der „Mitgliedschaft" natürlich einen Sinn; dagegen wäre im zweiten Kontext der Ausdruck „Mitgliedschaft" einfach unsinnig − es ist sprachlich unmöglich, Mitglied der Institution Eigentum zu sein. Institutionen im hier gemeinten und für uns relevanten Sinne sind Komplexe von normativen Regeln und Prinzipien, die entweder kraft Gesetzes oder durch andere Mechanismen sozialer Kontrolle zur Steuerung sozialen Handelns und sozialer Beziehungen dienen − empirisch natürlich mit unterschiedlichem Erfolg. In meiner Konzeption ist nun jedes Medium mit einem funktional definierten Institutionenkomplex verknüpft.

Im ökonomischen Fall ist Eigentum die zentrale Institution. Dem Eigentum liegen bestimmte Besitzrechte zugrunde, die wiederum in den Erwerb oder die Aufgabe von Verfügungsgewalt, die Kontrolle und die Nutzung untergliedert werden können. In der Rechtsgeschichte gab es endlose Diskussionen und Untersuchungen über das Wesen des Eigentums. Die möglichen Gegenstände von Besitzrechten lassen sich grob in drei Klassen von Gütern einteilen: (1) physikalische Objekte, (2) Dienstleistungen, also menschliche Leistungen (*performances*), denen ein Nutzen im ökonomischen Sinne zugemessen wird, und (3) Vermögenswerte (*significant assets*), deren ökonomischer Wert von jeder besonderen Eigenschaft, die dem Gegenstand in anderer Hinsicht zukommen mag, abstrahiert; beispielsweise wären dies private oder öffentliche Wertpapiere, Bankguthaben oder Versicherungspolicen, die jeweils Rechte auf Geldzahlungen zu spezifischen Konditionen darstellen.

Die anderen wichtigen ökonomischen Institutionen sind Beruf und Vertrag. „Beruf" begreife ich im wesentlichen als institutionelle Sammelbezeichnung für Rechte auf Dienstleistungen als Output des Wirtschaftsprozesses — im Unterschied zu Gütern oder Waren, die als Rechte vom Erbringer auf den Empfänger transferierbar sind. In diesem Zusammenhang ist ein Gut (*commodity*) ein physisches Objekt (Output), dessen Besitz übertragen werden kann, ohne daß Menschen dabei mehr tun müssen, als die Bedingungen (der Besitzübertragung) festzulegen: Dagegen erfordern Dienstleistungen, daß der Erbringer (*performer*) während des Prozesses in eine Dauerbeziehung zum Empfänger tritt.

Es ist m. E. überaus wichtig, Dienstleistungen (*services*) sowie Berufsgruppen als Kategorien des ökonomischen Outputs einerseits von der Arbeit als Produktionsfaktor im Sinne der Wirtschaftstheorie andererseits zu unterscheiden. Arbeit ist nur dann eine Dienstleistung, wenn sie mit anderen Produktionsfaktoren kombiniert und dadurch in ihrem Wert erhöht wird.

Vertrag betrachten wir als primär integrative Bezugsdimension der ökonomischen Institutionen. Es handelt sich um das Netz von Institutionen, das die Bedingungen legitimen Tausches und Besitzes im soziologischen Sinne definiert — im Unterschied zu einem spezifisch ökonomischen oder rechtlichen Kontext. Als der herausragende soziologische Theoretiker der Natur des Vertrages wäre Durkheim zu nennen.

Natürlich sind in Institutionenbereichen, deren Normen nicht primär ökonomische Bedeutung haben, andere Medien wirksam. Im politischen Kontext ist der wichtigste Institutionenbereich Herrschaft (*authority*). Sie kann definiert werden als legitimierte Kapazität, Entscheidungen zu treffen und zu vollziehen, die ein angebbares Kollektiv (oder eine Klasse von Kollektiven) binden, wobei der Inhaber von Autorität ein Recht irgendeiner Art hat, im Namen der Kollektivität zu sprechen. Die prinzipiellen Formen der Institutionalisierung von Herrschaft sind bekanntermaßen die exekutive, legislative und judikative Gewalt.

Selbst in diesem begrenzten Bezugsrahmen läßt sich wohl erkennen, daß die Komponenten der generalisierten Medien und ihre Verknüpfung mit den Strukturkomponenten auf der Institutionenebene ein dynamisches Element in die Analyse sozialer Beziehungen und Prozesse bringt. Ganz umfassend läßt sich sagen: In genügend hoch differenzierten Systemen werden die wichtigsten Tauschprozesse — seien es nun Prozesse des Gleichgewichts oder des Strukturwandels — über den Tausch von Medien vollzogen: Medien werden für intrinsisch wertvolle Outputs und Faktoren hingegeben und umgekehrt gegen intrinsisch signifikante Outputs und Faktoren eingetauscht.

In diesem Prozeß schaffen oder leisten die Medien regulative und integrative Funktionen, indem die Regeln, die ihren Gebrauch festlegen, bestimmte legitime Bereiche und ihre Grenzen definieren, in denen sich eine Erweiterung von Transaktionssystemen entwickeln und fortsetzen kann. Die Einführung einer Theorie der Medien in die strukturelle Perspektive, die mir vorschwebt, dürfte erheblich dazu beitragen, die häufigen Vorwürfe zu widerlegen, daß diese Art der Strukturanalyse von einem inhärenten statischen Bias befallen sei, der es unmöglich mache, dynamischen Problemen gerecht zu werden. Ich möchte daher nochmals betonen, daß ich unter dem Begriff der Dynamik sowohl Gleichgewichtsprozesse als auch Prozesse des Strukturwandels zusammenfasse.

Nachdem bestimmte Merkmale des Geldes als Medium und seine Institutionalisierung besprochen wurden, möchte ich jetzt etwas über unsere erste wichtige Erweiterung über Geld hinaus sagen, nämlich über den Versuch, einen veränderten Begriff der politischen Macht in die Konzeption von Tauschmedien einzuführen. Dies war erheblich schwieriger als die Analyse des Geldes, wo wir durch die Tatsache untersützt wurden, daß uns die ökonomischen Theoretiker einen Geldbegriff zur Verfügung gestellt hatten, der mit gewissen Veränderungen für soziologische Zwecke als brauchbar gelten dürfte. Wie schon erwähnt, galt dies nicht für den Begriff der politischen Macht, insbesondere auf Grund der expliziten oder impliziten Nullsummenprämisse. Daneben gibt es noch weitere Schwierigkeiten. Eine der wichtigsten ist die mangelnde Genauigkeit des Machtbegriffs. Dies geht zurück auf die große Tradition Hobbes', der die Mehrzahl der politischen Wissenschaftler gefolgt ist, ebenso auch Soziologen wie Max Weber. Man erinnert sich an die berühmte Definition von Hobbes (1651): „Die Macht eines Menschen. . . besteht in seinen gegenwärtigen Mitteln, ein künftiges Gut zu erlangen". Das heißt, Macht ist *jede* Fähigkeit einer Einheit in einem Sozialsystem, seinen Willen auch gegen Widerstreben durchzusetzen, wie Weber (1946:180)[3] sagt. Auf Grund dieser Definition ist Geld eindeutig eine Form von Macht, ebenso wie Einfluß und eine Anzahl weiterer Phänomene.

Eine theoretisch befriedigende Lösung dieses Problems war schwierig, wurde aber schließlich gefunden. Zwei wesentliche Merkmale dieser Lösung sind ihr Kollektiv-Bezug und die Verankerung der Macht in der Legitimität. Unsere These ist *erstens* daß der Begriff der politischen Macht hauptsächlich im Kontext von Kollektiven verwendet werden sollte, zur Bezeichnung der Fähigkeit, erfolgreich die Angelegenheiten eines kollektiven Systems, nicht notwendigerweise nur des Staates, führen zu können. Die Hobbes'sche Version des Individualismus, in der über die Beziehungen zwischen Individuen unabhängig von ihren Kollektiv-Zugehörigkeiten gesprochen wird, war eine der Ursachen für den Mangel an Genauigkeit.

Der *zweite* wesentliche Bestandteil ist der Begriff der *Verbindlichkeit (bindingness)*. Diese Verbindlichkeit beruht zweifellos auf einer Form von Legitimität. Das heißt, Individuen mit Macht haben legitimierte Rechte, kollektiv verbindliche Entscheidungen zu treffen und durchzuführen. In dieser Sicht liegt die Rolle von Zwang darin, daß Zwangssanktionen beim Vollzug verbindlicher Entscheidungen wichtig sind. Generell gilt, daß bei einer politisch verbindlichen Entscheidung eine Weigerung der Betroffenen im allgemeinen zu Zwangssanktionen führen wird. Physische Gewalt ist weniger der Inbegriff solcher Sanktionen als vielmehr der Grenzfall, in dem die symbolischen Elemente sozialer Interaktion auf ein Minimum reduziert sind, zugunsten von Maßnahmen, die entweder eine Unterwerfung erzwingen oder sehr stark dazu motivieren, unabhängig von Fragen der Legitimität.

In dieser Analyse wird durchweg angenommen, daß der Begriff „politisch" eine analytisch definierte Kategorie ist und keinen konkreten Komplex von Phänomenen bezeichnet. In diesem Sinn ergibt sich eine Parallele zum Ausdruck „ökonomisch", der sich auf der fachtechnischen theoretischen Ebene auf einen analytisch definierten Komplex konkreten Verhaltens bezieht und nicht − oder allenfalls sekundär − auf eine konkrete Verhaltensweise. So behandelt, um ein Beispiel zu nennen, das berühmte Buch *The Functions of the Executive* von Chester Barnard (1938) hauptsächlich das Handeln in Unternehmen. Dies macht das Buch jedoch nicht zu einer theoretischen Abhandlung der Ökonomie; ich würde es als einen der Klassiker der politischen Theorie betrachten. Das Unternehmen als Kollektiv hat politische Funktionen im analytischen Sinn, obwohl diese Funktionen, da es sich um ein Wirtschaftsunternehmen handelt, der ökonomischen Organisation, ihren Zwecken und Zielen untergeordnet sind − im Fall Barnards der Bereitstellung des Telefonservices unter dem Gebot, finanziell solvent zu bleiben und Profit zu machen.

Bevor ich das Thema der politischen Macht abschließe, noch ein paar weitere Bemerkungen zur Frage des Nullsummenproblems in diesem Zusammenhang. Wie schon erwähnt, gab es besonders ausgeprägte Unterschiede in den Auffassungen der Ökonomen im monetären Bereich und politischen Theoretikern auf dem Gebiet der Macht, weil Geld nicht Nullsummenbedingungen unterlag, während dies für Macht fast „naturgegeben" schien. Diese Dichotomie konnte nicht sinnvoll sein, und man kann wohl sagen, daß das Problem mindestens im Prinzip gelöst ist — zu Gunsten des auch für Macht geltenden ökonomischen Variablen-Summen-Modells. Die entscheidende Frage scheint mir zu sein, ob und welche Prozesse es gibt, durch die Macht im definierten Sinn in ein Machtsystem neu eingebracht werden kann, ohne daß es zu einer korresponierenden Verringerung der Macht an anderer Stelle kommt.

Der klassische Fall beim Geld ist die Geldschöpfung durch Banken in Form von Kredit. Banken verleihen Mittel, die Eigentum ihrer Bankkunden sind, an Kreditnehmer unter Bedingungen, die zwar unausweichlich ein Risiko für die finanziellen Interesssen der Depositäre beinhalten, trotzdem aber gesetzlich legitimiert und unter „normalen" Bedingungen auch relativ sicher sind. Es gibt eine grundlegende Asymmetrie in den Beziehungen einer Bank zu ihren Kreditgebern einerseits und ihren Kreditnehmern andererseits. Depositäre können ihre Einlagen jederzeit in vollem Umfang zurückverlangen; die Kredite der Bank jedoch sind nicht vor der vereinbarten Laufzeit rückzuzahlen. In einem bestimmten Sinn ist jede normale Bank daher „zahlungsunfähig", allerdings ist der Eintritt in diesen Zustand der Zahlungsunfähigkeit eine Bedingung dafür, daß sie eine ökonomisch produktive Institution und nicht nur ein Depositenhort ist.

Wir würden behaupten, daß die — oder eine — politische Analogie zur Bankfunktion der Kreditvergabe in der Funktion der politischen Führung gefunden werden kann. Die politische Führung macht Versprechungen, deren Erfüllung von dem implizierten Konsens der Wähler der politischen Führer abhängig ist, wobei die Macht unter institutionalisierten Herrschaftsbedingungen gewährt wurde, wie es besonders eindeutig bei der Wahl zu einem politischen Amt der Fall ist. Einmal im Amt, können die Machthaber weitergehende Pläne fassen, die nur mit Hilfe neuer politischer Macht durchgeführt werden können. Wie bei Bankkrediten als Investitionsmittel, wird (auch bei der Machtschöpfung) erwartet, daß sie sich über die Zeit rentiert, aber eine plötzliche Forderung nach Rückzahlung kann normalerweise nicht erfüllt werden. Bei dieser Form von Führung wird

unserer Meinung nach im wesentlichen ihre politische Treuhand-
(„*fiduciary*") Stellung dazu verwendet, politisch bedeutsamen Vorhaben Kredit zu verschaffen, die zur Zeit der Entscheidung keinen
vollständigen „*pay-off*" in Form politischer Effektivität geben
können. Wir sind der Ansicht, daß es sich dabei um einen Prozeß
handelt, der genau analog zur Kreditschöpfung durch die Banken ist.

Im Fall der Kreditschöpfung wird Macht durch die verbindliche
Kraft des Kreditvertrages zur Unterstützung von ökonomischen Investitionen mobilisiert. Ähnlich kann im Fall der Machtschöpfung
der Einfluß der Führung zur Unterstützung der Ausweitung von
Macht mobilisiert werden. In beiden Fällen stammt diese Unterstützung von dem Medium, das in der kybernetischen Rangordnung
eine Stufe höher liegt. Daraus folgt jedoch nicht, daß *nur* dieses
nächst höhere Medium in solchen Fällen in Betracht kommt. Es ist
wahrscheinlicher, daß verschiedene kybernetisch höhere Kräfte in
fallweise unterschiedlichen Kombinationen so mobilisiert werden,
daß der Gesamteffekt durch das nächst höhere Medium „kanalisiert"
wird.

Der nächste Schritt — nach der Etablierung des Begriffs der politischen Macht als einem symbolischen Medium in relativ befriedi-
gender Weise — bestand in der Untersuchung der Möglichkeiten, noch
weitere Mitglieder der Medien-Faılie zu finden, die in sozialsyste-
mischen Funktionen verankert sind. der nächstliegende Schritt führte
zu einem Medium, das primär mit den integrativen Funktionen des
Systems verbunden war. Dies führte zu einer komplexen Anzahl von
Überlegungen in der soziologischen Theorie. Die vorhandenen Pfade
waren sogar noch undeutlicher als bei der politischen Macht. Ein
Indikator dieser Unbestimmtheit war die Tatsache, daß es keinen
eindeutigen Einzelbegriff wie Macht gab, von einem Begriff wie Geld
ganz zu schweigen. Wir waren jedoch der Ansicht, daß der Gebrauch
des Begriffs „Einfluß" in großen Teilen der soziopolitischen Ausein-
andersetzungen es praktikabel erscheinen ließ, ihn als eine für diesen
besonderen Kontext passende symbolische Bezeichnung zu untersuchen. Als entscheidendes Differenzierungskriterium zwischen
Macht und Einfluß betrachteten wir das Vorhandensein kollektiver
Verbindlichkeit in dem einen und ihre Abwesenheit im anderen Fall.
Das wesentliche Problem war folgendes: Was geht in dem Kontext
einer handelnden Einheit (oder Klasse von Einheiten) bei dem Versuch vor, eine Sache von kollektiver Bedeutung „ins Rollen zu bringen", und worin besteht gegebenenfalls der Unterschied zwischen
den beiden Fällen von Macht und Einfluß? Im Fall der Macht ver-

wendeten wir die Verbindlichkeit der Entscheidungen für ein Kollektiv als Ganzes als das primäre Kriterium. Wenn die handelnden Einheiten demgegenüber Einfluß verwendeten, wären ihre Entscheidungen und Empfehlungen nicht im selben Sinne verbindlich, und ihre Nichterfüllung würde keine Zwangssanktionen nach sich ziehen. Wir haben Einfluß daher als ein Medium der *persuasiven Meinungsbildung (persuasion)* behandelt.

„Meinungsbildung" kann in diesem Zusammenhang nur teilweise als passender Begriff angesehen werden. Die ihm zugewiesene Stellung im Sanktions-Paradigma ist unserer Meinung nach durch den Unterschied in der Relevanz der beiden Kategorien von negativen Sanktionen, nämlich Abschreckung und Aktivierung von Bindungen, eindeutig gerechtfertigt. Meinungsbildung als besonders wichtige Form von Einfluß erfordert den Bezug auf kollektiv relevante *Rechtfertigungsgründe* für das empfohlene Vorgehen. Man richtet sich im allgemeinen an *kollektiven* Interessen, die über die Interessen der einzelnen Aktor-Einheiten hinausgehen, und appelliert dabei in der Regel an das, was auf einer bestimmten Ebene als moralische Verpflichtung definiert ist.

Es gibt eine Reihe von verschiedenen Zusammenhängen sozialer Interaktionen, für die dieses Problem ausgearbeitet werden könnte. Ein Kontext, der sich für mich und meine Kollegen als besonders wichtig herausgestellt hat, ist die Ausführung professioneller Dienstleistungen, vor allem die Welt der Medizin. Bei einem Begriff wie dem der „Anordnungen des Arztes" ist klar, daß der Patient an diese Anordnungen nicht durch eine Strafdrohung gebunden ist. Die „Strafe" bestünde wahrscheinlich in gesundheitlichen Nachteilen für den Patienten, aber er kann seine eigenen Entscheidungen treffen, ohne sich bei einer Weigerung „Strafe" auszusetzen, die durch den Arzt oder durch eine Dienststelle des Gesundheitswesens vollstreckt würde. So wird ein Herzanfall bei Patienten, die Warnungen vor Überanstrengung mißachten, nicht von den Ärzten herbeigeführt.

Gleichzeitig erwies es sich als schwierig, die Implikationen der grundlegenden Unterscheidung von Medien zu klären, daß Einfluß nicht als eine Übermittlung spezifischer Informationen interpretiert werden sollte, sondern als Ausnutzung einer Prestigestellung, die unter anderem auf Erfahrung und Fachwissen beruhen kann, um Interaktionsteilnehmer zu überzeugen – im medizinischen Fall die Patienten, daß es in ihrem eigenen Interesse und dem relevanter Kollektivgruppen wäre, den „Rat" des Arztes zu akzeptieren. Die

Folgen der Weigerung wären jedoch unmittelbar vom Patienten zu tragen und nicht durch Zwangssanktionen bedingt. Uns wurde bewußt, daß Einfluß in diesem Sinn eine sehr wichtige Art der Regulierung von Kommunikation in Systemen ist, in denen weder ökonomische Interessen noch politisch bindende Erwägungen ausschlaggebend sind.

Ein besonders signifikantes empirisches Ergebnis zeigte sich bei einer Untersuchung akademischer Systeme, an der ich mitwirkte (Parsons und Platt, 1973). Wir waren der Ansicht, daß wir im akademischen Kontext Positionen (oder Komponenten von Positionen), die hauptsächlich auf Macht beruhten, recht klar von Einfluß unterscheiden konnten. In der Untersuchung akademischer Rollen benutzten wir zum Beispiel die Frage, ob die Befragten eine Stellung als Fachbereichsvorsitzender oder als einflußreiches „senior" Mitglied des Fachbereichs vorziehen würden (Parsons und Platt 1968a—1968b). Es stellte sich heraus, daß sich unsere Befragten im großen und ganzen diesen Unterschied sehr genau kannten und die große Mehrheit es vorzog, ein einflußreiches Mitglied des Fachbereichs zu sein, besonders an Universitäten mit hohem Prestigegrad. Wir glaubten, daß der Vorsitzende des Fachbereichs kraft seines Amtes bestimmte, den Fachbereich bindende, Machtentscheidungen treffen kann, und der Tatsache, daß ein einflußreicher Angehöriger des Fachbereichs dies nicht tun kann, es sei denn durch Stimmangabe im kollektiven Entscheidungsprozeß des Fachbereichs oder durch „Überreden" des Vorsitzenden des Fachbereichs und anderer Kollegen. Wir sind daher der Meinung, daß Individuen — unabhängig von besonderen Fachkenntnissen, die sich in einem äußerst differenzierten System zudem nicht generalisieren lassen — mit Prestige-Positionen in einem System durchaus erfolgreich ihre Kollegen und das Kollektiv motivieren können, ohne über Zwangssanktionen zu verfügen.

Parallel zu Eigentum und Herrschaft betrachten wir Prestige als die primäre institutionelle Kategorie, die sich auf das integrative System oder das gesellschaftliche Gemeinwesen (*societal community*) bezieht. Sie wird legitimiert und funktioniert hauptsächlich durch das Wertmuster der Solidarität, ähnlich wie Nutzen im ökonomischen und kollektive Effektivität im politischen Bereich.

Unter Autorisierung relativen Prestiges verstehen wir dann die Institutionalisierung der Kapazität, durch Einfluß Wertbindungen der Aktor-Einheiten gegenüber den von uns genannten freien Vereinigungen (*valued associations*) zu mobilisieren und das Spiel zwischen politischer Unterstützung und Identifikation auf Grund der Mitgliedschaft in (einer Vielzahl von) Solidaritätsbeziehungen zu regeln.

Intelligenz und Affekt

Die Liste der primären im sozialen System verankerten Medien setzt sich aus den drei schon kurz dargestellten Medien zusammen, nämlich Geld, politische Macht und Einfluß und aus einem vierten Medium, das wir als Commitments bezeichnet haben und das im *Begründungssystem* verankert ist. Uns ist jedoch immer deutlicher geworden, daß dieselbe allgemeine Form der Analyse auf weitere Handlungssysteme neben dem Sozialsystem ausgedehnt werden sollte. Das am weitesten ausgearbeitete Beispiel ist das allgemeine Handlungssystem. Es setzt sich unserer Interpretation zufolge aus dem Sozialsystem, dem Kultursystem, der Persönlichkeit oder dem Motivationssystem des Individuums und aus dem von mir neuerdings sogenannten Verhaltenssystem (*behavioral system*) zusammen, wobei der frühere Bezug auf den Organismus entfällt. (Diese Änderung erfolgte unter dem Einfluß eines 1976 veröffentlichten Aufsatzes von Victor und Charles Lidz, in dem diese Konzeption zur kognitiven Psychologie Jean Piagets in Beziehung gesetzt wird).

Meiner Meinung nach hat eine wichtige theoretische Entwicklungslinie, die im wesentlichen der Veröffentlichung meines ursprünglichen Buches *The Structure of Social Action* (1937) folgte, das Wesen des allgemeinen Handlungssystems zu klären versucht. Der erste wichtige Beitrag in dieser Richtung war der Band *Toward A General Theory of Action* (Parsons und Shils 1951), aber er wurde seitdem erheblich erweitert und verändert (Parsons und Smelser 1956). Eine besonders wichtige Unterscheidung — natürlich streng auf die analytische Ebene beschränkt — ist die zwischen Sozialsystem und Kultursystem in unserem fachtechnischen Sinne. Dieses Problem taucht in dem kürzlich durchgeführten Forschungsprogramm über Universitäten auf, an dem ich mit Gerald Platt (1973) arbeitete, da man sich mit der Universität nicht theoretisch befassen kann, ohne ihre Merkmale als Sozialsystem und ihre Einbettung im Kultursystem systematisch zu berücksichtigen.

Der Fokus der Berührung von Universität und Kultursystem liegt in ihrer Beschäftigung mit Erkenntnis (*knowledge*). Dies betrifft die Übermittlung von Wissen (*knowledge*), im besonderen von Dozenten zu Studenten durch die Lehr- und Lernprozesse, aber auch den Fortschritt der Erkenntnis, der sich besonders in der Forschung manifestiert. Aus der Sicht der Forscher und ihrer Mitarbeiter ist die Forschung ebenfalls ein Lernprozeß, da ein Forschungsprogramm, dessen Ergebnisse von vornherein feststehen würden, sinnlos wäre. Der Forscher muß die Antworten auf die in einem Forschungsprojekt gestellten Fragen *lernen*.

Wir haben Wissen (*knowledge*) als primäre Kulturkomponente eines umfassenderen Komplexes behandelt, der alle Subsysteme des allgemeinen Handlungssystems umfaßt. In diesem Zusammenhang haben wir *Rationalität* hauptsächlich als ein Phänomen des *Sozialsystems* behandelt, genau wie *Kompetenz* im *Persönlichkeitssystem* verankert ist; und wir haben den Begriff der *Intelligenz* an die Rolle eines generalisierten symbolischen Mediums angepaßt, das im von Lidz und Lidz (1976; vgl. auch Parsons und Platt, 1973:33—102) so bezeichneten *Verhaltenssystem* verankert ist. Als die wichtigste Verbindung zwischen Kultur- und Sozialsystem betrachten wir die Bindung der Universität als ganzer an den Wert kognitiver Rationalität. Rationalität betrachten wir, wie schon erwähnt, grundsätzlich als soziale Kategorie, während der Begriff „kognitiv" die Beziehung von Rationalität zu der vorherrschenden Beschäftigung mit Erkenntnis in den beiden gerade erwähnten primären Formen von Übermittlung und Fortschritt beschreibt. Die Fähigkeit des Individuums, kognitive Probleme zu bewältigen, nennen wir *Kompetenz*, sie wird durch Sozialisationsprozesse in der Persönlichkeit geschaffen, die einen wesentlichen Teil der Erfahrungen durch Teilnahme an akademischen Gemeinschaften, besonders (aber keineswegs ausschließlich) in der Rolle eines Studenten, darstellen.

Ich möchte jetzt kurz erläutern, wie wir den Begriff *Intelligenz* der Klasse der generalisierten Austauschmedien angepaßt haben. Die einfachste Definition lautet: Intelligenz ist die Fähigkeit einer handelnden Einheit, normalerweise eines Individuums, die zur Lösung kognitiver Probleme notwendigen Ressourcen effektiv zu mobilisieren. Dies ist eine durchaus konventionelle Definition. Das Unkonventionelle unseres Vorgehens liegt in unserer Konzeption der Bedingungen und Prozesse ihres Funktionierens als einer solchen Fähigkeit. Erstens wird Intelligenz durch Sozialisierung und Lernprozesse erworben, obwohl sie natürlich in hohem Maße von genetischen Komponenten beeinflußt wird. Wir glauben jedoch nicht nur, daß Intelligenz erworben ist, sondern auch, daß sie beim Problemlösen ausgegeben werden kann.

241

Vielleicht wird es helfen, unsere Vorstellung der Zirkulation von Intelligenz zu erklären. Nimmt man das menschliche Individuum als primären Bezugspunkt — was für die Mehrzahl der Zwecke angemessen scheint —, so wäre der Intelligenzgrad eines erwachsenen Individuums als Folge der kombinatorischen Faktormenge seiner Lebensgeschichte anzusehen. Zu diesen Faktoren gehört zweifellos die genetische Konstitution, mit der er geboren wurde. Allerdings beschränken sie sich nicht darauf. Sie verbinden sich mit kognitiven Lernerfahrungen und mit einem primär nicht kognitiven Bezugsrahmen von Sozialisationserwartungen.

Intelligenz als kognitive Fähigkeit kann über einen langen Zeitraum hin wachsen. Einmal verfügbar, kann sie auf verschiedenste Weise „gebraucht" werden, im besonderen zur Lösung kognitiver Probleme. Es ergibt sich dann die Frage, ob und wie ein Aktor die dabei verausgabte Intelligenz wiedererlangen kann. Die Antwort scheint zu sein, daß er „aus Erfahrungen lernt" und bei der nächsten Gelegenheit im Durchschnitt besser abschneidet als ohne diese Erfahrungen.

Wir behandeln die Intelligenz eines Individuums daher nicht als etwas, das man einfach „hat", sondern wir sehen sie als fließende Größe an, die erworben und im Handlungsverlauf vermehrt und bei effektiver Nutzung „ausgegeben" werden kann (Lidz und Lidz 1976; Parsons und Platt 1973: 33—102).

Es besteht eine primäre Unterscheidungsmöglichkeit zwischen Intelligenz als Medium und Intelligenz als Eigenschaft. Unser Modell für Intelligenz als Medium ist das Vorbild anderer Medien, insbesondere Geld. Man kann ein Individuum als „reich" bezeichnen, und in einer gewissen sprachlichen Wendung ist Reichtum eine Eigenschaft des Individuums; andererseits wissen wir, daß Reichtum kein Teil einer organisch angeborenen Konstitutuion ist und daß der Besitz von Reichtum, d. h. von ökonomisch wertvollen Mitteln, das Individuum in ein Netzwerk von Tauschbeziehungen einordnet, in dem es solche Mittel nicht nur erwerben, sondern den Besitz in weiteren Tauschprozessen verwenden kann.

Wir gehen daher davon aus, daß Intelligenz als Medium das Kriterium der Zirkulationsfähigkeit erfüllen muß. Ihre relative Spezifität scheint kaum in Frage zu stehen, und die Tatsache der Art ihres Zusammenhangs mit dem kognitiven Komplex, einschließlich der verschiedenen Bildungsstufen, deutet auf den Vorrang des Faktors der Institutionalisierung, den wir schon für Medien allgemein betont haben. Ich werde nicht versuchen, die Frage der mangelnden Nullsummeneigenschaft dieses Intelligenzkonzeptes zu analysieren, behaupte aber mit Nachdruck, daß Intelligenz dem wesentlichen Modell des Geldes als Variablensummen-Phänomen entspricht und nicht dem traditionellen Konstantsummen-Modell der Macht. Ich bin wirklich der Meinung, daß einer der ernsthaften Einwände gegen den konventionellen psychologischen Intelligenzbegriff aus der Tendenz folgt, die Nullsummenbedingungen anzuwenden.

Die Beziehung zur Sozialstruktur ergibt sich daraus, daß für uns der gesamte kognitive Komplex auf der Ebene des Sozialsystems institutionalisiert ist. Ohne diesen Zustand der Institutionalisierung gäbe es die moderne Universität nicht. Als institutionalisierte Einheit gehört die Universität zu einer besonderen Kategorie von sozialen Organisationen, die unserer Meinung nach in den neueren soziologischen Arbeiten bedauerlicherweise nicht ausreichend berücksichtigt worden sind. Der von uns gewählte Fachausdruck zur Bezeichnung dieser Organisationen, ist *collegial association* ("Berufsverband"). Man sollte sie eindeutig von einem Marktsystem einerseits, einer bürokratischen Organisationsform andererseits und innerhalb der umfangreichen Kategorie von Formen sozialer Vereinigungen von rein demokratischen Verbänden unterscheiden. Sie unterscheidet sich von den zuletztgenannten durch eine "treuhänderische" (*fiduciary*) Komponente, in diesem Fall Verantwortung für den Komplex der kognitiven Interessen und deren Verknüpfung in bestimmter Hinsicht mit dem größeren Handlungssystem und dem zugehörigen Schichtungsmuster.

Als konkrete Organisation hat die moderne Universität natürlich eine bürokratische Komponente von erheblichem Ausmaß; und sie nimmt am Marktzusammenhang durch ihre vielfältigen ökonomischen Transaktionen teil. Aber ihr Kern besteht, unserer Meinung nach, aus dem Kollektiv von Dozenten und Studenten, was wir hauptsächlich als eine *collegial association* definieren. Das aussagekräftigste strukturelle Kriterium ist hier wohl die grundsätzliche Gleichheit des Status der Mitgliedschaft auf jeder einzelnen einer Reihe von hierarchischen Prestigestufen. Als die höchste Stufe betrachten wir die Position des Ordinarius (*senior faculty status*), die traditionell mit Unkündbarkeit (*tenure*) verbunden ist. Wir haben den Begriff der Universitätsposition jedoch so erweitert, daß er nicht nur Ordinarien sondern auch Dozenten mit zeitlich begrenzten Anstellungsverträgen und Studenten (mit und ohne Studienabschluß) umfaßt. Auf jeder Stufe betrachten wir die Angehörigen derselben Universität als Gleiche unter Gleichen, aber das System als ganzes ist auf der

Grundlage abgestufter Bindung an die (und der Kompetenz bei der) Verwirklichung des Wertes der kognitiven Rationalität geschichtet. Man kann sich deshalb kaum vorstellen, daß der durchschnittliche Studienanfänger in diesen beiden Hinsichten einem berufsorientierten Ordinarius gleichzustellen wäre. Wir sehen daher die unterschiedlichen Stufen der Universitätspositionen als den wichtigsten Bezugsrahmen der Schichtungsmuster der Universität an (Parsons und Platt 1973:103—62).

Die akademische Form der „collegial association" gehört zu einer größeren Familie von Verbandstrukturen dieser Art in der modernen Gesellschaft. Die wichtigsten sind m. E. die Verwandtschaftsbeziehung, besonders in der Form, wie sie sich in neuerer Zeit in der modernen Gesellschaft entwickelt hat, dann das nationale oder gesellschaftliche Gemeinwesen und die vorherrschend religiösen Vereinigungen. Stünde mir mehr Raum zur Verfügung, so könnten die Ähnlichkeiten und Unterschiede dieser vier Formen erheblich ausführlicher behandelt werden.

Gemeinsam ist diesen wichtigsten Formen der „kollegiale" Charakter und eine Form von Mitliedschaft, für den in gewissem Sinne die Staatsbürgerschaft (citizenship) Vorbild ist, wie von T. H. Marshall (1965) definiert und entwickelt. Es sind jeweils soziale Strukturen, in denen bestimmte Funktionen mit relativem Erfolg ausgeführt werden können, und sie sind in einem wichtigen Grade von dem allgemeinen „Spiel der Interessen" isoliert, das sich in einer Gesellschaft wie der unseren auf die ökonomischen und politischen Ebenen konzentriert. Aus der vereinfachenden Sicht der Vorstellung von der Determiniertheit sozialer Phänomene durch Interessen in diesem Sinn wären sie in utilitaristischer Betrachtung relativ nutzlos. Eine wohl klassische Formulierung dieser Sicht wird Stalin zugeschrieben, ich glaube anläßlich der Konferenz von Yalta, mit einer Bemerkung über den Papst. Gefragt, wie er die Bedeutung des Papstes einschätze, soll er angeblich rückgefragt haben: „Wieviel Divisionen hat er? " Es ist ganz klar, daß weder die militärische noch die ökonomische Bedeutung von Universitäten, von Familien, von religiösen Vereinigungen und von Gemeinschaften im Sinne unserer Überlegungen das primäre Kriterium ihrer Bedeutung sind. Sie sind nicht hauptsächlich durch die reine Kontrolle von Mitteln für Zwangssanktionen durch politische Macht oder Reichtum gekennzeichnet.

Allerdings ist dies kein Anzeichen ihrer mangelnden Bedeutung als Bestandteile der Sozialstruktur. Wie ich schon häufiger in verschiedenen Veröffentlichungen (Parsons und Platt 1973:1–7) zum Ausdruck gebracht habe, stimme ich mit Daniel Bell überein, daß die Universität strategisch zur bedeutendsten Kategorie struktureller Kollektive geworden ist, besonders in der von Bell so bezeichneten post-industriellen Phase. Dies nicht, weil sie zum Zentrum von Macht oder Reichtum geworden wäre, obwohl sie an beiden Tauschsystemen teilnehmen muß, sondern vielmehr, weil, sie das Zentrum der Mobilisierung eines Typs von Ressourcen ist, der in den neueren Phasen sozialer Entwicklung eine neue Ebene der Bedeutung gewonnen hat, wovon Bell m. E. zutreffend sagt, sie konzentriere sich auf die Bedeutung von „theoretischem Wissen".

Um das Konzept der Intelligenz als eines generaliertem Mediums auf der Ebene des allgemeinen Handlungssystems nicht völlig allein stehen zu lassen, soll an dieser Stelle eine kurze Darstellung eines weiteren Mediums gegeben werden, das ich *Affekt* genannt habe (Parsons und Platt 1973). Intelligenz betrachte ich als in dem (von den Gebrüdern Lidz so bezeichneten) Verhaltenssystem verankert; dagegen ist Affekt im *sozialen* Subsystem des allgemeinen Handlungssystems verankert. Es zirkuliert jedoch nicht nur im Sozialsystem, sondern auch zwischen diesem und den anderen primären funktionalen Subsystemen des Handelns, nämlich den Kultur-, Persönlichkeits- und Verhaltenssubsystemen. So verstanden ist Affekt das generalisierte Medium, das sich insbesondere auf die Mobilisierung und Kontrolle der Faktoren der Solidarität im Sinn Durkheims bezieht.[4]

Solidarität als eine primäre Eigenschaft von sozialen Kollektiven auf der Grundlage einer Klasse von Werten ist von Faktoren abhängig, die in allen vier primären Subsystemen des Handelns mobilisiert werden. Zu diesen Faktoren gehören die Wertbesetzungen (*cathectic commitments*) von Individuen zur Teilnahme an solidarischen Kollektiven; die moralischen Standards kulturellen Ursprungs, die der sozialen Ordnung (in Durkheims Sinne) zugrundeliegen; und schließlich rationale Gründe für die Allokation von Affekt zwischen gesellschaftlichen und und nicht-gesellschaftlichen Wertbindungen, und innerhalb der letzteren zwischen diversen Mitgliedschaften in unterschiedlichen gesellschaftlichen Subkollektiven.

Dieser Betrachtungsweise von Affekt als einem generalisierten zirkulierenden Medium liegt eine Durkheim'sche Konzeption des Sozialsystems zugrunde, das eine doppelte Rolle im Handeln spielt: Aus der Sicht des handelnden Individuums ist das Sozialsystem einerseits Umwelt, die den Fokus der primären adaptiven Orientierungen des Individuums bildet. Andererseits ist es nicht Teil der „natürlichen" Umwelt, die sich analytisch vom Bereich menschlichen Handelns unterscheidet, sondern selbst Teil des Handlungssystems und eine Schöpfung vergangener Handlungsprozesse. Als solches besteht es aus Handlungskomponenten, wobei ein besonders wichtiger Aspekt das Element moralischer Ordnung ist, als primäres Regulativ der solidarischen Beziehungen in einem Sozialsystem (Parsons 1973).

Affekt sehen wir als das Medium, durch das die Stabilität, die für die moralische Ordnung eines Sozialsystems wesentlich ist, der Variationsbreite der konkreteren sozialen Umwelt, in der das Individuum handelt, angepaßt wird. Wir haben unterstrichen, daß die Ebene des allgemeinen Handlungssystems eng auf die internen Funktionserfordernisse des Sozialsystems abgestimmt sein muß. Wir möchten daher eine Parallele zwischen den Funktionen der Intelligenz und den Funktionen des Affekts als Medien ziehen, die in diesen Abstimmungsprozessen eine Rolle spielen. Tatsächlich sind die affektiven Bindungen von Individuen an Kollektive, die für die Struktur von Sozialsystemen konstitutiv sind, und zu anderen Individuen, die ihren Mitgliedschaftsstatus teilen, der Mittelpunkt der Mechanismen, durch die allgemeine Handlungsfaktoren den Status der Institutionalisierung bei der Definition der Struktur sozialer Einheiten erreichen können. Wir haben dies bereits am Fall der modernen Universität als Sozialsystem illustriert. Diese Überlegungen können und sollten auf eine Vielzahl anderer Formen kollektiver Strukturen ausgedehnt werden, die in Sozialsystemen eine Rolle spielen, besonders in modernen Formen mit fortgeschrittener Arbeitsteilung.[5]

Soziale Schichtung

In diesem letzten Teil komme ich wiederum auf die Ebene des Sozialsystems zurück, um kurz eine Verwendungsmöglichkeit der Konzeption generalisierter Tauschmedien im Zusammenhang mit der Sozialstruktur darzustellen, bei einem Problem, das Soziologen seit langem beschäftigt, nämlich der sozialen Schichtung.

Ein guter Ansatzpunkt wäre vielleicht die Feststellung, daß die älteren Schichtungssysteme, deren Organisation auf der Institution der Aristokratie beruhte, praktisch nicht mehr bestehen. Sie sind jedoch nicht durch ein System völliger Gleichheit ersetzt worden, obschon der Druck zu sozialer Gleichstellung in neuerer Zeit überaus stark geworden ist. Heute findet man wohl am ehesten eine diffizile

Gleichgewichtslage zwischen Trends zur Gleichheit einerseits sowie Möglichkeiten und Freiheiten andererseits, die zu erheblicher sozialer Ungleichheit führen.

Man hat häufig festgestellt, daß die moderne Gesellschaft von einem wachsenden Trend zur Pluralisierung gekennzeichnet sei — in enger Übereinstimmung mit Durkheims Vorstellung von einem zunehmenden Wachstum der sozialen (gegenüber der bloß ökonomischen) Arbeitsteilung. Die Größenordnung von Organisationen hat zweifellos weiter zugenommen, und viele Beobachter, insbesondere die mit einer neo-marxistischen Brille, scheinen überzeugt, daß die aus dem 19. Jahrhundert stammende Beschreibung der Schichtungsstruktur industrieller Gesellschaften — insbesondere in einer marxistischen Version — noch immer adäquat sei. Es gibt Auffassungen, nach denen diese Züge in den späteren Entwicklungsphasen des „Kapitalismus" durch die Konzentration von Herrschaft und Macht in den Händen des Managements großer Organisationen und durch das Wachstum staatlicher Organisationen, die einen engen Draht zur Privatwirtschaft haben, verstärkt worden seien.

Wir möchten die Aufmerksamkeit jedoch auf einen anderen Entwicklungsaspekt lenken. Bell hat die wachsende Bedeutung der Universität in der modernen Gesellschaft besonders unterstrichen, und diese wachsende Bedeutung kann keineswegs in erster Linie mit einem Transfer eines Großteils der Kontrolle über ökonomische Ressourcen und politische Macht auf die Universitäten erklärt werden. Wie Bell (1973) sagt, basiert diese Entwicklung hauptsächlich auf der Rolle der Universität bei der Mobilisierung einer neuerdings wichtigen Ressource, nämlich theoretischem Wissen.

Einen weiteren „Halm im Winde der Interpretationsmöglichkeiten" bildet die Behauptung von Jencks und Riesman (1968), daß der Unterschied zwischen der Gruppe College-Abgänger und den anderen ohne College-Bildung zum wichtigsten Unterscheidungsmerkmal im Schichtungssystem geworden sei. Wir können diese beiden Überlegungen vielleicht in Bezug auf ein anderes Phänomen verbinden, das in jüngster Zeit zum Beispiel von Eliot Freidson (1973a, 1973b) betont wurde und das er als den Trend zur Professionalisierung der modernen Gesellschaft bezeichnet. Vielen Sozialwissenschaftlern stehen deutlich die wichtigsten Veränderungen vor Augen, die sich in der Zusammensetzung der Erwerbsbevölkerung ergeben haben, besonders durch den relativen Rückgang der Landwirtschaft, den Rückgang der Bedeutung ungelernter Arbeit und die gleichzeitige Zunahme der sogenannten Dienstleistungsberufe.

Freidson betont insbesondere die Zunahme der relativen Größe und Bedeutung der technischen und akademischen Berufe (*professional occupations*) und ihr Erfordernis spezialisierter Ausbildung an Hochschulen, d. h. Institutionen, die im großen und ganzen außerhalb der Kontrollmöglichkeit der Arbeitsorganisationen und ihres Managements liegen. Reidson betont, meiner Ansicht nach völlig zutreffend, das Eindringen akademischer (*professional*) Komponenten in die großen Staats- und Unternehmensorganisationen ebenso wie in den privaten *Non-Profit*-Sektor und insbesondere die Wirkung dieser Veränderungen auf die Stellung des Management im traditionellen Sinn. Eine Formulierung dafür wäre, auf die erhebliche Abnahme der relativen Bedeutung bürokratischer Herrschaft der traditionellen Art in modernen Organisationen hinzuweisen sowie auf die erheblich größere Autonomie der Spezialisten und Techniker. Gruppen dieser Art sind jedoch mehr in „assoziativen" Verbänden als bürokratisch organisiert (*more according to associational than to bureaucratic patterns*). Es war vor allem Durkheim, der in scharfem Gegensatz zu Spencer die Ansicht vertrat, daß die gleichzeitige Entwicklung einer Wirtschaft aus unabhängigen Einheiten zu einem sogenannten freien Wirtschaftssystem sowie des Staates und der Regierung als eine normale Entwicklung betrachtet werden kann. Ich habe den Eindruck, daß in einigen der gerade erwähnten Entwicklungen noch eine dritte, mehr oder weniger unabhängige Gruppe, von Strukturkomponenten eine neue Bedeutung gewonnen hat, nämlich solche, die zum Primat der Kultur beitragen. Das Hochschulsystem einschließlich seiner Forschungsfunktion ist wahrscheinlich nur der auffälligste Einzelfall. Wie Freidson betont, durchdringt der „Professionalismus" die Strukturen großer Unternehmen und des Staates, aber seine Bedeutung ist keineswegs darauf beschränkt. Neben den Hochschulorganisationen kann man etwa an die immense Ausweitung des Gesundheitswesens und anderer Hilfsorganisationen denken; ein weiterer besonders bedeutsamer Fall sind die Massenmedien – Presse, Fernsehen und Radio, Buchverlage und eine Vielzahl weiterer Formen öffentlicher Kommunikation.

Ich bin der Ansicht, daß das Strukturmuster, das von Gerald Platt und mir (1973) in unserer Untersuchung der Universität verwendet wurde, generell zum Verständnis der im allgemeinen Schichtungssystem aufgetretenen Veränderungen dienen kann. Im Fall der Universität überraschte uns das Fortbestehen einer Anzahl sichtlich heterogener Elemente, sozusagen unter dem gleichen organisatorischen Dach. So umfassen zum Beispiel die amerikanischen Universitäten die Gesamtheit der intellektuellen Disziplinen, die Lehr- und Forschungsfunktion, die Ausbildung von graduierten und nicht-graduierten Studenten und die „professional schools" zusammen mit den geistes- und naturwissenschaftlichen Kernfakultäten. Wir bezeichneten diese Zusammensetzung als „Bündel" (bundle, Parsons 1974; Parsons und Platt 1973:346—88).

Wir sind der Ansicht, daß der weite Umfang dieses bemerkenswerten Bündels, das im Gegensatz zu den häufig beschworenen Tendenzen zum spezialisierten Separatismus steht, in Analogie zu Adam Smiths Konzeption des Zusammenhangs zwischen Arbeitsteilung und Marktumfang steht, der sowohl die Produktionsstufe als auch die quantitative Ausweitung umfaßt. Wir sind jedoch der Meinung, daß die Effektivität der Kombination von akademischen Funktionen durch ihre „Bündelung" sehr stark von neuen Entwicklungsstufen generalisierter Medien abhängt. Im Fall der Universität haben wir zwei Stufen herausgearbeitet: Intelligenz, die auf der allgemeinen Handlungsebene wirkt, und Einfluß, der intern im Sozialsystem von Hochschulorganisationen wirkt und ihre Beziehungen zu anderen Sektoren vermittelt. Wir sind der Ansicht, daß die Kohärenz, die in den oberen Bereichen des modernen Schichtungssystems besteht, wohl ebenfalls besonders auf Bündelmechanismen beruht.

Um zu verdeutlichen, was wir mit dieser Aussage meinen, erscheint es am besten, kurz darzustellen, welche Bestandteile in ein solches Bündel eingehen und welcher Art ihre Beziehungen sind. Graphisch läßt sich am besten eine „horizontale" und eine „vertikale" Dimension darstellen. Die erste kann für unsere Zwecke als „Breite" eines Bündels gedeutet werden, während sich die zweite auf die „Ebenen" bezieht, auf der die verschiedenen Bestandteile des gebündelten Komplexes stehen. Im Unversitätsbeispiel setzt sich die „Breite" aus dem Spektrum der intellektuellen Disziplinen zusammen, das von der Mathematik und Physik über die Biologie und die Sozialwissenschaften bis zu den philosophischen Wissenschaften reicht und schließlich mit der kritischen Analyse der Künste endet.

Was Platt und ich in der American University als „kognitiven Komplex" bezeichnet haben, umfaßt in erster Linie eine Kulturebene, die sich auf gültige und signifikante Erkenntnis konzentriert — als primären Output kognitiver Prozesse (insbesondere der Forschung), aber gleichzeitig auch als eine grundlegende Bedingung für die weitere Entwicklung kognitiver Prozesse. Auf einer anderen Ebene manifestieren sich die kognitiven menschlichen Interessen in einer Vielzahl von sozialen Organisationen — im Hochschulwesen, in Colleges und Universitäten, Fakultäten und Fachbereichen, Verwaltungen, Forschungsorganisationen und Fachhochschulen. Wir sind fest überzeugt, daß es nicht sinnvoll ist, die kulturelle und soziale Organisationsebene zu vermischen. Schließlich nehmen auf beiden Ebenen an den kognitiven Bemühungen verschiedene Kategorien und Individuen — als Persönlichkeitssysteme und Verhaltenssysteme — aktiv teil. Auf der soziologischen Ebene nehmen sie Rollen wie Fakultätsmitglieder, graduierte Studenten, Forschungsassistenten und Verwaltungsangestellte ein.

Zwei weitere Bereiche, die mit dem primären akademischen Bereich der intellektuellen Disziplinen in einem Zusammenhang stehen, aber damit nicht identisch sind, findet man über bzw. unter dem akademischen Bereich. Den ersten dieser Bereiche kann man den Bereich der ,,Forschungsprobleme" nennen, der sich häufig über Teile mehrerer Disziplinen erstreckt.

Der zweite Bereich ergibt sich hauptsächlich im Fall der praxisorientierten akademischen Berufe (*applied professions*). Platt und ich (1973 : 225—66) haben dies den ,,klinischen Fokus" genannt, weil das prototypische Beispiel die ,,Medizinwissenschaft" ist, die keine Disziplin im Sinn der Geistes- und Naturwissenschaften ist, sondern eine Art Mobilisierung von Wissen im Hinblick auf seine praktische Verwendung bei den Aufgaben des Gesundheitswesens darstellt.

Im Fall eines Schichtungsbündels (*stratification bundle*) bezieht sich die wichtigste Achse der Dimension des Bereichs eindeutig auf die Vielfalt von ,,sozialen"Typen (im allgemeinen Sinne), die auf den oberen Prestigestufen ein gewisses Ansehen haben. Obwohl Familieneliten nicht vollständig verschwunden sind — viele Kennedys und Rockefellers —, wird die Zugehörigkeit im großen und ganzen durch Leistung, nicht von askriptiven Verwandtschaftsmerkmalen bestimmt. Im mittleren Drittel des Jahrhunderts hat es einen enormen Zugang neuer Gruppen gegeben, wie Juden und neuerdings Schwarze. Man kann darin eine ständige Konkurrenz um Prestige sehen, zwischen denen, die schon ,,oben" sind und jenen, die dazugehören möchten.

Die Abschwächung des Erbschaftsprinzips ist recht auffällig, möglicherweise noch auffälliger ist aber die große Vielfalt von Typen, die jetzt berücksichtigt werden müssen. Man pflegte zu sagen, die Geschäftsleute seien die ,,natürlichen Führer der Gemeinde". Daß eine große Anzahl prominenter Geschäftsleute heute zu diesen Führern gehört, wird niemand bezweifeln, aber ebensowenig wird man bezweifeln, daß zum gegenwärtigen Zeitpunkt eine sehr viel größere Gruppe oder besser: Anzahl von Gruppen, Berücksichtigung finden müßte. Ich würde eine Anzahl von „oberen" Gruppen dieser Art nicht als eindeutig strukturierte, symmetrische Pyramide verstehen, sondern eher als einen buntgemischten Komplex von Typen der „Einflußreichen", denen man übereinstimmend ein relativ hohes Prestige zuschreibt.

Man kann diese Gruppen, so glaube ich, ganz grob in ein Spektrum einordnen, das als solches keine Rangordnung für Prestige darstellt. An dem einen Ende des Spektrums würde ich solche Gruppen einordnen, deren Prestige-Anspruch auf kulturellen − mit Übergang zu moralischen − Statusgrundlagen basiert. Dieser „Flügel" des Spektrums würde, erstens, Wissenschaftler umfassen und zwar eher die „professionellen", nicht mit Verwaltung beschäftigten Typen (wie Präsidenten), zweitens die etwas vage definierte Kategorie von „Intellektuellen", die man sowohl innerhalb als auch außerhalb von Universitäten antrifft; drittens den Klerus der verschiedenen Konfessionen und viertens die Künstler einschließlich der Schriftsteller. Die letzte, fünfte, wichtige Untergruppe, die ich diesem Flügel zurechnen würde, sind die „*professionals*" im traditionellen Sinn (im Unterschied zu den Akademikern). Diese Gruppe umfaßt sowohl Personen, die sich „praktischen" Aufgaben widmen, aber eine umfassende akademische Ausbildung haben, wie Rechtsanwälte, Ärzte, die zunehmenden „para-medizinischen" Berufe im Gesundheitswesen, Ingenieure und Repräsentanten einiger der neueren professionellen Berufsgruppen (Parsons und Platt 1973).

Im „mittleren" Sektor des Spektrums würde ich einige der oberen Zweige der Politik und der Geschäftswelt einordnen. Allerdings gibt es hier ein wichtiges, wenn auch nicht eindeutiges, Unterscheidungsmerkmal, das diese Kategorien trennt, nämlich den Unterschied zwischen den „selbständigen" Eigentümern oder Politikern und den „Administratoren", die − zumindest nominell− von der zuerstgenannten Gruppe „beschäftigt" werden. Vor allem hier dürfte sich die manchmal als „Machtelite" bezeichnete Gruppe finden, aber diese Gruppe ist in sich recht gemischt heterogen. Auch die Gewerkschaftsführung sollte dieser Gruppe zugerechnet werden, obwohl sie weniger prominent ist.

Schließlich würde der dritte Sektor die Führer von sozialen Bewegungen umfassen, sobald diese Bedeutung gewonnen und damit normalerweise einen gewissen „politischen Einfluß" haben, aber noch nicht vollständig in das umfassendere Schichtungssystem integriert sind. Besonders stechen unter ihnen die Führer der verschiedenen Initiativen hervor, von denen in jüngster Zeit die zwei größten die „Bürgerrechtsbewegung" und die „Frauenrechtsbewegung" waren. Zweifellos genießen solche Führer große öffentliche Aufmerksamkeit und einige von ihnen sind zu nationalen Helden geworden.[6]

Es sollte klar sein, daß die Mehrzahl der oben erwähnten Berufspositionen ein weites Feld an Prestige abdecken, so daß nur die Subgruppen mit höherem Prestige in die „obere" Schicht der Gesellschaft aufsteigen können. So hat Lehrpersonal von Colleges kleiner Gemeinden eindeutig einen anderen Status als das Lehrpersonal führender Universitäten, leitende Angestellte kleiner lokaler Unternehmen einen anderen als die Angestellten wichtiger nationaler und internationaler Konzerne; Politiker in weniger wichtigen lokalen Positionen einen anderen als die Politiker auf Bundesebene usw. Die Schnittpunkte sind jedoch keineswegs streng fixiert.

Eine weitere relevante Differenzierungsgrundlage wäre die von Merton (1957), Gouldner (1957) und anderen getroffenen Unterscheidung zwischen „lokal" und „kosmopolitisch" orientierten Personen, die sich auf den Bereich ihrer Wirkung und ihres Einflusses bezieht.

Die zweite Hauptdimension der Variation bezieht sich auf die von uns so bezeichneten *Ebenen der Sozialorganisation*; der Begriff wird verwendet, um auf die kybernetische Hierarchie von Systemkomponenten menschlichen Handelns Bezug zu nehmen. Wir haben schon an früherer Stelle auf das wachsende Ansehen von Gruppen in diesem Jahrhundert hingewiesen, deren Prestige vor allem auf *kultureller* Kompetenz basiert, wie dies etwa am relativen Zuwachs des Ansehens von Wissenschaftlern und anderen, die „theoretisches Wissen" beherrschen, im Vergleich zu dem sozialen Ansehen von „praktischen" Geschäftsleuten zu Beginn des Jahrhunderts deutlich wird. Ein weiteres Beispiel ist der Zuwachs des relativen Ansehens der Künste und der mit ihnen verbundenen Gruppen. Die Beziehungen der akademischen Intellektuellen zur Kunst sind höchst komplex. Ich bin der Ansicht, daß Bell (1973, insbesondere im Schlußkapitel) zu weit geht, wenn er von einer fast vollständigen Trennung zwischen den „kulturellen", wie er es nennt, und den institutionalisierten Aspekten der Kultur in Wissenschaft und Technik spricht.

Eine weitere wichtige Veränderung ist der Aufstieg einer sehr heterogenen Klasse überwiegend säkularer „Intellektueller", Schriftsteller und „Sprecher" (*communicators*) auf den unterschiedlichsten Ebenen mit vielfältigen Inhalten, unter denen politische Probleme eine wichtige Rolle spielen. In gewissem, keineswegs simplen Sinne haben diese Gruppen den traditionellen Klerus als das intellektuell-moralisch führende Element abgelöst.

Die Gruppen mit führenden Positionen im Geschäftsleben lassen sich durch den Gegensatz zu den gerade genannten Gruppen bestimmen, wobei die akademischen Praktiker etwa in der Mitte stehen — im Geschäftsleben, in der Arbeitswelt und der Politik, einschließlich der Verwaltungspositionen mit einem hohen Grad von Verantwortung in Organisationen dieser Sektoren, nicht aber der Positionen, die auf Eigentum oder auf Wahl beruhen.

Schließlich sollten, wie schon erwähnt, Personen höheren Prestiges kraft ihrer Identität mit sozialen Bewegungen wegen ihres nur teilweise gesicherten Status in eine andere Kategorie eingeordnet werden. Für Individuen und Untergruppen kann sich dieser Status natürlich verändern. So resultierte der Ruf Thurgood Marshalls zunächst aus seiner Tätigkeit als Rechtsanwalt für die NAACP (*National Association for the Advancement of Coloured People*) in der gerichtlichen Phase des Kampfes der Bewegung der Schwarzen um verbesserte Bürgerrechte. Mit seiner Ernennung zum Mitglied des Obersten Bundesverfassungsgerichts nahm Marshall jedoch eine der bestinstitutionalisierten Statuspositionen der oberen Gesellschaftsschichten ein.

Die beiden Dimensionen „Bereichsumfang" und „Ebene" sind keine isolierten Elemente des „Bündelphänomens". So haben wir im Fall der Universitäten die Bedeutung der von uns so genannten Sozialisationsfunktion unterstrichen, mit deren Analyse Platt und Parsons (1973: 163—224) sich im Kapitel über den *„undergraduate"* Aspekt des Universitätssystems beschäftigt haben. In gewisser Hinsicht kann man Sozialisation als eine Menge von Prozessen begreifen, die dazu beitragen, ein komplexes und spannungsanfälliges Institutionensystem mit dem Altersanstieg zu integrieren. In diesem Fall sind die primären Bezugspunkte die Generationsgruppen, die jeweils zu Statusposition von Studententen und Dozenten gehören. Wir haben betont, daß der Prozeß sicher nicht einseitig, sondern ein gegenseitiger Vorgang mit eingebauten Reziprozitäten ist, obwohl Dozenten notwendigerweise einen größeren „Einfluß" auf die Studenten ausüben als umgekehrt. Die primären Interaktionsgruppen sind jedoch wegen des doppelten Unterschieds in der Lebensphase und ihrem Kompetenzniveau und ihrer Verpflichtung gegenüber der akademischen Kultur nicht einfach „Gleiche" im Verhältnis zueinander. Eine möglicherweise besonders enge Analogiefunktion des Schichtungsbündels bezieht sich auf die Rolle, die es in der Integration der Gesellschaft über tatsächliche und potentielle Fronten den Konflikts spielt. Fronten dieser Art sind in unserer metaphorischen Sprache „vertikal" wie „horizontal" — dies ist bekannt. Natürlich gehören dazu, wenn auch nicht nur, die „Klassen"-Konflikte, die ich als vertikal begreife, in dem Sinn, daß sie sich auf unterschiedliche Statuspositionen in bestimmten Sektoren der relevanten Bereiche beziehen. Im Kontext dieser Überlegungen möchte ich jedoch mehr die andere Achse des Konflikts betonen, nämlich die qualitative Differenzierung, die sich im Verlauf der Arbeitsteilung sowie auf Grund bestimmter „historischer" Faktoren entwickelt — zum Beispiel konfessioneller und ethnischer Vielfalt, die (im Fall der USA) auf die Geschichte der Einwanderung zurückgeht. Dabei handelt es sich in erheblichem Maß um den Kontext, den man häufig als den „Pluralismus" moderner Gesellschaften bezeichnet hat, insbesondere wohl der amerikanischen. Eine eingehendere Untersuchung der Bereichsdimension und der Ebenen sowie der Konfliktfronten wäre sehr notwendig, kann aber im Zusammenhang dieses kurzen Aufsatzes nicht erarbeitet werden.

Abschließend können nur noch zwei weitere Fragen ganz kurz aufgegriffen werden. Die erste Frage bezieht sich auf die Wahrscheinlichkeit, daß trotz des erwähnten Pluralismus eine oder wenige Sondergruppen eine besondere Bedeutung in der sozialen Schichtung und den integrativen Funktionen einer solchen Gesellschaft gewinnen könnten. Ich bin der Ansicht, daß dies in Krisenpunkten der unmittelbaren Vergangenheit und der Gegenwart für bestimmte führende Gruppen des Rechtswesens in der amerikanischen Gesellschaft der Fall ist. In den kürzlich zu Ende gegangenen dramatischen Ereignissen, die zum ersten Mal in der amerikanischen Geschichte den Rücktritt eines Präsidenten erzwangen, spielten Rechtsanwälte in und außerhalb der offiziellen Ämter eine besondere Rolle. Auch die Gerichte haben natürlich eine besondere Rolle gespielt, sowohl die regionalen Bundesgerichte als auch die großen Schwurgerichte in den Voruntersuchungen und tatsächlichen Verhandlungen gegen Angeklagte, ebenso wie der Oberste Bundesgerichtshof, insbesondere mit seiner einstimmigen Entscheidung zur Frage der Prärogative des Präsidenten.

In der Legislative sind die Rechtsanwälte schon immer stark hervorgetreten, und in beiden Häusern des Kongresses haben sie in jüngster Vergangenheit eine besonders prominente Rolle gespielt, insbesondere im Rechtsausschuß des Repräsentantenhauses, der sich ausschließlich aus Rechtsanwälten zusammensetzt. Schließlich sollte auch die Rolle der beiden Sonderankläger und ihrer Mitarbeiter trotz der Wechselfälle ihrer Arbeit nicht vergessen werden.

Natürlich sind diese „Amts"handlungen der Rechtsanwälte ohne die Existenz und die gesellschaftliche Stellung einer sehr viel größeren Gruppe von Rechtsanwälten mit einem besonderen Interesse für öffentliche Anliegen (*public interest*), wie man zu sagen pflegt, nicht denkbar. In gewisser Hinsicht ist die Gegenwart durch ein Wiederaufleben der Bedeutung des „Rechtswesens" gekennzeichnet, nicht nur der Rechtsnormen, sondern auch der Gruppen, die für ihre Durchführung verantwortlich sind. Ich habe den Eindruck, daß diese besondere Rolle des Rechtskomplexes teilweise damit zusammenhängt, daß er zwischen den für eine komplexe Gesellschaft so wichtig gewordenen normativen und kulturellen Ordnung einerseits und dem riesigen Komplex ökonomischer und politischer Interessen andererseits, die zu einem der wichtigsten Bezugspunkte zentrifugaler Kräfte geworden sind, vermitteln kann. Dieses Thema verdiente sehr viel an soziologischem Interesse, als es bisher erhielt*.

Die letzte Frage, die kurz angeschnitten werden soll, bezieht sich auf die Rollen der Medien in diesem Integrationsprozeß. Die damit verbundenen Probleme sind so komplex, daß an dieser Stelle nur einige Andeutungen gemacht werden können. Zunächst einmal bin ich der Ansicht, daß man die zentrale Rolle dem Medium *Einfluß* zuerkennen muß, und daß dies insbesondere mit der Stellung des Rechts, aber auch mit der Stellung der Intellektuellen und der „*media people*" zusammenhängt. Rechtsanwälte stehen über die Kanäle der legislativen und judikalen Entscheidungen mit dem Machtsystem und seinen Sanktionen in Verbindung; allerdings haben sie als „Treuhänder" besonders wichtiger Aspekte der normativen Ordnung der Gesellschaft in erster Linie eben keine „Macht", sondern sind vielmehr „einflußreich". In dieser Kapazität liegt ihre Aufgabe vor allem darin, Definitionen, Interpretationen und Konsultationen im normativen Bereich zu liefern, nicht aber „Befehle zu erteilen". Sie sind in erster Linie Regulatoren des Machtsystems und auch (wenngleich in etwas anderer Weise) des Wirtschaftssystems.

Geht man in die entgegengesetzte kybernetische Richtung — sozusagen „aufwärts" —, so berührt der Einflußkomplex dort den

---

* Teilweise geschieht dies in der (unveröffentlichten) Dissertation von John L. Akula, *Law and the Development of Citizenship*. Department of Sociology, Harvard University, 1973.

Bereich der Werte, der sich mit den verfassungsrechtlichen Aspekten des Rechtssystems überdeckt. Eine der wichtigsten Funktionen der Mitglieder des Rechtskomplexes in diesem Zusammenhang ist es, Überlegungen zu Relevanz allgemeiner moralischer und institutioneller Prinzipien zu stimulieren, die eine sehr zentrale Rolle in unserer gesellschaftlichen Geschichte spielen, und auf diese Weise dazu beizutragen, sie bei den spezifischen Tagesproblemen zur Geltung zu bringen. Hier sowie in der darin liegenden Verbindung zum umfassenderen Universitätssystem und zur Kultur der Intellektuellen ist der akademische Zweig der Rechtsberufe von größter Bedeutung.

Schließlich gehört *Affekt* als generalisiertes Medium, das auf der Ebene des allgemeinen Handlungssystems wirkt, in diesen Kontext. Sofern es wirklich eine besondere Beziehung zur Solidarität hat, kann man die These vertreten, daß es vor allem dazu dient, Faktoren zur Erzeugung und Erneuerung breiter Solidarität zu mobilisieren, die durch Entwicklungen der jüngsten Vergangenheit gefährdet war. Dies wirft jedoch Komplikationen auf, die weit über den Rahmen dieses Aufsatzes hinausgehen; das Problem konnte nur erwähnt werden.

Ich hoffe, daß es in diesem letztem Teil gelungen ist, eine kurze Übersicht zu geben, wie durch ein sich in jüngster Zeit entwickelndes „Schichtungsbündel" eine Reihe von integrativen Mechanismen in unserer Gesellschaft aktiviert worden ist, die man wegen unserer vorherrschenden Beschäftigung mit spezifischen ökonomischen und politischen Interessen leicht hätte übersehen können. Falls sich diese Entwicklung fortsetzt, werden die generalisierten Tauschmedien in Bezug auf die Sozialstruktur eine äußerst wichtige Rolle für ihr Verständnis gewinnen.

Anmerkungen

1 Anm. d. Übers.: *Im Original: „ . . . what Weber calls legitimate use of power as distinguished from a Hobbesian capacity to again one's ends through having „what it takes" (Hobbes, 1651)".*
Der Ausdruck „legitimer Gebrauch der Macht" kommt bei Weber überhaupt nicht vor. Gemeint ist vermutlich die „legale Herrschaft". Vgl. Max Weber, Wirtschaft und Gesellschaft, Ausgabe von 1964 (Kiepenheuer und Witsch), Kap. IX, S. 692: „ . . . Dazu bedarf es zunächst einer näheren Bestimmung: was „Herrschaft" für uns bedeutet und wie sie sich zu dem allgemeinen Begriff: „Macht" verhält. Herrschaft in dem ganz allgemeinen

Sinne von Macht, also von: Möglichkeit, den eigenen Willen dem Verhalten anderer aufzuzwingen, kann unter den allerverschiedensten Formen auftreten.". . . WuG, Kap. I, S. 38, § 16 "Macht bedeutet jede Chance, innerhalb einer sozialen Beziehung den eigenen Willen auch gegen Widerstreben durchzusetzen, gleichviel worauf diese Chance beruht. Herrschaft *soll* heißen *die Chance, für einen Befehl bestimmten Inhalts bei angebbaren Personen Gehorsam zu finden . . ." (und weiter in Kap. III, S. 157) ",. . . Nicht also jede Art von Chance, "Macht" und "Einfluß" auf andere Menschen auszuüben. Herrschaft ("Autorität") in diesem Sinn kann im Einzelfall auf den verschiedensten Motiven der Fügsamkeit . . . beruhen . . . (es ist) zweckmäßig, die Arten der Herrschaft "nach dem ihnen typischen Legitimitätsanspruch zu unterscheiden." usw.*

2 Anm. d. Übers.: *Für den Originaltext vgl. die vorangehende Anmerkung. Für Hobbes ist Macht ein Mittel der Selbsterhaltung. Das Streben nach Macht wird jedem aufgezwungen, der nicht untergehen will. Niemand kann sich mit einer beschränkten Macht zufriedengeben. Im Leviathan, Kap. 11, heißt es: "I put for a general inclination of all mankind a perpetual and restless desire of power after power, that ceaseth only in death."*

3 Anm. d. Übers.: *Parsons zitiert Max Weber nicht nach der deutschen Ausgabe, sondern nach amerikanischen Übersetzungen. Es ist daher oft nicht leicht festzustellen, auf welche Textstelle er sich bezieht. In diesem Fall dürfte es sich um die Bestimmung der Macht als der "Chance, innerhalb einer sozialen Beziehung den eigenen Willen auch gegen Widerstreben durchzusetzen, gleichviel worauf diese Chance beruht" handeln (§ 16 des Kapitel 1 von Wirtschaft und Gesellschaft).*
In anderen Fällen ist es häufig nicht so leicht, die Originalstelle zu identifizieren. Dasselbe gilt sinngemäß für die Zitierung anderer Klassiker, vor allem Durkheims.

4 Unter denen, die sich mit der Theorie der Medien auf der Ebene des allgemeinen Handlungssystems beschäftigen, gibt es Meinungsverschiedenheiten hinsichtlich der Zuordnung von Affekt. Insbesondere Mark Gould und Dean Gerstein haben sich entschieden, es als ein Medium zu verwenden, daß in erster Linie im Persönlichkeitssystem verankert ist, und ein alternatives Konzept für das Medium des sozialen Systems einzuführen. Persönlich ziehe ich es entschieden vor, es im Kontext des Sozialsystems zu verwenden, allerdings bin ich nicht dogmatisch und hoffe, daß es schließlich möglich sein wird, begrifflichen Konsens auf diesem wichtigen Gebiet zu erzielen.

5 Wir betrachten den erwähnten Prozeß der Institutionalisierung als Äquivalent des Handlungssystems für die natürliche Auslese, die integraler Bestandteil der biologischen Theorie ist, d. h. der Theorie der Natur und des Funktionierens organischer Systeme. Das allgemeine Handlungssystem und insbesondere seine Kulturkomponente interpretieren wir analog zur genetischen Konstitution der Arten und primären Quelle genetischer Variation. Das Kultursystem als solches schafft Muster der Formen wünschenswerten Handelns (*patterns of . . . desirable modes of action*), wie man auf der Wertebene sagen könnte. Jedoch werden durchaus nicht alle als wirksame Eigenschaften (*operative characteristics*) von Sozialsystemen institutionalisiert. Hiergegen interveniert ein Prozeß der Selektion, aufgrund dessen sich manche Strukturen für die konditionellen Bedingungen (*conditional exi-*

gencies) konkreter sozialer Abläufe als vorteilhaft erweisen, während andere weniger erfolgreich sind. Es entwickelt sich also eine unterschiedliche Überlebenswahrscheinlichkeit.

6 Die Überlegung hat etwas für sich, daß Studenten z. T. in diesen höheren Sozialprestigebereich eingruppiert werden sollten, und zwar nicht so sehr auf Grund akademischer Leistungen, ganz zu schweigen von sozialen Herkunft oder der Reputation der von ihnen besuchten (Elite-)Universitäten, sondern auf Grund ihrer Führungsposition in einer oder mehrerer sozialen „Bewegungen". Zweifellos erreichte eine große Anzahl von Studentenführern während der Unruhen am Ende der sechziger Jahre nationale Bekanntheit. Die entscheidende strukturelle Schwierigkeit, eine Gruppe dieser Art in die nationale „Elite" aufzunehmen, liegt in der Altersabhängigkeit des Studentenstatus und damit dem kurzen Zeitabschnitt, in dem man Student ist. Wer herausragende akademische Leistungen erbringt, hat die Möglichkeit, ein bekannter Wissenschaftlet oder *„professional"* zu werden, während die Zukunft von Studentenführern nach Beendigung ihres Studiums viel problematischer ist.

Literaturverzeichnis

Barnard, Chester I., 1930: *The Functions of the Executive.* Cambridge (Harvard University Press)

Bell, Daniel, 1973: *The Coming of Post-Industrial Society.* New York (Basic Books)

Coleman, James S., 1963: „Comment on ‚On the Concept of Influence'." In: *The Public Opinion Quarterly* 27: 63—82

Freidson, Eliot, 1973 a: „Professions and the Occupational Principle." S. 19—38 in dem Buch desselben Autors über *The Professions and Their Prospects.* Beverly Hills (Sage Foundation)

—, 1973 b: ",Professionalism and the Organization of Middle-Class Labour in Post-Industrial Society." *The Sociological Review* Monograph No. 20: 47—59

Friedrichs, C. J., 1963: *Man and his Government: An Empirical Theory of Politics.* New York (McGraw-Hill)

Gouldner, Alvin W., 1957: „Cosmopolitans and Locals: Toward An Analysis of Latent Social Roles." *Administrative Science Quarterly* 2: 211—306; 444—480

Hobbes, Thomas, 1951: *The Leviathan: Or the Matter, Form and Power of a Commonwealth, Ecclestial and Civil.* London (Crooke)

Jencks, Christopher, and David Riesman, 1968: *The Academic Revolution.* Garden City (Double Day)

Lasswell, H. and A. Kaplan, 1950: *Power and Society.* New Haven (Yale University Press)

Lidz, Victor, 1974: „Blood and Language: Analogous Media of Homeostasis". Paper submitted to a Daedalus Conference on the Relations between Biological and Social Theory. Cambridge, Mass.

—, 1976: „The Analysis of Action at the Most Inclusive Level: An Introduction to Essays on the General Action Systems." In: J. Loubser et al. (Hrsg.): *Exlorations in General Theory in Social Science.* New York (Free Press)

Lidz, Victor und Charles Lidz, 1976: „The Psychology of Intelligence of Jean Piaget and its Place in the Theory of Action." In J. Loubser et al. (Hrsg.): *Explorations . . .* op. cit.

Marshall, T. H., 1965: *Class, Citizenship and Social Development.* Garden City (Anchor Books)

Merton, Robert K., 1957: *Social Theory and Social Structure.* New York (Free Press)

Mill, John Stuart, 1909: *Principles of Political Economy.* Edited with an Introduction by W. J. Ashley. First published in 1848. London (Longmans, Green and Co.)

Mills, C. Wright, 1956: *The Power Elite.* New York (Oxford University Press)

Parsons, Talcott, 1973: „Durkheim on Religion Revisited: Another Look at the Elementary Forms of the Religious Life." In Charles Y. Glock und Philip E. Hammond (Hrsg.): *Beyond the Classics? Essays in the Scientific Study of Religion.* New York (HArpr and Row)

—, 1974: „The University ‚Bundle': A Study of the Balance between Differentiation and Integration." Epilogue in N. Smelser und G. Almond: *Public Higher Education in California: Growth, Structural Change and Conflict.* Berkely (University of California Press). Wiederabdruck in T. Parsons: Action Therry and the Human Condition, Kap. 7. New York und London (Free Press) 1978

Parsons, Talcott und Gerald M. Platt, 1968a: „The American Academic Profession: A Pilot Study". Cambridge, Mass. Vervielfältigtes Script (vergriffen)

—, 1968 b.: „Considerations on the American Academic System." *Minerva 6*, Nummer 4

—, 1973: *The American University.* In Collaboration with Neil J. Smelser. Cambridge, Mass. (Havard University Press)

Weber Max, 1947: *From Max Weber: Essays in Sociology.* H. H. Gerth und C. Wright Mills (Hrsg.). New York (Oxford University Press)

Talcott Parsons
Zur Theorie sozialer Systeme

Herausgegeben und eingeleitet von Stefan Jensen.
(Studienbücher zur Sozialwissenschaft, Bd. 14)
1976. 320 S. Folieneinband

Der Band enthält die wichtigsten Beiträge Talcott Parsons zur Theorie der Sozialsysteme. Diese Arbeiten bilden den eigentlichen Schwerpunkt seiner Theoriebildung. Es handelt sich um die allmähliche Revision und Erweiterung seines berühmten Buches von 1951 (The Social System), die hier in fünf entscheidenden Aufsätzen dokumentiert werden. Der Band enthält außerdem eine systematische Einführung in die Theorie der Sozialsysteme sowie zahlreiche Kommentierungen des Herausgebers.

Niklas Luhmann
Soziologische Aufklärung

Bd. 1: Aufsätze zur Theorie sozialer Systeme.
4. Auflage 1974. 272 S. Kartoniert

Die funktional-strukturelle Theorie sozialer Systeme gewinnt immer größere Bedeutung für Soziologie und Politikwissenschaft.
Eine instruktive Einführung in die theoretischen Aspekte und die Probleme der Theorie bietet dieser Band, der zehn bereits veröffentlichte Arbeiten und zwei bisher nicht publizierte Beiträge des Autors vereinigt.
Aus dem Inhalt: Die Methode funktionaler Analyse — Die Systemtheorie in Anwendung auf soziale Systeme — Das Ideologieproblem — Ziele und Grenzen soziologischer Aufklärung — „Reflexive Mechanismen" — Gesellschaftstheorie und in deren Rahmen: Eine soziologische Theorie der Politik, der Wirtschaft und der Wissenschaft.

Bd. 2: Aufsätze zur Theorie der Gesellschaft.
1975. 224 S. Folieneinband

Dieser Band faßt eine Reihe z.T. bisher unveröffentlichter Studien zu Problemen der Gesellschaftstheorie zusammen. Die Auswahl der Aufsätze konzentriert sich auf globale Aspekte des Gesellschaftssystems und seiner Unterscheidung von anderen Systemtypen. Betont wird insbesondere die Bedeutung von Reflexionsstrukturen unter Abgrenzung gegen Organisationstheorie und Interaktionstheorie.

Westdeutscher Verlag

Made in the USA
Las Vegas, NV
07 November 2024

11211893R00148